आर० गुप्ता® कृत

पॉपुलर मास्टर गाइड

CISF

केन्द्रीय औद्योगिक सुरक्षा बल

हैड कांस्टेबल

(मिनिस्ट्रियल)

ए.एस.आई.

(स्टेनो)/टाइपिस्ट

भर्ती परीक्षा

2020
EDITION

रमेश पब्लिशिंग हाउस, नई दिल्ली

प्रकाशक

ओ॰पी॰ गुप्ता, **रमेश पब्लिशिंग हाउस**

प्रशासनिक कार्यालय

12-H, न्यू दरियागंज रोड, ऑफिसर्स मेस के सामने,
नई दिल्ली-110002 ✆ 23261567, 23275224, 23275124

E-mail: info@rameshpublishinghouse.com
Website: www.rameshpublishinghouse.com

विक्रय केन्द्र

- बालाजी मार्किट, नई सड़क, दिल्ली-6 ✆ 23253720, 23282525
- 4457, नई सड़क, दिल्ली-6, ✆ 23918938

Book Code: R-642

ISBN: 978-81-7812-687-6

HSN Code: 49011010

SELECTION PROCEDURE

FOR HEAD CONSTABLE (MINISTERIAL)

- There will be three stages of recruitment before medical examination as under: ◆ PST & Documentation ◆ OMR or Computer based Written Examination which will be bilingual i.e., English & Hindi. ◆ Skil test (typewriting test) ◆ Medical examination and Review Medical Examination. ◆ Preparation of final selection list on the basis of merit in the written and result of Detailed Medical Examination/Review Medical Examination.
- **Written Examination:**
  - ◆ The written test will be either OMR/Computer based Test.
  - ◆ Objective type question paper to be answered on OMR sheet of 100 marks of 02 hours duration containing 100 questions on **General Intelligence, General Knowledge, Arithmetic, and General English** or **Hindi.** The questions will be set bilingual in English/Hindi.
- **Skill Test Norms on Computer:**
  - ◆ English Typing with minimum speed of 35 WPM on computer or Hindi Typing with minimum speed of 30 WPM on computer (Time allowed-10 mts).
  - ◆ (35 wpm in English and 30 wpm in Hindi corresponding to 10500 KDPH in English/ 9000 KDPH in Hindi with average of 5 key depressions for each word on computer).
- **Medical Examination:**
  - ◆ Only those candidates who have qualified both the stages will be required to appear in the Medical Examination. However, the number of candidates to be called for medical examination would depent on the merit position of the candidates in written examination and cut-off marks in each post and each category with reference to the number of vacancies in each post and each category. However, being declared Fit in Medical Examination does not give them the right of final selection. Thus their claim for selection on such ground will not be entertained.
  - ◆ Candidates will be declared either FIT or UNFIT. No candidate will be declared as temporary unfit.

FOR ASI (STENO)

- **Written Examination** : Objective type question paper to be answered on OMR sheet of 100 marks of 02 hours duration containing 100 questions on General Intelligence, General Studies/Elementary Science, General English or Hindi and Arithmetic.
- **Skill Test Norms on Computer** : Shorthand Dictation will be of 10 minutes. For a dictation of 10 minutes there would be about 800 words @ 80 words per minute for transcription and subsequent typing. The time for transcription will be 50 minutes in English and 65 minutes in Hindi on computer.
- **Medical Examination** : After preparation of merit list, the candidates selected in order of merit (category-wise) will be put through a Detailed Medical examination to assess their fitness. Some additional candidates may be called to cater the shortfall to arising due to absence of candidates for medical examination or medical unfitness of the candidates.

विषय-सूची

टेस्ट पेपर (हल सहित)

केन्द्रीय औद्योगिक सुरक्षा बल (CISF)

ASI (स्टेनो)/हैड कांस्टेबल (मिनिस्ट्रियल) भर्ती परीक्षा

सामान्य ज्ञान

1. किस यन्त्र की सहायता से कृत्रिम मौसम उत्पन्न किया जाता है?
   A. रडार
   B. फोटो टेलीग्राफी
   C. रेडियेटर
   D. साइटोट्रोन
2. निकिल किस कार्य में उत्प्रेरक के रूप में प्रयुक्त होता है?
   A. वनस्पति तेलों से कृत्रिम घी बनाने में
   B. काँच के निर्माण में
   C. दूध से लैक्टिक अम्ल बनाने में
   D. गन्ने की शक्कर से ग्लूकोज फ्रक्टोज के निर्माण में
3. विद्युत चालित वैल्डिंग मशीन की खोज की थी?
   A. हैफ्री जॉनसन
   B. हैम्प्री डेनी
   C. एलीसा टॉमसन
   D. सर जासेफ स्वान
4. कुद्रेमुख लौह इस्पात परियोजना किस राज्य से सम्बंधित है?
   A. तमिलनाडु B. कर्नाटक
   C. झारखण्ड D. मध्य प्रदेश
5. भारत में स्थापित प्रथम राष्ट्रीय पार्क है—
   A. राजाजी राष्ट्रीय पार्क
   B. जीम राष्ट्रीय पार्क
   C. जिम कार्बेट राष्ट्रीय पार्क
   D. इनमें से कोई नहीं
6. राजाजी राष्ट्रीय पार्क किस जानवर का एक प्राकृतिक आवास है?
   A. एशियाई हाथी
   B. एशियाई घोड़े
   C. एशियाई बाघ
   D. उपर्युक्त सभी
7. किस संविधान संशोधन के अंतर्गत मतदान की आयु 21 वर्ष से कम करके 18 वर्ष की गई?
   A. 59वें संशोधन
   B. 61वें संशोधन
   C. 62वें संशोधन
   D. 68वें संशोधन
8. पंचायती राज संस्थाओं को संविधान द्वारा कुल कितने विषय सौंपे गए हैं?
   A. 28 B. 29
   C. 27 D. 39
9. किस लोक सभा का कार्यकाल बढ़ाया गया था?
   A. चौथी
   B. पाँचवीं
   C. छठवीं
   D. इनमें से कोई नहीं
10. अफ्रीका में अस्वान बाँध निम्नलिखित में से किस नदी पर है?
    A. नील
    B. जायरे

C. लिम्पोपो
D. इनमें से कोई नहीं

11. निम्नलिखित में से कौनसी नदी अरब सागर में गिरती है?
A. महानदी B. गोदावरी
C. माण्डवी D. कृष्णा

12. किस महासागर में द्वीपों की संख्या सर्वाधिक है?
A. हिन्द महासागर
B. प्रशान्त महासागर
C. उत्तरी अटलांटिक महासागर
D. दक्षिणी अटलांटिक महासागर

13. जजिया कर किसके शासनकाल में पुनः लगाया गया था?
A. अकबर B. औरंगजेब
C. जहाँगीर D. हुमायूँ

14. बुद्ध का जन्म हुआ था—
A. वैशाली B. लुम्बिनी
C. कपिलवस्तु D. पाटलीपुत्र

15. शेरशाह का मकबरा कहाँ है?
A. सासाराम
B. दिल्ली
C. कलिंजर
D. सोनार गाँव

16. दिल्ली का प्रथम मुस्लिम शासक कौन था?
A. कुतुबुद्दीन ऐबक B. इल्तुतमिश
C. रजिया D. बलबन

17. योग दर्शन के प्रतिपादक हैं—
A. पतंजलि B. गौतम
C. जैमिनी D. शंकराचार्य

18. निम्नलिखित सत्याग्रह आन्दोलन में गांधीजी ने प्रत्यक्ष रूप से भाग नहीं लिया—
A. खेड़ा सत्याग्रह
B. वाइकोम सत्याग्रह
C. असहयोग आन्दोलन
D. राजकोट सत्याग्रह

19. लॉर्ड कर्जन ने वर्ष 1905 में बंगाल विभाजन कर दिया, विभाजन वापस लिया गया—
A. 1910 में B. 1911 में
C. 1933 में D. 1914 में

20. फीताकृमि से कौनसा रोग होता है?
A. ल्यूकेमिया B. टीनिएसिस
C. मैनिनजाइटिस D. एलर्जी

21. फाइलेरिया नामक बीमारी किसके संक्रमण से होता है?
A. चूहों के
B. काकरोच के
C. विषाणुओं के
D. मादा कयूलेक्स मच्छरों के

22. मनुष्य के रक्त का pH मान कितना होता है?
A. 4 B. 6
C. 7.35 D. 9

23. राफेल नडाल का संबंध किस खेल से है?
A. बैडमिंटन
B. लॉन टेनिस
C. गोल्फ
D. टेबल टेनिस

24. दादा साहेब फाल्के पुरस्कार का संबंध है—
A. फिल्म
B. खेल
C. साहित्य
D. समाज सेवा

25. सौर ऊर्जा का स्रोत है सूर्य के अन्दर—
A. नाभिकीय विखण्डन
B. नाभिकीय संलयन
C. नाभिकीय विखण्डन व संलयन दोनों
D. इनमें से कोई नहीं

सामान्य बुद्धिमत्ता

निर्देश *(26 से 30): में से संबंधित अक्षरों/शब्द/संख्या/आकृति को चुनिए*

26. स्वाद : जिह्वा : : चलना : ?

A. पटरी B. बैसाखी
C टांग D. छड़ी

27. DCHG : LKQP : : FEJI : ?

A. MLSR B. NMRQ
C ONTS D. QPUT

28. 5 : 124 : : 7 : ?

A. 342 B. 343
C 248 D. 125

29. **प्रश्न आकृतियां**

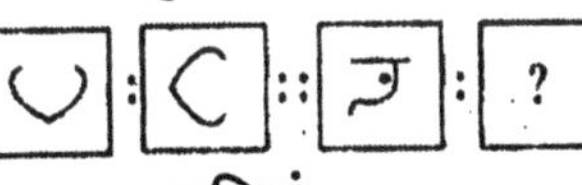

उत्तर आकृतियां

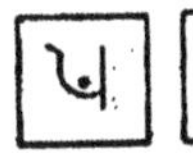

(A) (B) (C) (D)

30. **प्रश्न आकृतियां**

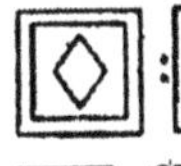
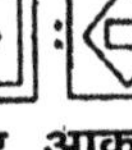
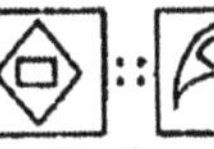

उत्तर आकृतियां

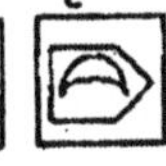

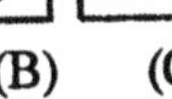

(A) (B) (C) (D)

निर्देश (प्रश्न 31 से 34): *नीचे दिए प्रश्नों में उस विकल्प को चुनिए, जो अन्य तीन विकल्पों से भिन्न है।*

31. A. टेलीफोन B. टेपरिकॉर्डर
C ट्रांजिस्टर D. टेलीस्कोप

32. A. XZUS B. OQLJ
C HJFE D. FHCA

33. A. 26 – 62 B. 36 – 63
C 46 – 64 D. 56 – 18

34.

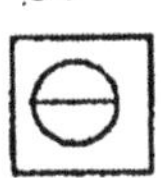

(A) (B) (C) (D)

निर्देश (प्रश्न 35 से 38): *नीचे एक अनुक्रम दिया है, जिसमें एक पद लुप्त है। चार दिए गए विकल्पों में से वह विकल्प चुनिए, जो अनुक्रम को पूरा करे।*

35. a, c, f, j, ?, ?

A. ou B. mo
C lp D. rv

36. 10, 22, 46, 94, ?

A. 180 B. 184
C 190 D. 140

37. **प्रश्न आकृतियां**

उत्तर आकृतियां

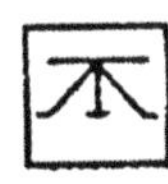
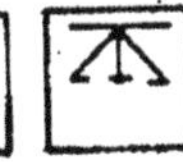
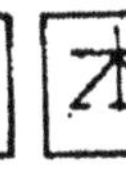
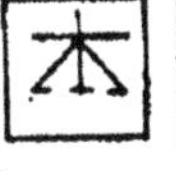
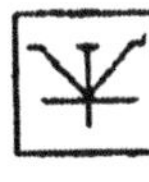

(A) (B) (C) (D)

38. **प्रश्न आकृतियां**

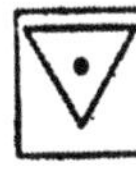
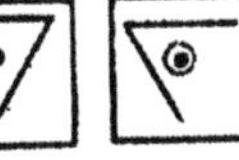
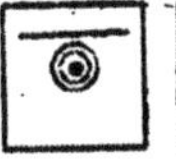

उत्तर आकृतियां

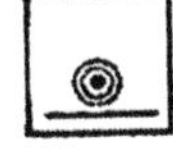

(A) (B) (C) (D)

निर्देश (प्रश्न 39 से 42): *निम्नांकित चार विकल्पों में से कौन-सा विकल्प नीचे दिए गए शब्दों का सार्थक क्रम दर्शाएगा?*

39. (1) पुस्तक (2) शब्द
(3) अक्षर (4) वाक्य
(5) अध्याय (5) पृष्ठ
A. 3 2 6 5 4 1 B. 3 2 5 4 6 1
C. 3 2 4 5 6 1 D. 3 2 4 6 5 1

40. यदि E = 5, PEN = 35, तो PAGE = ?
A. 28 B. 29
C. 36 D. 27

41. यदि 'PORTER' शब्द को 'MBNZQN' के रूप में कूटबद्ध किया जाता है, तो 'REPORT' को कैसे लिखा जाएगा?
A. NQMBNZ B. NQBMNZ
C. NBQMNZ D. NQMNBZ

42. यदि किसी कूट में 'COME AT ONCE' को XLNVZGLMXV के रूप में लिखा जाता है, तो उसी कूट में निम्नलिखित में से कौन-सा 'OK' होगा?
A. LM B. LP
C. KM D. KL

निर्देश (प्रश्न 43): *आपको निम्नलिखित प्रतीकों के अनुसार दिए गए विकल्पों में से सही उत्तर चुनना है।*

43. यदि '+' का अर्थ 'घटाव' हो, '—' का अर्थ 'गुणा' हो, '÷' का अर्थ 'जोड़' तथा '×' का अर्थ 'भाग' हो, तो 15 – 3 + 10 × 5 ÷ 5 = ?
A. 52 B. 48
C. 22 D. 5

निर्देश (प्रश्न 44 से 45): *नीचे दिए गए विकल्पों में से लुप्त संख्या ज्ञात कीजिए।*

44.

8	7	10	12
13	12	15	17
10	9	?	14

A. 12 B. 10
C. 21 D. 25

45.

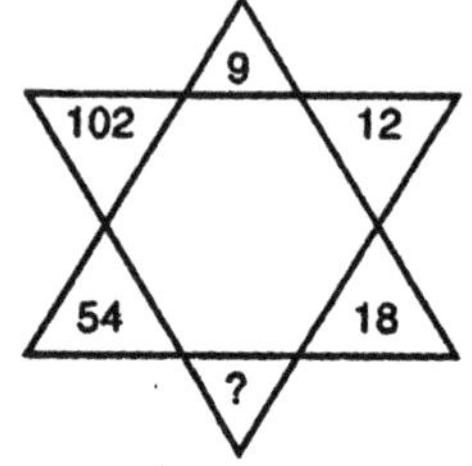

A. 40 B. 48
C. 30 D. 24

निर्देश (प्रश्न 46): *दिए गए वैकल्पिक शब्दों में से उस शब्द को चुनिए, जो दिए गए शब्द के अक्षरों के प्रयोग द्वारा नहीं लिखा जा सकता?*

46. दिया गया शब्द
ADMINISTRATION
A. STATION
B. TRADITION
C. MINISTER
D. RATION

47. सुरेश एक स्थान से दक्षिण की ओर 2 मील चलता है और दाएं मुड़ जाता है तथा $1\frac{1}{2}$ मील चलता है, फिर वह बाएं मुड़ जाता है और $\frac{1}{2}$ मील चलता है और फिर पीछे मुड़ जाता है। यह बताइए कि अब वह किस दिशा में चल रहा है?
A. पूर्व B. पश्चिम
C. दक्षिण D. उत्तर

48. अशोक मदुरै का टिकट बुक कराना चाहता है। वह चलना शुरू करता है और बुकिंग ऑफिस तक, जो उसके घर के पूर्व में है, पहुंचने में 5 कि॰मी॰ का रास्ता तय करता है। वहां से वह 3 कि॰मी॰ चलकर बाजार की तरफ उत्तर की ओर मुड़ जाता है, वहां से वह अपने मित्र संदीप के घर की ओर, जो 5 कि॰मी॰ दूर है, बाएं मुड़ जाता है। अब उसे अपने घर लौटना है उसे अपने घर तक पहुंचने में कितने कि॰मी॰ चलना पड़ेगा?

A. 8 कि॰मी॰ B. 3 कि॰मी॰
C. 5 कि॰मी॰ D. 6 कि॰मी॰

49. A, B का भाई है, C, A की मां है, D, C का पिता है, E, B का पुत्र है, तो यह बताइए कि A से D का क्या सम्बन्ध है?

A. पुत्र B. पौत्र
C. नाना D. पितामह

50. किसी स्टोर में 5 वस्तुओं A, B, C, D, E की कीमत अलग-अलग है। 'C' का मूल्य 100 रु॰ है। 'A', 'C' से सस्ती है, लेकिन 'B' से महंगी है। 'E', 'C' से महंगी है, लेकिन 'D' से सस्ती है, तो यह बताइए कि कौन-सा उत्पाद सबसे महंगा है?

A. D B. E
C. B D. A

अंकगणित

51. बिना किसी अंक को दोहराए, अंकों 1, 2, 5, 6 तथा 9 के उपयोग से तीन अंकों वाली कितनी सम संख्याएं बनाई जा सकती है?

A. 120 B. 48
C. 40 D. 24

52. A और B किसी कार्य को अकेले क्रमशः 10 और 15 दिनों में पूरा कर सकते हैं। A से आरंभ करके यदि वे बारी-बारी से एक-एक दिन कार्य करें, तो कार्य कितने दिनों में पूरा हो जाएगा?

A. 18 दिन B. 13 दिन
C. 12 दिन D. 6 दिन

53. दो नल अलग-अलग किसी टैंक को क्रमशः 20 मिनट तथा 30 मिनट में भर सकते हैं। यदि दोनों इकट्ठे खोल दिए जाएं, तो टैंक (तालाब) कितने समय में भर जाएगा?

A. 10 मिनट B. 12 मिनट
C. 15 मिनट D. 25 मिनट

54. A किसी कार्य को 6 दिनों में तथा B उसी कार्य को 12 दिनों में पूरा करता है। यदि वे मिलकर कार्य को पूरा करते हैं, तो कार्य का कितना भाग A द्वारा किया जाएगा?

A. $\frac{1}{3}$ B. $\frac{2}{3}$
C. $\frac{1}{4}$ D. $\frac{1}{2}$

55. एक वृत्ताकार बाग का क्षेत्रफल 2464 वर्ग मी॰ है। यदि आप बाग को उसके किसी व्यास पर चलकर पार करें, तो आपको कितनी दूरी तय करनी पड़ेगी? $\left(\pi = \frac{22}{7}\right)$

A. 56 मी॰ B. 48 मी॰
C. 28 मी॰ D. 24 मी॰

56. यदि किसी बेलन के अर्द्धव्यास को 50% कम करके तथा उसकी ऊँचाई को 50% बढ़ाकर एक नया बेलन बनाया जाए, तो नए बेलन के आयतन में कितनी कमी होगी?

A. 0% B. 25%
C. 62.5% D. 75%

57. 10%, 20% तथा 40% की कटौती श्रृंखला किस एकमात्र कटौती के बराबर है?

A. 50.0% B. 56.8%
C. 60.2% D. 70.28%

58. A 36,000 रु. मूल्य वाले स्कूटर को बेचता है। वह पहले 20,000 रु. पर 8% की और अगले 10,000 रु. पर 5% की छूट देता है। शेष 6,000 रु. पर वह कितनी छूट दे सकता है, यदि वह कुल पर 7% की छूट देना चाहे?

A. 5% B. 6%
C. 7% D. 8%

59. एक बिजली की प्रैस का अंकित मूल्य 690 रु. है। दुकानदार उस पर 10% की छूट देता है और 8% का लाभ प्राप्त करता है। यदि वह कोई छूट न दे, तो उसका लाभ प्रतिशत होगा

A. 20% B. 24%
C. 25% D. 28%

60. दो लड़कों की आयु का अनुपात 5 : 6 है। दो वर्ष पश्चात उनकी आयु का अनुपात 7 : 8 होगा। 10 वर्ष पश्चात उनकी आयु का अनुपात कितना होगा?

A. 15 : 16 B. 17 : 18
C. 11 : 12 D. 22 : 24

61. तीन संख्याओं का योगफल 116 है। दूसरी सख्या का तीसरी संख्या से अनुपात 9 : 16 है तथा पहली संख्या का तीसरी संख्या से अनुपात 1 : 4 है। दूसरी संख्या है

A. 30 B. 32
C. 34 D. 36

62. 66 व्यक्तियों (पुरुष और महिलाएं मिलाकर) में 180 रु. को इस प्रकार विभाजित करना है कि पुरुषों द्वारा प्राप्त कुल धनराशि का महिलाओं द्वारा प्राप्त कुल धनराशि से अनुपात 5 : 4 हो, किन्तु एक पुरुष द्वारा प्राप्त धनराशि का एक स्त्री द्वारा प्राप्त धनराशि से अनुपात 3 : 2 हो। पुरुषों की संख्या है

A. 20 B. 24
C. 30 D. 36

63. 20 मापों के एक संग्रह का औसत 56 से.मी. ज्ञात किया गया। किन्तु बाद में पता चला कि एक माप लिखने में गलती हो गई है, जो कि 61 से.मी. के स्थान पर 64 से.मी. लिख दी गई। सही औसत होगा

A. 53 से.मी. B. 54.5 से.मी.
C. 55.85 से.मी. D. 56.15 से.मी.

64. 12 पार्सलों का औसत भार 1.8 कि.ग्रा. है। एक नए पार्सल को सम्मिलित करने से औसत भार में 50 ग्राम की कमी हो जाती है। नए पार्सल का भार कितना है?

A. 1.50 कि.ग्रा. B. 1.10 कि.ग्रा.
C. 1.15 कि.ग्रा. D. 1.01 कि.ग्रा.

65. एक कक्षा के 20 लड़कों की औसत आयु 12 वर्ष है। 5 नए लड़कों को कक्षा में दाखिला दिया जाता है, जिनकी औसत आयु 7 वर्ष है। कक्षा के लड़कों की औसत आयु हो जाती है

A. 8.2 वर्ष B. 9.5 वर्ष
C. 12.5 वर्ष D. 11 वर्ष

66. यदि $3^{x+3} + 7 = 250$ हो, तो x बराबर होगा

A. 5 B. 3
C. 2 D. 1

67. एक पासे (डाई), जिसके फलकों पर 1 से 6 की संख्याएं लिखी गई हैं, को दो बार फेंका जाता है। ऐसी दो संख्याओं, जिनमें 2 का अंतर हो, के आने की प्रायिकता (संभावना) होगी

A. $\frac{1}{6}$ B. $\frac{2}{9}$
C. $\frac{3}{9}$ D. $\frac{4}{9}$

68. $\frac{\sqrt{5}+\sqrt{3}}{\sqrt{5}-\sqrt{3}} + \frac{\sqrt{5}-\sqrt{3}}{\sqrt{5}+\sqrt{3}}$ का सरलीकृत मान है

A. 4 B. 8
C. $4\frac{1}{4}$ D. 0

69. संख्या अनुक्रम 5, 8, 15, 20, 29, 40, 53 में एक संख्या गलत लिखी गई है। गलत संख्या है

A. 15 B. 20
C. 29 D. 40

70. 1 + 2 + 3 + ... + 49 + 50 + 49 + 48 + ... + 3 + 2 + 1 बराबर है

A. 1250 B. 2500
C. 2525 D. 5000

71. एक टेलीविजन तथा फ्रिज में से प्रत्येक को 12,000 रु. में बेचा गया। यदि टेलीविजन को उसके लागत मूल्य की 20% हानि तथा फ्रिज को उसके लागत मूल्य के 20% लाभ पर बेचा गया हो, तो पूरे सौदे में कुल कितना लाभ या हानि हुई?

A. न लाभ, न हानि
B. 1,000 रु. की हानि
C. 1,000 रु. का लाभ
D. 1,200 रु. की हानि

72. एक व्यक्ति एक मेज को 10% के लाभ पर बेचता है। यदि वह मेज को उसके क्रयमूल्य से 5% कम मूल्य पर खरीदता और 80 रु. अधिक में बेचता, तो उसे 20% का लाभ होता। मेज का क्रयमूल्य कितना है?

A. 3,200 रु. B. 2,500 रु.
C. 2,000 रु. D. 200 रु.

73. एक वस्तु को उसके अंकित मूल्य के $\frac{2}{3}$ पर बेचने से 10% की हानि होती है। यदि उस वस्तु को उसके अंकित मूल्य पर बेचा जाए, तो कितने प्रतिशत लाभ होगा?

A. 20% B. 30%
C. 35% D. 40%

74. एक 66 मीटर लंबी गतिमान रेलगाड़ी उसी दिशा में जाती हुई दूसरी 88 मीटर लंबी रेलगाड़ी को 0.168 मिनट में पार करती है। यदि दूसरी रेलगाड़ी 30 कि.मी./घं. की चाल से

चल रही हो, तो पहली रेलगाड़ी किस चाल से चल रही है?

A. 85 कि॰मी॰/घं॰
B. 50 कि॰मी॰/घं॰
C. 55 कि॰मी॰/घं॰
D. 25 कि॰मी॰/घं॰

75. एक व्यक्ति ने ध्यानपूर्वक अवलोकन किया कि 120 मीटर लंबी चलती हुई एक रेलगाड़ी ने उसे 9 सेकेंड में पार किया। रेलगाड़ी की चाल (कि॰मी॰/घं॰ में) कितनी थी?

A. 42 B. 45
C. 48 D. 55

सामान्य हिन्दी

निर्देशः *निम्नलिखित गद्यांश पर पूछे गए प्रश्नों के सर्वाधिक उपयुक्त उत्तर दिए गए विकल्पों में से चुनिए*

बारात आगरा पहुँच चुकी थी। बाराती यह सोचकर प्रसन्न थे कि विवाह का आनन्द उठायेंगे। उनके लिए आगरा जाने का एक विशिष्ट आकर्षण था आगरा का ताजमहल, लालकिला तथा अन्य दर्शनीय स्थल देखना। बारात धर्मशाला में ठहराई गई। वहाँ पहुँचते ही उन्हें पता चला कि महँगाई भत्ते में वृद्धि के लिए प्रदर्शन करते हड़ताली श्रमिकों और पुलिस के बीच झड़प हो गई है और अब शहर में धारा 144 लागू कर दी गई है। अतः अब बारात का जुलूस नहीं निकल सकता था. बाराती मन मार कर रह गये। केवल दूल्हा, उसके पिता और भाई समधी के घर गये। बारातियों के भोजन का प्रबन्ध धर्मशाला में हो गया। चाहते हुए भी बाराती न तो विवाह समारोह में जा सके और न ही धर्मशाला से बाहर निकल सके।

76. बारातियों के सम्मुख विशिष्ट आकर्षण क्या था?

A. आगरा जाना
B. बाराती बनकर जाना
C. स्वागत सत्कार करवाना
D. पर्यटन स्थल देखना

77. श्रमिक हड़ताल क्यों कर रहे थे?

A. पुलिस उन्हें प्रदर्शन से रोक रही थी
B. महँगाई भत्ते की वद्धि के लिए
C. पुलिस के अत्याचार के विरोध में
D. वेतन वृद्धि के लिए

78. बारात का जुलूस इसलिए नहीं निकला, क्योंकि—

A. बाराती एकत्र नहीं हुए
B. धारा 144 लागू हो गई थी
C. समधियों से झगड़ा हो गया
D. श्रमिकों और पुलिस में झगड़ा हो गया

79. समधियों के घर विवाह के लिए कौन–कौन गये?

A. दूल्हा, उसके पिता और भाई
B. बारात के सभी लोग
C. दूल्हा और उसके परिजन
D. दूल्हा और उसके मित्र

80. समधियों ने बारातियों के लिए खाने की व्यवस्था कहाँ की?

A. होटल में
B. अपने घर पर
C. धर्मशाला में
D. बाजार में

निर्देशः *निम्नलिखित वाक्यांशों के नीचे दिए गए विकल्पों में से सर्वाधिक उपयुक्त एकल शब्द को चुनिए—*

81. दूर की बात सोचने वाला

A. द्रुतगामी B. दूरदर्शी
C. दूरस्थ D. सुदूरवर्ती

82. दूसरों का भला करने वाला—

A. परोपकारी B. शुभेच्छु
C. हितैषी D. उपकारी

निर्देशः *निम्नलिखित शब्दों में उपसर्ग लगाने से बनने वाले सही विकल्प को चुनिए—*

83. अति + अन्त—

A. अतीयन्त B. अत्यन्त
C. अतिअन्त D. अत्यान्त

84. सत + जन—

A. सत्जन B. सद्जन
C. सज्जन D. सतजन

निर्देशः *निम्नलिखित शब्दों में प्रत्यय लगाने से बनने वाले सही विकल्प को चुनिए—*

85. शरीर + इक—

A. शारीरक B. शारिरीक
C. शारीरिक D. शरीरिक

86. वर + इष्ठ

A. वरीष्ठ B. वरेष्ठ
C. वरिष्ट D. वरिष्ठ

87. बहन + ओई—

A. बहनौई B. बहनोई
C. बहनुई D. बहनौयी

निर्देशः *निम्नलिखित लोकोक्तियों का सही अर्थ प्रदत्त विकल्पों में से चुनिए—*

88. गागर में सागर भरना

A. सागर से गागर में पानी भरना
B. थोड़े से शब्दों में बड़े भाव या विचार को प्रकट करना
C. थोड़े कार्य को बहुत बड़ा बताकर करना
D. सागर में पानी उड़ेलना

89. काला अक्षर भैंस बराबर—

A. जो अनपढ़ हो
B. जो लिखे को झूठ माने
C. जिसे काले अक्षर बड़े लगे
D. बिना सोचे अर्थ करने वाला

90. सीधी अँगुली से घी नहीं निकलता—

A. सीधेपन से काम नहीं चलता
B. टेढ़ी अँगुली वाला घी जल्दी निकाल लेता है
C. घी अँगुली में जरूर लगता है
D. घी निकलने के लिए अँगुली टेढ़ी करनी पड़ती है

निर्देशः *निम्नलिखित मुहावरों का सही अर्थ निम्नलिखित प्रदत्त विकल्पों में से चुनिए—*

91. आँखें खुलना

A. भाग्य बनना
B. सही बात समझ में आना
C. सामने आना
D. दुःख के बाद आँख खुलना

92. कोल्हू का बैल—

A. ऐसा बैल जो कोल्हू चलाये
B. बेइज्जती करना
C. दिन–रात परिश्रम करना
D. दर–दर भटकना

93. मुट्ठी गरम करना—
- A. अपमान करना
- B. रिश्वत देना
- C. हाथ तोड़ देना
- D. मुट्ठी पर आग रखना

निर्देश: *निम्नलिखित अनेकार्थी शब्दों के तीन विकल्प शब्द से सम्बन्धित हैं और एक विकल्प असम्बन्धित है। असम्बन्धित विकल्प को चुनिए—*

94. अंक—
- A. गोद
- B. नाटक का विभाजन
- C. संख्या
- D. गणित

95. अर्थ—
- A. पाप B. धन
- C. आशय D. प्रयोजन

निर्देश: *निम्नलिखित वाक्यों में रिक्त–स्थानों की पूर्ति के लिए सर्वाधिक उपयुक्त सम्बन्धबोधक को चुनिए—*

96. भूख प्यास के................उसकी दशा बहुत खराब हो गई थी
- A. मारे B. लिए
- C. सहारे D. अनुरूप

97. इस कानून के................उसकी कार्यवाही सही थी
- A. बाहर B. सामने
- C. भीतर D. अनुसार

98. बहुत अनुनय विनय के................ भी उसके माता–पिता ने उससे कोई सम्बन्ध नहीं रखा
- A. कारण B. बलबूते
- C. उपरान्त D. सहारे

निर्देश: *निम्नलिखित वाक्यों में रिक्त–स्थानों की पूर्ति के लिए सर्वाधिक उपयुक्त शब्द को चुनिए—*

99. विधि का यही................है कि जो जन्मा है उसकी मृत्यु अवश्य होगी
- A. अनुदेश B. प्रावधान
- C. विधान D. अध्यादेश

100. कैसी................है कि निर्धन और धनी, निर्बल और सबल युवक और वृद्ध सभी वर्तमान से असंतुष्ट हैं.
- A. दुविधा B. विपत्ति
- C. वेदना D. विडम्बना

उत्तरमाला

1	2	3	4	5	6	7	8	9	10
D	A	C	B	C	A	B	B	B	A
11	12	13	14	15	16	17	18	19	20
C	B	B	B	A	A	A	D	B	B
21	22	23	24	25	26	27	28	29	30
D	C	B	A	B	C	B	A	A	D
31	32	33	34	35	36	37	38	39	40
D	C	D	B	A	C	A	C	D	B
41	42	43	44	45	46	47	48	49	50
A	B	B	A	C	C	D	B	B	A

51	52	53	54	55	56	57	58	59	60
D	C	B	B	A	C	B	C	A	A
61	62	63	64	65	66	67	68	69	70
D	C	C	C	D	C	A	B	A	B
71	72	73	74	75	76	77	78	79	80
B	C	C	A	C	D	B	B	A	C
81	82	83	84	85	86	87	88	89	90
B	A	B	C	C	D	B	B	A	A
91	92	93	94	95	96	97	98	99	100
B	C	B	D	A	A	D	C	C	D

1709

गणित

1
संख्या पद्धति
(Number System)

धन पूर्णांक (Positive Integers) :

1, 2, 3, 4, 5, 6, 7, 8, 9, 10.......को धन पूर्णांक या धनपूर्ण संख्याएं (Positive integers) कहते हैं।

धन पूर्णांकों की विशेषताएं :

1. संवरक नियम (Closure rule) : धन पूर्णांकों के योग व गुणनफल भी धन पूर्णांक होते हैं। जैसे :

$[3+5=8,\ 3\times5=15], [4+6=10,\ 4\times6=24]$

2. क्रम विनिमय नियम (Commutative Law) : दो या दो से अधिक धनपूर्ण संख्याओं का योग अथवा गुणा उनका क्रम परिवर्तन करने पर भी वही रहता है। जैसे :
$[3+5=5+3,\ 3\times5=5\times3]$,
$[14+11+6=14+6+11,\ 14\times11\times6=6\times11\times14]$

3. साहचर्य नियम (Associative Law) : दो या दो से अधिक धनपूर्ण संख्याओं के विभिन्न युगल बनाकर योग अथवा गुणा करने पर कोई भी अन्तर नहीं पड़ता है। जैसे :

$[3+(5+7)=(3+5)+7=(3+7)+5]$

$[2\times(3\times4)=(2\times3)\times4=(2\times4)\times3]$

4. गुणात्मक तत्समक (Multiplicative Indentity): यदि किसी संख्या को '1' से गुणा किया जाये तो वह संख्या नहीं बदलती है। अतः '1' को गुणात्मक तत्समक कहते हैं। जैसे :

$[1\times6=6,\ 1\times15=15,\ 1\times24=24]$

5. योगात्मक तत्समक : यदि किसी संख्या में '0' को जोड़ दिया जाये तो वह संख्या नहीं बदलती है। अतः '0' को योगात्मक तत्समक कहते हैं। जैसे :

$[0+5=5,\ 8+0=8,\ 11+0=11]$

परिमेय संख्याएं (Rational Numbers) : परिमेय संख्या उस संख्या को कहते हैं, जिसे p/q के रूप में लिखा जा सके, जहां p और q दोनों पूर्णांक हों परन्तु $q \neq 0$।

जैसे : $\frac{3}{5}, -\frac{1}{4}, \frac{2}{3}, \frac{4}{7}$............आदि

अपरिमेय संख्याएं (Irrational Numbers) : अपरिमेय संख्याएं उस संख्या को कहते हैं जिसे p/q के रूप में न लिखा जा सके। जहां p और q दोनों पूर्णांक हों परन्तु $q \neq 0$।

जैसे : $\sqrt{5}, \sqrt{7}, \sqrt{11}$ ....आदि

ध्यान रखने योग्य महत्त्वपूर्ण बातें :

(*a*) शून्य को किसी धन पूर्णांक से भाग करने पर भागफल सदैव शून्य होता है।

(*b*) दो पूर्णांकों का अन्तर सदैव एक पूर्णांक होता है।

(*c*) शून्य से पहले सभी पूर्ण संख्याएं ऋण पूर्ण संख्याएं और शून्य के बाद की सभी पूर्ण संख्याएं धनपूर्ण संख्याएं होती हैं।

(*d*) परिमेय संख्या का वर्ग भी परिमेय होगा।

(*e*) यदि a और b ऋण पूर्णांक है तो $a+b$ भी ऋण पूर्णांक होगा।

(*f*) 'शून्य' न तो धनात्मक और न ही ऋणात्मक पूर्णांक है।

वस्तुनिष्ठ प्रश्न

निर्देश : नीचे दिये गये प्रत्येक प्रश्नों के चार संभावित उत्तर विकल्प दिये गये हैं। जिनमें से एक विकल्प सही है। उस सही विकल्प का सावधानीपूर्वक चुनाव कीजिए।

1. योग का तत्समक अवयव क्या होगा?

A. 1 B. 2
C. 0 D. 3

2. गुणा का तत्समक अवयव कितना होगा?

A. 1 B. 0
C. 2 D. 3

3. धन पूर्णांक $(5a + 1)$ से ठीक पहले आने वाला धन पूर्णांक कितना होगा ?
A. $(5a + 2)$ B. $5a$
C. $(4a + 1)$ D. $(4a - 1)$

4. कथन $(a + b) + c = a + (b + c)$ सत्य है : इस कथन को कहते हैं
A. क्रम विनिमय नियम
B. योग का साहचर्य नियम
C. संवरक नियम
D. वितरण नियम

5. निम्नलिखित में अपरिमेय संख्या होगी :
A. $\frac{22}{7}$ B. π
C. 0.69 D. $\frac{5}{\sqrt{16}}$

6. यदि a एक सम धन पूर्णांक तथा b एक विषम धन पूर्णांक हो तो बताइये निम्न में कौन-सी संख्या विषम होगी ?
A. a^2 B. $a(a + 1)$
C. $b(b + 1)$ D. $a + b$

7. 20 से 50 के बीच की समस्त विषम संख्याओं की गिनती कितनी होगी ?
A. 18 B. 14
C. 15 C. 16

8. यदि किसी संख्या को 8 से भाग देने पर भागफल 7 तथा शेष 5 आये तो वह संख्या होगी :
A. 61 B. 65
C. 72 D. 88

9. दो अभाज्य संख्याओं का योग कितना होगा ?
A. एक अभाज्य संख्या B. सम संख्या
C एक पूर्ण वर्ग संख्या D. एक विषम संख्या

10. वह संख्या जो न तो भाज्य है और न ही अभाज्य होगी :
A. 0 B. 1
C. 2 D. 4

11. निम्नलिखित में से कौन-सा विकल्प सही है ?
A. $-8 > 2$ B. $\frac{1}{2} < -\frac{1}{2}$
C. $\frac{2}{5} > \frac{3}{7}$ D. $-5 < -2$

12. निम्नलिखित में कौन-सी अपरिमेय संख्या है ?
A. $-\frac{2}{7}$ B. $3\frac{1}{3}$
C. $\frac{1}{\sqrt{4}}$ D. $\frac{\sqrt{3}}{8}$

13. निम्नलिखित संख्याओं में से परिमेय संख्या होगी :
A. $\sqrt{7}$ B. $\sqrt{1.21}$
C. $\sqrt{1+\frac{4}{9}}$ D. $\sqrt{1.50}$

14. यदि a, b, c पूर्णांक हो तो बताइये निम्न क्रिया में कौन-सा नियम लागू होता है ?
$(a + b) + c = a + (b + c)$
A. क्रम विनिमय निमय
B. संवरक नियम
C. वितरण नियम
D. योग का साहचर्य नियम

15. धन पूर्णांक के किस गुण के अन्तर्गत निम्नलिखित कथन सत्य है– $(6 \times 7) \times 8 = 6 \times (7 \times 8)$
A. गुणा का साहचर्य नियम B. वितरण नियम
C. संवरक नियम D. क्रम विनिमय नियम

16. निम्नलिखित में कौन-सी संख्या अभाज्य संख्या होगी ?
A. 1 B. 4
C. 2 D. 8

17. निम्न में कौन-सी संख्या सबसे बड़ी होगी ?
A. 6^2 B. $(3 \times 3 \times 3)^2$
C. $(3 + 3 + 3)^2$ D. $\left[(3+3)^2\right]^2$

18. निम्नलिखित में से कौन-सा विकल्प $40 \div 15$ के बराबर होगा ?
A. $5 \div 15 \times 8$ B. $40 \div 5 \times 3$
C. $35 \div 15 + 5 \div 15$ D. $(10 \div 3)$

19. .000009875 को वैज्ञानिक प्रणाली में किस प्रकार से व्यक्त कर सकते हैं ?
A. 9875×10^{-6} B. 9.875×10^{-6}
C. 98.75×10^{-7} D. 987.5×10^{-7}

20. 0.222..........किसके बराबर होगा ?
A. $\frac{2}{11}$ B. $\frac{57}{26}$
C. $\frac{2}{9}$ D. $\frac{3}{11}$

21. संख्या 574873 में दोनों 7 अंकों के स्थानीय मानों का अन्तर कितना होगा ?

A. 68850 B. 69930
C. 69053 D. 69925

22. 8, 5, 3, 9 व 2 अंकों से बनने वाली छोटी से छोटी संख्या का मान होगा ?

A. 25389 B. 23589
C. 29538 D. 20358

23. यदि किसी संख्या को 144 से भाग दिया जाये तो शेष 90 बचता है। यदि उस संख्या को 9 से भाग दिया जाये तो शेष क्या बचेगा ?

A. 2 B. 0
C. 5 D. 1

उत्तरमाला

1	2	3	4	5	6	7	8	9	10
Ç	A	B	B	B	D	C	A	B	B
11	**12**	**13**	**14**	**15**	**16**	**17**	**18**	**19**	**20**
D	D	B	D	A	C	D	A	B	C
21	**22**	**23**							
B	B	B							

महत्त्वपूर्ण प्रश्नों के व्याख्यात्मक उत्तर

7. 20 से 50 के बीच की समस्त विषम संख्याएं निम्न होंगी—21, 23, 25, 27, 29, 31, 33, 35, 37, 39, 41, 43, 45, 47, व 49

अतः संख्याओं की गिनती 15 होगी ?

8. $\because$ संख्या = भाज्य × भागफल + शेष

$\therefore$ संख्या = $8 \times 7 + 5 \Rightarrow 56 + 5 = 61$

18. $\because 40 \div 15 \Rightarrow (35 + 5) \div 15 \Rightarrow 35 \div 15 + 5 \div 15$

20. माना कि $x = 0.222$ ...(*i*)

दोनों तरफ 10 से गुणा करने पर

$\therefore 10x = 2.222$ ...(*ii*)

समी. (*ii*) में से (*i*) को घटाने पर

$(10x - x) = (2.222.......) - (0.222........)$

$\Rightarrow 9x = 2$

$\Rightarrow \quad x = \frac{2}{9}$

अतः 0.222........का मान $\frac{2}{9}$ होगा।

23. $\because$ 144, 9 से पूर्णतः विभाजित है तथा 90 भी 9 से पूर्णतः विभाजित है।

$\therefore$ उस संख्या में 9 से भाग देने पर वह संख्या भी 9 से पूर्णतः विभाजित होगी अर्थात् शेष 0 बचेगा।

2

समुच्चय सिद्धान्त और समुच्चय संक्रियाएं

(Set Theory and Set Operations)

समुच्चय :

सुनिश्चित तथा स्पष्ट वस्तुओं के समूह को समुच्चय कहते हैं। समुच्चय में ली गई प्रत्येक वस्तु समुच्चय का अवयव कहलाती है।

समुच्चयों को बड़े अक्षर Capital Letters (A, B, C.....इत्यादि) से तथा समुच्चय के सदस्यों को *a*, *b*, *c*....इत्यादि से प्रदर्शित करते हैं।

समुच्चय का निरुपण करना :

***(i)* सारणीयक विधि :** इस विधि के अन्तर्गत समुच्चय के सभी अवयवों को मझले कोष्ठक में लिखते हैं तथा प्रत्येक दो अवयवों के बीच (,) कोमा लगाते हैं। जैसे : अंग्रेजी वर्णमाला के स्वरों का समुच्चय $\{a, e, i, o, u\}$

***(ii)* प्रतीकात्मक या गुण विधि :** इस विधि के अन्तर्गत समुच्चय को संक्षिप्त रूप में उस गुण विशेष द्वारा प्रकट करते हैं जिसके द्वारा समुच्चय परिभाषित हो। जैसे—अंग्रेजी वर्णमाला के स्वरों का समुच्चय।

A = {*x* : *x* अंग्रेजी वर्णमाला का एक स्वर है}

यहां (:) को Such that या इस प्रकार पढ़ते हैं।

समुच्चयों का संघ : समुच्चय A तथा B का संघ समुच्चय $A \cup B$ उन अवयवों का समुच्चय होता है जो समुच्चय A या समुच्चय B में से किसी के भी अवयव हों।

समुच्चयों का परिच्छेद : समुच्चय $A \cap B$ उन अवयवों का समुच्चय होता है जो A तथा B दोनों समुच्चयों में उभयनिष्ठ हो।

समुच्चय के भेद :

***(i)* सम समुच्चय :** यदि दो समुच्चय A तथा B इस प्रकार हों कि A का प्रत्येक अवयव B में तथा B का प्रत्येक अवयव A में विद्यमान हो तो A तथा B सम समुच्चय होंगे अर्थात् A = B।

***(ii)* रिक्त समुच्चय :** वह समुच्चय जिसमें एक भी अवयव न हो रिक्त समुच्चय कहलाता है। इसे ϕ से प्रकट किया जाता है।

***(iii)* एकल समुच्चय :** जिस समुच्चय का केवल एक अवयव हो एकल समुच्चय कहलाता है।

नोट : *(i)* यदि कोई अवयव '*a*' समुच्चय 'A' का अवयव है तो इसे $a \in A$ से प्रकट करते हैं, यदि नहीं है तो इसे $a \notin A$ से प्रकट करते हैं।

(ii) यदि किसी अवयव में एक ही अवयव बार-बार आये तो उसे बार-बार न लिखकर केवल एक ही बार लिखते हैं।

वस्तुनिष्ठ प्रश्न

***निर्देश :** नीचे दिये गये प्रत्येक प्रश्नों के चार संभावित उत्तर विकल्प दिये गये हैं। जिनमें से एक विकल्प सही है। उसे सही विकल्प का सावधानीपूर्वक चुनाव कीजिए।*

1. यदि $A = \{P, q, r, s, t\}$ तो, निम्नलिखित में कौन–सा कथन सत्य होगा ?

A. $P \in A$ B. $q \notin A$
C. $d \in A$ D. $r \notin A$

2. संख्या 446786 के अकों को समुच्चयों की सूची में किस प्रकार लिखा जा सकता है ?

A. {4, 4, 8, 6} B. {4, 6, 6, 7, 8}
C. {4, 6, 7, 8} D. {4, 4, 6, 7, 8, 6}

3. ALLAHABAD शब्द के अक्षरों का समुच्चय निम्नलिखित में कौन-सा होगा ?
A. {A, L, H, B, D} B. {A, L, L, B, D}
C. {A, A, H, B, D} D. {A, L, B, D}

4. शब्द ATTARACT के अक्षरों का समुच्चय निम्नलिखित शब्दों के अक्षरों के समुच्चयों में से किसके सम होगा ?
A. TRACE B. RAT
C. CART D.CREATE

5. यदि A = {4, 5, 9} तथा B = {3, 9, 8, 5, 6} तो A ∪ B का मान कितना होगा ?
A. {3, 4, 5, 6, 8, 9} B. {3, 4, 5, 9}
C. {5, 6, 9} D. {3, 5, 9}

6. निम्नलिखित में तारांकित ⊗ स्थान पर कौन-सी संख्या होगी ? यदि A = {4, ⊗}, B = {7, ⊗} और A ∪ B = {4, 7, 8} ?
A. 4 B. 7
C. 8 D. ϕ

7. उपरोक्त प्रश्न में यदि A ⊂ B तथा A ∪ B = ⊗ तब ⊗ के स्थान पर मान होगा ?
A. A B. {ϕ}
C. B D. {1}

8. यदि A = {4, 7, 8} तथा B = {7, 9} हो तो A ∩ B का मान कितना होगा ?
A. {7} B. {4}
C. {8} D. {4, 9}

9. निम्नलिखित में तारांकित (⊗) स्थान पर क्या मान होगा यदि A = {4, 7, 8}, B = {8, ⊗} तथा A ∩ B = { 8, 4} ?
A. {8} B. {8, 4}
C. {4} D. {7}

10. उपरोक्त प्रश्न में यदि A ⊂ B तथा A ∩ B = ⊗ हो तब तारांकित स्थान पर क्या मान होना चाहिए ?
A. {ϕ} B. A
C. B D. {1}

11. यदि A = { *a*, *b*, *c*}, B = {*d*, *r*, *s*, *a*, *c*} हो तो (A – C) का मान कितना होगा ?
A. {*d*, *r*,} B. {*b*}
C. {*a*} D. {*d*, *r*, *s*}

12. समुच्चय A = {1, 3, 5} के विसंघति तीन अवयवों वाला एक समुच्चय होगा ?
A. {1, 3, 5} B. {2, 4, 6}
C. {1^2, 3^2, 5^2} C. {1, 2, 3}

13. यदि A = {2, 4, 6} हो तो A ∪ ϕ किसके बराबर होगा ?
A. {2, 8} B. {2, 4, 6}
C. {2, 4,} D. {4, 6}

14. यदि A = {1, 2, 3} तथा B = {2, 3, 5} हो तो (A – B) तथा (A ∩ B) के मान क्रमशः क्या होंगे ?
A. {5}, {2, 3} B. {1}, {2, 5}
C. {1}, {2, 3} D. {1, 2}, {3}

15. यदि समुच्चय A = {2, 7, 9, 10, 11} तथा B = { *x* : *x* समसंख्याएं हैं} तो समुच्चय (A ∩ B) का मान कितना होगा ?
A. {2} B. {3, 10, 6}
C. {2, 10} D. {7, 9, 11}

16. समुच्चय A = {2, 3, 6}, B = {3, 6, 7} तथा C = {7, 9} तो A = (B ∪ C) का मान क्या होगा ?
A. {2} B. {3, 6}
C. {6} D. {2, 6}

17. यदि A = {2, 3, 5, 7, 9, 10} तथा B = {1, 3, 7, 10, 12, 13}, तो (A – B) तथा (B – A) के मान क्रमशः क्या होंगे ?
A. {4, 3} {2} B. {3, 5} {4}
C. {8, 9, 10} {ϕ} D. {5, 9} {1, 13}

18. यदि ∪ = {1, 2, 3, 4........10}, A = {4, 7, 9} तथा B = {9, 1, 6}, तो (A – B) का मान कितना होगा ?
A. {1, 2, 3, 5, 6, 8, 9, 10} B. {1, 5, 8, 9, 11}
C. {9, 10} D. {ϕ}

19. *x* ∈ A का अर्थ है–
A. *x*, समुच्चय A का अवयव है
B. *x*, समुच्चय A का अवयव नहीं है
C. *x*, समुच्चय A का उप समुच्चय है
D. *x*, समुच्चय A के बराबर है

20. यदि A = {2, 4, 6, 8, 10}, B = {5, 6, 8, 9} तथा C = {8, 9, 10, 11} तो A ∪ (B ∩ C) का मान क्या होगा ?
A. {1, 3, 5, 7, 9} B. {2, 4, 6, 8, 9, 10}
C. {3, 8, 10} D. {2, 4, 6, 10}

21. उपरोक्त प्रश्न में (A ∩ B) ∩ (A ∪ C) का मान कितना होगा ?
A. {2, 4, 6, 8, 9, 10} B. {4, 6, 10}
C. {2, 9, 10} D. {2, 4, 6, 8, 10}

22. यदि समुच्चय A = {2, 3, 6}, B = {3, 6, 7} तथा C = {7, 9} तो A – (B∪C) का मान क्या होगा ?

A. {3, 6} B. {6}
C. {2} D. {2, 3, 6}

23. A ⊂ B का अर्थ होगा–

A. समुच्चय A समुच्चय B का उप समुच्चय है
B. समुच्चय B समुच्चय A का उप समुच्चय है
C. A = B
D. A > B

उतरमाला

1	2	3	4	5	6	7	8	9	10
A	C	A	C	A	C	C	A	C	B
11	12	13	14	15	16	17	18	19	20
B	B	B	C	C	A	D	A	B	B
21	22	23							
A	C	A							

3

महत्तम समापवर्तक एवं लघुत्तम समापवर्त्य
(Highest Common Factor and Least Common Multiple)

महत्तम समापवर्तक :

अपवर्तक : उस संख्या, बीजीय अक्षर अथवा व्यंजक को, जो दिये हुए व्यजंक को पूरा-पूरा विभाजित कर दे, दिये व्यंजक का अपवर्तक कहते हैं।

समापवर्तक : यदि कोई अपवर्तक दो या दो से अधिक व्यंजकों को पूरा-पूरा विभाजित करे तो वह उन व्यंजकों का समापवर्तक होगा।

महत्तम समापवर्तक : उस बड़ी से बड़ी संख्या, बीजीय अक्षर अथवा व्यंजक को जो दो या दो से अधिक व्यंजकों को पूर्णतः विभाजित करे, उन व्यंजकों को महत्तम समापवर्तक कहते हैं।

लघुत्तम समापवर्त्य :

अपवर्त्य : यदि कोई व्यंजक किसी अन्य दिये व्यंजक से पूरा-पूरा विभाजित हो जाता है तो पहला व्यंजक, दूसरे का अपवर्त्य कहलाता है।

समापवर्त्य : यदि कोई व्यंजक किन्हीं दो या दो से अधिक व्यंजकों से पूरा-पूरा विभाजित हो जाता है तो वह व्यंजक उन दिये हुए व्यंजकों का समापवर्त्य होता है।

लघुत्तम समापवर्त्य : वह छोटे से छोटा व्यंजक जो दिये हुए दो या अधिक व्यंजकों से पूरा-पूरा विभाजित हो जाये तो उन दिए हुए व्यंजकों का लघुत्तम समापवर्त्य कहलाता है।

वस्तुनिष्ठ प्रश्न

निर्देश : नीचे दिये गये प्रत्येक प्रश्नों के चार संभावित उत्तर विकल्प दिये गये हैं। जिनमें से एक विकल्प सही है। उस सही विकल्प का सावधानीपूर्वक चुनाव कीजिए।

1. कोई व्यंजक यदि दिये हुए दो या दो से अधिक व्यंजकों को पूरा-पूरा विभाजित करे, तो वह उक्त व्यंजकों का कहा जाता है–

A. अपवर्तक B. अपवर्त्य
C. समापवर्तक D. समापवर्त्य

2. $4x^2y^2$, $6xyz$ का म. स. प. कितना होगा ?

A. $2xy$ B. $6xy$
C. x^2y^2 D. $2x^2y^2$

3. $x(y+z)$, $y(z+y)$ का म. स. क्या होगा ?

A. $(y+z)$ B. $(x+y+z)$
C. $x(y+z)$ D. $y(x+z)$

4. $10y(x+y)$, $25y^2(x+y)^2$ तथा $45y^3(x+y)^2$ का म. स. कितना होगा ?

A. $6x(x+y)$ B. $5y(x+y)$
C. $5x(x-y)$ D. $3x(x+y)$

5. $7(x+y)^2(x+y)^3$ तथा $21(x+y)^3(x-y)^2$ का म. स. क्या है ?

A. $6(x^2-y^2)^2$ B. $7(x^2-y^2)^2$
C. $8(x^4-y^4)$ D. $5(x-y)^4$

6. (x^3-1) तथा (x^4+x^2+1) का म. स. कितना होगा ?

A. $(x-1)(x^2+x)$ B. x^2-x-1
C. x^2+x+1 D. x^2-x+1

7. यदि x^2+px+q तथा x^2+lx+m का समापवर्तक $(x+k)$ है तो k का मान क्या होगा ?

A. $\frac{m-p}{q-l}$ B. $p^2(q-m)$
C. $\frac{q-m}{p-l}$ D. $lm(p+q)$

8. $(x^2-x),(x^3+x^2+x)$ का म. स. क्या होगा ?
A. x^2 B. $x-1$
C. $(x+1)$ D. x

9. $(x^2-4), (x^2+3x+2)$ का म.स. कितना होगा ?
A. $(x-2)$ B. $(2x-3)$
C. $(x+2)$ D. $(x+4)$

10. $4x(x+y), 12(y^2-x^2)$ का म. स. क्या होगा ?
A. $5(x-y)$ B. $4(x+y)$
C. $3(x+y)$ D. $2(x-y)$

11. $(x^2-xy-12y^2)$ तथा (x^2+3xy) का म. स. क्या है ?
A. $(2x+y)$ B. $(x+3y)$
C. $(x+2y)$ D. $(2x+2y)$

12. (x^2+6x+9), (x^2+x-6) का म. स. ज्ञात करने पर मान होगा ?
A. $(x+3)$ B. $(2x+5)$
C. $(x-3)$ D. $(x+4)$

13. (x^2-9), (x^2+5x+6) का $(3x^2+13x+12)$ का म. स. कितना होगा ?
A. $(x-4)$ B. $(x-3)$
C. $(x+3)$ D. $(x+4)$

14. x^4-y^4, x^6-y^6 का म. स. क्या है ?
A. $(x^2-y^2)(x+y)$ B. (x^2+y^2)
C. $(x+y)(x-y)$ D. x^3-y^3

15. (x^2+x-2) तथा (x^3+4x^2+x-6) का म. स. कितना होगा ?
A. $(x-2)(x+1)$ B. $(x-1)(x+2)$
C. $x(x+2)$ D. $x(x-1)$

16. (x^2-1) तथा $ax^2-b(x+1)$ म.स. $(x-1)$ हो तो a का सम्बन्ध होगा ?
A. $a+2b=0$ B. $2a+b=0$
C. $a=2b$ D. $a=\frac{b}{2}$

17. यदि (ax^2+bx+c) और (bx^2+ax+c) का म. स. $(x+1)$ हो तो C का मान कितना होगा ?
A. $C=2$ B. $C=1$
C. $C=0$ D. $C=-2$

18. $(x-y)$ और $(x-y)^3$ का म. स. कितना होगा ?
A. $(x-y)(x^2+y^2)$ B. x^3-y^3
C. $(x-y)^3$ D. $(x+y)(x^2+y^2)$

19. $(x^3-x), (x-1)^2, (x^2-1)^2$ का म. स. कितना होगा ?
A. $x(x+1)^2(x-1)^2$
B. $x(x-1)^2(x-2)^2$
C. $x(x+1)(x-2)$
D. $x^2(x+1)^2(x-1)^2$

20. दो व्यंजकों का म. स. $x+2$ तथा ल. स. $(x+2)(x-1)(x^2-2x+4)$ है, यदि उनमें से एक व्यंजक (x^2-2x+4) हो तो बताइये दूसरा व्यंजक कितना होगा ?
A. $(x+2)^2(x-1)$ B. $(x+1)^2(x-1)$
C. $x^2(x^2+1)$ D. $x(x-1)(x-2)$

21. दो व्यंजकों का गुणनफल $(x-2)^2(x+2)^2$ है। यदि उनका म. स. $(x-2)$ हो तो उनका ल. स. कितना होगा ?
A. $(x-2)(x+2)^2$ B. x^3+2
C. x^3-2 D. $(x+2)^3$

22. $(x^2-7x+12)$ तथा (x^2-2x-3) का ल. स. कितना होगा ?
A. $(x+4)(x-3)(x+1)$
B. $(x-4)(x-3)(x+1)$
C. $(x-4)(x+3)(x+1)$
D. $(x-4)(x-3)(x-1)$

23. $3x^5y^3$, $4x^6y$, $6xy^2$ का ल. स. क्या होगा ?
A. $6x^5y^3$ B. $8x^6y^2$
C. $12x^6y^3$ D. $12x^4y^5$

24. A तथा B दो व्यंजकों के महत्तम समापवर्तक तथा लघुत्तम समापवर्तक तथा लघुत्तम समापवर्त्यक क्रमशः H और L हैं। बताइये (A^2+B^2) का मान H और L के पदों में क्या होगा ?

A. $\frac{H+L}{H-L}$ B. H^2-L^2

C. H^2+L^2 D. $\frac{H+L}{2}$

25. A के किस मान के लिए $x^2-2x-24$ और x^2-Ax-6 का म. स. $(x-6)$ होगा ?

A. 8 B. 4

C. 5 D. 2

उत्तरमाला

1	2	3	4	5	6	7	8	9	10
C	A	A	B	B	C	C	D	C	B
11	12	13	14	15	16	17	18	19	20
B	A	C	C	B	C	C	C	A	A
21	22	23	24	25					
A	B	C	C	C					

महत्त्वपूर्ण प्रश्नों के व्याख्यात्मक उत्तर

4. $\because\ 10y(x+y)=2\times5\times y\,(x+y)$

$25y^2(x+y)^2=5\times5\times y\times y\times(x+y)\times(x+y)$

तथा $45y^3(x+y)^2=3\times3\times5\times y\times y\times y\times(x+y)\times(x+y)$

$\therefore$ म. स. $=5\times y\times(x+y)=5y(x+y)$

14. $\because\ x^4-y^4=(x^2-y^2)(x^2+y^2)$

$=(x^2+y^2)(x-y)(x+y)$

तथा $x^6-y^6=(x^3-y^3)(x^3+y^3)$

$=(x-y)(x^2+xy+y^2)\times(x+y)(x^2-xy+y^2)$

म.स. $=(x+y)(x-y)$

19. $\therefore\ x^3-x=x(x^2-1)=x(x+1)(x-1)$

$(x-1)^2=(x-1)(x-1)$

तथा $(x^2-1)^2=(x+1)^2(x-1)^2$

$\because$ ल.स. $=x(x+1)^2(x-1)^2$

25. $\because$ यदि $(x-6)$ व्यंजक $x^2-2x-24$ और x^2-Ax-6 का म.स. है तो $x-6=0\Rightarrow x=6$ रखने पर व्यंजक (x^2-Ax-6) का शेषफल 0 आयेगा।

अर्थात् $(6)^2-A\times6-6=0\Rightarrow 36-6A-6=0$

$\Rightarrow\quad A=\frac{30}{6}=5$

4

घातांक तथा लघुगणक
(Indices and Logarithms)

घातांकों के नियम :

1. समान आधार वाली घातयुक्त संख्याओं का गुणनफल उस संख्या के घाताकों के योग के बराबर घातांक लगाकर प्राप्त होता है। जैसे : $x^m \times x^n \times x^p = x^{m+n+p}$
2. एक ही संख्या की दो घातों का भागफल प्राप्त करने के लिए संख्या पर दोनों घातांकों के अन्तर के बराबर होता है। जैसे : $x^m \div x^n = x^{m-n}$
3. यदि किसी राशि का घातांक शून्य हो तो उसका मान सदैव 1 के बराबर होता है। जैसे : $x^0 = 1$
4. यदि किसी घातयुक्त राशि का भी कोई घात हो तो परिणाम दोनों घातांकों के गुणनफल को राशि के ऊपर रखकर प्राप्त करते हैं। जैसे : $(x^m)^n = x^{mn}$
5. अंश को हर में या हर को अंश में परिवर्तित करने पर घातांक का चिन्ह बदल जाता है। जैसे : $x^m = \frac{1}{x^{-m}}$ या $\frac{1}{x^n} = x^{-n}$

लघुगणक के नियम :

1. दो संख्याओं के गुणनफल का लघुगणक उन संख्याओं के अलग–अलग लघुगणकों के योग के बराबर होता है। जैसे : $\log(m \times n) = \log m + \log n$
2. दो संख्याओं के भागफल का लघुगणक उनके अलग-अलग लघुगणकों के अन्तर के बराबर होता है। जैसे : $\log\left(\frac{m}{n}\right) = \log m - \log n$
3. किसी घातयुक्त संख्या का लघुगणक उसके आधार के घातांक में संख्या के लघुगणक को गुणा करने से प्राप्त होता है। जैसे : $\log_a (m)^n = n\log_a m$
4. किसी संख्या का उसी आधार पर लघुगणक 1 होता है। जैसे : $\log_m m = 1$ या $\log_{10} 10 = 1$
5. किसी भी आधार पर 1 का लघुगणक शून्य होता है। जैसे : $\log_{10} 1 = \log_{10} 10^0 = 0 \times \log_{10} 10 = 0$

ध्यान में रखिये–

$\log 2 = 0.3010,\ \log 3 = 0.477$
$\log 5 = 0.6990,\ \log 10 = 1$

महत्त्वपूर्ण नोट : यदि किसी लघुगणक का आधार न दिया गया हो तो उस आधार पर 10 माना जाता है।

वस्तुनिष्ठ प्रश्न

निर्देश : नीचे दिये गये प्रत्येक प्रश्नों के चार संभावित उत्तर विकल्प दिये गये हैं। जिनमें से एक विकल्प सही है। उस सही विकल्प का सावधानीपूर्वक चुनाव कीजिए।

1. $a^9 \div a^7$ का मान होगा ?

   A. a B. $\frac{1}{a}$

   C. a^2 D. $\frac{1}{a^2}$

2. $\left(\frac{x}{y}\right)^{a-b+b-c+c-a}$ का मान कितना होगा ?

   A. 0 B. $\frac{x}{y}$

   C. 1 D. $\frac{x}{y}$

3. $(xy)^{a-b}.(yz)^{b-c}.(3x)^{c-a}$ का मान क्या है ?

   A. 1 B. 0

   C. $(xyz)^{abc}$ D. $\frac{1}{(xyz)^{abc}}$

4. $\left(\frac{x^a}{x^b}\right)^{a+b} \times \left(\frac{x^b}{x^c}\right)^{b+c} \times \left(\frac{x^c}{x^a}\right)^{c+a}$ का मान क्या है ?

A. 0 B. 1

C. x^{abc} D. $\frac{1}{x^{abc}}$

5. $\log_{13} 169$ का मान कितना होगा ?

A. 5 B. 2

C. 3 D. 10

6. $\log_5 3125$ का मान क्या है ?

A. 4 B. 6

C. 5 D. 8

7. $\log 12^2$ का मान log 2 तथा log 3 के पदों में कितना होगा ?

A. 4 log 2 + 2 log 3 B. 4 log 2 + 3 log 3

C. 3 log 2 + 2 log 3 D. 4 log 2+ 3 log 3

8. $\log\frac{15}{16} + \log\frac{2}{5} - \log\frac{3}{8}$ को सरल करने पर मान होगा ?

A. log (16) B. log 48

C. 1 D. 0

9. यदि $\log a + \log b = \log (a + b)$ हो तो b का मान निम्न में से क्या होगा ?

A. $\frac{a}{a+1}$ B. $\frac{a}{a-1}$

C. $\frac{a-1}{a}$ D. $\frac{a+1}{a}$

10. यदि $\log 3^{x+4} = \log 729$ हो तो x का मान कितना होगा ?

A. 3 B. 6

C. 2 D. 5

11. $\left(x^2\right)^4 \times \left(\frac{1}{\sqrt{x}}\right)^2$ का मान कितना होगा ?

A. x^6 B. x^8

C. x^7 D. $\frac{1}{x^7}$

12. $\left(\frac{a^m}{a^n}\right)^{\frac{1}{mn}} \times \left(\frac{a^n}{a^l}\right)^{\frac{1}{ln}} \times \left(\frac{a^l}{a^m}\right)^{\frac{1}{lm}}$ का मान क्या है ?

A. 0 B. 1

C. a^{mnl} D. $a^{1/mnl}$

13. यदि log 2 = 0.3010 तथा log 3 = 0.4771 हो तो log 48 का मान कितना होगा ?

A. 1.6811 B. 3.7652

C. 2.6850 D. 3.6860

14. $\log\frac{a^2}{bc} + \log\frac{b^2}{ca} + \log\frac{c^2}{ab}$ को सरल करने पर मान क्या होगा ?

A. 1 B. log (abc)

C. 0 D. $\log\left(\frac{b^2}{ac}\right)$

15. $\log\frac{32}{81}$ को log2 तथा log3 के रूप में किस प्रकार व्यक्त कर सकते हैं ?

A. 4 log 2 + 3 log 3 B. 5 log 2 – 4 log 3

C. 5 log 2 + 4 log 3 D. 5 log 3 + 4 log 2

16. यदि log 2 = 0.30103 तो बताइये $\log\frac{25}{2}$ का मान कितना होगा ?

A. 0.08762 B. 0.09691

C. 0.6750 D. 0.7532

17. log 2 + log 3 – log 6 को सरल करने पर क्या मान होगा ?

A. 1 B. log 25

C. log 18 D. 0

18. यदि $(125)^{5-3x} = (5)^{7-7x}$ हो तो बताइये x का मान कितना होगा ?

A. 2 B. 0

C. 4 D. 5

19. यदि $\log_a 2^{x+4} = \log 512$ हो तो x का मान कितना होगा ?

A. 4 B. 3

C. 5 D. 2

20. $\log\frac{2\times3\times5}{7}$ का मान क्या होगा ?

A. log 2 – log 3 – log 5 – log 7

B. log 2 + log 3 + log 5 – log 7

C. log (2 + 3 + 5) – log 7

D. log 2 + log 3 + log 5 + log 7

21. $\log_{10} .001 = -3$ को घातांकीय रूप में प्रकट करने पर मान क्या होगा ?

A. $0.0001 = 10^{-3}$ B. $0.001 = 10^{-3}$

C. $0.01 = 10^{-2}$ D. $0.0001 = 10^{-3}$

22. यदि $5^x = 400$ हो तो x का मान दशमलव के दो अंकों तक क्या होगा ?
A. 6.32 B. 3.72
C. 8.42 D. 2.65

23. यदि log 3836 = 3.5839 हो तो 0.003836 का लघुगणक का मान कितना होगा ?
A. $\bar{2}.4839$ B. $\bar{4}.5839$
C. $\bar{1}.5839$ D. $\bar{3}.5839$

24. log 5369.7 का पूर्णांश होगा :
A. 4 B. 2
C. 3 D. 1

25. log 345.78 = 2.5388 तो log 34578 का मान कितना होगा ?
A. 3.5378 B. 4.5388
C. 6.5370 D. 4.5670

26. यदि log 3 = 0.4771 हो तो बताइये 3^{35} में अंकों की संख्या कितनी होगी ?
A. 17 B. 16
C. 18 D. 20

27. यदि log 6 = 0.77815 हो तो $(6)^{25}$ में अंकों की संख्या क्या होगी ?
A. 18 B. 21
C. 24 D. 20

28. log 56789 का पूर्णांश कितना होगा ?
A. 3 B. 4
C. 5 D. 6

29. कितने प्रतिशत वार्षिक ब्याज की दर से 100 रु. का 30 वर्ष में मिश्रधन 10000 रु. हो जायेगा ? जबकि (log 2 = 0.30103, log 1259 = 3.1000)
A. 25.9% B. 36.2%
C. 38.5% D. 27.5%

30. 1000 रु. का 25% वार्षिक ब्याज की दर से 31 वर्ष का चक्रवृद्धि मिश्रधन कितना होगा ? जबकि (log 2 = 0.30103, log 101.0 = 2.0070)
A. 10,200 रु. B. 101,000 रु.
C. 110,000 रु. D. 115,000 रु.

उत्तरमाला

1	2	3	4	5	6	7	8	9	10
C	C	A	B	B	C	A	D	B	C
11	12	13	14	15	16	17	18	19	20
C	B	A	C	B	B	D	C	C	B
21	22	23	24	25	26	27	28	29	30
B	B	D	C	B	A	D	B	A	B

महत्त्वपूर्ण प्रश्नों के व्याख्यात्मक उत्तर

5. $\left(\frac{x^a}{x^b}\right)^{a+b} \times \left(\frac{x^b}{x^c}\right)^{b+c} \times \left(\frac{x^c}{x^a}\right)^{c+a}$

$= \left(x^{a-b}\right)^{a+b} \times \left(x^{b-c}\right)^{b+c} \times \left(x^{c-a}\right)^{c+a}$

$= x^{(a-b)(a+b)} \times x^{(b-c)(b+c)} \times x^{(c-a)(c+a)}$

$= x^{a^2-b^2} \times x^{b^2-c^2} \times x^{c^2-a^2}$

$= x^{a^2-b^2+b^2-c^2+c^2-a^2} = x^0 = 1$

6. $\because \log_5 3125 = \log_5 (5)^5 = 5\log_5 5 = 5 \times 1 = 5$

9. $\because \log a + \log b = \log(a+b)$

$\Rightarrow \log(ab) = \log(a+b)$

$\Rightarrow ab = a + b \Rightarrow ab - b = a$

$\Rightarrow b(a-1) = a \Rightarrow b = \frac{a}{a-1}$

19. $\because \log_a 2^{x+4} = \log_a 512$

$\Rightarrow \log_a 2^{x+4} = \log_a 2^9$

$\Rightarrow x + 4 = 9 \Rightarrow x = 5$

30. $\because$ मिश्रधन (A) $= 100\left(1 + \frac{25}{100}\right)^{31}$

$= 100\left(1 + \frac{1}{4}\right)^{31} = 100\left(\frac{5}{4}\right)^{31}$

दोनों तरफ का log लेने पर

$\log A = \log 100 + 31 \log \frac{5}{4}$

$= \log 10^2 + 31(\log 5 - \log 4)$

$\therefore \log A = 2\log 10 + 31[1 - \log 2 - 2\log 2]$

$= 2 \times 1 + 31[1 - 3\log 2] = 2 + 31[1 - 3 \times 0.3010]$

$= 2 + 31[1 - 0.9030] = 2 + 31 \times 0.0970$

$= 2 + 3.0070 = 5.0070$

$\therefore \log A = \log 101,000$

$\Rightarrow$ A = 101,000 रु.

5
करणी
(Surds)

प्रायः सभी संख्याओं के वर्गमूल इमेशा पूर्ण संख्या नहीं होते जैसे $\sqrt{4} = 2$ परन्तु $\sqrt{2} = 1.4142135$ जो कि पूर्ण संख्या नहीं है। ऐसी संख्यायें जिनके वर्गमूल पूर्ण संख्या नहीं होते जैसे : $\sqrt{2}, 3\sqrt{2}, \sqrt{3}, 4\sqrt{5}$ $5\sqrt{21}$ इत्यादि को करणी (Surd) कहते हैं।

A. करणियों के नियम :

(*i*) यदि n धन पूर्णांक हो तथा a एक धन परिमेय संख्या हो तो $\sqrt[n]{a}$ संख्या a का धन n वां मूल है। अर्थात्

$$\left(\sqrt[n]{a}\right)^n = a$$

(*ii*) यदि $\sqrt[n]{a}$ तथा $\sqrt[n]{b}$, एक ही घात की दो करणियां हों तब $\left(\sqrt[n]{b}.\sqrt[n]{b}\right)^n = \left(\sqrt[n]{a}\right)^n.\left(\sqrt[n]{b}\right)^n = ab$

(*iii*) यदि m, n दो धन पूर्णांक हों तब किसी भी धन परिमेय संख्या a के लिए

$$m\sqrt{\left(\sqrt[n]{a}\right)^{mn}} = \left(\sqrt[m]{a}\right)^m = a$$

$$\sqrt[m]{\sqrt[n]{a}} = \sqrt[mn]{a}$$

(*iv*) यदि m, n और p धन पूर्णांक हो तो किसी भी धन परिमेय संख्या a के लिए $\sqrt[n]{ap} = \sqrt[n]{ap\sqrt[m]{(ap)^m}}$

$$\sqrt[mn]{a^{pm}}$$

B. करणियों की तुलना :

यदि दो करणियों, जिनके करणीघात समान हों, की तुलना आसानी से कर सकते हैं। इसके लिए हमें उनके करणीगतों की तुलना करनी होती है। जैसे : $\sqrt[3]{25} > \sqrt[3]{24} > \sqrt[3]{10}$ या $\sqrt[5]{84} > \sqrt[5]{80} > \sqrt[5]{72}$ और यदि करणियां एक ही करणीघात की न हों तो पहले उन्हें परिवर्तन करके एक ही करणीघात बना लेते हैं।

C. करणियों का योग और व्यवकलन :

चूंकि करणियां वास्तविक संख्याएं हैं इसलिए इन पर बंटन नियम लागू होता है। जैसे :

(*i*) $5\sqrt{2} + 4\sqrt{2} = (5+4)\sqrt{2} = 9\sqrt{2}$

(*ii*) $4\sqrt{7}+5\sqrt{7}-3\sqrt{7}=(4+5-3)\sqrt{7}=6\sqrt{7}$

D. दो करणियों का गुणन और भाजन :

एक ही घात की दो करणियों को निम्नलिखित नियम के अनुसार गुणा करके, उसी घात की करणी के रूप में लिख सकते हैं। जैसे :

$\sqrt[n]{a}.\sqrt[n]{b} = \sqrt[n]{ab}$ और यदि दो करणियां एक ही घात की न हो तो सबसे पहले उन्हें परिवर्तित करके एक ही घात बनाते हैं। फिर आसानी से गुणन या भाजन ज्ञात करते हैं।

E. करणी का परिमेयकरण :

जब दो करणियों का गुणनफल एक परिमेय संख्या हो तो उनमें से प्रत्येक को, दूसरे का परिमेयकारी गुणक (प.गु.) (Rationalising factor) कहते हैं। जैसे :

(*i*) $2\sqrt{5}\times\sqrt{5} = 10$

यहां $\sqrt{5}$ प. गु. है $2\sqrt{5}$ का।

(*ii*) $\left(\sqrt{3}+\sqrt{2}\right)\left(\sqrt{3}-\sqrt{2}\right) = \left(\sqrt{3}\right)^2 - \left(\sqrt{2}\right)^2$

$= 3 - 2 = 1$

यहां $\sqrt{3}-\sqrt{2}$ प.गु. है $\sqrt{3}+\sqrt{2}$ का

(*iii*) $\left(\sqrt{3}+\sqrt{10}-\sqrt{5}\right)\left(\sqrt{3}+\sqrt{10}+\sqrt{5}\right)$

$= \left(\sqrt{3}+\sqrt{10}\right)^2 - \left(\sqrt{5}\right)^2 = 3+10+2\sqrt{30}-5$

$= 8+2\sqrt{30}$

और $\left(8+2\sqrt{30}\right)\left(8-2\sqrt{30}\right) = (8)^2 - \left(2\sqrt{30}\right)^2$

$= 64 - 120 = -56$

$\therefore \left(\sqrt{3}+\sqrt{10}-\sqrt{5}\right)\left(\sqrt{3}+\sqrt{10}+\sqrt{5}\right)$

$\left(8-2\sqrt{30}\right) = -56$

$\therefore$ यहां $\left(\sqrt{3}+\sqrt{10}+\sqrt{5}\right)\left(8-2\sqrt{30}\right)$ प.गु. है। $\left(\sqrt{3}+\sqrt{10}-\sqrt{5}\right)$ का।

वस्तुनिष्ठ प्रश्न

निर्देश : *नीचे दिये गये प्रत्येक प्रश्नों के चार संभावित उत्तर विकल्प दिये गये हैं। जिनमें से एक विकल्प सही है। उस सही विकल्प का सावधानीपूर्वक चुनाव कीजिए।*

1. $\sqrt{32}$ का सरलतम परिमेयकारी गुणक कितना होगा ?
   A. $\sqrt{6}$ B. $\sqrt{3}$
   C. $\sqrt{2}$ D. $\sqrt{8}$

2. $2.\sqrt[3]{5}$ का सरलतम प.गु. क्या होगा ?
   A. $\sqrt[3]{5}$ B. $\sqrt[3]{25}$
   C. $\sqrt{25}$ D. $\sqrt[4]{25}$

3. व्यंजक $\frac{2}{\sqrt{7}}$ के हर का परिमेयकरण करने पर मान होगा ?
   A. $\frac{3\sqrt{7}}{7}$ B. $2\sqrt{7}$
   C. $\frac{2\sqrt{7}}{7}$ D. $\frac{2}{7}$

4. $\sqrt[4]{1875}$ को सरलतम रूप में लिखने पर मान होगा ?
   A. $3\sqrt[3]{3}$ B. $6\sqrt[2]{5}$
   C. $5\sqrt[4]{3}$ D. $5\sqrt[3]{4}$

5. $\frac{3}{4}.\sqrt{32}$ को पूर्ण करणी में किस प्रकार लिखा जा सकता है ?
   A. $\sqrt{15}$ B. $\sqrt{19}$
   C. $\sqrt{21}$ D. $\sqrt{18}$

6. $\sqrt[3]{256}$ को उसके सरलतम मिश्र करणी के रूप में प्रदर्शित करने पर मान होगा :
   A. $3\sqrt[3]{4}$ B. $4\sqrt[4]{3}$
   C. $4\sqrt[3]{4}$ D. $2\sqrt[3]{4}$

7. $3\sqrt[4]{5}$ को पूर्ण करणी के रूप में लिखने पर मान कितना होगा ?
   A. $\sqrt{1775}$ B. $\sqrt{1875}$
   C. $\sqrt{1996}$ D. $\sqrt{1885}$

8. $\sqrt[3]{3}$ तथा $\sqrt[4]{5}$ में कौन-सी बड़ी है ?
   A. $\sqrt[4]{5}$ B. $\sqrt[3]{3}$
   C. दोनों समान हैं D. कोई नहीं

9. निम्नलिखित संख्याओं के परिमाण को अवरोही क्रम में किस प्रकार से लिखा जायेगा– $\sqrt[4]{3}, \sqrt[6]{5}, \sqrt[12]{125}$
   A. $\sqrt[4]{3}, \sqrt[6]{5}, \sqrt[12]{125}$
   B. $\sqrt[12]{125}, \sqrt[6]{5}, \sqrt[4]{3}$
   C. $\sqrt[12]{125}, \sqrt[4]{3}, \sqrt[6]{5}$
   D. $\sqrt[6]{5}, \sqrt[4]{3}, \sqrt[12]{125}$

10. $\left(5\sqrt{3} + 2\sqrt{27} + \frac{1}{\sqrt{3}}\right)$ को सरल करने पर मान कितना होगा ?
   A. $\frac{31}{2}\sqrt{3}$ B. $\frac{34}{5}\sqrt{3}$
   C. $\frac{34}{3}\sqrt{3}$ D. $\frac{32}{\sqrt{3}}$

11. $\left(\sqrt{252}-5\sqrt{6}+\sqrt{294}-3\sqrt{\frac{1}{6}}\right)$ का सरलतम रूप में मान होगा :
   A. $8\sqrt{6}+\frac{5}{2}\sqrt{3}$ B. $6\sqrt{7}+\frac{3}{2}\sqrt{3}$
   C. $6\sqrt{7}+\frac{3}{2}\sqrt{6}$ D. $7\sqrt{6}$

12. $\frac{6}{3\sqrt{2}-2\sqrt{3}}$ को परिमेय हर वाले व्यंजक के रूप में प्रकट करने पर मान क्या होगा ?
   A. $4\sqrt{2}+2\sqrt{3}$ B. $3\sqrt{2}+2\sqrt{3}$
   C. $3\sqrt{7}+5\sqrt{6}$ D. $6\sqrt{3}+2\sqrt{5}$

13. यदि A और B दो परिमेय संख्याएं हैं तो $\left(\frac{\sqrt{3}-1}{\sqrt{3}+1} = A+B\sqrt{3}\right)$ में A तथा B के मान क्रमशः क्या होंगे ?

A. –1, 2 B. 2, 3
C. 2, –1 D. 2, –3

14. $\frac{2\sqrt{6}-\sqrt{5}}{3\sqrt{5}-2\sqrt{6}}$ को उसके हर का परिमेयकरण करने पर मान होगा :

A. $\frac{9+4\sqrt{30}}{21}$ B. $\frac{8+2\sqrt{15}}{7}$
C. $\frac{9+3\sqrt{2}}{5}$ D. $\frac{7-2\sqrt{3}}{5}$

15. $\frac{\sqrt{6}}{\sqrt{2}+\sqrt{3}}+\frac{3\sqrt{2}}{\sqrt{6}+\sqrt{3}}-\frac{4\sqrt{3}}{\sqrt{6}+\sqrt{2}}$ का सरलतम मान कितना होगा ?

A. 0 B. 1
C. 2 D. 8

16. निम्नलिखित को आरोही क्रम में किस प्रकार लिख सकते हैं–$\sqrt[4]{10}, \sqrt[3]{6}, \sqrt{3}$

A. $\sqrt{3}, \sqrt[4]{10}, \sqrt[3]{6}$ B. $\sqrt[4]{10}, \sqrt{3}, \sqrt[3]{6}$
C. $\sqrt[3]{6}, \sqrt{3}, \sqrt[4]{10}$ D. $\sqrt[4]{10}, \sqrt[3]{6}, \sqrt{3}$

17. $\frac{4}{\sqrt[3]{16}}$ के हर का परिमेयकरण करने पर मान होगा :

A. $\sqrt[3]{6}$ B. $\sqrt[3]{4}$
C. $\sqrt[2]{8}$ D. $\sqrt[2]{11}$

18. यदि $\frac{4+2\sqrt{5}}{4-3\sqrt{5}} = a+b\sqrt{5}$ हो तो बताइये a और b के स्थान पर क्रमशः क्या मान होंगे ?

A. $\frac{-31}{35}, \frac{-29}{35}$ B. $\frac{-61}{29}, \frac{-24}{29}$
C. $\frac{34}{39}, \frac{24}{39}$ D. $\frac{41}{32}, \frac{65}{32}$

19. $\left(\frac{\sqrt{5}+\sqrt{3}}{\sqrt{5}-\sqrt{3}}+\frac{\sqrt{5}-\sqrt{3}}{\sqrt{5}+\sqrt{3}}\right)$ को सरल करने पर मान होगा :

A. 6 B. 9
C. 12 D. 8

20. यदि $\sqrt{5} = 2.236$ (लगभग) तो बताइये $\left(\frac{3-\sqrt{5}}{3+2\sqrt{5}}\right)$ का मान दशमलव के तीन स्थानों तक कितना होगा ?

A. 0.252 B. 0.138
C. 0.102 D. 0.576

21. यदि $\sqrt{2} = 1.4142$ तथा $\sqrt{6} = 2.4495$ हो तो $\frac{1}{\sqrt{3}-\sqrt{2}-1}$ का दशमलव के तीन स्थानों तक शुद्ध मान क्या होगा ?

A. –1.466 B. –2.456
C. 1.466 D. 2.368

22. यदि $\sqrt{2} = 1.414$, $\sqrt{3} = 1.732$, $\sqrt{5} = 2.236$ तथा $\sqrt{6} = 2.449$ (लगभग) हो तो बताइये $\frac{1+\sqrt{2}}{\sqrt{5}+\sqrt{3}}+\frac{1-\sqrt{2}}{\sqrt{5}-\sqrt{3}}$ का मान दशमलव के तीन स्थानों तक क्या होगा ?

A. –200 B. –213
C. –199 D. 25

उत्तरमाला

1	2	3	4	5	6	7	8	9	10
C	B	C	C	D	C	B	A	C	C
11	12	13	14	15	16	17	18	19	20
C	B	C	A	A	A	B	B	D	C
21	22								
A	B								

6

चक्रवृद्धि ब्याज (Compound Interest)

चक्रवृद्धि ब्याज का अर्थ है ब्याज पर ब्याज अर्थात् निश्चित अवधि के बाद देय ब्याज को मूलधन में जोड़ दिया जाता है और इस प्रकार जो मिश्रधन प्राप्त होता है। वह अगली (उतनी ही) अवधि के लिए मूलधन मान लिया जाता है। इस प्रकार प्रत्येक अगली अवधि के बाद नया मूलधन प्राप्त करके ब्याज ज्ञात करते हैं अर्थात्

पहले वर्ष का मिश्रधन = दूसरे वर्ष का मूलधन

दूसरे वर्ष का मिश्रधन = तीसरे वर्ष का मूलधन

तीसरे वर्ष का मिश्रधन = चौथे वर्ष का मूलधन

इत्यादि

1. जब ब्याज की गणना वार्षिक देय हो :

चक्रवृद्धि मिश्रधन = $P\left(1+\frac{r}{100}\right)^n$

जहां P = मूलधन, r = दर वार्षिक, n = समय वर्षों में

2. जब ब्याज छमाही देय हो :

(*i*) वर्षों में दिये गये समय को 2 से गुणा करके छमाही बनाते हैं।

(*ii*) दर वार्षिक को 2 से भाग करके दर छमाही बनाते हैं।

(*iii*) फिर चक्रवृद्धि मिश्रधन = $P\left(1+\frac{r}{100}\right)^n$ सूत्र का प्रयोग करते हैं। यहां r = दर छमाही तथा n = समय छमाही में।

3. जब ब्याज तिमाही देह हो :

(*i*) वर्षों में दिये गये समय को 4 से गुणा करके तिमाही में बदलते हैं।

(*ii*) दर वार्षिक को 4 से भाग देकर दर तिमाही बनाते हैं।

(*iii*) फिर चक्रवृद्धि मिश्रधन = $P\left(1+\frac{r}{100}\right)^n$ सूत्र का प्रयोग करते हैं। जहां P = मूलधन, r = दर तिमाही, n = समय तिमाही में

4. प्रत्येक स्थिति में :

चक्रवृद्धि ब्याज = चक्रवृद्धि मिश्रधन − मूलधन

वस्तुनिष्ठ प्रश्न

निर्देश : *नीचे दिये गये प्रत्येक प्रश्नों के चार संभावित उत्तर विकल्प दिये गये हैं। जिनमें से एक विकल्प सही है। उस सही विकल्प का सावधानीपूर्वक चुनाव कीजिए।*

1. 2000 रु. का 4% वार्षिक चक्रवृद्धि ब्याज की दर से 2 वर्ष का मिश्रधन क्या होगा ?

   A. 2263.20 रु. B. 2163.20 रु.

   C. 2132.40 रु. D. 2142.80 रु.

2. 5% वार्षिक ब्याज की दर से 5000 रु. का 3 वर्ष का चक्रवृद्धि ब्याज कितना होगा ?

   A. 688.22 रु. B. 746.46 रु.

   C. 788.12 रु. D. 888.80 रु.

3. 8000 रु. का 15% वार्षिक ब्याज की दर से 1½ वर्ष का चक्रवृद्धि क्या होगा जबकि ब्याज प्रति छमाही देय हो ?

   A. 1938.37 रु. B. 1884.33 रु.

   C. 1995.30 रु. D. 1885.20 रु.

4. 5000 रु. का 25% वार्षिक चक्रवृद्धि ब्याज की दर से 2 वर्ष का चक्रवृद्धि मिश्रधन कितना होगा ?

   A. 5911.30 रु. B. 7812.50 रु.

   C. 5563.20 रु. D. 6850.45 रु.

5. 3000 रु. का 5% वार्षिक चक्रवृद्धि ब्याज की दर से 2 वर्ष का चक्रवृद्धि ब्याज क्या होगा ?

A. 307.50 रु. B. 311.27 रु.

C. 308.50 रु. D. 303.80 रु.

6. एक छोटे नगर की जनसंख्या 10240 है जो प्रतिवर्ष 12½% बढ़ रही है। तीन वर्ष बाद नगर की जनसंख्या क्या होगी ?

A. 13365 B. 14580

C. 14880 D. 14530

7. 10% वार्षिक चक्रवृद्धि ब्याज की दर से 4000 रु. का एक वर्ष का मिश्रधन कितना होगा जबकि ब्याज छमाही जोड़ा जाता है ?

A. 3450 रु. B. 2885 रु.

C. 4410 रु. D. 6350 रु.

8. कोई धन कुछ वर्षों के लिए चक्रवृद्धि ब्याज पर उधार लिया जाता है। यदि प्रथम वर्ष के अन्त में मिश्रधन 23600 रु. तथा दूसरे वर्ष के अन्त में मिश्रधन 27848 रु. हो जाता हो तो बताइये वार्षिक ब्याज दर कितनी होगी ?

A. 18% B. 16%

C. 15% D. 12%

9. एक नगर की जनसंख्या 10% प्रतिवर्ष बढ़ जाती है। यदि इस समय वहां की जंनसंख्या 10000 हो तो बताइये 3 वर्ष बाद जनसंख्या कितनी होगी ?

A. 12220 B. 13310

C. 13450 D. 16875

10. कोई धन चक्रवृद्धि ब्याज की दर से 4 वर्ष में तिगुना हो जाता है तो बताइये उसी दर से कितने वर्षों में वह 27 गुना हो जायेगा ?

A. 8 वर्ष B. 7 वर्ष

C. 11½ वर्ष D. 12 वर्ष

11. 1000 रु. का 4% वार्षिक ब्याज की दर से 1 वर्ष का मिश्रधन कितना होगा जबकि ब्याज की दर छमाही देय हो ?

A. 1081.60 रु. B. 1538.20 रु.

C. 1480.60 रु. D. 1112.65 रु.

12. 1024 रु. पर 10% वार्षिक ब्याज की दर से 3/4 वर्ष में कितना ब्याज होगा जबकि ब्याज प्रति तिमाही देय हो ?

A. 68.67 रु. B. 78.78 रु.

C. 53.45 रु. D. 80.40 रु.

13. 2500 रु. का 4% वार्षिक ब्याज की दर से 2 वर्ष का चक्रवृद्धि ब्याज तथा मिश्रधन क्रमशः क्या होगा जबकि ब्याज प्रति छमाही संयोजित होगा ?

A. 313.07 रु., 3553 रु.

B. 206.08 रु., 2706.08 रु.

C. 222.80 रु., 2186.40 रु.

D. 321 रु., 1700 रु.

14. 2000 रु.का 4% वार्षिक चक्रवृद्धि ब्याज की दर से 2 वर्ष का चक्रवृद्धि ब्याज कितना होगा ?

A. 162.80 रु. B. 173.20 रु.

C. 163.20 रु. D. 180.50 रु.

15. 1000 रु. का 2 वर्ष का 15% वार्षिक ब्याज की दर से चक्रवृद्धि ब्याज क्या है जबकि ब्याज छमाही जोड़ा जाता है ?

A. 335.47 रु. B. 227.53 रु.

C. 527.30 रु. D. 220 रु.

16. चक्रवृद्धि ब्याज के एक प्रश्न में ब्याज तिमाही है। जहां वार्षिक ब्याज दर = 12% तथा समय = 1½ वर्ष हो तो सूत्र $A = P\left(1+\frac{r}{100}\right)^n$ में r तथा n के मान क्रमशः होंगे ?

A. $r = 3, n = 5$ B. $r = 3, n = 6$

C. $r = 4, n = 5$ D. $r = 3, n = 4$

17. कोई धन चक्रवृद्धि ब्याज की दर से 3 वर्ष में दुगुना हो जाता है, तो उसी दर से कितने समय में यह 16 गुना हो जायेगा ?

A. 16 वर्ष B. 12 वर्ष

C. 18 वर्ष D. 15 वर्ष

18. कोई धन कुछ वर्षों के लिए चक्रवृद्धि ब्याज पर उधार दिया जाता है यदि प्रथम वर्ष के अन्त में मिश्रधन 5800 रु. तथा दूसरे वर्ष के अन्त में 6728 रु. हो जाता है, तो बताइये वार्षिक ब्याज की दर कितनी होगी ?

A. 15% B. 12%

C 16% D. 18%

उत्तरमाला

1	2	3	4	5	6	7	8	9	10
B	C	A	B	A	B	C	A	B	D
11	12	13	14	15	16	17	18		
A	B	B	C	A	B	B	C		

महत्त्वपूर्ण प्रश्नों के व्याख्यात्मक उत्तर

6. तीन वर्ष बाद नगर की जनसंख्या

$$= \text{वर्तमान जनसंख्या} \left(1+\frac{r}{100}\right)^n$$

$$=10240\left(1+\frac{12½}{100}\right)^n \Rightarrow 10240 \times \left(\frac{225}{200}\right)^n$$

$$\Rightarrow 10240 \times \frac{9}{8} \times \frac{9}{8} \times \frac{9}{8} \Rightarrow 14580$$

10. $\because$ चक्रवृद्धि मिश्रधन = मूलधन $\left(1+\frac{r}{100}\right)^n$

प्रश्नानुसार, $3 = 1\left(1+\frac{r}{100}\right)^4 = \left(1+\frac{r}{100}\right)^4$

दोनो तरफ का घन करने पर–

$$(3)^3 = \left(\left(1+\frac{r}{100}\right)^4\right)^3 \Rightarrow 27 = \left(1+\frac{r}{100}\right)^{12}$$

अतः स्पष्ट है कि वह धन 12 वर्षों में 27 गुना हो जायेगा।

12. $\because$ यहां दर = 10% वार्षिक $= \frac{10}{4}\% = \frac{5}{2}\%$ तिमाही

तथा समय $= \frac{3}{4}$ वर्ष $= \frac{3}{4} \times 4 = 3$ तिमाही

$\therefore$ चक्रवृद्धि मिश्रधन $= 1024\left(1+\frac{5}{2 \times 100}\right)^3$

$$= 1024 \times \left(1+\frac{1}{40}\right)^3$$

$$= 1024 \times \frac{41}{40} \times \frac{41}{40} \times \frac{41}{40}$$

= 1102.74 (लगभग)

$\therefore$ चक्रवृद्धि ब्याज = 1102.74 − 1024.00 रु.

= 78.84 रु.

7

चाल-समय
(Speed-Time)

1. **चाल तथा समय :** समय, दूरी एवं चाल निम्नलिखित तीन सूत्रों द्वारा सम्बन्धित हैं–

   (*i*) चाल = दूरी/समय

   (*ii*) समय = दूरी/चाल

   (*iii*) दूरी = समय × चाल

2. **आपेक्षिक चाल :** जब कोई दो वस्तुएं गतिमान हों तो एक की चाल दूसरी की आपेक्ष व्यक्त की जा सकती है, इसे आपेक्षिक चाल कहते हैं। यदि दोनों वस्तुएं एक ही दिशा में गतिशील हों तो आपेक्षिक चाल दोनों की चालों के अन्तर के बराबर होती है। और यदि दोनों वस्तुएं विपरीत दिशा में गतिशील हों तो आपेक्षिक चाल दोनों की चालों के योग के बराबर होगी।

3. **रेलगाड़ी सम्बन्धी :**

   (*i*) रेलगाड़ी को पुल या प्लेटफार्म जैसी लम्बी वस्तुएं पार करने में अपनी लम्बाई तथा उस वस्तु की लम्बाई के योग के बराबर दूरी चलनी पड़ती है।

   (*ii*) रेलगाड़ी को मनुष्य, खम्भा, पेड़ आदि वस्तुओं को पार करने में केवल अपनी लम्बाई के बराबर दूरी चलनी पड़ती है।

   (*iii*) किलोमीटर प्रति घण्टा में दी गई चाल को मीटर प्रति सेकिण्ड में बदलने के लिए 5/18 से गुणा करते हैं।

4. **(*i*) नाव की चाल बहाव की दिशा में :**
   नाव की चाल + नदी की चाल

   (*ii*) नाव की चाल बहाव की विपरीत दिशा में :
   नाव की चाल – नदी की चाल

वस्तुनिष्ठ प्रश्न

निर्देश : *नीचे दिये गये प्रत्येक प्रश्नों के चार संभावित उत्तर विकल्प दिये गये हैं। जिनमें से एक विकल्प सही है। उस सही विकल्प का सावधानीपूर्वक चुनाव कीजिए।*

1. एक नदी का बहाव 3 किमी./घण्टा है। एक नाविक शान्त जल में 5 किमी./घण्टा की चाल से नाव चला सकता है। बताइये बहाव के विरुद्ध नाविक की चाल क्या होगी ?

   A. 3½ किमी./घण्टा B. 2 किमी./घण्टा
   C. 2½ किमी./घण्टा D. 4 किमी./घण्टा

2. 16 2/3 मी./से. की चाल से चलती हुई 150 मीटर लम्बी रेलगाड़ी एक खम्भे को कितने समय में पार कर लेगी ?

   A. 12 सेकिण्ड B. 18 सेकिण्ड
   C. 10 सेकिण्ड D. 9 सेकिण्ड

3. एक मोटरकार पूरब दिशा की ओर 75 किमी./घण्टा की चाल से तथा दूसरी मोटरकार भी उसी दिशा में 60 किमी./घण्टा की चाल से जा रही है। पहली मोटरकार की चाल दूसरी के सापेक्ष होगी ?

   A. 15 किमी./घण्टा B. 13 किमी./घण्टा
   C. 18 किमी./घण्टा D. 11 किमी./घण्टा

4. एक रेलगाड़ी उत्तर दिशा की ओर 90 किमी./घण्टा की चाल से जा रही है तथा 75 किमी./घण्टा की चाल से दक्षिण की ओर से आती हुई रेलगाड़ी को पार कर जाती है। बताइये प्रत्येक की एक-दूसरे के सापेक्ष चाल क्या होगी ?

   A. 173 किमी./घण्टा B. 165 किमी./घण्टा
   C. 185 किमी./घण्टा D. 170 किमी./घण्टा

5. 45 किमी./घण्टा की चाल से चलती हुई 90 मीटर लम्बी रेलगाड़ी 100 मीटर लम्बे पुल को कितने समय में पार करेगी ?

   A. 15.2 सेकिण्ड B. 17.75 सेकिण्ड

C. 18.18 सेकिण्ड D. 12.6 सेकिण्ड

6. 50 किमी./घण्टा की चाल से चलती हुई 100 मीटर लम्बी रेलगाड़ी किसी खम्भे को कितने समय में पार कर लेगी ?

A. 6 सेकिण्ड B. 7.2 सेकिण्ड
C. 8.6 सेकिण्ड D. 9.2 सेकिण्ड

7. एक रेलगाड़ी 45 किमी./घण्टा की चाल से तथा दूसरी रेलगाड़ी 60 किमी./घण्टा की चाल से विपरीत दिशाओं में गतिमान हैं। पहली की लम्बाई 90 मीटर तथा दूसरी की लम्बाई 120 मीटर हो तो बताइये कितने समय में वे दोनों एक दूसरे को पार कर लेंगी ?

A. 7.2 सेकिण्ड B. 9 सेकिण्ड
C. 8.6 सेकिण्ड D. 7.6 सेकिण्ड

8. एक रेलगाड़ी दो व्यक्तियों को जो क्रमशः 6 किमी./घण्टा तथा 7 किमी./घण्टा की चाल से जा रहे हैं उन्हें क्रमशः 5 व 5½ सेकिण्ड में पार कर लेती हैं। बताइये गाड़ी की लम्बाई तथा चाल क्रमशः क्या होगी ?

A. 34.56 मीटर, 28.75 किमी./घण्टा
B. 22.92 मीटर, 22.50 किमी./घण्टा
C. 28.76 मीटर, 20.50 किमी./घण्टा
D. 32.63 मीटर, 20.85 किमी./घण्टा

9. एक रेलगाड़ी 99 मी. लम्बे प्लेटफार्म को 13½ से. में तथा एक खम्भे को 9 से. में पार करती है। बताइये रेलगाड़ी की चाल व लम्बाई क्रमशः क्या होगी ?

A. 79.2 किमी./घण्टा, 198 मी.
B. 82.5 किमी./घण्टा, 198 मी.
C. 44.75 किमी./घण्टा, 180 मी.
D. 102 किमी./घण्टा, 198 मी.

10. कोई रेलगाड़ी एक समान गति से चलती हुई 120 मी. लम्बे प्लेटफार्म को 12 से. में तथा 170 मी. लम्बे प्लेटफार्म को 16 से. में पार कर जाती है। बताइये रेलगाड़ी की लम्बाई क्या होगी ?

A. 40 मी. B. 32 मी.
C. 30 मी. D. 31 मी.

11. उपरोक्त प्रश्न में रेलगाड़ी की चाल किमी./घण्टा में क्या होगी ?

A. 50 किमी./घण्टा B. 47.5 किमी./घण्टा
C. 52.75 किमी./घण्टा D. 45 किमी./घण्टा

12. दो स्टेशन एक-दूसरे से 150 किमी. दूर हैं। एक रेलगाड़ी एक समान चाल से एक स्टेशन से दूसरे स्टेशन को जाती है। यदि उसकी चाल 5 किमी./घण्टा अधिक होती तो वह 1 घण्टा पहले पहुँच जाती। बताइये रेलगाड़ी की चाल क्या होगी ?

A. 22 किमी./घण्टा B. 25 किमी./घण्टा
C. 24 किमी./घण्टा D. 18 किमी./घण्टा

13. एक नाविक नदी के बहाव की ओर 48 किमी. 8 घण्टे में तथा उतनी ही दूरी तय करने में बहाव के विपरीत दिशा में 12 घण्टे का समय लेती है। बताइये नाव व नदी की चाल क्रमशः क्या होगी ?

A. 5 किमी./घण्टा, 1 किमी./घण्टा
B. 2 किमी./घण्टा, 1½ किमी./घण्टा
C. 5 किमी./घण्टा, 3 किमी./घण्टा
D. 2 किमी./घण्टा, 3 किमी./घण्टा

14. एक नाव 30 किमी. बहाव के विपरीत तथा 44 किमी. बहाव के अनुकूल 10 घण्टे में आती है। यही नाव 40 किमी. बहाव के विपरीत तथा 55 किमी. बहाव के अनुकूल 13 घण्टे में आती है। बताइये नाव व नदी की चाल क्रमशः क्या होगी ?

A. 6 किमी./घण्टा, 3 किमी./घण्टा
B. 8 किमी./घण्टा, 4 किमी./घण्टा
C. 8 किमी./घण्टा, 3 किमी./घण्टा
D. 5 किमी./घण्टा, 3 किमी./घण्टा

15. एक नाविक शान्त जल में 8 किमी./घण्टा की चाल से नाव चला सकता है। 2 किमी./घण्टा की चाल से बहने वाली नदी की धारा के विपरीत नाव की चाल मीटर/मिनट में क्या होगी ?

A. 88 मी./मि. B. 100 मी./मि.
C. 92 मी./मि. D. 94 मी./मि.

16. 127 मी. तथा 98 मी. लम्बी दो रेलगाड़ियां विपरीत दिशाओं में क्रमशः 35 किमी./घण्टा तथा 55 किमी./घण्टा की चाल से जा रही हैं। बताइये मिलने के कितने समय बाद वे एक-दूसरे को पार कर लेंगी ?

A. 8 से. बाद B. 11 से. बाद
C. 10 से. बाद D. 9 से. बाद

17. एक गाड़ी ने किसी दूरी को एक ही चाल से तय किया। यदि उसकी चाल 6 किमी./घण्टा अधिक होती तो यात्रा में 4 घण्टे कम लगते और यदि उसकी चाल 6 किमी./घण्टा कम होती तो यात्रा मे

घण्टे अधिक लगते। बताइये यात्रा की दूरी कितनी होगी ?

A. 648 किमी. B. 720 किमी.
C. 520 किमी. D. 832 किमी.

18. एक दिन सवेरे 7 बजे गुलशन 9 किमी./घण्टा की चाल से साइकिल द्वारा अपने किसी सम्बन्धी से मिलने गया। कुछ दूर चलने के बाद उसकी साइकिल खराब हो गई जिससे वह वहीं रुक गया तथा 35 मिनट आराम करके 3.5 किमी./घण्टा की चाल से पैदल चलकर 1 बजे अपराह्न घर वापस आ गया। बताइये घर से कितनी दूरी पर चलने के बाद उसकी साइकिल खराब हुई थी ?

A. 13.65 किमी. B. 12.87 किमी.
C. 11.56 किमी. D. 14.75 किमी.

19. एक डाकगाड़ी 66 किमी./घण्टा की चाल से जा रही है। रास्ते में वह एक मालगाड़ी को पकड़ती है। जो इससे दुगुनी लम्बी है। तथा समानान्तर पटरियों पर 30 किमी./घण्टा की चाल से उसी दिशा में चल रही है। यदि डाकगाड़ी को इस मालगाड़ी तथा एक प्लेटफार्म को पार करने में क्रमशः 18 से. तथा 12 से. का समय लगता हो तो बताइये प्लेटफार्म की लम्बाई (मी.) में क्या होगी ?

A. 160 मी. B. 180 मी.
C. 165 मी. D. 170 मी.

उत्तरमाला

1	2	3	4	5	6	7	8	9	10
B	D	A	B	A	B	A	B	A	C
11	**12**	**13**	**14**	**15**	**16**	**17**	**18**	**19**	
D	B	A	C	B	D	B	A	A	

महत्त्वपूर्ण प्रश्नों के व्याख्यात्मक उत्तर

4. ∵ रेलगाड़ियां एक-दूसरे के विपरीत चल रही हैं।
∴ प्रत्येक की एक-दूसरे के सापेक्ष चाल
= पहली गाडी की चाल + दूसरी गाड़ी की चाल
= 90 + 75 = 165 किमी./घण्टा

6. दूरी = 100 मी. चाल = 50 किमी./घण्टा

$$A=\frac{50\times1000}{3600}=\frac{250}{8}\text{मी./से.}$$

$$\therefore \text{समय} = \frac{100}{250/18}=\frac{100\times18}{250}=\frac{36}{5}=7.2 \text{ से.}$$

12. माना कि रेलगाड़ी की चाल = x किमी./घण्टा

∴ पहुंचने का वास्तविक समय = $\frac{150}{x}$ घण्टा (i)

प्रश्नानुसार, रेलगाड़ी की चाल = $(x+5)$ किमी./घण्टा

∴ पहुंचने में लगा समय = $\frac{150}{(x+5)}$ घण्टा

∴ परन्तु यह 1 घण्टा पहले पहुंच जाती है।

∴ पहुंचने का वास्तविक समय = $\left(\frac{150}{x+5}+1\right)$ घण्टा ...(*ii*)

समी. (*i*) व (*ii*) से

$$\frac{150}{x}=\frac{150}{x+5}+1 \Rightarrow \frac{150}{x}=\frac{150+(x+5)}{(x+5)}$$

$$\Rightarrow 150x+750=150x+x^2+5x$$

$$\Rightarrow x^2+5x-750=0$$

$$\Rightarrow x^2+30x-25x-750=0$$

$$\Rightarrow x(x+30)-25(x+30)=0$$

$$\Rightarrow (x-25)(x+30)=0$$

$$\Rightarrow x=25 \text{ या } -30$$

यहाँ $x\neq30$ ∴ $x=25$

अतः रेलगाड़ी की चाल = 25 किमी./घण्टा

15. धारा के विपरीत नाव की चाल

= (8 – 2) किमी./घण्टा

$$=6 \text{ किमी./घण्टा} = \frac{6\times1000}{60}=100 \text{ मीटर/मिनट}$$

8
काम-समय
(Work-Time)

काम-समय

एक दिन में किया गया कार्य तथा पूरे काम को करने में लगे दिनों की संख्या एक-दूसरे की व्युत्क्रम होती है।

अर्थात् एक दिन में किया गया काम

$= \frac{\text{पूरा काम}}{\text{काम समाप्त करने के दिनों की संख्या}}$

तथा कार्य समाप्त करने में लगे दिनों की संख्या

$= \frac{\text{पूरा काम}}{\text{एक दिन का काम}}$

ध्यान रहे—किसी काम को समाप्त करने में लगने वाला समय एवं उस काम पर लगे व्यक्तियों की संख्या एक-दूसरे के विलोमानुपाती होते हैं।

जब अलग-अलग कार्य क्षमता वाले लोग एक साथ (इक्ट्ठे) किसी कार्य को करते हैं तो उनकी मजदूरी उनके द्वारा एक दिन में किये गये कार्य के अनुपात में विभाजित करते हैं।

वस्तुनिष्ठ प्रश्न

निर्देश : *नीचे दिये गये प्रत्येक प्रश्नों के चार संभावित उत्तर विकल्प दिये गये हैं। जिनमें से एक विकल्प सही है। उस सही विकल्प का सावधानीपूर्वक चुनाव कीजिए।*

1. लवकुश एक काम को 4 दिन में पूरा करता है तो बताइये वह एक दिन में कितना काम करेगा ?

A. $\frac{1}{2}$ भाग　B. $\frac{1}{3}$ भाग
C. $\frac{1}{4}$ भाग　D. $\frac{2}{3}$ भाग

2. हरिओम एक मैदान को 20 दिन में खोदता है। बताइये 10 दिन में वह कितना मैदान खोद लेगा ?

A. $\frac{1}{2}$ भाग　B. $\frac{3}{4}$ भाग
C. $\frac{1}{6}$ भाग　D. $\frac{1}{3}$ भाग

3. मनीष किसी काम को 10 दिन में पूरा कर सकता है तथा दीपक उसी काम को 12 दिन में कर सकता है। बताइये दोनों मिलकर उस काम को कितने दिन में पूरा कर सकते हैं ?

A. $6\frac{1}{11}$ दिन　B. $7\frac{1}{9}$ दिन
C. $5\frac{5}{11}$ दिन　D. $5\frac{4}{11}$ दिन

4. पवन अकेले एक काम को 30 घण्टे में तथा पंकज के साथ मिलकर 15 घण्टे में पूरा कर लेता है तो पंकज अकेले उस काम को कितने घण्टे में पूरा कर लेगा ?

A. 30 घण्टे में　B. 22½ घण्टे में
C. 28 घण्टे में　D. 32 घण्टे में

5. दीपक किसी काम को 9 दिन में कर सकता है। राजू और दीपक मिलकर उसी काम को 6 दिन में पूरा कर सकते हैं। बताइये अकेले राजू उस काम को कितने दिनों में पूरा कर लेगा ?

A. 17 दिन में　B. 15 दिन में
C. 20 दिन में　D. 18 दिन में

6. 'क' और 'ख' मिलकर एक काम को 20 दिन में पूरा कर सकते हैं। 'ख' अकेला उस काम को 45 दिन में पूरा कर सकता हो तो बताइये 'क' अकेला उस काम को कितने दिनो में पूरा करेगा ?

A. 28 दिन में　B. 36 दिन में

C. 35 दिन में D. 34 दिन में

7. मोहन और सोहन किसी काम को क्रमशः 12 व 20 दिन में पूरा कर सकते हैं। मोहन ने अकेले काम प्रारम्भ किया और 4 दिन बाद सोहन भी मोहन के साथ काम करने लगा। बताइये मोहन ने पहले 4 दिन में कितना काम किया ?

A. $\frac{1}{2}$ भाग B. $\frac{2}{3}$ भाग

C. $\frac{1}{7}$ भाग D. $\frac{1}{3}$ भाग

8. उपरोक्त प्रश्न में बताइये दोनों ने मिलकर शेष काम को कितने दिनों में समाप्त कर लिया ?

A. 5 दिन में B. 8 दिन में

C. 7 दिन में D. 6 दिन में

9. राम, हरि और श्याम किसी काम को क्रमशः 8 दिन, 16 दिन तथा 12 दिन में पूरा कर सकते हैं। यदि तीनों मिलकर काम करें तो आधे काम को कितने दिनों में पूरा कर लेंगे?

A. $2\frac{5}{13}$ दिन में B. $\frac{11}{13}$ दिन में

C. $3\frac{1}{3}$ दिन में D. $2\frac{1}{2}$ दिन में

10. राम और मोहन दोनों मिलकर एक काम को 6 दिन में पूरा कर सकते हैं। पहले 4 दिन राम ने अकेले काम किया। फिर वह चला गया तब बचे हुए काम को मोहन ने 9 दिन में समाप्त कर लिया। बताइये अकेले मोहन उस काम को कितने दिन में पूरा कर सकता है ?

A. 11 दिन B. 8 दिन

C. 6 दिन D. 15 दिन

11. A, B तथा C ने मिलकर एक काम किया [illegible] लिये उन्हें कुल 144.90 रु. मजदूरी मिली। [illegible] को A, B तथा C अकेले-अकेले क्रमशः 3 दिन, 4 दिन तथा 6 दिन में पूरा कर सकते हों तो बताइये प्रत्येक की मजदूरी क्रमशः क्या होगी ?

A. 35.30 रु., 40.40 रु., 38.76 रु.

B. 64.40 रु., 48.30 रु., 32.20 रु.

C. 65.30 रु., 40.40 रु., 39.20 रु.

D. 32.20 रु., 48.30 रु., 64.40 रु.

12. एक ठेकेदार ने किसी काम को 60 दिन में पूरा करने का ठेका लिया। उसने 50 मजदूर काम पर लगा दिये और 40 दिन बाद पाया कि काम आधा ही हुआ है। बताइये वह कितने मजदूर और बढ़ाये ताकि काम सही समय पर पूरा हो जाये ?

A. 48 मजदूर B. 52 मजदूर

C. 50 मजदूर D. 62 मजदूर

13. 4 पुरुष और 6 लड़के किसी काम को 4 दिन में समाप्त करते हैं जबकि उसी काम को 2 पुरुष और 7 लड़के 7 दिन में पूरा करते हैं। तो बताइये 10 पुरुष और 8 लड़के उस काम को कितने दिन में पूरा कर लेंगे ?

A. 5 दिन में B. 3½ दिन में

C. 2 दिन में D. 2½ दिन में

14. 4 पुरुष और 14 औरतें एक काम को 14 दिन में तथा 6 पुरुष और 16 औरतें उसी काम को 11 दिन में पूरा कर सकते हैं। बताइये इसके तिगुने काम को 16 पुरुष और 12 औरतें कितने दिनों में पूरा कर लेंगे ?

A. $32\frac{1}{5}$ दिन में B. $33\frac{1}{5}$ दिन में

C. $47\frac{2}{5}$ दिन में D. $45\frac{2}{5}$ दिन में

उत्तरमाला

1	2	3	4	5	6	7	8	9	10
C	A	C	A	D	B	D	A	B	D
11	12	13	14						
B	C	C	C						

9

द्विघात बहुपद तथा द्विघात समीकरण

(Quadratic Polynomial and Quadratic Equation)

प्रमुख बातें :

एक पदी व्यंजक–जिस व्यंजक में केवल एक ही पद हो जैसे–$2x^2, x^3\ x^2$....इत्यादि

बहुपद व्यंजक–जिस व्यंजक में एक से अधिक पद हों। जैसे–$(2x^2+2),(3x^4+3x^2+3)$....इत्यादि

इस प्रकार जिस व्यंजक में दो पद हों वह द्विपद व्यंजक तथा जिसमें तीन पद हो वह त्रिपद व्यंजक कहलाता है।

बहुपद की घात–किसी व्यंजक में चर राशि की जो बड़ी से बड़ी घात है वही बहुपद की घात होती है।

$3x^3+x+5$ में चर x की अधिकतम घात 2 अतः यह द्विघात व्यंजक है।

द्विघात समीकरण के मूलों के लक्षण :

द्विघात समीकरण $ax^2+bx+c=0$ में मूलों के लक्षण b^2-4ac पर निर्भर करते हैं। इस समीकरण का विवेचक या विविक्तिकर कहते हैं। यदि $b^2-4ac=0$ तो मूल वास्तविक एवं समान होंगे।

यदि $b^2-4ac>0$ अर्थात् धनात्मक हो तो मूल वास्तविक एवं अलग-अलग होंगे।

यदि $b^2-4ac<0$ अर्थात् ऋणात्मक हो तो मूल काल्पनिक होंगे ?

यदि b^2-4ac पूर्ण वर्ग हो तो मूल परिमेय या अपरिमेय होंगे।

मूलों का योग $= \dfrac{x \text{ का गुणांक}}{x^2 \text{ का गुणांक}} = \dfrac{-b}{a}$

मूलों का गुणनफल $= \dfrac{\text{अचर पद}}{x^2 \text{ का गुणांक}} = \dfrac{c}{a}$

यदि द्विघात समीकरण के मूल ज्ञात हों तब :

समीकरण, x^2 (मूलों का योग)$x+$मूलों का गुणनफल $=0$

वस्तुनिष्ठ प्रश्न

निर्देश : नीचे दिये गये प्रत्येक प्रश्नों के चार संभावित उत्तर विकल्प दिये गये हैं। जिनमें से एक विकल्प सही है। उस सही विकल्प का सावधानीपूर्वक चुनाव कीजिए।

1. द्विघात समीकण के कितने मूल होंगे ?
   A. 3 B. 2
   C. 1 D. 4
2. समीकरण $x^2+4x-6=0$ के मूल होंगे :
   A. $-2\pm\sqrt{10}$ B. $-2\pm\sqrt{8}$
   C. $-3\pm\sqrt{6}$ D. $-2\pm\sqrt{5}$
3. निम्नलिखित में से कौन-सा समीकरण द्विघात समीकरण होगा ?
   A. $3x^3-x^2+1=0$
   B. $2x^2-9x+9=0$
   C. $x^3-1=0$
   D. $4x^3-2x^2+5x-2=0$
4. x के कौन-से मान समीकरण को सन्तुष्ट करते हैं ?
   A. $-p\pm\sqrt{2q^2-p^2}$ B. $-q\pm\sqrt{2q^2-p^2}$
   C. $-q\pm\sqrt{q^2-p^2}$ D. $+p\pm\sqrt{2q^2-p^2}$
5. यदि समीकरण $3x^2-12x+k=0$ के मूल बराबर हैं, तो बताइये k का मान क्या होगा ?
   A. 6 B. 10
   C. 11 D. 12

6. समीकरण $x^2-8x+15=0$ में मूलों के लक्षण होंगे :

A. मूल वास्तविक, बराबर
B. मूल वास्तविक, असमान
C. मूल परिमेय व समान
D. मूल वास्तविक व अपरिमेय

7. $9x^2-16x+k=0$ के मूल बराबर हों तो k का मान क्या होगा ?

A. $8\frac{1}{9}$ B. $7\frac{1}{9}$
C. $5\frac{1}{3}$ D. $6\frac{1}{9}$

8. $4x^2=9$, तो x का मान होगा ?

A. $\pm\frac{3}{4}$ B. $\pm\frac{3}{2}$
C. $\pm\frac{13}{2}$ D. $\pm\frac{7}{3}$

9. वह समीकरण क्या होगी जिसके मूल 5 और –3 हैं ?

A. $x^2+3x-15=0$
B. $x^2+2x-15=0$
C. $x^2-2x+15=0$
D. $2x^2+2x-15=0$

10. वह द्विघात समीकरण कौन सी होगी जिसके मूल $(2+\sqrt{3})$ व $(2-\sqrt{3})$ हों ?

A. $x^2-4x+1=0$
B. $x^2-3x+1=0$
C. $2x^2-4x+1=0$
D. $x^2-4x+2=0$

11. यदि $f(x)=\frac{x^2-x+2}{x+6}$ तो $f(3)$ का मान कितना होगा ?

A. $\frac{7}{6}$ B. $\frac{9}{8}$
C. $\frac{8}{9}$ D. $\frac{10}{3}$

12. समीकरण $x^2-4x+8=0$ का विविक्तकर क्या होगा ?

A. –8 B. –6
C. –16 D. –15

13. वर्गात्मक समीकरण $4x^2-9x-100=0$ के दोनों मूल क्रमशः क्या होंगे ?

A. $-3, \frac{26}{7}$ B. $-4, \frac{25}{3}$
C. $-4, \frac{25}{4}$ D. $-3, \frac{25}{4}$

14. यदि समीकरण $3x^3+4x-6=0$ के मूल α तथा β हों तो बताइये $(\alpha^2+\beta^2)$ का मान क्या होगा ?

A. $\frac{49}{5}$ B. $\frac{52}{9}$
C. $\frac{53}{7}$ D. $\frac{44}{23}$

15. समीकरण $3x^2+4x-7=0$ के मूल α तथा β हों तो $(\alpha+\beta)$ का मान कितना होगा ?

A. $-\frac{3}{4}$ B. $-\frac{4}{3}$
C. $\frac{5}{4}$ D. $-\frac{8}{7}$

16. यदि $kx^2-15x+\frac{25}{4}=0$ के मूल समान हों तो k का मान कितना होगा ?

A. 8 B. 6
C. 5 D. 9

17. q के किस मान के लिए समीकरण $qx^2+6x+9=0$ के मूल बराबर होंगे ?

A. $\frac{3}{2}$ B. $\frac{4}{3}$
C. 2 D. 1

18. वर्ग समीकण $3x^2+17x+6=0$ के मूल α तथा β हों तो इसके मूलों के व्युत्क्रमों का योग क्या होगा?

A. $-\frac{17}{6}$ B. $-\frac{16}{3}$
C. $-\frac{17}{7}$ D. $\frac{18}{5}$

उत्तरमाला

1	2	3	4	5	6	7	8	9	10
B	A	B	B	D	B	B	B	B	A
11	12	13	14	15	16	17	18		
C	C	C	B	B	D	D	A		

महत्त्वपूर्ण प्रश्नों के व्याख्यात्मक उत्तर

2. $\because x^2+4x-6=0$ में x के मान होंगे–

$$x=\frac{-b\pm\sqrt{(b^2-4ac)}}{2a}$$

यहां $a=1, b=4, c=-6$

$$\therefore\ x=\frac{-4\pm\sqrt{(4)^2-(4\times1\times-6)}}{2\times1}$$

$$=\frac{-4\pm\sqrt{16+24}}{2}$$

$$=\frac{-4\pm\sqrt{40}}{2}=\frac{-4\pm2\sqrt{10}}{2}$$

$$=-2\pm\sqrt{10}$$

अतः दी हुई समीकरण के यही मूल होंगे।

4. $\because 2x^2+p^2=(q-x)^2$

$$\therefore\ 2x^2+p^2=q^2+x^2-2qx$$

$$\therefore\ x^2+2qx+\left(p^2-q^2\right)=0$$

यहाँ $a=1, b=2q, c=p^2-q^2$

$$\therefore x \text{ के मान }=\frac{-2q\pm\sqrt{4q^2-4\left(p^2-q^2\right)}}{2}$$

$$=\frac{-2q\pm\sqrt{8q^2-4p^2}}{2}$$

$$=-q\pm\sqrt{2q^2-p^2}$$

11. $\because$ द्विघात समीकरण

x^2–(मूलों का योग)x + मूलों का गुणनफल= 0

$$\therefore x^2-\left(2+\sqrt{3}+2-\sqrt{3}\right)x+\left(2+\sqrt{3}\right)\left(2-\sqrt{3}\right)=0$$

$$\therefore\quad x^2-4x+(4-3)=0$$

$$\therefore\quad x^2-4x+11=0$$

12. $x^2-4x+8=0$ में विविक्तिकर हैं–

यहाँ $a=1, b=-4, c=8$

$b^2-4ac=(-4)^2-4\times1\times8$

$=16-32=-16$

16. $\because$ यहाँ $a=k, b=-15, c=\frac{25}{4}$

प्रश्नानुसार समीकरण के मूल समान हैं। माना मूल α है

$$\therefore \alpha+\alpha=-\frac{(-15)}{k}$$

$$\Rightarrow 2\alpha=\frac{15}{k}\Rightarrow\alpha=\frac{15}{2k}\Rightarrow\alpha^2=\frac{225}{4k^2}\qquad ...(1)$$

तथा $\alpha.\alpha=\dfrac{\frac{25}{4}}{k}$

$$\Rightarrow\quad \alpha^2=\frac{25}{4}\qquad ...(2)$$

समीकरण (1) व (2) से

$$\frac{225}{4k^2}=\frac{25}{4k}\quad\Rightarrow\quad k=9$$

10

वृत्तीय माप एवं त्रिकोणमितीय अनुपात

(Circular Measures and Trigonometrical Ratios)

ध्यान रखिये–

1. **कोणों को नापने की दो पद्धतियां है।**

(*i*) **वृतीय पद्धति** : इस पद्धति के अन्तर्गत कोण अंश, मिनट तथा सेकिण्ड में नापे जाते हैं।

$1° = 60'$ (मिनट), $1' = 60$ (सेकण्ड)

(*ii*) **वृतीय नाप** : इस पद्धति के अन्तर्गत कोण रेडियन में नापते हैं। अतः रेडियन $= \dfrac{\text{चाप}}{\text{त्रिज्या}}$।

2. **त्रिकोणमितीय निष्पत्तियों का (अनुपात)** : समकोण त्रिभुज की तीनों भुजाओं लम्ब, आधार तथा कर्ण के पारस्परिक अनुपात को त्रिकोणमितीय अनुपात कहते हैं।

$\sin\theta = \dfrac{\text{लम्ब}}{\text{कर्ण}}$ $\quad \sin(90° - \theta) = \cos\theta$

$\cos\theta = \dfrac{\text{आधार}}{\text{कर्ण}}$ $\quad \cos(90° - \theta) = \sin\theta$

$\tan\theta = \dfrac{\text{लम्ब}}{\text{आधार}}$ $\quad \tan(90° - \theta) = \cot\theta$

$\cot\theta = \dfrac{1}{\tan\theta} = \dfrac{\text{आधार}}{\text{लम्ब}}$ $\quad \cot(90° - \theta) = \tan\theta$

$\sec\theta = \dfrac{1}{\cos\theta} = \dfrac{\text{कर्ण}}{\text{आधार}}$ $\quad \sec(90° - \theta) = \operatorname{cosec}\theta$

$\operatorname{cosec}\theta = \dfrac{1}{\sin\theta} = \dfrac{\text{कर्ण}}{\text{लम्ब}}$ $\quad \operatorname{cosec}(90° - \theta) = \sec\theta$

3. **त्रिकोणमितीय अनुपातों का पारस्परिक सम्बन्ध**

(*i*) $\sin A = \dfrac{1}{\operatorname{cosec} A}$

(*ii*) $\cos A = \dfrac{1}{\sec A}$

(*iii*) $\tan A = \dfrac{\sin A}{\cos A}$

(*iv*) $\cot A = \dfrac{\cos A}{\sin A}$

(*v*) $\sin^2 A + \cos^2 A = 1$

(*vi*) $\sec^2 A = 1 + \tan^2 A$

(*vii*) $\operatorname{cosec}^2 A = 1 + \cot^2 A$

(*viii*) $\tan A \times \cot A = 1$

(*ix*) $\sin A \times \operatorname{cosec} A = 1$

(*x*) $\cos A \times \sec A = 1$

वस्तुनिष्ठ प्रश्न

निर्देश *: नीचे दिये गये प्रत्येक प्रश्नों के चार संभावित उत्तर विकल्प दिये गये हैं। जिनमें से एक विकल्प सही है। उस सही विकल्प का सावधानीपूर्वक चुनाव कीजिए।*

1. यदि $\sin\theta = \dfrac{a}{b}$ हो तो $\cos\theta$ का मान क्या होगा?

A. $\dfrac{\sqrt{b^2 - a^2}}{a}$ B. $\dfrac{\sqrt{b^2 - a^2}}{b}$

C. $\dfrac{a}{\sqrt{b^2 - a^2}}$ D. $\dfrac{b}{\sqrt{b^2 - a^2}}$

2. यदि $\sin A = \dfrac{8}{17}$ हो, तो $\cos A$ तथा $\tan A$ के मान क्रमशः होंगे ?

A. $\dfrac{15}{17}, \dfrac{8}{15}$ B. $\dfrac{15}{16}, \dfrac{8}{15}$

C. $\dfrac{16}{17}, \dfrac{8}{15}$ D. $\dfrac{15}{16}, \dfrac{16}{17}$

3. यदि $\cos\theta = \frac{3}{5}$ है तो $\sin^2\theta$ का मान कितना होगा ?

A. $\frac{5}{4}$ B. $\frac{16}{25}$

C. $\frac{3}{7}$ D. $\frac{11}{25}$

4. यदि $\tan A = \frac{16}{13}$ हो तो $\sec^2 A$ का मान होगा :

A. $\frac{422}{341}$ B. $\frac{553}{442}$

C. $\frac{336}{127}$ D. $\frac{425}{169}$

5. $\cot\theta.\ \sin\theta.\ \sec\theta$ का सरलतम मान होगा :

A. $\cot\theta$ B. 1

C. $\sin\theta$ D. $\tan\theta$

6. यदि $\tan\theta = \frac{60}{11}$, तो $(\sin^2 A - \cos^2 A)$ का मान होगा :

A. $\frac{2568}{3861}$ B. $\frac{3479}{3721}$

C. $\frac{5360}{3895}$ D. $\frac{4772}{3682}$

7. $(1 + \tan^2 A).\cos^2 A$ को सरल करने पर मान होगा :

A. $1+\cos^2 A$ B. $1+\sin^2 A$

C. 1 D. $\tan^2 A$

8. sec A. cot A का मान कितना होगा ?

A. sin A B. cos A

C. cosec A D. sec A

9. यदि $\tan A = \frac{x}{y}$ हो तो sin A का मान क्या होगा :

A. $\frac{x}{\sqrt{x^2 - y^2}}$ B. $\frac{x}{\sqrt{x^2 + y^2}}$

C. $\frac{y}{\sqrt{x^2 + y^2}}$ D. $\frac{y}{\sqrt{x^2 - y^2}}$

10. $\left(\frac{\sin A}{\operatorname{cosec} A} + \frac{\cos A}{\sec A}\right)$ का सरलतम रूप होगा :

A. $\sin^2 A + \operatorname{cosec}^2 A$ B. $\tan^2 A$

C. $\cot^2 A$ D. 1

11. $\left[\frac{1}{(1-\cos A)} + \frac{1}{(1+\cos A)}\right]$ को सरल करने में मान आयेगा :

A. $2\operatorname{cosec}^2 A$ B. $2\sec^2 A$

C. $\tan^2 A$ D. $\sec^2 A$

12. $(\cos^4 A - \sin^4 A)$ का मान क्या होगा ?

A. $1-2\sin^2 A$ B. $1-\sin^2 A$

C. $\tan^2 A$ D. $\cot^2 A$

13. किसी 10 मी. त्रिज्या वाले वृतीय पथ पर 50 मी. चलने पर केन्द्र पर आन्तरित कोण रेडियन में होगा :

A. 3 रेडियन B. 5 रेडियन

C. 6 रेडियन D. 2 रेडियन

14. $(\sec^2 A - 1)$ का मान है :

A. $\cot^2 A$ B. $\cos^2 A-1$

C. $\tan^2 A$ D. $\sin^2 A-1$

15. $\pi/3$ रेडियन को अंशों में परिवर्तित करने पर मान होगा :

A. 30° B. 80°

C. 60° D. 120°

16. $(1-\cos^2 A)(1+\cot^2 A)$ का मान सरल करने पर होगा :

A. $\sin^2 A$ B. $\cos^2 A$

C. 1 D. $\sec^2 A$

17. $(\operatorname{cosec}^2 A - 1)(\tan^2 A)$ का मान है :

A. 2 B. $\sec^2 A$

C. 1 D. $\cos^2 A$

18. 90° को रेडियन में बदलने पर मान है :

A. $\frac{\pi}{6}$ रेडियन B. $\frac{\pi}{2}$ रेडियन

C. $\frac{\pi}{3}$ रेडियन D. $\frac{2\pi}{3}$ रेडियन

19. परिक्रमी रेखा अपनी प्रारम्भिक स्थिति में घूमकर –205° का कोण बनाती है तो रेखा की स्थिति किस चतुर्थांश में होगी ?

A. प्रथम चतुर्थांश B. द्वितीय चतुर्थांश

C. तृतीय चतुर्थांश D. चतुर्थ चतुर्थांश

20. $\sqrt{\left(\frac{1-\cos A}{1+\cos A}\right)}$ का सरलतम रूप में मान होगा :

A. $\cot A - \sec A$ B. $\operatorname{cosec} A - \cot A$

C. $\tan A - \sec A$ D. $\cos^2 A - 1$

21. $\sqrt{\left(\frac{1+\sin A}{1-\sin A}\right)}$ को सरल करने पर मान होगा :

A. sec A + cot A B. sec A + tan A
C. cos A + sin A D. cos A − sin A

22. $(\cos^4\theta + \cos^2\theta.\sin^2\theta)$ का निम्न में से कौन–सा मान होगा ?

A. $\sin^2\theta$ B. $\sec^2\theta$
C. $\cos^2\theta$ D. $\tan^2\theta$

उत्तरमाला

1	2	3	4	5	6	7	8	9	10
B	A	B	D	B	B	C	C	B	D
11	12	13	14	15	16	17	18	19	20
A	A	B	C	C	C	C	B	B	B
21	22								
B	C								

महत्त्वपूर्ण प्रश्नों के व्याख्यात्मक उत्तर

4. $\because \tan A = \frac{16}{13} \Rightarrow \frac{\text{लम्ब}}{\text{आधार}} = \frac{16}{13}$

$\therefore$ (कर्ण)^2 = (लम्ब)^2 + (आधार)^2

$= (16)^2 + (13)^2$

$= 256 + 169 = 425$

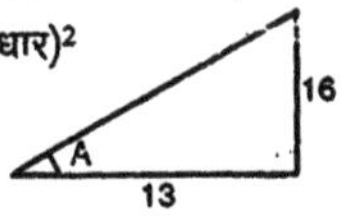

$\therefore \sec^2 A = \frac{(\text{कर्ण})^2}{(\text{आधार})^2} = \frac{425}{169}$

11. $\frac{1}{1-\cos A} + \frac{1}{1+\cos A}$

$= \frac{(1+\cos A)+(1-\cos A)}{(1-\cos A)\ (1-\cos A)}$

$= \frac{2}{1-\cos^2 A} = \frac{2}{\sin^2 A} = 2\text{cosec}^2 A$

15. π/3 रेडियन का मान अंशों में

$= \frac{\pi}{3} \times \frac{180°}{\pi} = 60°$

20. $\sqrt{\frac{(1-\cos A)}{(1+\cos A)}}$

$= \sqrt{\left(\frac{1-\cos A}{1+\cos A}\right)\left(\frac{1-\cos A}{1-\cos A}\right)}$

$= \sqrt{\frac{(1-\cos A)^2}{(1-\cos^2 A)}} = \sqrt{\frac{(1-\cos A)^2}{\sin^2 A}} = \frac{1-\cos A}{\sin A}$

$= \frac{1}{\sin A} - \frac{\cos A}{\sin A} = \text{cosec } A - \cot A$

11

विशिष्ठ कोणों के त्रिकोणमितीय अनुपात

(Trigonometrical Ratios of Specific Angles)

निम्नलिखित सारणी में, 0°, 30°, 45°, 60° तथा 90° कोणों के लिए विभिन्न त्रिकोणमितीय निष्पत्तियों के मान दिये गये हैं। इन्हें भली-भांतिपूर्वक याद कर लें–

निष्पत्ति कोण	0°	30°	45°	60°	90°
sin	0	$\frac{1}{\sqrt{2}}$	$\frac{1}{\sqrt{2}}$	$\frac{\sqrt{3}}{2}$	1
cos	1	$\frac{\sqrt{3}}{2}$	$\frac{1}{\sqrt{2}}$	$\frac{1}{2}$	0
tan	0	$\frac{1}{\sqrt{3}}$	1	$\sqrt{3}$	∞
cot	∞	$\sqrt{3}$	1	$\frac{1}{\sqrt{3}}$	0
sec	1	$\frac{2}{\sqrt{3}}$	$\sqrt{2}$	2	∞
cosec	∞	2	$\sqrt{2}$	$\frac{2}{\sqrt{3}}$	1

90° से अधिक कोणों के त्रिकोणमितीय अनुपात ज्ञात करने के लिए कुछ प्रमुख नियम–

Y	
द्वितीय पाद (90°—180°) sin तथा cosec (+) तथा शेष सभी (–)	प्रथम पाद (0°—90°) सभी त्रिकोणमितीय अनुपात (+)
तृतीय पाद (180°—270°) tan तथा cot (+) तथा शेष सभी (–)	चतुर्थ पाद (270°—360°) cos तथा sec (+) तथा शेष सभी (–)

X' — X, Y'

महत्त्वपूर्ण नोट– $(90°+\theta)$ तथा $(90°-\theta)$ के कोणों के त्रिकोणमितीय अनुपात निम्न क्रम बदल जाते हैं–

sin ⇌ cos, tan ⇌ cot

sec ⇌ cosec

तथा $(180°+\theta)$, $(180-\theta)$, $(360°+\theta)$, $(360-\theta)$ व $(-\theta)$ आदि के कोण त्रिकोणमितीय अनुपात में अपरिवर्तित रहते हैं। अर्थात् sin का sin तथा cos का cos रहता है।

वस्तुनिष्ठ प्रश्न

निर्देश : नीचे दिये गये प्रत्येक प्रश्नों के चार संभावित उत्तर विकल्प दिये गये हैं। जिनमें से एक विकल्प सही है। उस सही विकल्प का सावधानीपूर्वक चुनाव कीजिए।

1. sin 60° का मान निम्न में से कौन-सा होगा ?

A. $\frac{1}{\sqrt{2}}$ B. 1

C. $\frac{\sqrt{3}}{2}$ D. 0

2. sec (90° –θ). sinθ का मान कितना है ?

A. ∞ B. 0

C. cot θ D. 1

3. यदि $\sin 58° = \frac{x}{y}$ हो तो cosec 58° का मान कितना होगा ?

A. $\frac{x}{y}$ B. $\sqrt{x^2+y^2}$

C. $\frac{y}{x}$ D. $\sqrt{x^2-y^2}$

4. यदि $\sin 75° = \frac{\sqrt{3}+1}{2\sqrt{2}}$, तो $\cos 15°$ का मान क्या है ?

A. $\frac{\sqrt{3}+1}{\sqrt[2]{2}}$ B. $\frac{\sqrt{3}+1}{\sqrt[3]{2}}$

C. $\frac{\sqrt{3}-1}{\sqrt[2]{2}}$ D. $\frac{\sqrt{2}+1}{\sqrt[3]{3}}$

5. यदि $\alpha + \beta = \frac{\pi}{2}$ और $\sin \alpha = \frac{1}{2}$, तो β का मान कितना होगा ?

A. 30° B. 45°

C. 60° D. 120°

6. यदि $\theta = \frac{7\pi}{4}$, तो $\tan\theta + \cot\theta$ का मान कितना होगा ?

A. –1 B. 0

C. –2 D. $-\frac{2}{\sqrt{3}}$

7. $\sin 60° \cos 30° - \cos 150° \sin 120°$ का मान कितना होगा ?

A. $\frac{3}{2}$ B. $\frac{1}{2}$

C. $\frac{3}{4}$ D. $\frac{2}{3}$

8. $\sin(-300°)$ का मान क्या है ?

A. $\frac{2}{\sqrt{3}}$ B. $\frac{1}{\sqrt{2}}$

C. $\frac{\sqrt{3}}{2}$ D. $-\frac{\sqrt{3}}{2}$

9. cosec 780° का मान कितना होगा ?

A. $\frac{2}{\sqrt{3}}$ B. $\frac{\sqrt{3}}{2}$

C. $\frac{1}{\sqrt{3}}$ D. $\sqrt{3}$

10. यदि 0° तथा 180° के बीच $\tan\theta = \cot\theta = -1$ हो तो θ का मान कितना होगा ?

A. 120° B. 135°

C. 45° D. 30°

11. यदि 0° तथा 180° के बीच $\cos\theta = \frac{-\sqrt{3}}{2}$ हो तो θ का मान कितना होगा ?

A. 60° B. 180°

C. 150° D. 120°

12. sin 60° के मान का व्युत्क्रम मान कितना होगा ?

A. $-\frac{2}{\sqrt{3}}$ B. $\frac{2}{\sqrt{3}}$

C. $\frac{\sqrt{3}}{2}$ D. $-\frac{\sqrt{3}}{2}$

13. $\cos\theta$ के अधिकतम तथा न्यूनतम मान क्रमशः क्या होंगे ?

A. 0, 1 B. 1, 0

C. $\sqrt{2}$, 0 D. $\sqrt{3}$, 1

14. sin 120°. sec 150° का मान क्या होगा ?

A. –1 B. 0

C. $\frac{1}{\sqrt{3}}$ D. 2

15. $\frac{\sin 36° + \cos 36°}{\cos 54° + \sin 54°}$ का मान क्या होगा ?

A. $\frac{\sqrt{3}+1}{2}$ B. $\frac{\sqrt{2}+1}{\sqrt{3}}$

C. 1 D. 0

16. $\frac{1 - 2\tan^2 45°}{1 + 2\tan^2 45°}$ का मान कितना होगा ?

A. $-\frac{2}{3}$ B. $-\frac{1}{3}$

C. $\frac{3}{2}$ D. 4

17. $\cot^2 30° + \tan^2 45° + \cot^2 90°$ का मान निम्न में से कौन-सा होगा ?

A. 0 B. $\frac{1}{2}$

C. 4 D. ∞

18. sin 240°. cos 450° का मान कितना होगा ?

A. $\frac{1}{2}$ B. $\frac{\sqrt{3}}{2}$

C. 0 D. 2

19. $\cot(270^\circ-\theta).\cot(270^\circ+\theta).\cot(540^\circ-\theta)$ $\times\cot(540^\circ+\theta)$ का मान कितना है ?
A. $\cot\theta$ B. 1
C. $\tan\theta$ D. 0

20. $\tan\theta+\tan(90^\circ+\theta)-\tan(180^\circ+\theta)-(270^\circ-\theta)$ का मान निम्न में से क्या होगा ?
A. $\tan\theta$ B. $\cot\theta$
C. 0 D. $\frac{1}{2}$

21. $\operatorname{cosec}(270^\circ-\theta)\times\operatorname{cosec}(270^\circ+\theta)$ $+\cot(270^\circ-\theta)\times\cot(270^\circ+\theta)$ का मान क्या है ?
A. $\operatorname{cosec}\theta$ B. 1
C. $\cot\theta$ D. 0

22. $\cos\theta+\sin(270^\circ+\theta)-\sin(270^\circ-\theta)$ $+\cos(180^\circ+\theta)$ का मान कितना होगा ?
A. 0 B. $\frac{1}{2}$
C. $\cos\theta$ D. $\sin\theta$

23. यदि $\tan A=\frac{2xy}{x^2-y^2}$ तो sin A तथा cos A के मान क्रमशः क्या होंगे ?
A. $\frac{x^2+y^2}{x^2-y^2},\frac{2xy}{x^2+y^2}$ B. $\frac{2xy}{x^2+y^2},\frac{x^2-y^2}{x^2+y^2}$
C. $\frac{2xy}{x^2-y^2},\frac{x^2+y^2}{x^2-y^2}$ D. $\frac{2xy}{x^2+y^2},\frac{x^2+y^2}{x^2-y^2}$

उत्तरमाला

1	2	3	4	5	6	7	8	9	10
C	D	C	A	C	C	A	C	A	B
11	12	13	14	15	16	17	18	19	20
C	B	B	A	C	B	C	C	B	C
21	22	23							
B	A	B							

महत्त्वपूर्ण प्रश्नों के व्याख्यात्मक उत्तर

3. $\because \sin 58^\circ=\frac{x}{y}\Rightarrow\frac{1}{\sin 58^\circ}=\frac{y}{x}\Rightarrow\operatorname{cosec}58^\circ=\frac{y}{x}$

7. $\sin 60^\circ.\cos 30^\circ-\cos 150^\circ.\sin 120^\circ$
$=\frac{\sqrt{3}}{2}\times\frac{\sqrt{3}}{2}-\cos(90^\circ+60^\circ).\sin(90^\circ+30^\circ)$
$=\frac{3}{4}+\sin 60^\circ.\cos 30^\circ=\frac{3}{4}+\frac{3}{4}=\frac{3}{2}$

11. $\because \cos\theta=-\frac{\sqrt{3}}{2}\Rightarrow\cos\theta=\cos(90^\circ+60^\circ)$
$\Rightarrow\cos\theta=\cos 150^\circ\Rightarrow\theta=150^\circ$

15. $\frac{\sin 36^\circ+\cos 36^\circ}{\cos 54^\circ+\sin 54^\circ}$
$=\frac{\sin 36^\circ+\cos 36^\circ}{\cos(90^\circ-36^\circ)+\sin(90^\circ-36^\circ)}$
$=\frac{\sin 36^\circ+\cos 36^\circ}{\sin 36^\circ+\cos 36^\circ}=1$

22. $\because \cos\theta+\sec(270^\circ+\theta)-\sec(270^\circ-\theta)$ $+\cos(180^\circ+\theta)$
$=\cos\theta+(-\cos\theta)-(-\cos\theta)+(-\cos\theta)$
$=\cos\theta-\cos\theta+\cos\theta-\cos\theta$
$=0$

12

दो कोणों के योग तथा अन्तर के त्रिकोणमितीय अनुपात

(Trigonometrical Ratios of Sum and Difference of Two Angles and Multiples and Sub-Multiples of Angles)

ध्यान रखने योग्य प्रमुख सूत्र–

1. (*i*) $\sin(A \pm B) = \sin A \cos B \pm \cos A \sin B$

   (*ii*) $\cos(A \pm B) = \cos A \cos B \mp \sin A \sin B$

   (*iii*) $\tan(A \pm B) = \dfrac{\tan A \pm \tan B}{1 \mp \tan A \tan B}$

   (*iv*) $\cot(A \pm B) = \dfrac{\cot A \cot B \mp 1}{\cot B \pm \cot A}$

2. **अपवर्त्य तथा अपवर्तक कोणों के त्रिकोणमितीय अनुपात–**

   (*i*) $\sin 2A = 2 \sin A \cos A = \dfrac{2 \tan A}{1 + \tan^2 A}$

   (*ii*) $\cos 2A = \cos^2 A - \sin^2 A = 2\cos^2 A - 1$

   $= 1 - 2\sin^2 A = \dfrac{1 - \tan^2 A}{1 + \tan^2 A}$

   (*iii*) $\tan 2A = \dfrac{2 \tan A}{1 + \tan^2 A}$

   (*iv*) $\cot 2A = \dfrac{\cot^2 A - 1}{2 \cot A}$

   (*v*) $\sin 3A = 3 \sin A - 4 \sin^3 A$

   (*vi*) $\cos 3A = 4 \cos^3 A - 3 \cos A$

   (*vii*) $\tan 3A = \dfrac{3 \tan A - \tan^3 A}{1 - 3 \tan^2 A}$

वस्तुनिष्ठ प्रश्न

निर्देश : नीचे दिये गये प्रत्येक प्रश्नों के चार संभावित उत्तर विकल्प दिये गये हैं। जिनमें से एक विकल्प सही है। उस सही विकल्प का सावधानीपूर्वक चुनाव कीजिए।

1. $\cos 75°$ का मान होगा :

   A. $\dfrac{\sqrt{2}-1}{2\sqrt{2}}$ B. $\dfrac{\sqrt{3}-1}{2\sqrt{2}}$

   C. $\dfrac{\sqrt{5}-1}{3}$ D. $\dfrac{\sqrt{6}-1}{2}$

2. $\sin 15°$ का मान कितना होगा ?

   A. $\dfrac{\sqrt{3}-1}{2\sqrt{2}}$ B. $\dfrac{\sqrt{3}+1}{2\sqrt{2}}$

   C. $\dfrac{\sqrt{2}+1}{3\sqrt{2}}$ D. $\dfrac{\sqrt{3}-1}{2\sqrt{3}}$

3. $\tan 75°$ का मान क्या है ?

   A. $3+\sqrt{3}$ B. $2+\sqrt{2}$

   C. $2+\sqrt{3}$ D. 1

4. $\sin 105°$ का मान क्या है ?

   A. $\dfrac{\sqrt{3}+1}{3\sqrt{2}}$ B. $\dfrac{\sqrt{3}-1}{2\sqrt{2}}$

   C. $\dfrac{\sqrt{3}+1}{2\sqrt{2}}$ D. $\dfrac{\sqrt{2}+1}{2\sqrt{2}}$

5. यदि $\cos A = \dfrac{12}{13}, \cos B = \dfrac{8}{17}$ हो तो $\sin(A - B)$ का मान क्या होगा ?

   A. $-\dfrac{190}{221}$ B. $-\dfrac{120}{69}$

   C. $\dfrac{128}{31}$ D. $\dfrac{64}{17}$

6. यदि $\tan A = \frac{1}{2}$ तथा $\tan B = \frac{1}{3}$ हो तो $\tan(A+B)$ का मान क्या है ?
A. $\frac{1}{2}$ B. 0
C. 1 D. $\sqrt{3}$

7. यदि $\tan A = \frac{5}{6}$ तथा $\tan B = \frac{1}{11}$ हो तो $(A+B)$ का मान कौन–सा होगा ?
A. 0° B. 30°
C. 45° D. 60°

8. यदि $\sin\theta = \frac{4}{5}$ हो तो $\cos 2\theta$ का मान कितना होगा ?
A. $-\frac{8}{17}$ B. $-\frac{7}{25}$
C. $-\frac{8}{9}$ D. $-\frac{11}{12}$

9. यदि $\cot A = \frac{12}{13}$ तो $\sin 2A$ का मान क्या है ?
A. 0 B. $\frac{120}{169}$
C. $\frac{121}{168}$ D. $\frac{179}{165}$

10. यदि $\tan A = \frac{1}{\sqrt{3}}$ तो $\tan 2A$ का मान क्या होगा ?
A. $\frac{\sqrt{3}}{2}$ B. $\frac{1}{2}$
C. $\sqrt{3}$ D. 0

11. यदि $\cos A = \frac{\sqrt{3}}{2}$ हो तो $\tan 3A$ का मान क्या होगा ?
A. 1 B. ∞
C. 0 D. 2

12. $\sin 3A$ का मान क्या होगा ?
A. $3\sin A + 4\sin^3 A$ B. $3\sin A - 4\sin^3 A$
C. $4\sin^3 A + 3\sin A$ D. $\sin A + \sin^3 A$

13. यदि $(A+B) = 45°$ तो $\left(\frac{\tan A + \tan B}{1 - \tan A \tan B}\right)$ का मान क्या होगा ?
A. 1 B. $\frac{1}{\sqrt{2}}$
C. 0 D. $\sqrt{3}$

14. यदि $A = 15°$, तो $2\cos^2 A - 1$ का मान कितना होगा ?
A. $\frac{\sqrt{3}}{4}$ B. $\frac{\sqrt{3}}{2}$
C. $\frac{1}{2}$ D. $\frac{2}{\sqrt{3}}$

15. $\left(\frac{1 - \tan^2 A}{1 + \tan^2 A}\right)$ का मान निम्न में से किस के बराबर होगा ?
A. $\sin 2A$ B. $1 + \cos 2A$
C. $\cos 2A$ D. $\tan 2A$

16. यदि $\sin A = \frac{3}{5}$ तथा $\cos B = \frac{5}{13}$ तो $\sin(A+B)$ का मान क्या है ?
A. $\frac{61}{62}$ B. $\frac{63}{65}$
C. $\frac{52}{51}$ D. $\frac{62}{65}$

17. $\tan\left(45° - \frac{A}{2}\right)$ का मान किस के बराबर होगा ?
A. $\frac{\cos A}{1+\sin A}$ B. $\frac{1+\sin A}{\cos A}$
C. $\cot\frac{A}{2}$ D. $\tan\frac{A}{2}$

18. $\frac{\sin 2A}{1+\cos 2A} \times \frac{\cos A}{1+\cos A}$ का मान होगा ?
A. $\sin\frac{A}{2}$ B. $\cos\frac{A}{2}$
C. $\cot\frac{A}{2}$ D. $\tan\frac{A}{2}$

19. $\tan\left(45° + \frac{A}{2}\right)$ किसके बराबर होगा ?
A. $\sec A + \tan A$ B. $\sec A - \tan A$
C. $\frac{1}{\sin A + \cos A}$ D. $\frac{1}{\sin A - \cos A}$

20. $\cos 22\frac{1°}{2}$ का मान होगा ?
A. $\frac{2+\sqrt{2}}{2}$ B. $\frac{\sqrt{2+\sqrt{2}}}{2}$

C. $\sqrt{\frac{3+\sqrt{2}}{2}}$ D. $\sqrt{\frac{1+\sqrt{2}}{2}}$

21. $\left(\sin\frac{A}{2}+\cos\frac{A}{2}\right)^2$ का मान कितना होगा ?

A. $1+\cos A$ B. $1+\sin A$

C. $\sin\frac{A}{2}$ D. $\cos\frac{A}{2}$

22. निम्न में से $(1+\sin 2A)$ किसके बराबर होगा ?

A. $(\sin A-\sin^2 A)$ B. $(\sin A+\cos A)^2$

C. 1 D. $(\sin A-\cos A)^2$

23. $\frac{\sin-2A}{1-\cos 2A}$ का सरलतम रूप में मान कितना होगा ?

A. tan A B. cot A

C. cosec A D. sec A

24. $\cos 72°\cos 42°+\sin 72°\sin 42°$ का मान कितना होगा ?

A. $\frac{2}{\sqrt{3}}$ B. $\frac{1}{\sqrt{2}}$

C. $\frac{\sqrt{3}}{2}$ D. $\frac{1}{2}$

उत्तरमाला

1	2	3	4	5	6	7	8	9	10
B	A	C	C	A	C	C	B	B	C
11	12	13	14	15	16	17	18	19	20
B	B	A	B	C	B	A	D	A	B
21	22	23	24						
B	B	B	C						

महत्त्वपूर्ण प्रश्नों के व्याख्यात्मक उत्तर

$\sin 105° = \sin(60°+45°)$

$= \sin 60°\cos 45° + \cos 60°\sin 45°$

$= \frac{\sqrt{3}}{2}\cdot\frac{1}{\sqrt{2}}+\frac{1}{2}\cdot\frac{1}{\sqrt{2}}$

$= \frac{\sqrt{3}}{2\sqrt{2}}+\frac{1}{2\sqrt{2}}=\frac{\sqrt{3}+1}{2\sqrt{2}}$

$\because \tan(A+B)=\frac{\tan A+\tan B}{1-\tan A.\tan B}$

$\Rightarrow \tan(A+B)=\frac{\frac{5}{6}+\frac{1}{11}}{1-\frac{5}{6}.\frac{1}{11}}$

$=\frac{\frac{55+6}{66}}{1-\frac{5}{66}}=\frac{\frac{61}{66}}{\frac{61}{66}}=1$

$\Rightarrow \tan(A+B)=1=\tan 45°$

$\Rightarrow A+B=45°$

11. $\because \cos A=\frac{\sqrt{3}}{2} \Rightarrow \cos A=\cos 30°$

$\Rightarrow A=30°$

$\therefore \tan 3A=\tan 3\times 30°=\tan 90°=\alpha$

20. $\because \cos^2 22\frac{1°}{2}-1=\cos 45°$

$\Rightarrow 2\cos^2 22\frac{1°}{2}=\cos 45°+1=\frac{1}{\sqrt{2}}+1$

$=\frac{1+\sqrt{2}}{\sqrt{2}}$

$\Rightarrow \cos^2 22\frac{1°}{2}=\frac{1+\sqrt{2}}{2\sqrt{2}}$

$\Rightarrow \cos^2 22\frac{1°}{2}=\frac{1+\sqrt{2}}{2\sqrt{2}}\times\frac{\sqrt{2}}{\sqrt{2}}=\frac{\sqrt{2}+2}{4}$

$\Rightarrow \cos^2 22\frac{1°}{2}=\frac{\sqrt{\sqrt{2}+2}}{2}$

13

कोणों के ज्या तथा कोज्या के गुणनखण्ड

(Product of Sine and Cosine of Angles)

1. **प्रमुख सूत्र :**

(i) $2 \sin A \cos B = \sin(A+B) + \sin(A-B)$

(ii) $2 \cos A \sin B = \sin(A+B) - \sin(A-B)$

(iii) $2 \cos A \cos B = \cos(A+B) + \cos(A-B)$

(iv) $2 \sin A \sin B = \cos(A-B) - \cos(A+B)$

2. **sin तथा cos के योग तथा अन्तर को उनके गुणनफल के रूप में व्यक्त करना :**

(i) $\sin C + \sin D = 2\sin\left(\frac{C+D}{2}\right).\cos\left(\frac{C-D}{2}\right)$

(ii) $\sin C - \sin D = 2\cos\frac{(C+D)}{2}.\sin\left(\frac{C-D}{2}\right)$

(iii) $\cos C + \cos D = 2\cos\frac{(C+D)}{2}.\cos\frac{(C-D)}{2}$

(iv) $\cos C - \cos D = 2\sin\left(\frac{C+D}{2}\right).\sin\left(\frac{D-C}{2}\right)$

वस्तुनिष्ठ प्रश्न

निर्देश : नीचे दिये गये प्रत्येक प्रश्नों के चार संभावित उत्तर विकल्प दिये गये हैं। जिनमें से एक विकल्प सही है। उस सही विकल्प का सावधानीपूर्वक चुनाव कीजिए।

1. $\sin 75° \cos 15°$ का मान होगा :

A. $\frac{2-\sqrt{3}}{4}$ B. $\frac{4+\sqrt{3}}{2}$

C. $\frac{2+\sqrt{3}}{4}$ D. $\frac{2+\sqrt{3}}{2}$

2. $\sin 75° \cos 15°$ का मान कितना होगा ?

A. $\frac{\sqrt{3}-1}{4}$ B. $\frac{\sqrt{3}-1}{2}$

C. $\frac{\sqrt{3}+1}{4}$ D. $\frac{\sqrt{3}+1}{2}$

3. $2 \sin 9A \cos A$ को योग तथा अन्तर के क्रम में किस प्रकार लिखा जा सकता है ?

A. $\sin 8A + \sin 2A$ B. $\sin 10A + \sin 8A$

C. $\sin 7A + \sin 3A$ D. $\sin 9A + \sin A$

4. $\cos 315° \cos 75°$ का मान कितना होगा ?

A. $\frac{\sqrt{3}+1}{2}$ B. $\frac{\sqrt{3}-1}{2}$

C. $\frac{\sqrt{3}-1}{4}$ D. $\frac{\sqrt{3}+1}{4}$

5. $\sin A \sin(60° - A).\sin A \sin(60° - A)$ का मान क्या होगा ?

A. $\frac{1}{2}\cos 2A$ B. $\frac{1}{4}\sin 3A$

C. $\frac{1}{4}\cos 3A$ D. $\frac{2}{3}\tan 2A$

6. $\cos A \cos(60° - A).\cos(60° + A)$ का मान कितना होगा ?

A. $\frac{1}{4}\cos 3A$ B. $\frac{1}{3}\cos 2A$

C. $\frac{2}{3}\sin 3A$ D. $\frac{1}{4}\sin 3A$

7. $\sin 20° \sin 40° \sin 60° \sin 80°$ का मान निम्न मे से कौन सा होगा ?

A. $\frac{4}{15}$ B. $\frac{3}{17}$

C. $\frac{3}{16}$ D. $\frac{2}{5}$

8. $\sin 75° + \sin 15°$ का मान क्या होगा ?

A. $\frac{\sqrt{3}}{2}$ B. $\frac{\sqrt{6}}{2}$

C. $\frac{\sqrt{5}}{3}$ D. $\frac{1}{2}$

9. $\cos(60°+\theta)+\cos(60°-\theta)$ का मान कितना होगा ?

A. $\sin\theta$ B. $\tan\theta$

C. $\operatorname{cosec}\theta$ D. $\cos\theta$

10. $(\cos 9\theta + \cos\theta)$ को गुणनफन के रूप में किस प्रकार लिखा जा सकता है ?

A. $2\cos 5\theta.\cos\theta$ B. $2\sin 5\theta.\cos 4\theta$

C. $2\cos 2\theta.\sin 5\theta$ D. $\sin 4\theta.\cos 2\theta$

11. $\sin(60° + A) + \sin(60° - A)$ का मान कितना होगा ?

A. $\sqrt{2}\sin A$ B. $\sqrt{3}\cos A$

C. $\sqrt{3}\sin A$ D. $\sqrt{2}\tan A$

12. $\frac{\sin 7\theta + \sin\theta}{\cos 7\theta + \cos\theta}$ का मान क्या होगा ?

A. $\tan 3\theta$ B. $\tan 4\theta$

C. $\cot 4\theta$ D. $\sec 2\theta$

13. $\frac{\sin A - \sin B}{\cos B - \cos A}$ को सरलतम रूप में किस प्रकार लिख सकते हैं ?

A. $\cot\left(\frac{A+B}{2}\right)$ B. $\tan\left(\frac{A+B}{2}\right)$

C. $\sin\left(\frac{A+B}{2}\right)$ D. $\cos\left(\frac{A+B}{2}\right)$

14. $\cos 175° + \cos 65° + \cos 55°$ का मान कितना होगा?

A. $\frac{1}{3}$ B. $\frac{4}{\sqrt{3}}$

C. 0 D. $\frac{1}{2}$

15. निम्न में से $\cos^2 18° + \cos^2 72°$ का मान क्या होगा ?

A. $\frac{\sqrt{72}+\sqrt{16}}{\sqrt{3}}$ B. 0

C. $\frac{\sqrt{6}+\sqrt{7}}{\sqrt{3}}$ D. 1

16. $\frac{\sin(30°+\theta)+\sin(30°-\theta)}{\cos(30°+\theta)-\cos(30°+\theta)}$ का मान क्या है ?

A. $\sin\theta$ B. $\cot\theta$

C. $\tan\theta$ D. $\sec\theta$

17. $\frac{\sin^2 A - \sin^2 B}{\sin A\cos A - \sin B\cos B}$ का मान क्या होगा ?

A. cot (A+B) B. sin (A+B)

C. tan (A+B) D. cos (A+B)

18. यदि $\cos A = \frac{1}{7}$ तथा $\cos B = \frac{13}{14}$ हो तो $\cos(A-B)$ का मान कितना होगा ?

A. $\frac{3}{2}$ B. $\frac{4}{3}$

C. $\frac{1}{2}$ D. $\frac{7}{6}$

19. यदि $A + B + C = \pi$, तो $\tan A + \tan B + \tan C$ किसके बराबर है ?

A. $1-\tan A.\tan B.\tan C$ B. $\tan A.\tan B.\tan C$

C. $\frac{\sin A+\sin B+\sin C}{\cos A+\cos B+\cos C}$ D. 1

20. $(\cos 3A - \cos 5A)$ का गुणनफल रूप में मान क्या होगा ?

A. $\sin 3A.\sin A$ B. $2\sin 4A.\sin A$

C. $2\sin 2A.\sin A$ D. $3\sin A.\sin 3A$

21. $\frac{\sin(A+C)+2\sin A+\sin(A-C)}{\sin(B+C)+2\sin B+\sin(B-C)}$ का सरलतम रूप में मान कितना होगा ?

A. $\frac{\sin C}{\sin B}$ B. $\frac{\cot A}{\cot C}$

C. $\frac{\sin A}{\sin B}$ D. $\frac{\tan A}{\tan B}$

उत्तरमाला

1	2	3	4	5	6	7	8	9	10
C	A	B	C	B	A	C	B	D	A
11	12	13	14	15	16	17	18	19	20
B	B	A	C	D	B	C	C	B	B
21									
C									

महत्त्वपूर्ण प्रश्नों के व्याख्यात्मक उत्तर

3. $2\sin 9A.\cos A = \sin(9A+A)+\sin(9A-A)$
$= \sin 10A + \sin 8A$

4. $\cos 315°\cos 75° = \frac{1}{2}[2\cos 315°\cos 75°]$

$= \frac{1}{2}[\cos(315°+75°)+\cos(315°-75°)]$

$= \frac{1}{2}[\cos 390° + \cos 240°]$

$= \frac{1}{2}[\cos(360°+30°)+\cos(180°+60°)]$

$= \frac{1}{2}[\cos 30° - \cos 60°]$

$= \frac{1}{2}\left[\frac{\sqrt{3}}{2}-\frac{1}{2}\right] = \frac{\sqrt{3}-1}{4}$

12. $\frac{\sin 7\theta + \sin\theta}{\cos 7\theta + \cos\theta}$

$= \frac{2\sin\left(\frac{7\theta+\theta}{2}\right).\cos\left(\frac{7\theta-\theta}{2}\right)}{2\cos\frac{(7\theta+\theta)}{2}.\cos\frac{(7\theta-\theta)}{2}}$

$= \frac{2\sin 4\theta\cos 3\theta}{2\cos 4\theta\cos 3\theta} = \frac{\sin 4\theta}{\cos 4\theta} = \tan 4\theta$

14. $\cos 175°+[\cos 65°+\cos 55°]$

$= \cos(180°-5°)+2\cos\left(\frac{65°+55°}{2}\right).\cos\left(\frac{65°-55°}{2}\right)$

$= -\cos 5°+2\cos 60°.\cos 5°$

$= -\cos 5°+2\times\frac{1}{2}\cos 5° = -\cos 5°+\cos 5° = 0$

21. $\frac{\sin(A+C)+2\sin A+\sin(A-C)}{\sin(B+C)+2\sin B+\sin(B-C)}$

$= \frac{2\sin\left(\frac{(A+C)+(A-C)}{2}\right).\cos\frac{(A+C)-(A-C)}{2}+2\sin A}{2\sin\frac{(B+C)+(B-C)}{2}.\cos\frac{(B+C)-(B-C)}{2}+2\sin B}$

$= \frac{2\sin A.\cos C+2\sin A}{2\sin B.\cos C+2\sin B}$

$= \frac{2\sin A(\cos C+1)}{2\sin B(\cos C+1)} = \frac{\sin A}{\sin B}$

14

ऊंचाई एवं दूरी

(Height and Distances)

किसी ऊंची वस्तु को दखने के लिए पर्यवेक्षक की आंख क्षैतिज से जो कोण बनाती है वह उन्नयन कोण कहलाता है। यदि वस्तु निचाई पर है तो कोण अवनमन कोण कहलाता है परन्तु अवनमन कोण = उन्नयन कोण।

वस्तुनिष्ठ प्रश्न

निर्देश : *नीचे दिये गये प्रत्येक प्रश्नों के चार संभावित उत्तर विकल्प दिये गये हैं जिनमें से एक विकल्प सही है। उस सही विकल्प का सावधानीपूर्वक चुनाव कीजिए।*

1. 12 मी. ऊंचे मकान के आधार से 12 मी. दूर स्थित बिन्दू से देखने पर उसको छत का उन्नयन कोण क्या होगा ?

A. 15° B. 30°
C. 45° D. 60°

2. यदि एक वृक्ष के आधार से 15 मी. दूर स्थित बिन्दु पर उसकी चोटी 30° का उन्नयन कोण बनाती है तो बताइये वृक्ष की ऊंचाई क्या होगी ?

A. $5\sqrt{3}$ मी. B. $4\sqrt{2}$ मी.
C. $12\sqrt{3}$ मी. D. $16\sqrt{3}$ मी.

3. जिस समय सूर्य का उन्नयन कोण 45° था, एक खम्भे की परछाईं 10 मी. नापी गई तो बताइये खम्भे की ऊंचाई कितनी होगी ?

A. 8 मी. B. 9 मी.
C. 10 मी. D. 12 मी.

4. यदि 12 मी. ऊंचे पुल से नाव का अवनमन कोण 60° का बन रहा हो तो बताइये नाव पुल के आधार से कितनी दूरी पर स्थिति होगी ?

A. $3\sqrt{3}$ मी. B. $4\sqrt{3}$ मी.
C. $5\sqrt{3}$ मी. D. $6\sqrt{2}$ मी.

5. एक वृक्ष आंधी के झोंके से कुछ ऊंचाई पर टूटकर लटक गया। यदि वह बिन्दु जहां वृक्ष का ऊपरी सिरा भूमि को स्पर्श कर रहा है, वृक्ष के आधार से 6 मी. दूर हो तथा लटका हुआ भाग पृथ्वी के साथ 45° का कोण बना रहा हो तो उस वृक्ष की ऊंचाई कितनी होगी ? (उत्तर दशमलव के दो स्थानों तक दीजिए यदि $\sqrt{2} = 1.414$)

A. 14.48 मी. B. 13.38 मी.
C. 12.56 मी. D. 17.68 मी.

6. एक अपूर्ण मन्दिर के आधार से 30 मी. दूर स्थित किसी बिन्दु से उसके शिखर का उन्नयन कोण 30° है। मन्दिर कितना ऊंचा और बनाया जाये ताकि उसी बिन्दू पर उन्नयन कोण 45° हो जाये ? (दिया है $\sqrt{3} = 1.732$)

A. 12.68 मी. B. 12.36 मी.
C. 11.56 मी. D. 8.56 मी.

7. एक नदी की चौड़ाई नापने हेतू जब नदी के इस पार से उस पार ठीक सामने तट पर स्थित किसी ऊंची पहाड़ी को देखा जाता है तो उन्नयन कोण 45° का बनता है। जब उसी सीध में तट से 30 मी. पीछे दूर हटकर देखा जाता है तो उन्नयन कोण 30° का हो जाता है। बताइये नदी की चौड़ाई कितनी होगी ?

A. 39.84 मी. B. 40.98 मी.
C. 52.64 मी. D. 56.87 मी.

8. एक मकान की खिड़की से एक झंडे के शिखर का उन्नयन कोण 60° तथा उसके पाद का अवनमन कोण 30° है। यदि मकान से झण्डे की दूरी 9 मी. हो तो बताइये झण्डे की ऊंचाई कितनी है ?

A. $15\sqrt{2}$ मी. B. $16\sqrt{2}$ मी.
C. $16\sqrt{3}$ मी. D. $12\sqrt{3}$ मी.

9. 8 मी. लम्बी सीढ़ी एक बिजली के खम्भे की चोटी से 8 मी. नीचे तक पहुंचती है। यदि सीढ़ी के निचले सिरे पर खम्भे के शिखर का उन्नयन कोण 60° हो तो बताइये खम्भे की ऊंचाई कितनी होगी ?

A. 6 मी. B. 12 मी.
C. 11 मी. D. 18 मी.

10. एक चिमनी और एक मीनार एक ही तल में खड़े हैं। मीनार की चोटी से चिमनी के शीर्ष और आधार के अवनमन कोण क्रमशः 30° व 60° हों तो बताइये मीनार की ऊंचाई क्या होगी ? यदि चिमनी की ऊंचाई 15 मी. हो।

A. 24.6 मी. B. 22.5 मी.
C. 28.5 मी. D. 27.3 मी.

11. एक नाव से, जो पुल की ओर आ रही है। उस पुल का उन्नयन कोण 30° का देखा गया। नाव के उसी चाल से 4 मिनट चलने के बाद उन्नयन कोण 60° हो गया। बताइये नाव को पुल तक पहुंचने में कितना समय और लगेगा ?

A. $1\frac{1}{2}$ मि. B. $2\frac{1}{2}$ मि.
C. 2 मि. D. $3\frac{1}{2}$ मि.

12. किसी मीनार के आधार से एक ही सरल रेखा में स्थित दो बिन्दुओं A और B से उसकी चोटी के उन्नयन कोण कोटिपूरक हैं। यदि आधार से बिन्दुओं A और B की दूरी क्रमशः a और b हो तो बताइये मीनार की ऊंचाई कितनी होगी ?

A. $\sqrt{ab}$ B. ab
C. ab^2 D. $\sqrt{a(b+1)}$

13. एक मीनार AB क्षैतिज भूमि पर ऊर्ध्वाधर खड़ी है और उसके ऊपर एक पताका दण्ड AC लगा है। भूमि पर स्थित बिन्दु O पर AC और AB द्वारा अन्तरित कोण क्रमशः α और β इस प्रकार हैं— $\tan\alpha = \frac{1}{8}$ तथा $\tan\beta = \frac{1}{2}$ यदि मीनार AB की ऊंचाई 12 मी. हो तो बताइये AC की लम्बाई क्या होगी ?

A. 6 मी. B. 2 मी.
C. 4 मी. D. 5½ मी.

14. एक मकान और एक मीनार एक ही तल पर खड़े हैं। मकान की खिड़की उसके तल से 4 मी. ऊंचाई पर है। खिड़की से मीनार की चोटी का उन्नयन कोण 60° तथा मीनार के पाद का अवनमन कोण 30° है। बताइये मीनार की ऊंचाई कितनी होगी ?

A. 16 मी. B. 25 मी.
C. 28 मी. D. 27 मी.

15. एक वायुयान दो मकानों के ऊपर से उड़ रहा है। जिनके बीच की क्षैतिक दूरी 300 मी. है। यदि किसी समय वायुयान से एक ही दिशा में दोनों मकानों के अवनमन कोण 45° तथा 60° के हों तो बताइये वायुयान कितनी ऊंचाई पर है।

A. $120\left(2+\sqrt{2}\right)$ मी. B. $150\left(3+\sqrt{3}\right)$ मी.
C. $144\sqrt{3}$ मी. D. $222\sqrt{2}$ मी.

16. उस समय सूर्य का उन्नयन कोण क्या होगा जबकि एक स्तम्भ की छाया उसकी कुल ऊंचाई की $\sqrt{3}$ गुनी हो ?

A. 60° B. 45°
C. 30° D. 75°

17. चित्रानुसार एक मीनार AB के भाग CA तथा CB बिन्दु P पर α तथा β कोण अन्तरित करते हैं। यदि $\tan\alpha = \frac{1}{2}$ तथा $\tan\beta = \frac{1}{3}$ हो तो ∠APB का मान कितना होगा, यदि PB = 16 मीटर हो ?

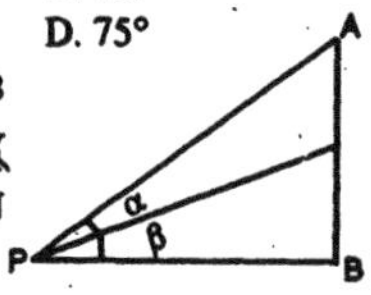

A. 30° B. 45°
C. 60° D. 75°

18. उपरोक्त प्रश्न में मीनार AB की ऊंचाई कितनी होगी ?

A. 17 मी. B. 22 मी.
C. 16 मी. D. 24 मी.

19. सीधी क्षैतिज सड़क के ऊर्ध्वाधर ऊपर एक हवाई जहाज सड़क के दो क्रमागत किलोमीटर के पत्थरों के बीच जो हवाई जहाज के दोनों ओर स्थित है, उड़ रहा है। यदि पत्थरों का अवनतांश कोण क्रमश 30° तथा 60° हो तो वायुयान की ऊंचाई कितनी होगी ?

A. 18 मी. B. 16 मी.
C. 21 मी. D. 24 मी.

20. समतल पर स्थित एक बिन्दु से कुतुबमीनार की चोटी का उन्नयन कोण 30° का देखा गया। जब मीनार की ओर 82.6 मी. चलकर चोटी को देखा गया तो उन्नयन कोण 60° का हो गया। कुतुबमीनार की ऊंचाई की गणना दशमलव के 2 अंकों तक कितनी होगी ? (यदि $\sqrt{3} = 1.732$)

A. 71.53 मी. B. 69.63 मी.

C. 45.36 मी. D. 65.83 मी.

उत्तरमाला

1	2	3	4	5	6	7	8	9	10
C	A	C	B	A	A	B	D	B	B
11	**12**	**13**	**14**	**15**	**16**	**17**	**18**	**19**	**20**
C	A	C	A	B	C	B	C	B	A

महत्त्वपूर्ण प्रश्नों के व्याख्यात्मक उत्तर

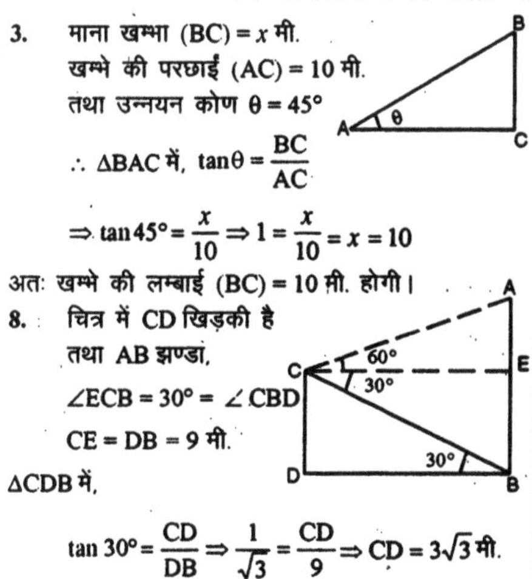

3. माना खम्भा (BC) = x मी.

खम्भे की परछाईं (AC) = 10 मी.

तथा उन्नयन कोण $\theta = 45°$

$\therefore \Delta BAC$ में, $\tan\theta = \frac{BC}{AC}$

$\Rightarrow \tan 45° = \frac{x}{10} \Rightarrow 1 = \frac{x}{10} = x = 10$

अतः खम्भे की लम्बाई (BC) = 10 मी. होगी।

8. चित्र में CD खिड़की है तथा AB झण्डा,

$\angle ECB = 30° = \angle CBD$

CE = DB = 9 मी.

ΔCDB में,

$\tan 30° = \frac{CD}{DB} \Rightarrow \frac{1}{\sqrt{3}} = \frac{CD}{9} \Rightarrow CD = 3\sqrt{3}$ मी.

$\Rightarrow BE = 3\sqrt{3}$ मी.

ΔAEC में,

$\tan 60° = \frac{AE}{CE} \Rightarrow \sqrt{3} = \frac{AE}{9} \Rightarrow AE = 9\sqrt{3}$

$\therefore$ झण्डे की ऊंचाई AB = AE+BE

$= 3\sqrt{3} + 9\sqrt{3} = 12\sqrt{3}$ मी.

12. चित्रानुसार PQ मीनार है।

माना, PQ = h

$\angle PAQ = \theta$

$\therefore \angle PBQ = 90° - \theta$

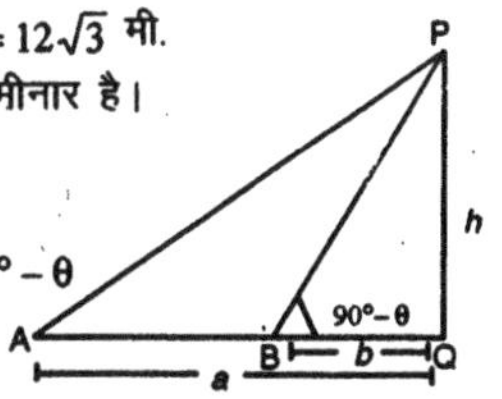

ΔPQA में,

$\tan\theta = \frac{h}{a}$ ...(i)

ΔPQB में,

$\tan(90° - \theta) = \frac{h}{b}$

$\Rightarrow \cot\theta = \frac{h}{b}$ ...(ii)

समी. (i) व (ii) से,

$\tan\theta \times \cot\theta = \frac{h}{a} \times \frac{h}{b} \Rightarrow 1 = \frac{h^2}{ab}$

$\Rightarrow h^2 = ab \Rightarrow h = \sqrt{ab}$

अतः मीनार की ऊंचाई $(h) = \sqrt{ab}$ मी. होगी।

15

घनाभ और घन
(Cuboid and Cube)

प्रमुख सूत्र :

A. (*i*) घनाभ का आयतन = लम्बाई × चौड़ाई × ऊंचाई
(*ii*) सम्पूर्ण पृष्ठ = 2 (ल.×चौ.+चौ.×ऊ.+ऊ.×ल.)
(*iii*) दीवारों का क्षे. = परिमाप × ऊंचाई
= 2 (ल.+चौ.)×ऊ.

B. (*iv*) घन का आयतन = $(\text{भुजा})^3$
(*v*) सम्पूर्ण पृष्ठ = 6 × $(\text{भुजा})^2$
(*vi*) विकर्ण = $\sqrt{3}$. भुजा

ध्यान रखने योग्य बातें :

(*i*) किसी कमरे में रखी जाने वाली अधिक से अधिक लम्बी छड़ की लम्बाई उसके विकर्ण के बराबर होती है।

(*ii*) जब किसी बड़े आयतन वाली वस्तु में छोटे आयतन वाली वस्तु रखी जाये तो छोटे आयतन वाली वस्तुओं की संख्या

$$= \frac{\text{बड़ी वस्तु का आयतन}}{\text{उसमें रखी जाने वाली एक वस्तु का आयतन}}$$

(*iii*) लकड़ी के संदूक, कमरे इत्यादि की बाहरी विमाओं तथा भीतरी विमाओं में लकड़ी अथवा दीवार की मोटाई के दूने का अन्तर होता है।

वस्तुनिष्ठ प्रश्न

***निर्देश :** नीचे दिये गये प्रत्येक प्रश्नों के चार संभावित उत्तर विकल्प दिये गये हैं। जिनमें से एक विकल्प सही है। उस सही विकल्प का सावधानीपूर्वक चुनाव कीजिए।*

1. एक घनाभ की कोर 4 सेमी., 5 सेमी. तथा 6 सेमी. है। बताइये घनाभ का पृष्ठ कितना होगा ?
A. 139 वर्ग सेमी. B. 148 वर्ग सेमी.
C. 120 वर्ग सेमी. D. 111 वर्ग सेमी.

2. एक घनाभ की कोरें क्रमशः 4 सेमी., 5 सेमी. तथा 6 सेमी. हों तो उसका आयतन क्या होगा ?
A. 122 सेमी.^3 B. 121 सेमी.^3
C. 120 सेमी.^3 D. 256 सेमी.^3

3. एक घनाभ की कोरें क्रमशः 3 सेमी., 4 सेमी. तथा 12 सेमी. हैं तो बताइये घनाभ का विकर्ण क्या है ?
A. 13 सेमी. B. 18 सेमी.
C. 17 सेमी. D. 15 सेमी.

4. 10 सेमी. भुजा के दो घनों को बराबर सटाकर रखने से प्राप्त घनाभ का पृष्ठ कितना होगा ?
A. 1000 सेमी.^2 B. 9901 सेमी.^2
C. 1002 सेमी.^2 D. 1132 सेमी.^2

5. 20 सेमी., 12 सेमी. तथा 12 सेमी. क्रमशः लम्बे, चौड़े तथा ऊंचे गत्ते के 50 बक्सों को बनाने के लिए कितने वर्ग मी. गत्ते की आवश्यकता होगी ?
A. 3.34 वर्ग मी. B. 6.24 वर्ग मी.
C. 6.84 वर्ग मी. D. 8.96 वर्ग मी.

6. एक लकड़ी के शहतीर की लम्बाई 4 मी., चौड़ाई 0.25 मी. तथा ऊंचाई 4 मी. है। 300 रु. प्रति घन की दर से उसका मूल्य क्या होगा ?
A. 1100 रु. B. 1175 रु.
C. 1324 रु. D. 1200 रु.

7. एक घनाकार कमरा 4 मी. ऊंचा है तो कमरे की चारों दिवारों के भीतरी सतह का क्षेत्रफल कितना होगा ?
A. 64 वर्ग मी. B. 32 वर्ग मी.
C. 16 वर्ग मी. D. 34 वर्ग मी.

8. एक घन की प्रत्येक कोर 6 मी. है तो घन के विकर्ण की लम्बाई कितनी होगी ?
A. 9.6 मी. B. 10.4 मी.
C. 8.3 मी. D. 5.8 मी.

9. एक आयताकार ठोस आकृति का विकर्ण 17 सेमी. है। यदि उसकी दो कोरें क्रमशः 8 सेमी. व 9 सेमी. हैं तो उसकी तीसरी कोर कितनी होगी ?

A. 8 सेमी. B. 6 सेमी.
C. 18 सेमी. D. 12 सेमी.

10. एक सन्दूक 10 मी. लम्बा, 3 मी. चौड़ा तथा 3 मी. ऊंचा है, उसमें 15 घन मी. आयतन वाले कितने घन रखे जा सकते हैं ?

A. 5 B. 6
C. 8 D. 12

11. एक बन्द सन्दूक की लम्बाई 1.5 मी. चौड़ाई 1.0 मी. तथा ऊंचाई 1.0 मी. है, तो उसके बनाने में कितने वर्ग मी. चादर की आवश्यकता होगी ?

A. 8 B. 6
C. 5 D. 4

12. यदि एक आयताकार 120 मी. लम्बे और 5 मी. चौड़े मैदान में 5 सेमी. पानी वर्षा हो तो मैदान पर कुल कितने लीटर पानी गिरा ?

A. 40,000 ली. B. 42,000 ली.
C. 30,000 ली. D. 38,000 ली.

13. एक घनाकार लोहे की टंकी जिसकी प्रत्येक कोर 30 सेमी. है, पानी से पूरी भरी है यदि उसमें से 2.7 लीटर पानी निकाल लिया जाये तो टंकी में शेष पानी की गहराई क्या होगी ?

A. 27 सेमी. B. 23 सेमी.
C. 28 सेमी. D. 31 सेमी

14. यदि एक हौज जो 10 मी. लम्बा और 8 मी. चौड़ा है, एक घनाकार पत्थर के टुकड़े को डाल देने से हौज में पानी की सतह 10 सेमी. ऊपर उठ जाती है, तो पत्थर के कोर की लम्बाई कितनी होगी ?

A. 3 मी. B. 8 मी.
C. 2 मी. D. 6 मी.

15. एक घन का आयतन 1728 घन सेमी. है, तो उसका पृष्ठ क्या है ?

A. 776 वर्ग सेमी. B. 864 वर्ग सेमी.
C. 862 वर्ग सेमी. D. 746 वर्ग सेमी.

16. एक 19 सेमी. लम्बी और 14 सेमी. चौड़ी लोहे की चादर के चारों कोनों से चार वर्ग काट दिये गये हैं, शेष को मोड़कर खुला बक्स बना लिया गया है, जिसका आयतन 300 घन सेमी. है, बक्से की ऊंचाई कितनी होगी ?

A. 2 सेमी. B. 4 सेमी.
C. 13 सेमी. D. 12 सेमी.

17. एक 7.5 मी. लम्बी, 3.6 मी. चौड़ी और 4.5 सेमी. मोटी दीवार के निर्माण में 45 सेमी. × 12 सेमी. × 6 सेमी. की कितनी ईंटों की आवश्यकता होगी ?

A. 5560 ईंटें B. 6630 ईंटें
C. 6750 ईंटें D. 6735 ईंटें

18. एक कमरे की भीतरी दो विमा (dimensions) 10 मी. तथा 8 मी. हैं। उसकी नींव की मिट्टी से कमरे की पटाई होनी है। यदि कमरे की दीवारें 0.5 मी. मोटी है और उसकी नींव 2 मी. गहरी है तो कमरा पट जायेगा जबकि खोदने से मिट्टी के आयतन में कोई परिवर्तन न हो ?

A. 47.5 सेमी. B. 33.5 सेमी.
C. 48 सेमी. D. 47.8 सेमी.

19. एक तालाब 50 मी. लम्बा और 28 मी. चौड़ा है, उसमें कुछ लड़के एक साथ कूदते हैं। जब वे सभी डूबे रहते हैं तब तालाब में पानी का तल 5 सेमी. ऊपर उठ जाता है। तालाब में कूदने वाले लड़कों की संख्या क्या है ? यदि प्रत्येक लड़के का आयतन 2 मी. हो।

A. 20 B. 21
C. 28 D. 35

20. एक 55 घन सेमी. आयतन वाले बर्तन में 20 घन सेमी. पानी है। उसमें 8 घन सेमी. आयतन के कितने कंकड़ डाल दिये जाएं ताकि पानी बर्तन के मुंह तक आ जाये। यदि प्रत्येक कंकड़ अपने आयतन का $\frac{1}{8}$ भाग पानी सोख लेता है ?

A. 6 B. 5
C. 3 D. 2

21. एक 8.0 मी. लम्बी, 3.6 मी. ऊंची तथा 0.8 मी. मोटी दीवार के निर्माण में 20.0 सेमी. × 12.0 सेमी. × 5.6 सेमी. माप की कितनी ईंटों की आवश्यकता होगी यदि गारा इत्यादि प्रत्येक ईंट के आयतन को उसके आयतन का $\frac{1}{7}$ भाग बढ़ा देती हो ?

A. 15,000 ईंटें B. 17,0000 ईंटें
C. 15,500 ईंटें D. 18,750 ईंटें

22. एक आयताकार तालाब की लम्बाई 12 मी. तथा चौड़ाई 5 मी. है। उसमें एक नल से 150 लीटर प्रति

मिनट की रफ्तार से पानी आता है। तो तालाब के पानी का तल कितने सेमी./घ. से ऊपर उठेगा ?

A. 18 सेमी./घ. B. 15 सेमी./घ.

C. 21 सेमी./घ. D. 25 सेमी./घ.

23. एक आयताकार पानी की टंकी 1.0 मी. लम्बी, 0.75 मी. चौड़ी तथा 0.5 मी. ऊंची है। यदि उसे 5 वर्ग सेमी. मुंह वाले नल से जो 25 मी./मिनट की रफ्तार से बाहर फेंकता है भरा जाता है। बताइये टंकी को भरने में कितना समय लगेगा ?

A. 15 मिनट B. $17\frac{1}{2}$ मिनट

C. 30 मिनट D. 18 मिनट

24. एक घनाभ की लम्बाई, चौड़ाई व ऊंचाई क्रमशः 120 सेमी., 40 सेमी. व 30 सेमी. है। बताइये घनाभ की विकर्ण की लम्बाई क्या होगी ?

A. 130 सेमी. B. 124 सेमी.

C. 121 सेमी. D. 102 सेमी.

उत्तरमाला

1	2	3	4	5	6	7	8	9	10
B	C	A	A	B	D	A	B	D	B
11	12	13	14	15	16	17	18	19	20
A	C	A	C	B	A	C	A	D	B
21	22	23	24						
A	B	C	A						

महत्त्वपूर्ण प्रश्नों के व्याख्यात्मक उत्तर

9. $\because$ 10 सेमी. भुजा के घनों को सटाकर रखने से बनी आकृति की केवल लम्बाई दुगनी होगी, चौड़ाई और ऊंचाई में कोई परिवर्तन नहीं होगा

$\therefore$ सम्पूर्ण पृष्ठ $= 2[20\times10+10\times10+10\times20]$

$= 2[200+100+200] = 2\times500$

$= 1000$ सेमी^{2}

10. $\because$ घन का आयतन = 15 घन मी.

$\therefore$ सन्दूक का भीतरी आयतन

$= 10\times3\times3 = 90$ घन मी.

$\therefore$ सन्दूक में रखे जाने वाले घनों की संख्या

$= \frac{90}{15} = 6$

16. माना कि लोहे की चादर से x सेमी. ऊँची भुजा के वर्ग चारो कोनों से काट लिए गये तब बक्से की नाप

$(19-2x),(14-2x)$ तथा x सेमी. होगी

प्रश्नानुसार, $(19-2x),(14-2x)\times x = 300$

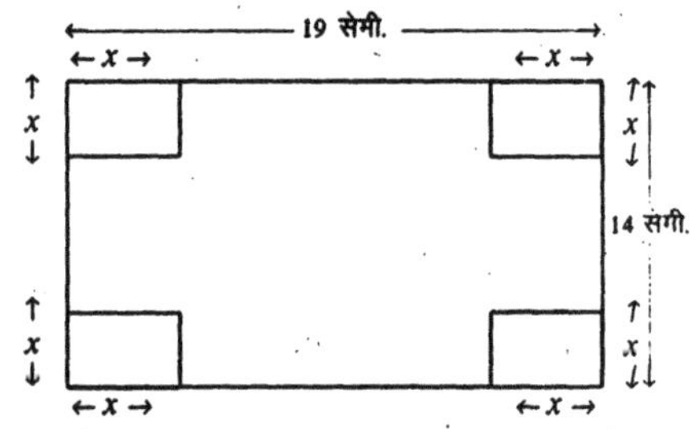

$\Rightarrow (266-38x-28x+4x^2)x = 300$

$\Rightarrow 4x^3-66x^2+266x-300 = 0$ ..(1)

उपरोक्त समी. में यदि $x = 2$ रखा जाये तो शेषफल 2 आयेगा। अतः $(x-2)$ इसका गुणनखण्ड है।

अर्थात् $x-2=0 \Rightarrow x = 2$

$\therefore$ बक्से की ऊँचाई 2 सेमी. होगी।

16
गोला
(Sphere)

प्रमुख सूत्र :

(*i*) गोले का आयतन $= \frac{4}{3}\pi r^3$

(*ii*) गोले का पृष्ठ $= 4\pi r^2$

(*iii*) खोखले गोले का आयतन

$= \frac{1}{3}\pi\left(r_1^3 - r_2^3\right)$ $\begin{bmatrix} r_1 = \text{बाह्य त्रिज्या} \\ r_2 = \text{अन्तः त्रिज्या} \end{bmatrix}$

(*iv*) R त्रिज्या के गोले के केन्द्र से 'व' दूरी पर काटे गये परिच्छेद की त्रिज्या $r = \sqrt{\left(R^2 - d^2\right)}$

वस्तुनिष्ठ प्रश्न

***निर्देश :** नीचे दिये गये प्रत्येक प्रश्नों के चार संभावित उत्तर विकल्प दिये गये हैं। जिनमें से एक विकल्प सही है। उस सही विकल्प का सावधानीपूर्वक चुनाव कीजिए।*

1. उस समतल परिच्छेद की त्रिज्या क्या होगी जो 5 सेमी. त्रिज्या वाले गोले को उसके केन्द्र से 4 सेमी. दूरी पर काट सके ?

A. 2 सेमी. B. 3 सेमी.
C. 8 सेमी. D. 5 सेमी.

2. लकड़ी का लट्टू इस प्रकार बनाया जाता है कि शंकु के ऊपर एक अर्धगोला रख दिया जाये। यदि लट्टू की लम्बवत ऊँचाई 9 सेमी. और गोले का व्यास 8 सेमी. हो तो लट्टू के बनाने में कितनी लकड़ी लगी ?

A. $69\frac{1}{3}\pi$ सेमी.^{3} B. $60\frac{1}{7}\pi$ सेमी.^{3}
C. $52\frac{1}{3}\pi$ सेमी.^{3} D. $59\frac{1}{3}\pi$ सेमी.^{3}

3. 0.9 सेमी. लम्बे तथा 8.0 सेमी. व्यास के धातु के बेलन से 1.2 सेमी. व्यास के कितने ठोस गोले बनाये जा सकते हैं ?

A. 58 गोले B. 50 गोले
C. 62 गोले D. 48 गोले

4. 10 मीटर व्यास के अर्ध-गोलीय गुम्बद का वक्रपृष्ठ रंगवाने का व्यय 1.40 रु. प्रति वर्ग मी. की दर से कितना होगा ?

A. 220 रु. B. 416 रु.
C. 157 रु. D. 165.75 रु.

5. एक खोखले गोलीय कोश की बाहरी त्रिज्या 4 सेमी. तथा आन्तरिक त्रिज्या 3 सेमी. है। बताइये कोश का वक्रपृष्ठ तथा आयतन क्रमशः कितना होगा ?

A. $215\frac{1}{7}$ सेमी.^{2}, $150\frac{1}{3}$ सेमी.^{3}

B. $216\frac{1}{3}$ सेमी.^{2}, $118\frac{1}{9}$ सेमी.^{3}

C. 220 सेमी.^{2}, $119\frac{1}{3}$ सेमी.^{3}

D. $314\frac{2}{7}$ सेमी.^{2}, $155\frac{1}{21}$ सेमी.^{3}

6. एक धातु के गोले का व्यास 0.7 सेमी. है। यदि ऐसे 3000 गोले पानी से पूर्ण रूप से भरे बर्तन में डाल दिये जायें तो कितना पानी बर्तन से बाहर गिर जायेगा ?

A. 449 घन सेमी. B. 335 घन सेमी.
C. 539 घन सेमी. D. 532 घन सेमी.

7. लोहे की एक गेंद की त्रिज्या 1.50 सेमी. है, इसे पिघलाकर तीन छोटी गेंदें बनाई गईं जिसमें से गेंदों की त्रिज्या क्रमशः 0.75 सेमी. तथा 1.0 सेमी. हो तो बताइये तीसरी गेंद का व्यास कितना होगा

A. 1.5 सेमी. B. 2.5 सेमी.

C. 3 सेमी. D. 4.3 सेमी.

8. एक अर्ध-गोले में पूर्णतः भीतरी रखी हुई छड़ केन्द्र पर 90° का कोण बनाती है जिसकी दूरी केन्द्र से 6 सेमी. है। बताइये अर्ध-गोले की त्रिज्या कितनी होगी ?

A. $5\sqrt{3}$ सेमी. B. $4\sqrt{2}$ सेमी.

C. $3\sqrt{2}$ सेमी. D. $6\sqrt{2}$ सेमी.

9. सीसे के एक गोलीय कोश का बाह्य व्यास 18 सेमी. है, इसे पिघलाकर 8 सेमी. ऊँचा एक लम्ब वृतीय बेलन बनाया गया. जिसका व्यास 12 सेमी. है। बताइये कोश का आन्तरिक व्यास कितना होगा ?

A. $5\sqrt[3]{17}$ सेमी B. $6\sqrt[3]{19}$ सेमी.

C. $8\sqrt[3]{8}$ सेमी. D. $7\sqrt{7}$ सेमी.

10. 6 सेमी. त्रिज्या वाले बेलनाकार बर्तन में कुछ पानी भरा है। 2 सेमी. के व्यास वाला धातु का गोला इसमें डूबो दिया जाता है। बताइये गोले के डूब जाने पर पानी की सतह कितनी ऊपर उठ जायेगी ?

A. $\frac{1}{28}$ सेमी. B. $\frac{1}{27}$ सेमी.

C. $\frac{1}{12}$ सेमी. D. $\frac{1}{8}$ सेमी.

11. एक लोहे के ठोस बेलन की ऊँचाई 12 सेमी. तथा सिरे का व्यास $2\sqrt{3}$ सेमी. है। बताइये यदि इसे गलाकर एक गोला बनाया जाये तो गोले की ऊँचाई कितनी होगी ?

A. 6 सेमी. B. 8 सेमी.

C. 12 सेमी. D. 11 सेमी.

12. 3 सेमी. त्रिज्या का ठोस प्रिघलाकर उसकी त्रिज्या के आधार का शंकु बनाया जाता है। बताइये शंकु की ऊँचाई कितनी होगी ?

A. 10 सेमी. B. 7 सेमी.

C. 12 सेमी. D. 11 सेमी.

13. एक समतल 13 सेमी. त्रिज्या वाले एक गोले के केन्द्र से 12 सेमी. की दूरी पर गोले को काटता है। बताइये समतल परिच्छेद की त्रिज्या कितनी होगी?

A. 3 सेमी. B. 5½ सेमी.

C. 4½सेमी. D. 5 सेमी.

14. एक लोहे के गोले का व्यास 28 सेमी है गोले की ऊपरी सतह पर रंगवाने का खर्च कितना होगा यदि एक वर्ग सेमी. पर रंगवाने का खर्च 0.2 पैसे हो ?

A. 3.85 रु. B. 6.76 रु.

C. 4.93 रु. D. 4.57 रु.

15. लोहे की एक खोखले गेंद की मोटाई 1.0 सेमी. है। यदि इसका आन्तरिक व्यास 6.0 सेमी. हो तो 32560 घन सेमी. लोहे में ऐसी कितनी खोखली गेंदें बनाई जा सकती हैं ?

A. 209 B. 215

C. 210 D. 225

16. एक बेलनाकार तम्बू अर्धगोलीय छत से घिरा हुआ है। यदि तंम्बू का आयतन $(64/3)\pi$ घन सेमी. तथा बेलन का वक्रपृष्ठ 16π वर्ग सेमी. हो तो बताइये बेलन की ऊंचाई व त्रिज्या क्रमशः क्या होगी ?

A. 4 सेमी., 2 सेमी. B. 8 सेमी., 3 सेमी.

C. 5 सेमी., 2 सेमी. D. 4 सेमी., 3 सेमी.

उत्तरमाला

1	2	3	4	5	6	7	8	9	10
B	A	B	A	D	C	B	D	B	B
11	12	13	14	15	16				
A	C	D	C	C	A				

महत्त्वपूर्ण प्रश्नों के व्याख्यात्मक उत्तर

7. माना तीसरी गेंद की त्रिज्या = R

$\therefore$ आयतन $= \frac{4}{3}\pi R^3$

(I + II + III) गेंदों का आयतन = बड़ी गेंद का आयतन

$$\Rightarrow \frac{4}{3}\pi(.75)^3 + \frac{4}{3}\pi(1)^3 + \frac{4}{3}\pi R^3 = \frac{4}{3}\pi(1.5)^3$$

$$\Rightarrow (.75)^3 + (1)^3 + R^3 = (1.5)^3$$

$$\Rightarrow \left(\frac{3}{4}\right)^3 + 1 + R^3 = \left(\frac{3}{2}\right)^3$$

$\Rightarrow R^3 = \frac{27}{8} - \frac{27}{64} - 1 = \frac{125}{64} \Rightarrow R = \frac{5}{4} = 1.25$

$\therefore$ व्यास $= 2 \times R = 2 \times 1.25 = 2.5$ सेमी.

11. $\because$ बेलन की त्रिज्या $= \frac{2\sqrt{3}}{2} = \sqrt{3}$ सेमी.

$\therefore$ गोले का आयतन = बेलन का आयतन

$\Rightarrow \frac{4}{3}\pi r^3 = \pi \times (\sqrt{3})^2 \times 12$

$\Rightarrow r^3 = \frac{3\pi \times 12 \times 3}{4\pi} = (3)^3 \Rightarrow r = 3$ सेमी.

$\therefore$ ऊंचाई $= 2 \times r = 2 \times 3 = 6$ सेमी.

15. $\because$ गेंद की आन्तरिक त्रिज्या $= \frac{6}{2} = 3$ सेमी.

तथा मौटाई = 1 सेमी

बाह्य त्रिज्या = 3 + 1 = 4 सेमी.

$\therefore$ खोखली गेंद का आयतन $= \frac{4}{3}\pi(4^3 - 3^3)$

$= \frac{4}{3}\pi(64 - 27) = \frac{4}{3}\pi \times 37$

$= \frac{4}{3} \times \frac{22}{7} \times 37 = \frac{3256}{21}$ घन सेमी.

$\therefore$ 32560 घन सेमी. मे बनी गेंदों की संख्या

$= \frac{32560}{3256/21} = \frac{32560 \times 21}{3256} = 210$

17
लम्ब पिरैमिड और लम्ब शंकु
(Right Pyramid and Right Cone)

लम्ब पिरैमिड का आधार त्रिभुज या बहुभुज होता है और शेष सभी फलकें त्रिभुजीय होती हैं। इन त्रिभुजीय फलकों का एक उभयनिष्ठ बिन्दु होता है जिसे पिरैमिड का शीर्ष कहते हैं।

प्रमुख सूत्र :

(i) लम्ब पिरैमिड का आयतन

$$= \frac{1}{3} \times \text{आधार का क्षेत्रफल} \times \text{ऊंचाई}$$

(ii) तिरछा पृष्ठ $= \frac{1}{2} \times$ आधार का परिमाप $\times$ तिर्यक ऊंचाई

(iii) सम्पूर्ण पृष्ठ = तिरछा पृष्ठ + आधार का क्षेत्रफल

विभिन्न पिरैमिड की तिरछी ऊंचाई तथा तिर्यक कोर ज्ञात करने के लिए सूत्र :

(i) यदि आधार n भुजा का वर्ग हो, जहां h उर्ध्वाधर ऊंचाई तब

$$\text{तिरछी ऊंचाई} = \sqrt{\left(h^2 + \left(\frac{a}{2}\right)^2\right)}$$

$$\text{तिरछी कोर} = \sqrt{\left(h^2 + \left(\frac{\text{विकर्ण}}{2}\right)^2\right)}$$

(ii) यदि आधार आयत है तो दो तिरछी ऊंचाईयां

$$\text{क्रमशः } l_1 = \sqrt{\left(h^2 + \left(\frac{\text{लम्बाई}}{2}\right)^2\right)}$$

$$\text{तथा } l_2 = \sqrt{\left(h^2 + \left(\frac{\text{चौड़ाई}}{2}\right)^2\right)}$$

(iii) यदि आधार Δ हो तब

$$\text{तिरछी ऊंचाई} = \left[h^2 + \left(\frac{\text{माध्यिका}}{3}\right)^2\right]$$

$$\text{तिरछी कोर} = \sqrt{\left[h^2 + \left(\frac{2\ \text{माध्यिका}}{3}\right)^2\right]}$$

लम्ब वृत्तीय शंकु : शंकु भी एक प्रकार का पिरैमिड होता है। जिसका आधार वृत्त होता है।

(i) शंकु का आयतन

$$= \frac{1}{3} \times \text{(आधार वृत्त का क्षे.)} \times \text{ऊं.} = \frac{1}{3} \times \pi r^2 h$$

(ii) शंकु का व्रकतल

$$= \frac{1}{2} \quad \text{(आधार का परिमाप)} \times \text{तिरछी ऊं.}$$

$$= \frac{1}{2} \times 2\pi r \times l = \pi r l$$

(iii) शंकु का सम्पूर्ण पृष्ठ = व्रकतल +आधार का क्षे.

$$= \pi r l + \pi r^2 = \pi r(r + l)$$

(iv) तिरछी ऊंचाई

$$= \sqrt{(\text{उर्ध्वाधर ऊं.})^2 + (\text{त्रिज्या})^2}$$

$$l = \sqrt{h^2 + r^2}$$

वस्तुनिष्ठ प्रश्न

***निर्देश** : नीचे दिये गये प्रत्येक प्रश्नों के चार संभावित उत्तर विकल्प दिये गये हैं। जिनमें से एक विकल्प सही है। उस सही विकल्प का सावधानीपूर्वक चुनाव कीजिए।*

1. एक लम्ब पिरैमिड का आधार 8 सेमी. भुजा का वर्ग है। यदि उसकी तिरछी कोर 8 सेमी. हो तो बताइये उसकी ऊंचाई क्या होगी ?
   A. $3\sqrt{3}$ सेमी. B. $4\sqrt{2}$ सेमी.
   C. $4\sqrt{2}$ सेमी. D. $3\sqrt{2}$ सेमी.
2. किसी लम्ब पिरैमिड का आधार समबाहु त्रिभुज है। जिसकी भुजा 6 सेमी. है। यदि उसकी ऊंचाई 12 सेमी. हो तो ऊंचाई कितनी होगी ?
   A. $36\sqrt{3}$ सेमी. B. $38\sqrt{2}$ सेमी.
   C. $36\sqrt{3}$ सेमी. D. $36\sqrt{2}$ सेमी.
3. किसी लम्ब पिरैमिड का आयतन 1470 घन सेमी. तथा आधार 441 वर्ग सेमी. का वर्ग है। बताइये उसका तिरछा पृष्ठ क्या है ?
   A. 301 सेमी.^{2} B. 310 सेमी.^{2}
   C. 609 सेमी.^{2} D. 619 सेमी.^{2}
4. एक पिरैमिड की तीन आसन्न कोरें परस्पर लम्ब हैं। उनकी लम्बाइयां क्रमशः 3 सेमी., 4 सेमी. तथा 5 सेमी. हैं तो उसका आयतन कितना होगा ?
   A. 10 घन सेमी. B. 9 घन सेमी.
   C. 15 घन सेमी. D. 18 घन सेमी.
5. एक लम्ब पिरैमिड का आधार आयताकार है। जिसकी भुजाएं 12.0 सेमी. और 9.0 सेमी. हैं तथा प्रत्येक तिरछी कोर 8.5 सेमी. है। बताइये पिरैमिड की ऊंचाई व आयतन क्रमशः क्या होंगे ?
   A. 5 सेमी., 144 सेमी.^{3} B. 4 सेमी., 144 सेमी.^{3}
   C. 40 सेमी., 144 सेमी.^{3} D. 32 सेमी., 132 सेमी^{3}
6. उस पिरैमिड का आयतन कितना होगा जिसका आधार 17 सेमी., 15 सेमी. तथा 8 सेमी. भुजाओं का त्रिभुज है तथा जिसकी ऊंचाई 8 सेमी. है।
   A. 180 घन सेमी. B. 170 घन सेमी.
   C. 182 घन सेमी. D. 32 घन सेमी.
7. 24 सेमी. भुजा के घन के एक कोने से समतल द्वारा ऐसा पिरैमिड काटा जाता है कि शीर्ष वाली कोरें आधी रह जायें। बताइये पिरैमिड का आयतन कितना होगा ?
   A. 278 सेमी.^{3} B. 280 सेमी.^{3}
   C. 282 सेमी.^{3} D. 288 सेमी.^{3}
8. 12 सेमी. ऊंचे लम्ब पिरैमिड का आधार आयताकार है। इसके फलकों को दो तिरछी ऊंचाइयां 20 सेमी. तथा 15 सेमी. है। बताइये इसका आयतन व तिरछा पृष्ठ क्रमशः क्या होंगे ?
   A. 2204 सेमी.^{3}, 841 सेमी.^{2}
   B. 2304 सेमी.^{3}, 840 सेमी.^{2}
   C. 23002 सेमी.^{3}, 840 सेमी.^{2}
   D. 840 सेमी.^{3}, 2304 सेमी.^{2}
9. समषटभुजीय आधार वाले लम्ब पिरैमिड के आधार की भुजा 8 सेमी. तथा तिरछा पृष्ठ 240 वर्ग सेमी. हो तो बताइये उसकी ऊंचाई कितनी होगी ?
   A. $2\sqrt{3}$ सेमी. B. $3\sqrt{5}$ सेमी.
   C. $2\sqrt{5}$ सेमी. D. $3\sqrt{7}$ सेमी.
10. किसी पिरैमिड का आधार समबाहु त्रिभुज है। जिसकी भुजा 4 सेमी. है। यदि इसके सम्पूर्ण पृष्ठ को प्रकट करने वाली संख्या तथा इसके आयतन को प्रकट करने वाली संख्या में अनुपात 3 : 1 हो तो बताइये इसकी ऊंचाई क्या होगी ?
    A. 7 सेमी. B. 8 सेमी.
    C. 15 सेमी. D. 18 सेमी.
11. एक लम्ब शंकु के आधार का व्यास 12 सेमी. तथा उसकी ऊंचाई 70 सेमी. है। बताइये शंकु की तिरछी ऊंचाई कितनी होगी ?
    A. $\sqrt{136}$ सेमी. B. $\sqrt{140}$ सेमी.
    C. $\sqrt{231}$ सेमी. D. $\sqrt{222}$ सेमी.
12. एक शंकु का आयतन 100π घन सेमी. है। यदि आधार की त्रिज्या 5 सेमी. हो तो इसका वक्रपृष्ठ कितना होगा ?
    A. 36π वर्ग सेमी. B. 38π वर्ग सेमी.
    C. 42π वर्ग सेमी. D. 65π वर्ग सेमी.
13. किसी शंक्वाकार तम्बू के निर्माण के लिए 264 वर्ग मी. किरमिच की आवश्यकता पड़ती है। यदि शंकु की तिरछी ऊंचाई 12 मी. हो तो उसकी ऊंचाई

कितनी होगी ?

A. $\sqrt{91}$ मी. B. $\sqrt{95}$ मी.

C. $\sqrt{101}$ मी. D. $\sqrt{117}$ मी.

14. किसी मदारी की टोपी शंक्वाकार है। यदि उसमें 840 वर्ग सेमी. कपड़ा लगा हो और उसके सिर का परिमाप 56 सेमी. हो तो टोपी की तिरछी ऊंचाई कितनी होगी ?

A. 28 सेमी. B. 30 सेमी.

C. 34 सेमी. D. 38 सेमी.

15. एक शंकु की ऊंचाई और आधार की त्रिज्या में 5 : 3 का अनुपात है। यदि इसका आयतन 120π घन सेमी. हो तो उसकी ऊंचाई तथा त्रिज्या की लम्बाई क्रमशः क्या होगी ?

A. 6 सेमी., 10 सेमी. B. 10 सेमी., 6 सेमी.

C. 8 सेमी., 12 सेमी. D. 9 सेमी., 24 सेमी.

16. एक शंक्वाकार डेरे का आधार 154 वर्ग मी. है। यदि उसमें 1232 वर्ग घन मी. हवा हो तो उसके लिए कितने वर्ग मी. किरमिच की आवश्यकता होगी ?

A. 550 वर्ग मी. B. 450 वर्ग मी.

C. 441 वर्ग मी. D. 356 वर्ग मी.

17. उस बड़े से बड़े शंकु का आयतन कितना होगा जो उस घन में से काटा जाये जिसकी प्रत्येक कोर 12 सेमी. लम्बी हो ?

A. 156π घन सेमी. B. 182π घन सेमी.

C. 2π घन सेमी. D. 144π घन सेमी.

18. किसी शंकु की ऊंचाई तथा त्रिज्या क्रमशः 8 सेमी. तथा 3 सेमी. है। उसमें से 4 सेमी. गहरा और 3 सेमी. त्रिज्या का शंकु काटकर निकाल दिया जाता है बताइये शेष आकृति का सम्पूर्ण पृष्ठ कितना होगा ?

A. $3\pi(\sqrt{73}+5)$ वर्ग सेमी.

B. $4\pi(\sqrt{71}+3)$ वर्ग सेमी.

C. $7\pi\sqrt{65}$ वर्ग सेमी.

D. $8\pi(\sqrt{61}+3)$ वर्ग सेमी.

19. एक ठोस लम्ब बेलन के दोनों सिरों पर शंक्वाकार छेद है। बेलन की लम्बाई 8 सेमी., उसके आधार का व्यास 10 सेमी. और प्रत्येक छेद के आधार का व्यास 8 सेमी. तथा गहराई 3 सेमी. है। बताइये इसका सम्पूर्ण पृष्ठ π के पदों में कितना होगा ?

A. 120π वर्ग सेमी. B. 138π वर्ग सेमी.

C. 124π वर्ग सेमी. D. 120π वर्ग सेमी.

उत्तरमाला

1	2	3	4	5	6	7	8	9	10
B	A	C	A	B	A	D	B	A	B
11	12	13	14	15	16	17	18	19	
A	D	B	B	B	A	D	A	B	

महत्त्वपूर्ण प्रश्नों के व्याख्यात्मक उत्तर

5. आयताकार आधार के विकर्ण की लम्बाई

$$= \sqrt{(\text{ल.})^2 + (\text{चौ.})^2}$$

$$= \sqrt{(12^2 + 9^2)} = \sqrt{144+81} = \sqrt{225} = 15 \text{ सेमी.}$$

$\because$ (तिर्यक कोर)$^2 = h^2 +$ (विकर्ण/2)^2

$$\Rightarrow (8.5)^2 = h^2 + \left(\frac{15}{2}\right)^2$$

$$\Rightarrow h^2 = (8.5)^2 - (7.5)^2 = (8.5+7.5)(8.5-7.5)$$

$$\Rightarrow h^2 = 16 \times 1 = 16 \Rightarrow h = 4 \text{ सेमी.}$$

$\therefore$ पिरैमिड का आयतन $= \frac{1}{3} \times$ आ.का क्षे. $\times$ ऊं.

$$= \frac{1}{3} \times (12 \times 9) \times 4 = 144 \text{ घन सेमी.}$$

15. माना शंकु की ऊंचाई $= 5x$, आधार की त्रिज्या $= 3x$

$\therefore$ शंकु का आयतन $= \frac{1}{3}\pi \times 3x \times 3x \times 5x = 15\pi x^3$

प्रश्नानुसार, आयतन = 120π घन सेमी.

$\therefore \quad 5\pi x^3 = 120\pi$

$\Rightarrow x^3 = 8 \Rightarrow x = \sqrt[3]{8} \Rightarrow x = 2$

$\therefore$ शंकु की ऊंचाई $= 5 \times 2 = 10$ सेमी.

तथा आधार की त्रिज्या $= 3 \times 2 = 6$ सेमी.

18

लम्ब प्रिज्म तथा लम्ब बेलन

(Right Prism and Right Cylinder)

A. प्रमुख सुत्र :

(*i*) प्रिज्म का पार्श्व पृष्ठ = आधार का परिमाप × ऊँचाई

(*ii*) प्रिज्म का सम्पूर्ण पृष्ठ = पार्श्व पृष्ठ + 2 × आधार का क्षे.

(*iii*) प्रिज्य का आयतन = आधार का क्षे. × ऊँचाई

B. लम्ब वृत्तीय बेलन : बेलन भी एक विशेष प्रकार का प्रिज्म है जिसका आधार वृत्त होता है।

(*i*) बेलन का आयतन = आधार (वृत्त) का क्षे. × ऊँचाई $= \pi r^2 h$

(*ii*) बेलन का पार्श्व पृष्ठ = आधार के परिमाप × ऊँचाई $= 2\pi rh$

(*iii*) बेलन का सम्पूर्ण पृष्ठ = पार्श्व पृष्ठ + 2 × सिरे का क्षे. $= 2\pi rh + 2\pi r^2 = 2\pi r(h + r)$

C. खोखला बेलन :

जिसकी बाह्य तथा अन्तः त्रिज्याएं r_1 व r_2 हों।

(*i*) आयतन $= \pi r_1^2 h - \pi r_2^2 h = \pi h\left(r_1^2 - r_2^2\right)$

(*ii*) पार्श्व पृष्ठ $= 2\pi r^2 h - 2\pi r_2 h = 2\pi h\left(r_1 - r_2\right)$

(*iii*) सम्पूर्ण पृष्ठ = पार्श्व पृष्ठ + 2 × सिरे का बचा क्षे. $= 2\pi h\left(r_1 + r_2\right) + 2\pi\left(r_1^2 - r_2^2\right)$

$= 2\pi h\left(r_1 + r_2\right) + \left(h + r_1 - r_2\right)$

वस्तुनिष्ठ प्रश्न

निर्देश : *नीचे दिये गये प्रत्येक प्रश्नों के चार संभावित उत्तर विकल्प दिये गये हैं। जिनमें से एक विकल्प सही है। उस सही विकल्प का सावधानीपूर्वक चुनाव कीजिए।*

1. एक लम्ब प्रिज्य का आधार त्रिभुज है जिसकी भुजाएँ 5 सेमी., 6 सेमी. तथा 7 सेमी. है। यदि वह 10 सेमी. ऊँचा हो तो उसका पार्श्व पृष्ठ कितना होगा ?

   A. 169 वर्ग सेमी. B. 180 वर्ग सेमी.
   C. 181 वर्ग सेमी. D. 280 वर्ग सेमी.

2. एक लम्ब प्रिज्य का आधार एक त्रिभुज है जिसकी भुजाएं 6 सेमी., 7 सेमी. तथा 8 सेमी. हैं। यदि उसका पार्श्व पृष्ठ 420 वर्ग सेमी. हो तो प्रिज्म की ऊँचाई कितनी होगी ?

   A. 20 सेमी. B. 11 सेमी.
   C. 25 सेमी. D. 16 सेमी.

3. एक लम्ब प्रिज्य का आधार समबाहु त्रिभुज है जिसकी भुजा 6 सेमी. है। यदि उसका पार्श्व पृष्ठ 180 वर्ग सेमी. हो, तो प्रिज्म की ऊँचाई कितनी होगी ?

   A. 8 सेमी. B. 16 सेमी.
   C. 22 सेमी. D. 10 सेमी.

4. किसी लम्ब प्रिज्म की ऊँचाई 10 सेमी. है जिसका आधार एक त्रिभुज है। जिसकी भुजाएं क्रमशः 17 सेमी., 10 सेमी. तथा 9 सेमी. हैं तो प्रिज्म का आयतन कितना होगा ?

   A. 360 घन सेमी. B. 262 घन सेमी.
   C. 331 घन सेमी. D. 289 घन सेमी.

5. एक लम्ब प्रिज्म का आधार 7 सेमी. भुजा का एक समबाहु त्रिभुज है। यदि वह 24 सेमी. ऊँचा है तो उसका आयतन कितना होगा ?

   A. $222\sqrt{2}$ सेमी³ B. $294\sqrt{3}$ सेमी³
   C. 182 सेमी³ D. [illegible]$\sqrt{3}$ सेमी³

6. किसी लम्ब प्रिज्म का आधार एक आयत है। जिसकी भुजाएं 15 सेमी. तथा 10 सेमी. है यदि प्रिज्म का आयतन 1200 घन सेमी. हो तो उसकी ऊँचाई कितनी होगी ?

A. 8 सेमी. B. 6 सेमी.
C. 5 सेमी. D. 2 सेमी.

7. एक लम्ब प्रिज्म का आधार वर्ग है। यदि प्रिज्म का आयतन 1800 घन सेमी. तथा ऊंचाई 8 सेमी. हो तो प्रिज्म के आधार की भुजा क्या होगी ?

A. 18 सेमी. B. 15 सेमी.
C. 21 सेमी. D. 28 सेमी.

8. किसी लम्ब प्रिज्म का पार्श्व पृष्ठ 216 वर्ग सेमी. तथा ऊँचाई 6 सेमी. है। यदि प्रिज्म का आधार आयताकार हो जिसकी लम्बाई 10 सेमी. है तो आधार की चौड़ाई कितनी होगी ?

A. 7 सेमी. B. 11 सेमी.
C. 8 सेमी. D. 25 सेमी.

9. किसी लम्ब प्रिज्म का आधार समबाहु त्रिभुज है। यदि प्रिज्म का पार्श्व पृष्ठ तथा आयतन क्रमशः 120 वर्ग सेमी. तथा $40\sqrt{30}$ घन सेमी. हो तो प्रिज्म की ऊँचाई व आधार की भुजा क्रमशः क्या होगी ?

A. 8 सेमी. व 3 सेमी. B. 10 सेमी. व 4 सेमी.
C. 2 सेमी. व 5 सेमी. D. 10 सेमी. व 8 सेमी.

10. 24 सेमी. × 30 सेमी. के आयताकार कागज के टुकड़े प्रिज्म बनाये गये ? बताइये इस प्रकार बने दो प्रिज्मों के आयतनों में अनुपात क्या होगा ?

A. 3 : 2 B. 5 : 4
C. 7 : 6 D. 8 : 3

11. एक लम्बवृतीय बेलन के आधार का क्षेत्रफल 100 वर्ग सेमी. है। यदि बेलन की ऊंचाई 10 सेमी. हो तो उसका आयतन कितना होगा ?

A. 1000 सेमी.^{3} B. 888 सेमी.^{3}
C. 721 सेमी.^{3} D. 1221 सेमी.^{3}

12. एक वर्गाकार कागज जिसकी भुजा 25 सेमी. है, उसको मोड़कर बेलन बनाया गया बताइये बने बेलन का वक्रपृष्ठ कितना होगा ?

A. 556 वर्ग सेमी. B. 444 वर्ग सेमी.
C. 776 वर्ग सेमी. D. 625 वर्ग सेमी.

13. एक लम्बवृत्तीय बेलन का वक्रपृष्ठ 140π वर्ग सेमी. तथा आधार का व्यास 20 सेमी. हो तो उसकी ऊँचाई कितनी होगी ?

A. 17 सेमी. B. 20 सेमी.
C. 7 सेमी. D. 8 सेमी.

14. पैट्रोल रखने के एक लम्ब वृत्तीय बेलनाकार ड्रम का व्यास 55 सेमी. तथा लम्बाई 120 सेमी. है। बताइये ड्रम में कितने लीटर पानी आयेगा ?

A. 285.21 ली. B. 776.50 ली.
C. 884.5 ली. D.) 840.30 ली.

15. एक बेलन का आयतन 24750 घन सेमी. तथा वक्रपृष्ठ 3300 वर्ग सेमी. है तो बेलन की ऊँचाई व आधार की त्रिज्या क्रमशः क्या होगी ?

A. 35 सेमी., 15 सेमी. B. 20 सेमी., 10 सेमी.
C. 35 सेमी. 12 सेमी. D. 28 सेमी., 40 सेमी.

16. एक बेलनाकार लोहे की टंकी में 27720 घन सेमी. है तो उसकी ऊँचाई व व्यास क्रमशः क्या होंगे ?

A. 10 सेमी., 22 सेमी. B. 20 सेमी., 42 सेमी.
C. 22 सेमी., 42 सेमी. D. 24 सेमी., 48 सेमी.

17. एक बेलनाकार बर्तन, जिसके आधार की त्रिज्या 7 सेमी. है, में कुछ पानी भरा है। 4 सेमी. त्रिज्या का दूसरा ठोस बेलन इसमें डुबो देने पर पानी का तल 5 सेमी. ऊँचा उठ जाता है। बताइये बेलन की ऊँचाई क्या होगी ?

A. $24\frac{1}{2}$ सेमी. B. $45\frac{3}{5}$ सेमी.
C. $25\frac{5}{16}$ सेमी. D. $38\frac{1}{16}$ सेमी.

18. एक 22 सेमी. लम्बे तथा 18 सेमी. चौड़े दफ्ती के टुकड़े को मोड़कर 18 सेमी. ऊंचा एक बेलन बनाया जाता है। बताइये इस प्रकार बने बेलन का आयतन कितना होगा ?

A. 553 घन सेमी. B. 440 घन सेमी.
C. 693 घन सेमी. D. 388 घन सेमी.

19. यदि एक बेलन के व्यास में 20% की वृद्धि हो, तो उसकी ऊंचाई में कितने प्रतिशत की कमी हो ताकि उसके आयतन में कोई परिवर्तन न हो ?

A. $30\frac{5}{9}\%$ B. $31\frac{3}{5}\%$

C. $30\frac{4}{9}\%$ D. $29\frac{5}{7}\%$

20. 0.5 सेमी व्यास का ताँबे का तार 2.5 मीं. लम्बे तथा 1.4 मीटर व्यास के बेलन पर इस प्रकार लपेटा जाता है कि उसका सम्पूर्ण व्रकपृष्ठ ढक जाये। बताइये तार की लम्बाई व आयतन क्रमशः क्या होंगे

A. 2200 मी., 13750π घन सेमी.
B. 2200 मी., 12750π घन सेमी.
C. 1100 मी., 13750π घन सेमी.
D. 1225 मी., 12750π घन सेमी.

उत्तरमाला

1	2	3	4	5	6	7	8	9	10
B	A	D	A	B	A	B	C	B	B
11	12	13	14	15	16	17	18	19	20
A	D	C	A	A	B	C	C	A	A

महत्त्वपूर्ण प्रश्नों के व्याख्यात्मक उत्तर

3. समबाहु Δ का परिमाप = 6 × 3 = 18 सेमी.

परिमाप × ऊँचाई = पार्श्व पृष्ठ

⇒ 18 × ऊँचाई = 180

⇒ ऊँचाई = 180/18 = 10 सेमी.

10. 24 सेमी × 30 सेमी. के आयतकार कागज के दो प्रिज्म बने

(1) प्रिज्म की ऊँचाई = 24 सेमी.

∴ आधार का परिमाप = 30 सेमी.

∴आधार वर्ग की भुजा $= \frac{30}{4} = 7.5$ सेमी

∴ प्रिज्म का आयतन = वर्ग का क्षेत्रफल × ऊँचाई

$= (7.5)^2 \times 24 = 1350$ घन सेमी.

(2) प्रिज्म की ऊँचाई = 30 सेमी.

∴ आधार का परिमाप = 24 सेमी.

∴ आधार वर्ग की भुजा = 24/4 = 6 सेमी.

∴ प्रिज्म का आयतन $= (6)^2 \times 30 = 1080$ घन से

आयतनों में अनुपात $= \frac{1350}{1080} = \frac{5}{4} = 5:4$

17. ∵ बेलन में पानी का तल 5 सेमी. चढ़ता है। डुबोये गये बेलन के कारण है।

∴ दूसरे बेलन का आयतन = हटाये गये प का आयतन

$\therefore \pi \times r^2 h = \pi \times 7 \times 7 \times 5 = 245\pi$

∴ दूसरे बेलन के लिए $\pi r^2 h = 245\pi$

$\pi \times 4 \times 4 \times h = 245\pi$

$\Rightarrow h = \frac{245\,\pi}{16\,\pi} = 25\frac{5}{16}$ सेमी.

19

कार्तिय तल

(Cartesian Plane)

याद रखिये :

1. निर्देशांक कक्ष :

(*i*) किसी समतल पर एक दूसरे को समकोण पर काटती हुई दो सरल रेखायें निर्देशांक कक्ष कहलाती हैं। इसका प्रतिच्छेद बिन्दु O मूल बिन्दू कहलाता है।

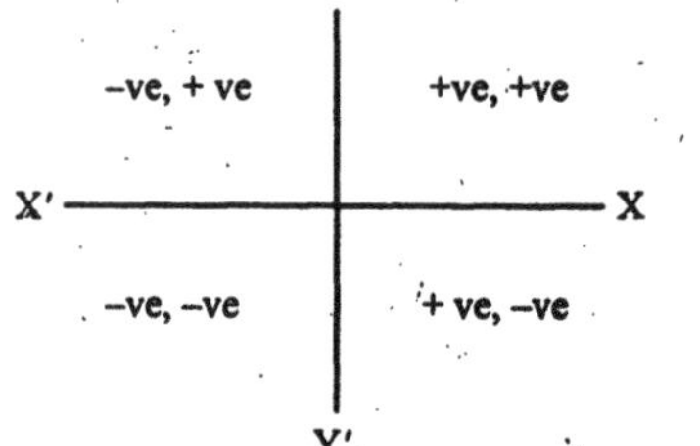

(*ii*) x-अक्ष पर मूल बिन्दु के दायीं ओर चली दूरियाँ (+) तथा बायीं ओर चली दूरियाँ (–) होती हैं।

(*iii*) y-अक्ष पर मूल बिन्दु से ऊपर की ओर चली दूरियाँ (+) तथा नीचे की ओर चली दूरियाँ (–) ऋणात्मक होती हैं।

(*iv*) x-अक्ष पर चली दूरी भुज तथा y-अक्ष पर चली दूरी कोटि कहलाती हैं। भुज और कोटि मिलकर बिन्दू के निर्देशांक कहलाती है।

(*v*) x-अक्ष पर स्थित प्रत्येक बिन्दु पर कोटि शून्य होती है।

(*vi*) y-अक्ष पर स्थित प्रत्येक बिन्दु का भुज शून्य होता है।

2. दो बिन्दुओं के बीच की दूरी :

(*i*) दो बिन्दुओं (x_1, y_1) तथा (x_2, y_2) के बीच की दूरी $= \sqrt{(x_2 - x_1)^2 + (y_2 - y_1)^2}$

(*ii*) यदि दोनों बिन्दु x-अक्ष पर हों तो उनके बीच की दूरी $= (x_1 - x_2)$ होगी।

(*iii*) यदि दोनों बिन्दु y-अक्ष पर हों तो उनके बीच की दूरी $= (y_1 - y_2)$ होगी।

3. रेखाखण्ड का निर्दिष्ठ (दिये गये) अनुपात में विभाजन :

(*i*) बिन्दु (x_1, y_1) तथा (x_2, y_2) को मिलाने वाली रेखा को $m : n$ में अन्तः तथा बाह्य अनुपात में विभाजित करने वाले बिन्दुओं के निर्देशांक क्रमशः

$$\left(\frac{mx_2 + nx_1}{m+n}, \frac{my_2 + ny_2}{m+n}\right) \text{ तथा}$$

$$\left(\frac{mx_2 - nx_1}{m-n}, \frac{my_2 - ny_2}{m-n}\right) \text{ होते हैं।}$$

(*ii*) बिन्दुओं (x_1, y_1) तथा (x_2, y_2) को मिलाने वाली रेखा के मध्य बिन्दु के निर्देशांक $\left(\frac{x_1+x_2}{2}, \frac{y_1+y_2}{2}\right)$ होते हैं।

(*iii*) जहाँ रेखा x-अक्ष को काटती है; उस बिन्दु की कोटि शून्य होती हैं।

(*iv*) जहाँ रेखा y-अक्ष को काटती है। उस बिन्दु का भुज शून्य होती है।

(*v*) त्रिभुज के केन्द्रक के निर्देशांक

$$\left(\frac{x_1 + x_2 + x_3}{3}, \frac{y_1 + y_2 + y_3}{3}\right) \text{ होते हैं।}$$

वस्तुनिष्ठ प्रश्न

निर्देश : नीचे दिये गये प्रत्येक प्रश्नों के चार संभावित उत्तर विकल्प दिये गये हैं। जिनमें से एक विकल्प सही है। उस सही विकल्प का सावधानीपूर्वक चुनाव कीजिए।

1. यदि बिन्दु A के निर्देशांक (–5, 7) है तो वह बिन्दु स्थित होगा ?
   A. प्रथम चतुर्थांश B. तृतीय चतुर्थांश
   C. द्वितीय चतुर्थांश D. चतुर्थ चतुर्थांश
2. यदि बिन्दु P के निर्देशांक (8 – 9) हो तो वह बिन्दु होगा–
   A. चतुर्थ चतुर्थांश B. प्रथम चतुर्थांश
   C. द्वितीय चतुर्थांश D. तृतीय चतुर्थांश
3. (2, 0) तथा (–1, 7) के बीच की दूरी कितनी होगी ?
   A. 8 मात्रक B. 5 मात्रक
   C. 6 मात्रक D. 9 मात्रक
4. $(a \sin\theta, a \cos\theta)$ तथा $(a \cos\theta - a \sin\theta)$ बिन्दु युग्मों के बीच की दूरियाँ क्या होंगी।
   A. $a\sqrt{2}$ मात्रक B. $a\sqrt{3}$ मात्रक
   C. $a\sqrt{5}$ मात्रक D. a मात्रक
5. $(am^2_1, 2am)$ तथा $(am_2^2, 2am_2)$ के बीच की दूरियां क्या है ?
   A. $a(m_1 - m_2)\sqrt{\{(m_1 + m_2)^2 + 4\}}$
   B. $\sqrt{(m_1 + m_2)^2 + 4}$
   C. $a(m_1 + m_2)\sqrt{(m_1 - m_2)^2} + 4$
   D. $\sqrt{(m_1 - m_2)^2} + 4$
6. यदि बिन्दु (5, 3) तथा (x, –1) के बीच की दूरी 5 मात्रक हो तो बातइये x का मान कितना होगा ?
   A. 1 या 3 B. 2 या 8
   C. 5 या 8 D. 2 या 5
7. बिन्दुओं (–4, –3) तथा (5, 2) को मिलाने वाली रेखा को x–अक्ष किस अनुपात में विभाजित करती है ?
   A. 2 : 3 B. 5 : 4
   C. 4 : 3 D. 3 : 2
8. बिन्दु (3, 6) तथा (x, y) से खींचे जाने वाले रेखाखण्ड को 2 : 3 के अनुपात में अन्तः विभाजित करने वाले बिन्दु के निर्देशांक $\left(\frac{1}{5}, \frac{34}{5}\right)$ है तो बताइये x तथा y के मान क्रमशः क्या होंगे ?
   A. (–3, 8) B. (5, 8)
   C. (–4, 8) D. (–4, 5)
9. (3, 4) और (7, 11) से खींचे गये रेखाखण्ड को बिन्दु (11, 18) किस अनुपात में विभक्त करेगा ?
   A. 1 : 2 B. 2 : 3
   C. 3 : 1 D. 2 : 1
10. एक रेखा खण्ड का अन्तः एक बिन्दु (13, 19) है। यदि उसका मध्य बिन्दु (–9, 30) हो तो दूसरे अन्तः बिन्दु के निर्देशांक क्या होंगे ?
    A. (–31, 40) B. (–24, 32)
    C. (–31, 41) D. (–31, –41)
11. एक त्रिभुज के शीर्ष (4, 6), (2, –2) तथा (0, 2) हैं। बताइये इसके केन्द्रक के निर्देशांक क्या होंगे ?
    A. (2, 2) B. (1, 2)
    C. (2, 1) D. (2, 3)
12. उस त्रिभुज का क्षेत्रफल क्या होगा जिसके शीर्षों के निर्देशांक क्रमशः (2, 4), (–3, 7) तथा (–4, 5) हैं ?
    A. 3.1 वर्ग मात्रक B. 6.6 वर्ग मात्रक
    C. 6.5 वर्ग मात्रक D. 6.3 वर्ग मात्रक
13. यदि तीन बिन्दु जिनके निर्देशांक $(a, 1)$, (1, –1) तथा (11, 4) संरेख है तो बताइये a का मान कितना होगा ?
    (A) 6 (B) 8
    (C) 10 (D) 5
14. यदि बिन्दु (x, y), (–5, 7) तथा (–4, 5) संरेख है तो बताइये x का मान निम्न में से कौन-सा होगा ?
    A. $\left(\frac{y+3}{-2}\right)$ B. $\left(\frac{y-2}{3}\right)$
    C. $\left(\frac{y+3}{2}\right)$ D. $\left(\frac{y-4}{3}\right)$

15. उस चतुर्भुज का क्षेत्रफल क्या होगा जिसके शीर्षों के निर्देशांक क्रमशः (1, 1) (7, –3), (12, 2) तथा (7, 21) हैं।

A. 132 वर्ग मात्रक B. 1/6 वर्ग मात्रक

C. 120 वर्ग मात्रक D. 124 वर्ग मात्रक

16. यदि बिन्दु (–1, 3) और (4, –2) से खींचे जाने वाली रेखा बिन्दु (a, b) से होकर जाये तो बताइये a का मान क्या होगा ?

A. $(3-b)$ B. $\left(\frac{5}{2}-b\right)$

C. $(2-b)$ D. $(4-2b)$

17. उन बिन्दुओं के बिन्दुपथ का समीकरण क्या होगा जिनकी x-अक्ष से दूरी, y-अक्ष से दूरी की m गुनी हो ?

A. $y+mx=0$ B. $x=my$

C. $y=mx$ D. $y=2mx$

18. उन बिन्दुओं के बिन्दु पंथ का समीकरण निम्न में से कौन-सा है। जो बिन्दु $(a+b, a-b)$ व $(a-b, a+b)$ से समदूरस्थ हो ?

A. $x+y=0$ B. $x=y$

C. $y+\frac{x}{2}=0$ D. $x=2y$

19. समकोण Δ OAB के शीर्ष A (8, 0) B (0, –6) तथा (0, 0) है तो बताइये इसके कर्ण की लम्बाई कितनी होगी ?

A. 8 इकाई B. 6 इकाई

C. 5 इकाई D. 10 इकाई

20. बिन्दुओं (1, 5) तथा (11, –10) से बने रेखाखण्ड को 2 : 3 के अनुपात में अन्तः विभाजन करने वाले बिन्दु के निर्देशांक क्या होंगे ?

A. (5, –1) B (5, 1)

C. (-5, 1) D. (2, 3)

21. यदि किसी त्रिभुज के शीर्ष क्रमशः $\left(\frac{a}{\sqrt{3}}, a\right)$, $\left(\frac{2a}{\sqrt{3}}, 2a\right)$ तथा $\left(\frac{a}{\sqrt{3}}, 3a\right)$ हो तो उन भुजाओं के विचार से किस प्रकार का त्रिभुज होगा ?

A. समद्विबाहु B. समबाहु

C. समकोण D. न्यूनकोण

उत्तरमाला

1	2	3	4	5	6	7	8	9	10
C	A	B	A	A	B	D	C	D	C
11	12	13	14	15	16	17	18	19	20
A	C	D	A	A	C	C	B	D	A
21									
A									

महत्त्वपूर्ण प्रश्नों के व्याख्यात्मक उत्तर

$(a\sin\theta, a\cos\theta)$ तथा $(a\cos\theta, -a\sin\alpha)$ के बीच की दूरी

$$=\sqrt{\left\{(a\sin\theta-a\cos\theta)^2+[a\cos\theta-(-a\sin\theta)]^2\right\}}$$

$$=\sqrt{\left\{\left(a^2\sin^2\theta+a^2\cos^2\theta-2a^2\sin\theta\cos\theta\right)+\left(a^2\cos^2\theta+a^2\sin^2\theta+2a^2\sin\theta\cos\theta\right)\right\}}$$

$$=\sqrt{\left\{2a^2\left(\sin^2\theta+\cos^2\theta\right)\right\}}$$

$$=\sqrt{2}a\times\sqrt{\left(\sin^2\theta+\cos^2\theta\right)}=\sqrt{2}a \text{ मात्रक}$$

13. यदि बिन्दु संरेख है तो त्रिभुज का क्षेत्रफल = 0

$$\therefore \frac{1}{2}\left[a(-1-4)+1(4-1)+11(1-(-1))\right]=0$$

$$\therefore \frac{1}{2}[-5a+3+22]=0$$

$$\Rightarrow -5a+25=0 \Rightarrow a=\frac{-25}{-5}=5$$

17. माना बिन्दु P (x, y) है, y-अक्ष से दूरी $=x$

प्रश्नानुसार, x-अक्ष से दूरी, y-अक्ष से दूरी की m गुनी है।

$\therefore x=$ अक्ष से दूरी $=mx$

$\therefore y=mx$ बिन्दु पथ की समीकरण होगा।

तर्कशक्ति परीक्षण
(TEST OF REASONING)

श्रृंखला-परीक्षा
(SERIES TEST)

इस परीक्षा में कुछ अंकों या अक्षरों को एक निश्चित श्रृंखला में, एक विशेष क्रम में रखा जाता है। श्रृंखला में कुछ अंकों या अक्षरों के स्थान खाली छोड़ दिए जाते हैं और उम्मीदवारों को दिए गए विकल्पों में से उपयुक्त अंकों या अक्षरों का चुनाव करके इन खाली स्थानों को भरना होता है।

निम्नलिखित उदाहरणों से स्पष्टीकरण हो जाएगा—

उदाहरण 1. अक्षर-श्रृंखला के नीचे दिए गए में से लुप्त अक्षरों के सही अक्षर क्रम का पता लगाइए।

—ba—baa—ab—a

A. baab B. baba C. aaab D. abbb

उत्तर : D. ababba/ababba

उदाहरण 2. नीचे दी गई श्रृंखला में निम्नलिखित के आगे क्या आएगा—

HKN, QTW, ZCF, ?

A. ILO B. BDG C. KMN D. HKN

उत्तर : A.

H —(+3)→ K —(+3)→ N —(+3)→ Q —(+3)→

T —(+3)→ W —(+3)→ Z —(+3)→

C —(+3)→ F —(+3)→ I —(+3)→ L —(+3)→ O

∴ ? = ILO

उदाहरण 3. निम्नलिखित श्रेणी में रिक्त स्थान पर नीचे दिए हुए चार विकल्पों में से कौन-सी संख्या आएगी—

0, 2, 6, 12, 20, 30 ?

A. 34 B. 32 C. 40 D. 42

उत्तर : D.

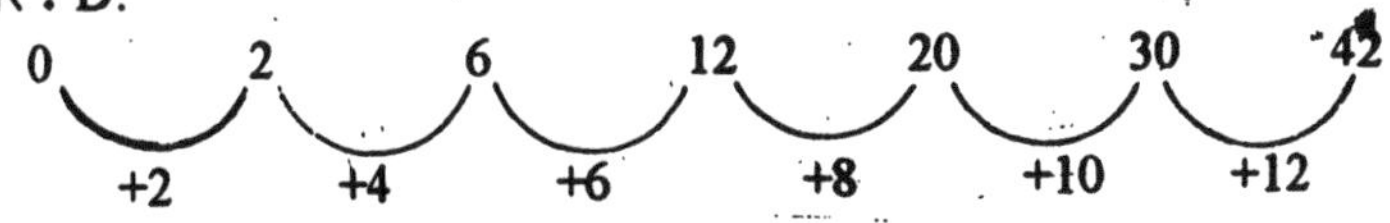

उदाहरण 4. निम्नलिखित प्रश्न में अक्षर-शृंखला एक निश्चित क्रम में है। शृंखला को ध्यान से देखिए और बताइए कि क्या क्रम है—

ADBBECCFODG

A. C　　B. E　　C. F　　D. H

उत्तर : B.

AD　BB　E　CC　F　DD　G E

अभ्यास

TYPE-I

1. aa—bbb—ccaab—bc—c
A. bbcc　B. bacc
C. ccab　D. acbc

2. ab—cba—bcc—aabccb—abc—ba
A. [illegible]　B. aabba
C. cabac　D. cbaac

3. —abbc—a—bbcc—ab—c
A. abcabc　B. bacbca
C. acaabc　D. bbcabc

4. —bccb—abc—baa—c
A. acbc　B. aacb
C. bcac　D. abcc

5. ac—baac—b—acbb—
A. baab　B. abbc
C. aabc　D. bbaa

6. aa—aabb—b—aa—aabb—bb
A. abbab　B. bbbaa
C. babba　D. aabbb

7. —cba—cca—cbaba—cbca—cb
A. cbbc　B. abca
C. abba　D. aabb

8. —ac—ca—aca—a—a—
A. aaaccc　B. cacaca
C. cacccc　D. acacac

9. a—bba—bba—ba
A. aab　B. bab
C. bba　D. bbb

10. —aabb—abba—b
A. bab　B. aba
C. bba　D. baa

TYPE-II

निर्देश : *निम्नलिखित प्रत्येक प्रश्न में अक्षरों की एक शृंखला दी गई है, आपको पता लगाना है कि अगला पद क्या होगा?*

1. MOQ, SOW, YAC, ?
A. FIL　B. DHJ
C. EGI　D. XAD

2. HKN, QTW, ZCF, ?
A. ILO　B. BDG
C. HKN　D. KMN

3. YCL, MQZ, AEN, ?
A. PUE　B. OSB
C. OTC　D. MPX

4. KUZ, MOX, OIV, QET, ?
A. SAQ　B. SOR
C. RAP　D. SAR

5. ABXW, EFTS, ?, MNLK
A. IJOP　B. IJPO
C. JIOP　D. JIPO

6. POQ, SRT, VUW, ?
A. XYZ　B. XZY
C. YXZ　D. ZYX

7. JAZ, LEX, NIV, PMT, ?
A. QUR　B. RQR
C. RUS　D. SUR

8. ZUA, XOC, VIE, TEG, ?
A. RAI　B. RAJ
C. SAG　D. QAE

9. CZX, DYW, EXV, FWU, ?
A. GWT B. GUT
C. GVT D. GVT

10. JAZ, LEX, NIV, POT, ?
A. RSR B. RUS
C. SUR D. RUR

TYPE-III

निर्देश : *निम्नलिखित अंक-श्रृंखला में रिक्त स्थान पर कौन-सी संख्या आएगी?*

1. 2, 4, 7, 14, 17, 34, ?
A. 39 B. 42
C. 37 D. 31

2. 9, 25, 49, 81, 121, ?
A. 256 B. 225
C. 169 D. 232

3. 2, 6, 12, 20, 30, 42, ?
A. 38 B. 42
C. 40 D. 56

4. 2, 5, 10, 17, 26, ?
A. 29 B. 31
C. 33 D. 37

5. 11, 13, 17, 19, 23, ?
A. 29 B. 31
C. 25 D. 40

6. 0, 7, 26, 63, 124, ?
A. 195 B. 208
C. 215 D. 240

7. 6, 8, 9, 12, 14, 18, ?
A. 19 B. 21
C. 23 D. 25

8. 1, 1, 4, 8, 9, 27, ?
A. 36 B. 16
C. 12 D. 9

9. 5, 10, 17, 26, 37, ?
A. 49 B. 48
C. 50 D. 51

10. 98, 87, 76, 65, 54, ?
A. 43 B. 45
C. 46 D. 47

11. ?, 120, 40, 10, 2
A. 240 B. 200
C. 60 D. 180

12. 1, 10, 19, 28, 37, 46, ?
A. 56 B. 50
C. 55 D. 54

13. 8, 13, 18, 23, 28, ?
A. 31 B. 32
C. 33 D. 34

14. 2, 4, 6, 8, 10, ?
A. 11 B. 12
C. 13 D. 14

15. 136, 55, 28, 19, 16, ?
A. 15 B. 14
C. 13 D. 12

16. 2, 6, 12, 20, 30, 42, ?
A. 48 B. 56
C. 60 D. 64

17. 0, 2, 6, 12, 20, 30, 42, ?
A. 50 B. 52
C. 54 D. 56

18. 5, 3, 6, 2, 7, 1, ?
A. 2 B. 0
C. 6 D. 8

19. 1, 3, 7, 13, 21, ?
A. 27 B. 29
C. 25 D. 31

20. 5, 9, 15, 23, 33, 45, ?
A. 55 B. 57
C. 59 D. 61

TYPE-IV

1. YAZWBXUCVSD—
A. E B. R
C. T D. S

2. ZYAYXBXWCWVDV—
A. UE B. UF
C. FU D. EU

3. AZBYCXDWE—
A. F B. W
C. V D. U

4. BAZDCYFEXHG—
A. I B. J
C. V D. W

5. ZXACYWBDXVL—
A. U B. D
C. E D. F

6. ACEGIK—
A. M B. O
C. L D. D

7. XYZABCUVW—
A. E B. F
C. G D. D

8. XYZCBAUVWFED—
A. S B. E
C. M D. R

9. PSPPSQSQSSQTQR—
A. S B. R
C. T D. Q

10. JGKLIMNKOPMQ—
A. P B. O
C. R D. N

व्याख्यात्मक उत्तर

TYPE-I

1. **D :** aaa/bbb/ccc/aaa/bbb/ccc
2. **C :** abc/cba/abc/cba/abc/cba/abc/cba
3. **C :** aabbcc/aabbcc/aabbcc
4. **B :** abc/cba/abc/cba
5. **D :** acbba/acbba/acbba
6. **A :** aaaaa/bbbbb/aaaaa/bbbbb
7. **C :** acb/abc/cab/cba/bac/bca/acb
8. **D :** ca/ca/ca/ca/ca/ca/ca/c
9. **D :** abba/abba/abba
10. **D :** baab/baab/baab

TYPE-II

1. C :
$M \xrightarrow{+6} S \xrightarrow{+6} Y \xrightarrow{+6} \boxed{E}$
$O \xrightarrow{+6} U \xrightarrow{+6} A \xrightarrow{+6} \boxed{G}$
$Q \longrightarrow W \longrightarrow C \longrightarrow \boxed{I}$
$\therefore \quad ? \Rightarrow \boxed{EGI}$

2. A :
$H \xrightarrow{+9} Q \xrightarrow{+9} Z \xrightarrow{+9} \boxed{I}$
$E \xrightarrow{+9} T \xrightarrow{+9} C \xrightarrow{+9} \boxed{L}$
$N \xrightarrow{+9} W \xrightarrow{+9} F \xrightarrow{+9} \boxed{O}$
$\therefore \quad ? \Rightarrow \boxed{ILO}$

3. B :
$Y \xrightarrow{+14} M \xrightarrow{+14} A \xrightarrow{+14} \boxed{O}$
$C \xrightarrow{+14} Q \xrightarrow{+14} E \xrightarrow{+14} \boxed{S}$
$L \xrightarrow{+14} Z \xrightarrow{+14} N \xrightarrow{+14} \boxed{B}$
$\therefore \quad ? \Rightarrow \boxed{OSB}$

4. D :
$K \xrightarrow{+2} M \xrightarrow{+2} O \xrightarrow{+2} Q \xrightarrow{+2} \boxed{S}$
$U \xrightarrow{-6} O \xrightarrow{-6} I \xrightarrow{-4} E \xrightarrow{-4} \boxed{A}$
$Z \xrightarrow{-2} X \xrightarrow{-2} V \xrightarrow{-2} T \xrightarrow{-2} \boxed{R}$
$\therefore \quad ? \Rightarrow \boxed{SAR}$

5. D : A $\xrightarrow{+4}$ E $\xrightarrow{+4}$ $\boxed{I}$ $\xrightarrow{+4}$ M

B $\xrightarrow{+4}$ F $\xrightarrow{+4}$ $\boxed{J}$ $\xrightarrow{+4}$ N

X $\xrightarrow{-4}$ T $\xrightarrow{-4}$ $\boxed{P}$ $\xrightarrow{-4}$ L

W $\xrightarrow{-4}$ S $\xrightarrow{-4}$ $\boxed{O}$ $\xrightarrow{-4}$ K

∴ ? ⇒ $\boxed{IJPO}$

6. D : P $\xrightarrow{+3}$ S $\xrightarrow{+3}$ V $\xrightarrow{+3}$ $\boxed{Y}$

O $\xrightarrow{+3}$ R $\xrightarrow{+3}$ U $\xrightarrow{-3}$ $\boxed{X}$

Q $\xrightarrow{+3}$ T $\xrightarrow{+3}$ W $\xrightarrow{+3}$ $\boxed{Z}$

∴ ? ⇒ $\boxed{YXZ}$

7. B : J $\xrightarrow{+2}$ L $\xrightarrow{+2}$ N $\xrightarrow{+2}$ P $\xrightarrow{+2}$ $\boxed{R}$

A $\xrightarrow{+4}$ E $\xrightarrow{+4}$ I $\xrightarrow{+4}$ M $\xrightarrow{+4}$ $\boxed{Q}$

Z $\xrightarrow{-2}$ X $\xrightarrow{-2}$ V $\xrightarrow{-2}$ T $\xrightarrow{-2}$ $\boxed{R}$

∴ ? ⇒ $\boxed{RQR}$

8. A : Z $\xrightarrow{-2}$ X $\xrightarrow{-2}$ V $\xrightarrow{-2}$ T $\xrightarrow{-2}$ $\boxed{R}$

U $\xrightarrow{-6}$ O $\xrightarrow{-6}$ I $\xrightarrow{-4}$ E $\xrightarrow{-4}$ $\boxed{A}$

A $\xrightarrow{+2}$ C $\xrightarrow{+2}$ E $\xrightarrow{+2}$ G $\xrightarrow{+2}$ $\boxed{I}$

∴ ? ⇒ $\boxed{RAI}$

9. D : C $\xrightarrow{+1}$ D $\xrightarrow{+1}$ E $\xrightarrow{+1}$ F $\xrightarrow{+1}$ $\boxed{G}$

Z $\xrightarrow{-1}$ Y $\xrightarrow{-1}$ X $\xrightarrow{-1}$ W $\xrightarrow{-1}$ $\boxed{V}$

X $\xrightarrow{-1}$ W $\xrightarrow{-1}$ V $\xrightarrow{-1}$ U $\xrightarrow{-1}$ $\boxed{T}$

∴ ? ⇒ $\boxed{GVT}$

10. D : J $\xrightarrow{+2}$ L $\xrightarrow{+2}$ N $\xrightarrow{+2}$ P $\xrightarrow{+2}$ $\boxed{R}$

A $\xrightarrow{+4}$ E $\xrightarrow{+4}$ I $\xrightarrow{+6}$ O $\xrightarrow{+6}$ $\boxed{U}$

Z $\xrightarrow{-2}$ X $\xrightarrow{-2}$ V $\xrightarrow{-2}$ T $\xrightarrow{-2}$ $\boxed{R}$

∴ ? ⇒ $\boxed{RUR}$

TYPE-III

1. C : 2, 4, 7, 14, 17, 34, 37

×2, +3, ×2, +3, ×2, +3

2. C : 9, 25, 49, 81, 121, 169

↓ 3^2, 5^2, 7^2, 9^2, 11^2, 13^2

3. D : 2, 6, 12, 20, 30, 42, 56

+4, +6, +8, +10, +12, +14

4. D : 2, 5, 10, 17, 26, 37

+3, +5, +7, +9, +11

5. C : 11, 13, 17, 19, 23, 25

+2, +4, +2, +4, +2

6. C : 0, 7, 26, 63, 124, 215

1^3-1, 2^3-1, 3^3-1, 4^3-1, 5^3-1, 6^3-1

7. D : 6, 8, 9, 12, 14, 18, 21

+2, +1, +3, +2, +4, +3

8. B : 1, 1, 4, 8, 9, 27, 16

↓ 1^2, 1^3, 2^2, 2^3, 3^2, 3^3, 4^2

9. C : 5, 10, 17, 26, 37, 50

+5, +7, +9, +11, +13

10. A : 98, 87, 76, 65, 54, 43

–11, –11, –11, –11, –11

11. A : 240, 120, 40, 10, 2

÷2, ÷3, ÷4, ÷5

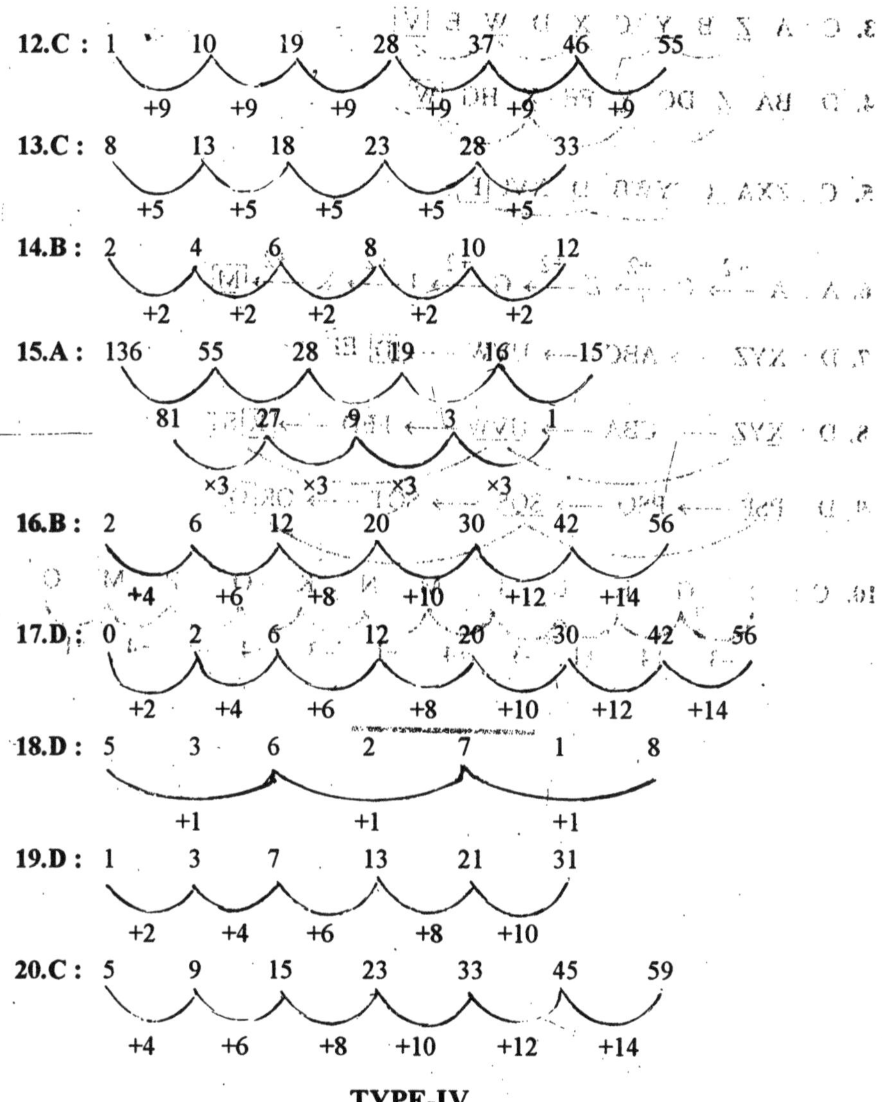

12.C : 1, 10, 19, 28, 37, 46, 55 (+9, +9, +9, +9, +9, +9)

13.C : 8, 13, 18, 23, 28, 33 (+5, +5, +5, +5, +5)

14.B : 2, 4, 6, 8, 10, 12 (+2, +2, +2, +2, +2)

15.A : 136, 55, 28, 19, 16, 15; 81, 27, 9, 3, 1 (×3, ×3, ×3, ×3)

16.B : 2, 6, 12, 20, 30, 42, 56 (+4, +6, +8, +10, +12, +14)

17.D : 0, 2, 6, 12, 20, 30, 42, 56 (+2, +4, +6, +8, +10, +12, +14)

18.D : 5, 3, 6, 2, 7, 1, 8 (+1, +1, +1)

19.D : 1, 3, 7, 13, 21, 31 (+2, +4, +6, +8, +10)

20.C : 5, 9, 15, 23, 33, 45, 59 (+4, +6, +8, +10, +12, +14)

TYPE-IV

1. C : YAZ W B X U C V S D T (–2, –2, –2)

2. A : ZYA Y XB X WC W VD V UE

3. C : A Z B Y C X D W E [V]

4. D : BA Z DC Y FE X HG [W]

5. C : ZXA C YWB D XVC [E]

6. A : A $\xrightarrow{+2}$ C $\xrightarrow{+2}$ E $\xrightarrow{+2}$ G $\xrightarrow{+2}$ I $\xrightarrow{+2}$ K $\xrightarrow{+2}$ [M]

7. D : XYZ ⟶ ABC ⟶ UVW ⟶ [D] EF

8. D : XYZ ⟶ CBA ⟶ UVW ⟶ FED ⟶ [R] ST

9. D : PSP ⟶ PSQ ⟶ SQS ⟶ SQT ⟶ OR [O]

10. C : J G K L I M N K O P M Q

−3 +4 +1 −3 +4 +1 −3 +4 −3 +4 +1

सांकेतिक भाषा परीक्षा
(CODING AND DECODING)

TYPE-I

परीक्षा के इस प्रकार के भाग में अंग्रेजी की वर्णमाला और संख्या से संबंधित प्रश्न होते हैं। ऐसे प्रश्नों की पहली पंक्ति में वर्णमाला के कुछ अक्षर दिए होते हैं तथा दूसरी पंक्ति में अंक। सांकेतिक भाषा में इन अक्षरों के कोड होते हैं और उनके कोड अंकों में दिए होते हैं या फ़िर प्रश्न में अंक दिए होते हैं और उनके कोड अक्षरों में दिए होते हैं या फिर प्रश्नों में अंक-अक्षर होते हैं और उत्तर में अक्षर-अंक होते हैं। प्रत्येक प्रश्न के चार सम्भावित उत्तर दिए होते हैं। आपको प्रत्येक प्रश्न का सही उत्तर ज्ञात करना होता है।

निर्देश—(1-10) : *नीचे दिए गए पहली पंक्ति के अक्षर और दूसरी पंक्ति के अंक परस्पर एक-दूसरे के कोड हैं। प्रत्येक प्रश्न के बाद दिए गए उत्तरों के चार विकल्पों में से आपको प्रश्न में दिए गए अक्षर-समूह का सही कोड चुनना है।*

अक्षर :	Q	L	Z	D	I	U	C	A	M	P
संकेतक :	5	3	4	6	2	7	1	8	0	9

1. QUIZZICAL
A. 570446853 B. 562442833
C. 572552163 D. 572442183
E. इनमें से कोई नहीं

2. LAMPUA
A. 3869876 B. 380978
C. 380798 D. 879083
E. इनमें से कोई नहीं

3. 719862
A. UCAPDI B. UCPADI
C. CUPADI D. IDAPCU
E. इनमें से कोई नहीं

4. 6709
A. PMUD B. DMUP
C. DUMP D. PDUM
E. इनमें से कोई नहीं

5. LZD4IQ
A. 346ZC5 B. 364ZC5
C. 3465CZ D. 436ZC5
E. इनमें से कोई नहीं

6. 1 2 3 4 5 6 7 8 9 0
A. ABCDEFGHIJ

B. CILZQDUAPM
C. CLIZDQAUMP
D. CILZQDAUZM
E. इनमें से कोई नहीं

7. MUZIC

A. 07421 B. 06742
C. 04603 D. 34706
E. इनमें से कोई नहीं

8. 31706

A. LCQDM
B. LMUCD
C. LCCAM D. LCUMD
E. इनमें से कोई नहीं

9. CLAMR

A. 31908 B. 13909
C. 13809 D. 13890
E. इनमें से कोई नहीं

10. DIMPAL

A. 620983 B. 602938
C. 620973 D. 629083
E. इनमें से कोई नहीं

TYPE-II

इस प्रकार की परीक्षा में कुछ अक्षर (Letters) दिए होते हैं तथा वे अपने वास्तविक मान को प्रदर्शित करने की अपेक्षा कुछ अन्य प्रदर्शित करते हैं। इस प्रकार की सांकेतिक भाषा नियमानुसार बनी होती है। परीक्षार्थियों को उन नियमों की जानकारी करके सांकेतिक भाषा को सही भाषा में तथा सही भाषा को सांकेतिक भाषा में बदलना होता है।

CODING : किसी अर्थपूर्ण चीज (Meaningful thing) से कोई अर्थहीन चीज (Meaningless thing) में बदलने की विधि को CODING कहते हैं।

उदाहरण : किसी सांकेतिक भाषा में यदि 'COME' को 'DLNB' के रूप में लिखा जाता है, तो उसी भाषा में 'SUIT' को कैसे लिखा जाएगा?

A. TUFQ B. PRFQ
C. TRJQ D. TVJU
E. इनमें से कोई नहीं

व्याख्या :

+1

+1

C : COME DL NB

–3

–3

इसी प्रकार से,

SUIT → TRJQ (+1, +1, −3, −3)

अतः सही उत्तर (C) है।

उदाहरण : यदि सांकेतिक भाषा में KRISHNA को LTLWMTH के रूप में लिखा जाता है, तो उसी भाषा में RADHA को कैसे लिखा जाएगा?

A. RCGLF B. SCGLF C. SBGLF D. SCGKF

E. इनमें से कोई नहीं

व्याख्या : K R I S H N A → L T L W M T H

11 18 9 19 8 14 1 → 12 20 12 23 13 20 8

उपरोक्त भाषा में आप देख रहे हैं कि बायें तरफ से सभी letters पहले एक से बढ़ रहा है, फिर दो से, फिर तीन से....।

इसी प्रकार से,

R A D H A → S C G L F

18 1 4 8 1 → 19 3 7 12 6

अतः सही उत्तर (B) होगा।

DECODING : CODING का उल्टा DECODING कहलाता है। अर्थात् किसी अर्थहीन चीज (Meaningless thing) को अर्थपूर्ण चीज (Meaningful thing) में बदलने की विधि को DECODING कहते हैं।

उदाहरण : यदि PAPER को सांकेतिक भाषा में WISCQ लिखा गया हो तो CSQD को DECODE कीजिए।

व्याख्या : P A P E R → W I S C Q

16 1 16 5 1 → 23 9 19 3 17

क्योंकि हमें Decode करना है इसलिए हम दायें से देखेंगे। यहाँ पर सभी Letter दायें से क्रमशः 5, 4, 3, 2 तथा 1 से घट रहे हैं।

इसी प्रकार,

COPY → CSQD (−4, −3, −2, −1)

अतः सही उत्तर COPY है।

Coding-Decoding के प्रश्नों को हल करने से पूर्व निम्न बातों पर ध्यान देना चाहिए : English Alphabet के सारे Letters की Position को अच्छी तरह याद कर लें। English Alphabet A से Z तक होता है। 'A से Z' को अग्र-क्रम (forward order या forward direction) कहते हैं।

अग्रक्रम में (In Forward Direction)

A	B	C	D	E	F	G	H	I	J	K	L	M
1	2	3	4	5	6	7	8	9	10	11	12	13
N	O	P	Q	R	S	T	U	V	W	X	Y	Z
14	15	16	17	18	19	20	21	22	23	24	25	26

अंग्रेजी वर्णमाला को निम्नांकित आसान तरीके से भी याद किया जा सकता है:

E	J	O	T	Y	—	Z
↓	↓	↓	↓	↓		↓
5	10	15	20	25		26

इस शब्द 'EJOTY' की सहायता से हम पूरे English Alphabet को आसानी से याद कर सकते हैं। यह विधि दो Letters के बीच के अन्तर को कम करने में सहायक है :

उदाहरण : निम्नलिखित अंग्रेजी वर्णाक्षरों में बायीं ओर से सातवां अक्षर कौन-सा है?

A	B	C	D	E	F	G	H	I	J	K	L	M
N	O	P	Q	R	S	T	U	V	W	X	Y	Z

A. E B. F C. G D. H

E. इनमें से कोई नहीं

व्याख्या : चूंकि हम जानते हैं कि E = 5

$\therefore$ 7 = E + 2 = G

अतः सही उत्तर C है।

इसी प्रकार अंग्रेजी वर्णमाला में Letters की उल्टी स्थिति Z से A तक भी समझ लीजिए।

उल्टे क्रम में (In Reverse Order) :

A	B	C	D	E	F	G	H	I	J	K	L	M
26	25	24	23	22	21	20	19	18	17	16	15	14
N	O	P	Q	R	S	T	U	V	W	X	Y	Z
13	12	11	10	9	8	7	6	5	4	3	2	1

अर्थात् REVERSE ORDER में Z का पहला स्थान तथा A का 26वां स्थान होता है।

व्याख्या : यदि उल्टे क्रम में किसी अक्षर का स्थान मालूम करना हो तो उस अक्षर में इतना जोड़ दें ताकि वह संख्या 27 हो जाए। जितना आप जोड़ेंगे वही आपका उत्तर होगा।

इसलिए 13 + 14 = 27

∴ 14 = N

अत: सही उत्तर N है।

नोट : अंग्रेजी वर्णमाला में 26 अक्षर होते हैं, इसमें से A से M तक को 'First Half' तथा N से Z तक को 'Second Half' कहते हैं। हमें पता है कि अंग्रेजी वर्णमाला में प्रथम अक्षर 'A' होता है तथा Reverse Order (उल्टे क्रम) में प्रथम अक्षर 'Z' होता है, अत: A तथा Z एक-दूसरे के विपरीत हैं।

अत: आप सभी अक्षरों के विपरीत अक्षरों को याद कर लें। Decoding करते समय इससे आपको बहुत सहायता मिलेगी।

Opposite Letters

A—Z H—S
B—Y I—R
C—X J—Q
D—W K—P
E—V L—O
F—U M—N
G—T N—M

जब अंग्रेजी वर्णमाला के दो अक्षरों का जोड़ 27 हो जाए, तो वह दोनों अक्षर एक-दूसरे के OPPOSITE होते हैं :

जैसे A = 1, Z = 26 ∴ A + Z = 27

अत: A का OPPOSITE Z है।

इसी प्रकार E = 5, V = 22 ∴ V + E = 27 है।

अत: 'E' का OPPOSITE 'V' है।

TYPE-III

1. किसी सांकेतिक भाषा में '123' का अर्थ 'bright light boy', '145' का अर्थ 'tall big boy' और '637' का अर्थ 'beautiful little flower' हो, तो इस सांकेतिक भाषा में 'Bright' के लिए कौन-सा अंक प्रयोग किया गया है?
A. 1 B. 3
C. 4 D. 6
E. इनमें से कोई नहीं

2. किसी सांकेतिक भाषा में '467' का अर्थ

'leaves are green', '485' का अर्थ 'green is gold' और '639' का अर्थ 'they are playing' हो, तो इस भाषा में 'leaves' के लिए कौन-सा अंक प्रयोग किया गया है?

A. 4 B. 7
C. 6 D. 5
E. इनमें से कोई नहीं

3. किसी सांकेतिक भाषा में '253' का अर्थ 'books are old', '546' का अर्थ 'man is old' और '378' का अर्थ 'buy good books' हो तो इस सांकेतिक भाषा में 'are' के लिए कौन-सा अंक प्रयोग किया गया है?

A. 2 B. 4
C. 5 D. 6
E. 9

4. किसी सांकेतिक भाषा में '743' का अर्थ 'Mangoes are good', '657' का अर्थ 'Eat good food' और '934' का अर्थ 'Mangoes are ripe' हो, तो इस भाषा में 'ripe' के लिए कौन-सा अंक प्रयोग किया गया है?

A. 5 B. 4
C. 9 D. 7
E. ज्ञात नहीं किया जा सकता

5. किसी सांकेतिक भाषा में '247' का अर्थ 'spread red carpet', '256' का अर्थ 'dust one carpet' और '234' का अर्थ 'one red carpet' हो, तो इस भाषा में 'dust' के लिए कौन-सा अंक प्रयोग किया गया है?

A. 2 B. 3
C. 5 D. 6
E. ज्ञात नहीं किया जा सकता

6. किसी सांकेतिक कूट भाषा में '526' का अर्थ 'sky is blue', '24' का अर्थ 'blue colour' और '436' का अर्थ 'colour is fun' हो, तो 'fun' के लिए कौन-सी संख्या का कूट भाषा में प्रयोग किया गया है?

A. 5 B. 4
C. 6 D. 2
E. 3

7. किसी सांकेतिक भाषा में '123' का अर्थ 'hot filtered coffee', '356' का अर्थ 'very hot day' और '589' का अर्थ 'day and night' हो, तो इस भाषा में 'very' के लिए कौन-सी संख्या का प्रयोग किया गया है?

A. 9 B. 8
C. 6 D. 5
E. 2

8. किसी सांकेतिक भाषा में '453' का अर्थ 'Pens are new', '362' का अर्थ 'Boys are young' और '598' का अर्थ 'Buy new clothes' हो, तो इस सांकेतिक भाषा में 'Pen' के लिए कौन-सा अंक प्रयोग किया गया है?

A. 3 B. 9
C. 8 D. 6
E. 4

9. किसी सांकेतिक कूट भाषा में '256' का अर्थ 'you are good', '637' का अर्थ 'we are bad' और '358' का अर्थ 'good and bad' हो तो इस भाषा में 'and' के लिए कौन-सी संख्या का प्रयोग किया गया है?

A. 2 B. 5

C. 8 D. 3

E. इनमें से कोई नहीं

10. किसी सांकेतिक भाषा में '134' का अर्थ 'good and tasty', '478' का अर्थ 'see good picture' और '729' का अर्थ 'picture are faint' हो, तो इस सांकेतिक भाषा में 'see' के लिए कौन-सा अंक प्रयोग किया गया है?

A. 9 B. 2

C. 1 D. 4

E. इनमें से कोई नहीं

व्याख्यात्मक उत्तर

TYPE–I

1. D : इस प्रकार के प्रश्नों को हल करने से पहले कोड को अच्छी प्रकार से देख लें। उसके बाद प्रश्न के अक्षर संख्या-समूह को देखकर पहले दो अक्षर या अंक का कोड दिए गए पंक्ति के कोड में ढूंढकर विकल्प (A), (B), (C) और (D) में देखें। इस प्रकार एक या दो विकल्प प्रथम दो अक्षर या संख्या से ही छंट जाएगा। फिर उसके बाद अन्तिम एक या दो अक्षर या संख्या के लिए दिए गए पंक्ति में कोड मिलाकर उसी विकल्प में कोड को देखें, जो छांटा नहीं गया है। छांटे गए विकल्प में कोड को देखकर अपना समय नष्ट न करें। इस प्रकार आपका उत्तर आसानी से मिल जाएगा। जैसे ऊपर के प्रश्न संख्या-I में QUIZZICAL का कोड विकल्प में तलाशने के लिए प्रथम दो अक्षर Q, U का कोड दी गई पंक्ति में देखने से 57 मिलता है, जो विकल्प (A), (C) और (D) में पहले स्थान पर है। इस प्रकार विकल्प (B) छँट गया। अब दूसरी बार कोड को मिलाने के लिए विकल्प (B) को बिल्कुल मत देखें। अब अन्तिम अक्षर AL का कोड पंक्ति में देखें और उसको विकल्प (A), (C) और (D) में देखें। AL का कोड 83 है, जो विकल्प (D) में अन्तिम स्थान पर है, इस प्रकार विकल्प (A) और (C) छंट जाएगा। अब चूंकि आपके पास छांटने के लिए कोई विकल्प नहीं है, इसलिए आपका उत्तर (D) होगा। बीच वाले अक्षर कोड पंक्ति में देखकर अपना समय न गंवाए। इसी प्रकार अन्य प्रश्नों के उत्तर दिए जा सकते हैं।

2. B. 3. B. 4. C. 5. A.

6. B. 7. A. 9. C. 10. A.

TYPE–III

1. E: 123 → bright little boy .... (*i*)
145 → tall big boy .... (*ii*)
637 → beautiful little flower .... (*iii*)
समीकरण (*i*) और (*ii*) से,
3 ⇒ little
समीकरण (*i*) और (*ii*) से,
3 ⇒ boy
∴ 3 ⇒ little, 1 ⇒ boy
∴ 2 ⇒ bright
अत: bright ⇒ 2.

2. B: 467 → leaves are green .... (*i*)
485 → green is gold .... (*ii*)
637 → they are playing .... (*iii*)
यहां हम देख रहे हैं कि (*i*) और (*iii*) में शब्द 'are' एवं संख्यात्मक कूट 6 common है।
अत: 6 ⇒ are
इसी प्रकार हम देख रहे हैं कि (*i*) और (*ii*) में शब्द 'green' एवं संख्यात्मक कूट '4' common है।
अत: (*i*) और (*ii*) से, 4 ⇒ green
∴ 7 ⇒ leaves
अत: leaves ⇒ 7.

3. A: 253 → book are old .... (*i*)
546 → man is old .... (*ii*)
378 → buy good books .... (*iii*)
समीकरण (*i*) और (*ii*) से,
5 ⇒ old
समीकरण (*i*) और (*ii*) से
3 ⇒ book
∴ समीकरण (*i*) से 2 ⇒ are
अत: are ⇒ 2.

4. C: 743 → Mangoes are good .... (*i*)
657 → Eat good food .... (*ii*)
934 → Mangoes are ripe .... (*iii*)
समीकरण (*i*) और (*ii*) से,
4 या 3 ⇒ mangoes या are
∴ समीकरण (*i*) से 9 ⇒ ripe
अत: ripe ⇒ 9.

5. E: 247 → spread red carpet .... (*i*)
256 → dust one carpet .... (*ii*)
234 → one red carpet .... (*iii*)
यहां हम देख रहे हैं कि शब्द 'dust' समीकरण (*ii*) में है अत: समीकरण (*ii*) के संख्यात्मक कोड '256' में से ही कोई एक अंक 'dust' का कोड होगा अर्थात् 'dust' का कोड अंक ज्ञात करने के लिए हमें 'one' और 'carpet' का कोड अंक पहले ज्ञात करना होगा।
हम देख रहे हैं कि समीकरण (*i*), (*ii*) और (*iii*) में शब्द carpet एवं संख्यात्मक कूट '2' common है अर्थात् (*i*), (*ii*) और (*iii*) से, 2 ⇒ carpet
इसी प्रकार अब आगे गौर करने पर हम देख रहे हैं कि समीकरण (*ii*) और (*iii*) में शब्द 'one' common है, किन्तु संख्यात्मक कूट common नहीं है। अत: 'dust' का संख्यात्मक कूट ज्ञात नहीं किया जा सकता।

6. E: 526 → sky is blue .... (*i*)
24 → blue colour .... (*ii*)

436 → colour is fun .... (*iii*)
यहां हम देख रहे हैं कि शब्द 'fun' समीकरण (*iii*) में है, अर्थात् '436' में से ही कोई एक संख्या को ही 'fun' के लिए प्रयोग किया गया है। अब हम 'fun' के सही संख्यात्मक कूट निकालने के लिए अन्य समीकरणों पर गौर करेंगे, हम देख रहे हैं कि समीकरण (*i*) और (*iii*) में 'is' का प्रयोग किया गया है तथा संख्यात्मक कूट में दोनों में '6' का प्रयोग किया गया है।
अत: (*i*) और (*iii*) से '6' ⇒ is, इसी प्रकार, हम देख रहे हैं कि समीकरण (*ii*) और (*iii*) में 'colour' तथा संख्यात्मक कूट में दोनों में '4' का प्रयोग किया गया है।
अत: (*ii*) और (*iii*) से, '4' ⇒ colour है। इसी प्रकार हम देख रहे हैं कि समीकरण (*iii*) में शब्द 'fun' और संख्यात्मक कूट में केवल संख्या '3' ही बची हुई है।
अत: (*iii*) से स्पष्ट है कि 3 ⇒ fun.

7. C: 123 → hot filtered coffee .... (*i*)
356 → very hot day .... (*ii*)
589 → day and night .... (*iii*)
(*i*) और (*ii*) से, 3 ⇒ hot
(*ii*) और (*iii*) से, 5 ⇒ day
∴ (*ii*) से very = 6.

8. E: 453 → Pens are new .... (*i*)
362 → Boys are young.... (*ii*)
498 → Buy new cloths ....(*iii*)
समीकरण (*i*) और (*ii*) से, 3 ⇒ are
समीकरण (*i*) और (*ii*) से, 5 ⇒ new
3 ⇒ are, 5 ⇒ new, ∴ 4 ⇒ Pens
अत: समीकरण (*i*) Pens ⇒ 4.

9. C: 256 → you are good .... (*i*)
367 → we are bad .... (*ii*)
358 → good and bad .... (*iii*)
यहाँ हम देख रहे हैं कि समीकरण (*i*) और (*ii*) में संख्यात्मक कूट '5' और शाब्दिक अर्थ 'good' common है।
अत: समीकरण (*i*) और (*ii*) से 5 ⇒ good
पुन: आगे गौर करने पर हम देख रहे हैं कि समीकरण (*ii*) और (*iii*) दोनों में संख्यात्मक कूट '3' है और शब्द 'Bad' common है।
अत: समीकरण (*i*) और (*ii*) से, 3 ⇒ bad ∴ 5 ⇒ good, 3 ⇒ bad
∴ and ⇒ 8.

10. E: 134 → Good and Tasty.... (*i*)
367 → See Good Picture .... (*ii*)
358 → Picture are Faint .... (*iii*)
समीकरण (*i*) और (*ii*) से, 4 ⇒ Good
समीकरण (*ii*) और (*iii*) से, 7 ⇒ Picture
इसी प्रकार,
समीकरण (*ii*) से 8 ⇒ see
अत: See ⇒ 8.

विविध प्रश्न

निर्देश—(1-10) : *नीचे दिए गए पहली पंक्ति के अक्षर और दूसरी पंक्ति के अक्षर परस्पर एक दूसरे के कोड हैं। प्रत्येक प्रश्न के बाद दिए गए उत्तरों के चार विकल्पों में से आपने प्रश्न में दिए गए अक्षर समूह का सही कोड चुनना है।*

अक्षर :	A	M	N	Y	P	L	Z	G	E	C
संकेतांक :	7	2	6	8	4	5	3	9	0	1

1. PYANC
A. 84761 B. 48671
C. 71648 D. 48761
E. इनमें से कोई नहीं

2. GEMAZ
A. 90273 B. 02937
C. 37209 D. 37029
E. इनमें से कोई नहीं

3. PYELCA
A. 804517 B. 480517
C. 715084 D. 486517
E. इनमें से कोई नहीं

4. NAYLME
A. 678520 B. 672580
C. 678250 D. 768520
E. इनमें से कोई नहीं

5. YPANLG
A. 847569 B. 874659
C. 847659 D. 784659
E. इनमें से कोई नहीं

6. 730218
A. AZEMYC B. AZEYMC
C. AZEMCY D. AEZMCY
E. इनमें से कोई नहीं

7. MP36EL
A. 24ZN50 B. 24ZN05
C. 42NZ50 D. 42ZN05
E. इनमें से कोई नहीं

8. Y2G4Z6
A. 8M9P3N B. 8P9M3N
C. 8M3P9N D. 8M9N3P
E. इनमें से कोई नहीं

9. CMZPLNA
A. 2134657 B. 1243567
C. 1324567 D. 1234567
E. इनमें से कोई नहीं

10. 45710
A. PCLAE B. CPLAE
C. PLACE D. PLAEC
E. इनमें से कोई नहीं

निर्देश—(11-15) : *नीचे दिए गए पहली पंक्ति के अक्षर और दूसरी पंक्ति के अक्षर परस्पर एक-दूसरे के कोड हैं। प्रश्नों के नीचे दिए गए उत्तरों में से आपको सही विकल्प चुनना है।*

अक्षर :	S	P	V	Q	H	B	R	L	A	M
संकेतांक :	1	8	9	2	3	7	6	0	4	5

11. S0Q6M
A. 1L2R5 B. 1LBR5
C. 1L2R7 D. 172R5
E. इनमें से कोई नहीं

12. PH0AQ
A. 86L42 B. 83L42
C. 63L47 D. 86L34
E. इनमें से कोई नहीं

13. MHAPS
A. 53481 B. 53461
C. 54361 D. 53418
E. इनमें से कोई नहीं

14. 9PS60
A. V81BV B. 961RQ
C. V81RL D. V62[illegible]
E. इनमें से कोई नहीं

15. 7690P
A. ARVL8 B. BRNL6
C. RBVL8 D. BRVL8
E. इनमें से कोई नहीं

निर्देश—(16-20) : *इन प्रश्नों के लिए कोड इस प्रकार हैं :*

अक्षर	*0*	*9*	*3*	*2*	*7*	*5*	*1*	*6*	*4*	*8*
संकेतांक	*A*	*N*	*Q*	*P*	*R*	*Z*	*S*	*L*	*C*	*V*

16. 97301
A. NRQAL B. NRQBS
C. NRSAV D. NRQAS
E. इनमें से कोई नहीं

17. 07546
A. ARSLC B. ARZLC
C. ZLQRP D. VCAPQ
E. इनमें से कोई नहीं

18. 31468
A. QCSLV B. QSLCN
C. QLSCV D. QSPCV
E. इनमें से कोई नहीं

19. 97865
A. NRVCZ B. NRCVZ
C. RNVCZ D. RNCVZ
E. इनमें से कोई नहीं

20. 57830
A. ZRVQA B. ZRNQA
C. ZPVQA D. RZVQA
E. इनमें से कोई नहीं

निर्देश—(21-25) : *इन प्रश्नों के लिए कोड इस प्रकार हैं :*

अक्षर	*7*	*3*	*4*	*6*	*2*	*5*	*1*	*9*	*0*	*8*
संकेतांक	*C*	*K*	*R*	*A*	*I*	*U*	*N*	*E*	*L*	*P*

21. 534621
A. KRUAIN B. RUKAIN
C. UKRAIN D. KRAINU
E. इनमें से कोई नहीं

22. 80621
A. LPAIN B. PLAIN
C. NIPLA D. ALPIN
E. इनमें से कोई नहीं

23. 7680219
A. LAPCINE B. PLACINE
C. CINEPLA D. CAPLINE
E. इनमें से कोई नहीं

24. 127390
A. NICKEL B. CINKEL
C. KELCIN D. NICKLE
E. इनमें से कोई नहीं

25. KRIPALU
A. 3428650 B. 3284605
C. 3428605 D. 3482605
E. इनमें से कोई नहीं

निर्देश—(26-30) : *इन प्रश्नों के लिए कोड इस प्रकार हैं :*

अक्षर	*8*	*5*	*0*	*4*	*9*	*2*	*7*	*1*	*6*	*3*
संकेतांक	*V*	*S*	*P*	*T*	*Z*	*A*	*C*	*N*	*O*	*Q*

26. SPOTS
A. 3428650 B. 50465
C. 50645 D. 56045
E. इनमें से कोई नहीं

27. SAPTA
A. 52402 B. 52042
C. 50242 D. 52420
E. इनमें से कोई नहीं

28. 54PC13
A. ST70NQ B. TS07NQ
C. ST07QN D. ST07NQ
E. इनमें से कोई नहीं

29. 241711
A. ATCNPP B. ANTNCN
C. ATNCNN D. NTACNN
E. इनमें से कोई नहीं

30. ACNOVS
A. 271685 B. 217685
C. 271865 D. 271684
E. इनमें से कोई नहीं

निर्देश—(31-35) : *इन प्रश्नों के लिए कोड इस प्रकार हैं :*

अक्षर	*2*	*1*	*7*	*0*	*3*	*5*	*9*	*8*	*6*	*4*
संकेतांक	*Y*	*T*	*B*	*D*	*R*	*W*	*A*	*E*	*I*	*N*

31. 794039
A. DRANBA B. BRANDA
C. BANDRA D. BADNRA
E. इनमें से कोई नहीं

32. TRAINEE
A. 1936488 B. 1396488
C. 1369488 D. 1394688
E. इनमें से कोई नहीं

33. 56112
A. WTTIY B. TWITY
C. YITTW D. WITTY
E. इनमें से कोई नहीं

34. RWANDA
A. 395409 B. 359409
C. 354909 D. 359049
E. इनमें से कोई नहीं

35. 1396480
A. TRAINED B. RETAINE
C. DETAINR D. TRAIEND
E. इनमें से कोई नहीं

निर्देश—(36-40) : *इन प्रश्नों के लिए कोड इस प्रकार हैं :*

अक्षर	*9*	*2*	*0*	*6*	*3*	*7*	*1*	*4*	*5*	*8*
संकेतांक	*R*	*Y*	*A*	*I*	*M*	*Q*	*U*	*E*	*L*	*N*

36. 8090208
A. YARANAN B. RAMAYAN
C. NARAYAN D. RANAYAN
E. इनमें से कोई नहीं

37. 443008
A. MAEENA B. EEMAAN
C. EENAAM D. NAEEMA
E. इनमें से कोई नहीं

38. 004480
A. ANNEAA B. ANAEAE
C. AAEEAN D. AAEENA
E. इनमें से कोई नहीं

39. QU094LA
A. 17RAE50 B. 71ARE50
C. 71AER50 D. 17REA05
E. इनमें से कोई नहीं

40. 901807
A. RAUNAQ B. RUNAQA
C. RANUAQ D. RAUNQA
E. इनमें से कोई नहीं

निर्देश—(21-30) : *इन प्रश्नों के लिए कोड इस प्रकार हैं :*

अक्षर	*3*	*8*	*9*	*7*	*6*	*4*	*1*	*5*	*0*	*2*
संकेतांक	*M*	*Q*	*S*	*P*	*T*	*R*	*Z*	*N*	*O*	*B*

41. TBOPQM
A. 620783 B. 602783
C. 620873 D. 620837
E. इनमें से कोई नहीं

42. BSOMN
A. 29053 B. 29035
C. 20935 D. 29305
E. इनमें से कोई नहीं

43. STOOP
A. 96007 B. 69007
C. 60017 D. 67009
E. इनमें से कोई नहीं

44. BRONZS
A. 240591 B. 204519
C. 240519 D. 245019
E. इनमें से कोई नहीं

45. PROTON
A. 470605 B. 740506
C. 740065 D. 740605
E. इनमें से कोई नहीं

निर्देश—(46-50) : *इन प्रश्नों के लिए कोड इस प्रकार हैं :*

अक्षर	:1	2	3	4	5	6	7	8	9	0
संकेतांक	:R	A	P	U	N	M	L	G	J	E

46. RUPALE
A. 143207 B. 134270
C. 413207 D. 143270
E. इनमें से कोई नहीं

47. JURMANA
A. 9416225 B. 4916252
C. 9416252 D. 9146252
E. इनमें से कोई नहीं

48. ARGUE
A. 21804 B. 21840
C. 12840 D. 21840
E. इनमें से कोई नहीं

49. AUG18
A. 248RR B. 248GR
C. 284GR D. 248RG
E. इनमें से कोई नहीं

50. 18AUG95
A. RG284JN B. RG248JN
C. GR248JN D. RG248NJ
E. इनमें से कोई नहीं

उत्तर

1	2	3	4	5	6	7	8	9	10
D	A	B	A	C	C	B	A	D	C
11	12	13	14	15	16	17	18	19	20
A	B	A	C	D	D	B	E	A	A
21	22	23	24	25	26	27	28	29	30
C	B	D	A	C	C	B	D	C	A
31	32	33	34	35	36	37	38	39	40
C	B	D	B	A	C	B	D	B	A
41	42	43	44	45	46	47	48	49	50
A	B	A	C	D	D	C	B	D	B

वर्णमाला के अनुसार क्रय-बद्ध करना
(ARRANGING IN ALPHABATICAL ORDER)

इस प्रकार के प्रश्नों में पांच शब्द दिए होते हैं। अभ्यार्थी को शब्दों को वर्णमाला के क्रमानुसार करके पूछे गए प्रश्न का उत्तर ढूँढ़ना होता है।

उदाहरण 1 : निम्नलिखित शब्दों को यदि वर्णमाला के क्रमानुसार संयोजित किया जाए तो कौन-सा शब्द बीच में आएगा?

A. District B. Disturb
C. Distress D. Disunite
E. Ditch

उत्तर : B : शब्दों का सही क्रम होगा—

C. Distress A. District
B. Disturb D. Disunite
E. Ditch

उदाहरण 2 : यदि निम्नलिखित शब्दों को टेलीफोन डायरेक्टरी के अनुसार लिखा जाए, तो कौन-सा शब्द बीच में आएगा?

A. Compete B. Competition
C. Completion D. Competitive
E. Complete

उत्तर : D : शब्दों का सही क्रम होगा—

A. Compete B. Competition
C. Competitive D. Complete
E. Completion

अभ्यास

निर्देश—*निम्नलिखित प्रश्नों में दिए गए शब्दों को यदि वर्णमाला के क्रमानुसार संयोजित किया जाए तो कौन-सा शब्द बीच में आएगा?*

1. A. History B. Historic
C. Historicism D. Historiography
E. Illegitimately
2. A. Illegible B. Illiteracy
C. Illegitimate D. Illegitimacy
E. Illegitimately
3. A. Thorough B. Thoughtful
C. Thousand D. Thought
E. Thoroughbred
4. A. Miscellaneous
B. Mischievous
C. Mischance
D. Misconeive
E. Misconduct
5. A. Lethargy B. Letterhead
C. Letter D. Letterpress
E. Lucocyte
6. A. Imagine B. Imagery
C. Imaginary D. Imagination
E. Imaginative
7. A. Clutch B. Cluttered
C. Cluttering D. Clutters
E. Clutter
8. A. Acrobatics B. Aeromatic
C. Acrosole D. Aerodynamics
E. Aeroplane
9. A. Except B. Excellent
C. Exceed D. Exceptionable
E. Excerpt
10. A. Sprat B. Spout
C. Sprain D. Sprawl
E. Spray

व्याख्या सहित उत्तर

1. E: शब्दों का सही क्रम होगा—
   B. Historic
   C. Historicism
   E. Historycity
   D. Historiography
   A. History

   क्योंकि बीच में 'Historycity' शब्द आता है, इसलिए सही उत्तर (E) होगा।

2. शब्दों का सही क्रम होगा—
   A. Illegible D. Illegitimacy
   C. Illegitimate E. Illegitimately
   B. Illiteracy

3. शब्दों का सही क्रम होगा—
   A. Thorough
   E. Thoroughbred
   D. Thought
   B. Thoughtful
   C. Thousand

4. शब्दों का सही क्रम होगा—
   A. Miscellaneous
   C. Mischance
   B. Mischievous
   D. Misconeive
   E. Misconduct

5. शब्दों का सही क्रम होगा—
   A. Lethargy C. Letter
   B. Letterhead D. Letterpress
   E. Lucocyte

6. शब्दों का सही क्रम होगा—
   B. Imagery C. Imaginary
   D. Imagination E. Imaginative
   A. Imagine

7. शब्दों का सही क्रम होगा—
   A. Clutch E. Clutter
   B. Cluttered C. Cluttering
   D. Clutters

8. शब्दों का सही क्रम होगा—
   A. Acrobatics
   D. Aerodynamics
   E. Aeroplane
   B. Aeromatic
   C. Aerosole

9. शब्दों का सही क्रम होगा—
   C. Exceed
   B. Excellent
   A. Except
   D. Exceptionable
   E. Excerpt

10. शब्दों का सही क्रम होगा—
    B. Spout C. Sprain
    A. Sprat D. Sprawl
    E. Spray

विविध प्रश्न

निर्देश—*निम्नलिखित प्रश्नों में दिए गए शब्दों को यदि वर्णमाला के क्रमानुसार संयोजित किया जाए तो कौन-सा शब्द बीच में आएगा ?*

1. A. History
   B. Historic
   C. Historicism
   D. Historiography
   E. Historicity

2. A. Turner B. Turnpike
   C. Turning D. Turpentive
   E. Turnstile

3. A. Invariably B. Invective
C. Invasive D. Invariable
E. Invasion

4. A. Ultra B. Ulceration
C. Ukulele D. Ulcerated
E. Ulcer

5. A. Jackal B. Jack
C. Jail D. Jam
E. Job

6. A. Laminate B. Lammas
C. Lamina D. Lamp
E. Lampoon

7. A. More B. Moreish
C. Morello D. Mores
E. Morgue

8. A. Chanter B. Chantry
C. Change D. Chant
E. Channel

9. A. Clam B. Claim
C. Clamber D. Clammy
E. Clamour

10. A. Frantic B. Frank
C. Frau D. Fraud
E. Frappe

11. A. Liturgy B. Litre
C. Livelihood D. Little
E. Litter

12. A. Explosive B. expose
C. explore D. export
E. exponent

13. A. Hymnal B. Hyperbole
C. Hymen D. Hyper
E. Hymn

14. A. Different B. Dietetic
C. Dig D. Dietician
E. Difference

15. A. Noise B. Nomad
C. Norminal D. Noggin
E. Noisy

16. A. Jocket B. Jacobean
C. Jackass D. Jackpot
E. Jackdaw

17. A. Disgracefully
B. Disgraceful
C. Disgrace
D. Disguise
E. Disgorge

18. A. Lengthen B. Liniently
C. Lengthy D. Length
E. Linient

19. A. Retract B. Retire
C. Retrace D. Retouch
E. Retort

20. A. Outrage B. Outset
C. Outright D. Outrageous
E. Outrageously

21. A. Proboscis B. Probity
C. Process D. Proclivity
E. Problem

22. A. Agglomeration
B. Agency
C. Against
D. Agenda
E. Agate

23. A. Chord B. Chubby
C. Chow D. Chorus
E. Chrome

24. A. Fairyland B. Fake
C. Fakir D. Faith
E. Fairy

25. A. Vast B. Veal
C. Vount D. Vassal
E. Vault

26. A. Sprat B. Spout
C. Sprain D. Sprawl
E. Spray

27. A. Quarter B. Quarterdeck

C. Quarrel D. Quartermaster
E. Quartz

28. A. Legalize B. Legate
C. Legend D. Legendary
E. Leger

29. A. Immaculate B. Imbroglio
C. Imbalance D. Imagine
E. Imaginary

30. A. Except B. Excellent
C. Exceed D. Exceptionable
E. Excerpt

31. A. Oblate B. Object
C. Obscure D. Obsidian
E. Observe

32. A. Premium B. Premiss
C. Premise D. Premolar
E. Prepare

33. A. Pierrot B. Pietism
C. Piety D. Pigeon
E. Piggery

34. A. Effect B. Effete
C. Efface D. Effort
E. Effigy

35. A. Cheer B. Cheek
C. Cheetah D. Cheese
E. Chemical

36. A. Oatcake B. Oath
C. Obbligato D. Obdurate
E. Obedient

37. A. Ptarmigan
B. Psychosomatic
C. Psychotheraby
D. Pterodactyle
E. Puberty

38. A. Cyanide B. Cynogen
C. Cyanosis D. Cyclamen
E. Cycle

39. A. Daiquiri B. Diary
C. Dainty D. Daisy
E. Dally

40. A. Grotesque B. Grotto
C. Grotty D. Grope
E. Ground

41. A. Illegitimate
B. Illegible
C. Illegitimacy
D. Illegitimately
E. Illeteracy

42. A. Dainly B. Dalmatian
C. Daiquiri D. Dairy
E. Dalliance

43. A. Histology B. Hirsute
C. Histamine D. Hispanic
E. Histogram

44. A. Artichoke B. Articular
C. Artifact D. Articulation
E. Articulate

45. A. Afford
B. Afforest
C. Affray
D. Affront
E. Afficionado

46. A. Greenhorn
B. Greengage
C. Greengrocer
D. Greensward
E. Georgeous

47. A. Sheathe B. Sheath
C. Shed D. Sheepish
E. Shellac

48. A. Heritable B. Heroic
C. Hermetic D. Herself
E. Hessian

49. A. Decimate B. Declination
C. Declinity D. Decline
E. Decode

व्याख्या सहित उत्तर

1. **E : शब्दों का सही क्रम होगा—**
B. Historic
C. Historicism
E. Historycity
D. Historiography
A. History

2. **B : शब्दों का सही क्रम होगा—**
A. Turner C. Turning
B. Turnpike E. Turnstile
D. Turpentive

3. **E : शब्दों का सही क्रम होगा—**
D. Invariable A. Invariably
E. Invasion C. Invasive
B. Invective

4. **D : शब्दों का सही क्रम होगा—**
C. Ukulele E. Ulcer
D. Ulcerated B. Ulceration
A. Ultra

5. **A : शब्दों का सही क्रम होगा—**
E. Job B. Jack
A. Jackal C. Jail
D. Jam

6. **B : शब्दों का सही क्रम होगा—**
C. Lamina A. Laminate
B. Lammas D. Lamp
E. Lampoon

7. **C : शब्दों का सही क्रम होगा—**
A. More B. Moreish
C. Morello D. Mores
E. Morgue

8. **D : शब्दों का सही क्रम होगा—**
C. Change E. Channel
D. Chant A. Chanter
B. Chantry

9. **C : शब्दों का सही क्रम होगा—**
B. Claim A. Clam
C. Clamber D. Clammy
E. Clamour

10. **E : शब्दों का सही क्रम होगा—**
B. Frank A. Frantic
E. Frappe C. Frau
D. Fraud

11. **D : शब्दों का सही क्रम होगा—**
B. Litre E. Litter
D. Little A. Liturgy
C. Livelihood

12. **E : शब्दों का सही क्रम होगा—**
C. Explore A. Explosive
E. Exponent D. Export
B. Expose

13. **A : शब्दों का सही क्रम होगा—**
C. Hymen E. Hymn
A. Hymnal D. Hyper
B. Hyperbole

14. **E : शब्दों का सही क्रम होगा—**
B. Dietetic D. Dietician
E. Difference A. Different
C. Dig

15. **E : शब्दों का सही क्रम होगा—**
D. Noggin A. Noise
E. Noisy B. Nomad
C. Norminal

16. **A : शब्दों का सही क्रम होगा—**
C. Jackass E. Jackdaw
A. Jacket D. Jackpot
B. Jucobean

17. **B : शब्दों का सही क्रम होगा—**
E. Disgorge C. Disgrace
B. Disgraceful A. Disgracefully
D. Disguise

18. C : शब्दों का सही क्रम होगा—
D. Length A. Lengthen
C. Lengthy E. Linient
B. Liniently

19. D : शब्दों का सही क्रम होगा—
B. Retire E. Retort
D. Retouch C. Retrace
A. Retract

20. E : शब्दों का सही क्रम होगा—
A. Outrage D. Outrageous
C. Outright E. Outrageously
B. Outset

21. A : शब्दों का सही क्रम होगा—
B. Probity E. Problem
A. Proboscis C. Process
D. Proclivity

22. B : शब्दों का सही क्रम होगा—
C. Against E. Agate
B. Agency D. Agenda
A. Agglomeration

23. C : शब्दों का सही क्रम होगा—
A. Chord D. Chorus
C. Chow E. Chrome
B. Chubby

24. D : शब्दों का सही क्रम होगा—
E. Fairy A. Fairyland
D. Faith B. Fake
C. Fakir

25. E : शब्दों का सही क्रम होगा—
D. Vassel A. Vast
E. Vault C. Vaunt
B. Veal

26. A : शब्दों का सही क्रम होगा—
B. Spout C. Sprain
A. Sprat D. Sprawl
E. Spray

27. B : शब्दों का सही क्रम होगा—
C. Quarrel
A. Quarter
B. Quarterdeck
D. Quartermaster
E. Quartz

28. C : शब्दों का सही क्रम होगा—
A. Legalize B. Legate
C. Legend D. Legendary
E. Leger

29. C : शब्दों का सही क्रम होगा—
E. Imaginary D. Imagine
D. Imbalance B. Imbroglio
A. Immaculate

30. A : शब्दों का सही क्रम होगा—
C. Exceed B. Excellent
A. Except D. Exceptionable
E. Excerpt

31. C : शब्दों का सही क्रम होगा—
B. Object A. Oblate
C. Obscure D. Observe
E. Obsidian

32. A : शब्दों का सही क्रम होगा—
C. Premise B. Premiss
A. Premium D. Premolar
E. Prepare

33. C : शब्दों का सही क्रम होगा—
A. Pierrot B. Pietism
C. Piety D. Pigeon
E. Piggery

34. B : शब्दों का सही क्रम होगा—
C. Efface A. Effect
B. Effete E. Effigy
D. Effort

35. D : शब्दों का सही क्रम होगा—
B. Cheek A. Cheer
D. Cheese C. Cheetah
E. Chemical

36. C : शब्दों का सही क्रम होगा—
A. Oatcake B. Oath

C. Obbligato D. Obdurate
E. Obedient

37. **A : शब्दों का सही क्रम होगा—**
B. Psychosomatic
C. Psychotherapy
A. Ptarmigan
D. Pterodactyle
E. Puberty

38. **C : शब्दों का सही क्रम होगा—**
A. Cyanide B. Cynogen
C. Cyanosis D. Cyclamen
E. Cycle

39. **D : शब्दों का सही क्रम होगा—**
C. Dainty A. Daiquiri
D. Daisy E. Dally
B. Diary

40. **B : शब्दों का सही क्रम होगा—**
D. Grope A. Grotesque
B. Grotto C. Grotty
E. Ground

41. **A : शब्दों का सही क्रम होगा—**
B. Illegible C. Illegitimacy
A. Illegitimate D. Illegitimately
E. Illeteracy

42. **D : शब्दों का सही क्रम होगा—**
A. Dainlyyyy C. Daiquiri
D. Dairy E. Dalliance
B. Dalmatian

43. **C : शब्दों का सही क्रम होगा—**
B. Hirsute D. Hispanic
C. Histamine E. Histogram
A. Histology

44. **E : शब्दों का सही क्रम होगा—**
A. Artichoke B. Articular
E. Articulate D. Articulation
C. Artifact

45. **C : शब्दों का सही क्रम होगा—**
A. Afford B. Afforest
C. Affray D. Affront
E. Afficionado

46. **C : शब्दों का सही क्रम होगा—**
E. Georgeous B. Greengage
C. Greengrocer A. Greenhorn
D. Greensward

47. **C : शब्दों का सही क्रम होगा—**
B. Sheath A. Sheathe
C. Shed D. Sheepish
E. Shellac

48. **B : शब्दों का सही क्रम होगा—**
A. Heritable C. Hermetic
B. Heroic D. Herself
E. Hessian

49. **D : शब्दों का सही क्रम होगा—**
A. Decimate B. Declination
D. Decline C. Declinity
E. Decode

सादृश्य-परीक्षा
(ANALOGY-TEST)

इस प्रकार की परीक्षा में दो वस्तुओं के संबंध पर विचार किया जाता है। दो वस्तुएं जो आपस में किसी प्रकार संबंधित होती हैं, दी जाती हैं। इसके अतिरिक्त कोई तीसरी वस्तु और दी होती है तथा पांच वैकल्पिक उत्तर दिए होते हैं। परीक्षार्थी को उन वैकल्पिक उत्तरों में एक ऐसा वैकल्पिक उत्तर छांटना होता है जो कि तीसरी वस्तु और उस उत्तर में वही सम्बन्ध हो जो पहली और दूसरी वस्तु में होता है।

निम्नलिखित उदाहरणों से स्पष्टीकरण हो जाएगा :

उदाहरण 1 : जिस प्रकार 'मेज' का सम्बन्ध 'लकड़ी' से है उसी प्रकार 'कमीज' का सम्बन्ध किससे है?

A. रूई B. धागा
C. कपड़ा D. वस्त्र
E. पोशाक

उत्तर C : जिस प्रकार 'मेज' लकड़ी से बनाया जाता है, उसी प्रकार 'कमीज' 'कपड़े' से बनाया जाता है।

उदाहरण 2 : जिस प्रकार 'पत्रिका' का सम्बन्ध 'संपादक' से है, उसी प्रकार 'चलचित्र' का सम्बन्ध किससे है?

A. निर्माता B. निर्देशक
C. कलाकार D. छाया चित्रकार
E. प्रबंधक

उत्तर B : जिस प्रकार 'पत्रिका' निकालने में मुख्य भूमिका 'सम्पादक' की होती है, उसी प्रकार चलचित्र बनाने में मुख्य भूमिका 'निर्देशक' की होती है।

अभ्यास

1. जिस प्रकार 'सूई' का संबंध 'घड़ी' से है, उसी प्रकार 'पहिये' का सम्बन्ध किससे है?

A. सड़क B. वृत्तीय
C. घूमना D. चलाना
E. वाहन

2. जिस प्रकार 'हृदय' का संबंध 'रक्त' से है, उसी प्रकार 'फेफड़ा' का सम्बन्ध किससे है?

A. वायु B. ऑक्सीजन
C. श्वसन D. वक्ष
E. शुद्धिकरण

3. जिस प्रकार 'पोस्टर' का संबंध 'दीवार' से है, उसी प्रकार 'तस्वीर' का सम्बन्ध किससे है?

A. कैमरा B. वस्तु
C. व्यक्ति D. सुंदर
E. फ्रेम

4. जिस प्रकार 'फूल' का संबंध 'कली' से है, उसी प्रकार 'फल' का सम्बन्ध किससे है?

A. बीज B. फूल

C. पंखुड़ी D. वृक्ष
E. तना

5. जिस प्रकार 'पक्षी' का संबंध 'पंख' से है, उसी प्रकार 'मछली' का सम्बन्ध किससे है?
A. पूंछ B. गलफड़
C. मीनपक्ष D. जल
E. शल्क

6. जिस प्रकार 'पहाड़' का संबंध 'घाटी' से है, उसी प्रकार 'शत्रु' का सम्बन्ध किससे है?
A. क्रूर B. देश
C. मित्र D. परदेशी
E. संघर्ष

7. जिस प्रकार 'रोग' का संबंध 'रोग विज्ञान' से है, उसी प्रकार 'ग्रह' का सम्बन्ध किससे है?
A. उपग्रह B. सूर्य
C. परिक्रमा-पंथ D. फलित-ज्योतिष
E. खगोल-विज्ञान

8. जिस प्रकार 'टीला' का संबंध 'पहाड़' से है, उसी प्रकार 'झाड़ी' का सम्बन्ध किससे है?
A. पौधा B. जमीन
C. जंगल D. वृक्ष
E. बाल वृक्ष

9. जिस प्रकार 'नाव' का संबंध 'पतवार' से है, उसी प्रकार 'साइकिल' का सम्बन्ध किससे है?
A. पहिया B. सीट
C. पैडल D. चेन
E. सड़क

10. जिस प्रकार 'वर्णमाला' का संबंध 'अक्षर' से है, उसी प्रकार 'हार' का सम्बन्ध किससे है?
A. सोना B. मोती
C. आभूषण D. चांदी
E. अंगूठी

11. जिस प्रकार 'कैप्टन' का संबंध 'सैनिक' से है, उसी प्रकार 'नेता' का सम्बन्ध किससे है?
A. कुर्सी B. दल
C. मत D. मंत्री
E. अनुयायी

12. जिस प्रकार 'प्रथम' का संबंध 'अन्तिम' से है, उसी प्रकार 'वफादारी' का सम्बन्ध किससे है?
A. ईमानदारी B. सद्गुण
C. अवज्ञा D. शत्रुता
E. विश्वासघात

13. जिस प्रकार 'गर्म' का संबंध 'भट्टी' से है, उसी प्रकार 'ठंडा' का सम्बन्ध किससे है?
A. बर्फ B. मौसम
C. वातानुकूलित D. घड़ा
E. रेफ्रीजरेटर

14. जिस प्रकार 'जल जहाज' का संबंध 'जल' से है, उसी प्रकार 'ट्रेन' का सम्बन्ध किससे है?
A. यात्री B. सड़क
C. भाप D. पगडंडी
E. पटरी

15. जिस प्रकार 'तैरना' का संबंध 'मछली' से है, उसी प्रकार 'रेंगना' का सम्बन्ध किससे है?
A. चींटी B. बछड़ा
C. सांप D. बन्दर
E. खरगोश

16. जिस प्रकार 'आशा' का संबंध 'चमक' से है, उसी प्रकार 'निराशा' का सम्बन्ध किससे है?
A. ईर्ष्या B. जीवन
C. उदासी D. गंभीर
E. इनमें से कोई नहीं

17. जिस प्रकार 'विद्यार्थी' का संबंध 'कक्षा' से है, उसी प्रकार 'खिलाड़ी' का सम्बन्ध किससे है?
A. खेल B. कोच
C. मैच D. स्टेडियम
E. क्रिकेट

18. जिस प्रकार 'घर' का संबंध 'दीवार' से है, उसी प्रकार 'दीवार' का सम्बन्ध किससे है?
A. सीमेंट B. ईंट
C. बालू D. रंग
E. छत

19. जिस प्रकार 'फैक्टरी' का संबंध 'उत्पादन' से है, उसी प्रकार 'स्कूल' का सम्बन्ध किससे है?
A. विद्यार्थी B. शिक्षक
C. शिक्षा D. अनुशासन
E. निर्माण

20. जिस प्रकार 'घड़ी' का संबंध 'सैकेण्ड' से है, उसी प्रकार 'कैलेंडर' का सम्बन्ध किससे है?
A. वर्ष B. महीना
C. अवधि D. तिथि
E. मेज

21. जिस प्रकार 'घर' का संबंध 'आश्रय' से है, उसी प्रकार 'स्कूल' का सम्बन्ध किससे है?
A. प्रधानाध्यापक B. शिक्षा
C. विद्यार्थी D. वर्ग
E. शिक्षण

22. जिस प्रकार 'पत्थर' का संबंध 'कठोर' से है, उसी प्रकार 'पंख' का सम्बन्ध किससे है?
A. सफेद B. पक्षी
C. मुलायम D. उड़ना
E. पंख

23. जिस प्रकार 'कार' का संबंध 'पैट्रोल' से है, उसी प्रकार 'टी.वी.' का सम्बन्ध किससे है?
A. एन्टिना B. मनोरंजन
C. पर्दा D. प्रसारण
E. विद्युत

24. जिस प्रकार 'अनाज' का संबंध 'खेत' से है, उसी प्रकार 'स्टील' का सम्बन्ध किससे है?
A. लोहा B. फैक्टरी
C. अयस्क D. खदान
E. वैगन

25. जिस प्रकार 'प्रवेश' का संबंध 'निर्गम' से है, उसी प्रकार 'निष्ठा' का सम्बन्ध किससे है?
A. सत्य B. विश्वासघात
C. बेइमानी D. झूठ
E. अनादर

26. जिस प्रकार 'पौधा' का संबंध 'वनस्पति-शास्त्र' से है, उसी प्रकार निम्नलिखित में किसका संबंध 'स्वास्थ्य विज्ञान' से है?
A. रोग B. स्वास्थ्य
C. शरीर विज्ञान D. विसंक्रमण
E. स्वच्छता

27. जिस प्रकार 'हवा' का संबंध 'चक्रवात'

से है, उसी प्रकार 'फुहार' का संबंध किससे है?

A. वर्षा B. बाढ़
C. छिड़काव D. जलप्रवाह
E. इनमें से कोई नहीं

28. जिस प्रकार 'रक्त' का संबंध 'हृदय' से है, उसी प्रकार 'वायु' का संबंध किससे है?

A. नाक B. फेफड़ा
C. नासिका D. श्वसन
E. श्वास

29. जिस प्रकार 'मुलायम' का संबंध 'स्पंज' से है, उसी प्रकार 'धार' का संबंध किससे है?

A. भोंथरा B. चाकू
C. किनारा D. काटना
E. भेदना

30. जिस प्रकार 'सभा' का संबंध 'सभापति' से है, उसी प्रकार 'समाचार-पत्र' का संबंध किससे है?

A. पाठक B. मुद्रक
C. वितरक D. संपादक
E. संवाददाता

व्याख्यात्मक उत्तर

1.E: जिस प्रकार 'सूई', 'घड़ी' में घूमती है, उसी प्रकार 'पहिया', 'वाहन' में घूमता है।

2.B: जिस प्रकार 'हृदय' के द्वारा 'रक्त' का नियन्त्रण होता है, उसी प्रकार 'फेफड़ों' के द्वारा ऑक्सीजन का नियन्त्रण होता है।

3.E: जिस प्रकार 'पोस्टर' को 'दीवार' पर लगाया जाता है, उसी प्रकार 'तस्वीर' को 'फ्रेम' में लगाया जाता है।

4.B: जिस प्रकार 'कली' से 'फूल' बनता है, उसी प्रकार 'फूल' से 'फल' बनता है।

5.C: जिस प्रकार 'पक्षी', 'पंख' के द्वारा उड़ता है, उसी प्रकार 'मछली', 'मीनपक्ष' के द्वारा तैरती है।

6.E: जिस प्रकार दो 'पहाड़ों' के बीच 'घाटी' होती है, उसी प्रकार दो 'शत्रुओं' के बीच 'संघर्ष' होता है।

7.E: जिस प्रकार 'रोग' का अध्ययन 'रोग विज्ञान' के द्वारा किया जाता है, उसी प्रकार 'ग्रह' का अध्ययन 'खगोल विज्ञान' के द्वारा किया जाता है।

8.C: जिस प्रकार 'टीला' के बड़े रूप को 'पहाड़' कहा जाता है, उसी प्रकार 'झाड़ी' के बड़े रूप को 'जंगल' कहते हैं।

9.C: जिस प्रकार 'नाव' को चलाने के लिए 'पतवार' की आवश्यकता होती है, उसी प्रकार 'साइकिल' को चलाने के लिए 'पैडल' की आवश्यकता होती है।

10.B: जिस प्रकार बहुत सारे 'अक्षरों' को मिलाकर 'वर्णमाला' बनाया जाता है, उसी प्रकार बहुत सारे 'मोतियों' को मिलाकर 'हार' बनाया जाता है।

11.E: जिस प्रकार 'सैनिक' का नेतृत्व 'कैप्टन' करता है, उसी प्रकार 'अनुयायी' का नेतृत्व 'नेता' करता है।

12.E: जिस प्रकार 'प्रथम' का विपरीत 'अंतिम' होता है, उसी प्रकार 'वफादारी' का विपरीत 'विश्वासघात' होता है।

13.E: जिस प्रकार 'भट्टी' 'गर्म' होती है, उसी प्रकार 'रेफ्रीजरेटर' 'ठंडा' होता है।

14.E: जिस प्रकार 'जल जहाज' 'जल' में चलता है, उसी प्रकार 'ट्रेन' 'पटरी' पर चलती है।

15.C: जिस प्रकार 'मछली' 'तैरती' है, उसी प्रकार 'सांप' 'रेंगता' है।

16.C: जिस प्रकार 'आशा' से चेहरे पर 'चमक' आती है, उसी प्रकार 'निराशा' से चेहरे पर 'उदासी' छा जाती है।

17.D: जिस प्रकार 'विद्यार्थी', 'कक्षा' में पढ़ते हैं, उसी प्रकार 'खिलाड़ी', 'स्टेडियम' में खेलते हैं।

18.B: जिस प्रकार 'घर' का निर्माण 'दीवार' से होता है, उसी प्रकार 'दीवार' का निर्माण 'ईंट' से होता हं।

19.C: जिस प्रकार 'फैक्टरी' में वस्तु का 'उत्पादन' किया जाता है, उसी प्रकार 'स्कूल' में विद्यार्थी को 'शिक्षा' दी जाती है।

20.D: जिस प्रकार 'घड़ी' में घंटे की छोटी इकाई 'सैकेण्ड' है उसी प्रकार 'कैलेण्डर' में वर्ष की छोटी इकाई 'तिथि' है।

21.B: जिस प्रकार 'घर' में 'आश्रय' मिलता है, उसी प्रकार 'स्कूल' में 'शिक्षा' प्राप्त होती है।

22.C: जिस प्रकार 'पत्थर' 'कठोर' होता है, उसी प्रकार 'पंख' 'मुलायम' होता है।

23.D: जिस प्रकार 'कार' 'पैट्रोल' से चलती है, उसी प्रकार 'टी.वी.' 'विद्युत' से चलता है।

24.B: जिस प्रकार 'अनाज' का उत्पादन 'खेत' से होता है, उसी प्रकार 'स्टील' का उत्पादन 'फैक्टरी' से होता है।

25.B: जिस प्रकार 'प्रवेश' का विपरीत 'निर्गम' होता है, उसी प्रकार 'निष्ठा' का विपरीत 'विश्वासघात' होता है।

26.B: जिस प्रकार 'वनस्पति विज्ञान' में 'पौधा' का अध्ययन किया जाता है, उसी प्रकार 'स्वास्थ्य-विज्ञान' में 'स्वास्थ्य' का अध्ययन किया जाता है।

27.C: जिस प्रकार 'हवा' का सम्बन्ध 'चक्रवात' से है, उसी प्रकार 'फुहार' का सम्बन्ध 'छिड़काव' से है।

28.B: जिस प्रकार मानव शरीर या जन्तुओं में 'हृदय' 'रक्त' का नियन्त्रण करता है, उसी प्रकार 'वायु' का नियन्त्रण 'फेफड़ा' करता है।

29.B: जिस प्रकार 'स्पंज' 'मुलायम' होता है उसी प्रकार 'चाकू' में 'धार' होती है।

30.D: जिस प्रकार 'सभा' का प्रधान 'सभापति' होता है, उसी प्रकार 'समाचार-पत्र' का प्रधान 'सम्पादक' होता है।

विजातीय चयन
(ODD MAN OUT)

इस प्रकार के प्रश्नों में, अक्षरों तथा शब्दों के कुछ समूह दिए होते हैं। परीक्षार्थियों को उस एक का पता लगाना होता है, जो समान श्रेणी में न होकर, भिन्न श्रेणी का होता है।

निम्नलिखित उदाहरणों से स्पष्टीकरण हो जाएगा :

उदाहरण 1 :

A. पैट्रोल B. डीजल
C. वनस्पति D. मिट्टी का तेल

उत्तर C : अन्य सभी ऊर्जा के स्रोत हैं और एक ही श्रेणी से सम्बन्धित हैं, जबकि (C) भिन्न और बेमेल है।

उदाहरण 2 :

A. गाजर B. आलू
C. मूली D. बैंगन
E. शलगम

उत्तर D : अन्य सभी भूमि के अन्दर होते हैं।

अभ्यास

निर्देश— *नीचे दिए गए प्रत्येक प्रश्न में पांच शब्द दिए गए हैं। इन पांच में से चार शब्द किसी प्रकार से एक समान हैं तथा एक समूह बनाते हैं। इनमें से वह एक कौन-सा शब्द है जो अन्य चार से भिन्न है, अर्थात् उस समूह में शामिल नहीं होता, उस भिन्न शब्द को ज्ञात कीजिए।*

1. A. पृथ्वी B. चन्द्रमा
C. शनि D. अरुण
E. कुबेर

2. A. शिक्षक B. व्याख्याता
C. सलाहकार D. निजी शिक्षक
E. प्रशिक्षक

3. A. आम B. केला
C. अमरुद D. नींबू
E. अदरक

4. A. तोता B. कोयल
C. हंस D. गौरैया
E. गिद्ध

5. A. अदरक B. हल्दी
C. आलू D. टमाटर
E. गाजर

6. A. चाचा B. पिता
C. माँ D. चाची
E. चचेरा भाई या बहन

7. A. मक्खन B. घी
C. दूध D. दही
E. पनीर

8. A. शहर B. नगर
C. महानगर D. घर
E. गाँव

9. A. आँख B. हाथ
C. अंगुली D. पैर
E. कान

10. A. कली B. पत्ती
C. जड़ D. शाखा
E. पौधा

11. A. कोयला B. लकड़ी
C. मशाल D. गैस
E. पैट्रोल

12. A. भेड़िया B. भेड़
C. गाय D. बकरी
E. भैंस

13. A. आँख B. कान्
C. दिल D. नाक
E. मुँह

14. A. बाज B. गिद्ध
C. शुतुरमुर्ग D. बतख
E. मोर

15. A. बतख B. कोयल
C. कौवा D. तोता
E. कबूतर

16. A. मराठी B. तेलगू
C. कन्नड़ D. गुजराती
E. संस्कृत

17. A. शिष्ट B. भयभीत
C. उदास D. थकान
E. खुश

18. A. टमाटर B. सेब
C. नारंगी D. जामुन
E. मिर्च

19. A. शर्ट B. पैंट
C. कोट D. टोपी
E. ड्रेस

20. A. नीचे B. ऊपर
C. नजदीक D. बगल में
E. कहाँ

21. A. डेसीमीटर B. किलोमीटर
C. ग्राम D. डेकामीटर
E. मीटर

22. A. रिश्तेदार B. भाई
C. बहन D. भतीजा
E. भतीजी

23. A. कमल B. कागज
C. रबर D. पैंसिल
E. स्टेशनरी

24. A. पैंट B. शर्ट
C. यूनीफॉर्म D. टाई
E. कैप

25. A. अंगूर B. अन्नारस
C. काजू D. सेब
E. नारंगी

26. A. लंबी-कूद B. ऊंची-कूद
C. दौड़ D. बाधा-दौड़
E. खेल-कूद

27. A. चाकू B. आरी
C. तीर D. छुरा
E. कुल्हाड़ी

28. A. घंटा B. समय
C. सैकेण्ड D. वर्ष
E. दिन

29. A. तालाब B. नदी
C. नहर D. दरिया
E. झील

30. A. लोहार B. सुनार
C. दर्जी D. नाविक
E. बढ़ई

31. A. हीरो B. खलनायक
C. हीरोइन D. कलाकार
E. गायक

32. A. लकड़ी B. काग
C. पत्थर D. कागज
E. बांस

33. A. वर्षा B. कोहरा
C. घना कोहरा D. धुआँ
E. कुहासा

34. A. चमेली B. गुलाब
C. कमल D. गोभी
E. जही

35. A. पौंड B. लीटर
C. गज D. इंच
E. मीटर

36. A. तैरना
B. दौड़ना
C. पूर्वानुमान करना
D. नट
E. उछलना

37. A. पालतू
B. जंगली
C. सिखाने योग्य
D. पालतू बनाना
E. पारिवारिक बनाना

38. A. तकरार B. लड़ाई
C. मारपीट D. नरमी
E. बलवा

39. A. निन्दा करना
B. फटकारना
C. धीरे से झिड़कना
D. कब्जा करना
E. डांटना

40. A. कड़ुवा B. गरम
C. खट्टा D. मीठा
E. नमकीन

41. A. प्रतिष्ठा
B. बुद्धिमानी
C. समझदारी
D. ईमानदारी
E. लोकप्रियता

42. A. भय B. दु:ख
C. अभिमान D. प्रेम
E. विचार

43. A. सरोवर B. कुण्ड
C. झील D. नाला
E. तालाब

44. A. कुतिया B. बैल
C. मुर्गा D. शेर
E. घोड़ा

45. A. मंगल B. वृहस्पति
C. शनि D. चन्द्रमा
E. सूर्य

46. A. शेर B. मगर
C. बाघ D. सांप
E. चीता

47. A. साइकिल B. बैलगाड़ी
C. तांगा D. कार
E. ठेला

48. A. दयालु
B. करुणापूर्ण
C. दयावान
D. निर्दयी
E. ममता

49. A. कंगन B. अंगूठी
C. कण्ठी D. चूड़ी
E. गहना

50. A. अप्रैल B. जुलाई
C. मई D. नवम्बर
E. सितम्बर

व्याख्यात्मक उत्तर

1.B: अन्य सभी ग्रह हैं; जबकि चन्द्रमा एक उपग्रह है।

2.C: अन्य सभी शिक्षा देने वाले से संबंधित हैं; जबकि 'सलाहकार' किसी भी विषय पर सलाह देते हैं।

3.E: अन्य सभी जमीन के ऊपर होते हैं जबकि 'अदरक' जमीन के नीचे होता है।

4.C: अन्य सभी आसमान में उड़ने वाले पक्षी हैं।

5.D: अन्य सभी जमीन के अन्दर होते हैं, जबकि 'टमाटर' जमीन के ऊपर होता है।

6.E: अन्य सभी अभिभावक होते हैं।

7.C: अन्य सभी 'दूध' से बनाए जाते हैं।

8.D: अन्य सभी स्थानों पर व्यक्तियों के घर होते हैं।

9.C: अन्य सभी अंग पूर्ण हैं, जबकि अंगुली हाथ का एक भाग है।

10.E: सभी पौधों के अन्तर्गत आते हैं।

11.C: अन्य सभी ऊर्जा के प्राकृतिक स्रोत हैं, जबकि मशाल ऊर्जा का प्राकृतिक स्रोत नहीं है।

12.A: अन्य सभी पालतू जानवर हैं जबकि भेड़िया एक जंगली जानवर है।

13.C: अन्य सभी बाह्य अंग हैं जबकि दिल एक आन्तरिक अंग है।

14.C: अन्य सभी उड़ने वाले पक्षी हैं जबकि शुतुरमुर्ग एक तेज दौड़ने वाला पक्षी है।

15.A : अन्य सभी आसमान में काफी ऊंचाई तक उड़ सकते हैं जबकि बत्तख जल में तैरता है।

16.E: अन्य सभी किसी न किसी राज्य की भाषा है।

17.A: अन्य सभी अनुभूतियाँ हैं।

18.E: अन्य सभी भूमि के ऊपर होते हैं, जबकि आलू भूमि के अन्दर होता है।

19.E: अन्य सभी ड्रेस हैं।

20.E: अन्य सभी किसी चीज की स्थिति को बताते हैं।

21.C: अन्य सभी से लम्बाई को मापा जाता है जबकि ग्राम से वजन मापा जाता है।

22.A: अन्य सभी रिश्तेदार के अन्तर्गत आते हैं।

23.E: अन्य सभी स्टेशनरी के अन्तर्गत आते हैं।

24.C: सभी यूनीफॉर्म के अन्तर्गत आते हैं।

25.C: अन्य सभी रसभरे फल हैं।

26.E: सभी खेद-कूद के अन्तर्गत आते हैं।

27.C: अन्य सभी का प्रयोग करते समय हाथ से पकड़े रहना पड़ता है, जबकि तीर को अंगुलियों से पकड़कर छोड़ दिया जाता है।

28.B: अन्य सभी समय को बताते हैं।

29.A: अन्य सभी में धारा का प्रवाह होता है, जबकि तालाब में जल स्थिर रहता है।

30.D: अन्य सभी किसी न किसी चीज को बनाते हैं, जबकि नाविक नाव चलाते हैं।

31.D: अन्य सभी कलाकार के अन्तर्गत आते हैं।

32.D: अन्य सभी का कागज बनाने में प्रयोग किया जाता है।

33.A: अन्य सभी कुहासा से ही संबंधित हैं।

34.D: अन्य सभी फूलों के नाम हैं।

35.A: अन्य सभी से मापा जाता है जबकि पौंड मुद्रा है।

36.C: अन्य सभी खेल से संबंधित हैं।

37.B: अन्य सभी से मानव निकटतम संबंध बनाता है।

38.D: अन्य सभी झगड़े से संबंधित हैं।

39.D: अन्य सभी मनुष्य की खिन्नता को प्रकट करते हैं।

40.E: नमक स्वाद पैदा करने में सहायता करता है जबकि अन्य सभी स्वाद हैं।

41.A: अन्य सभी मनुष्य के गुण हैं जबकि प्रतिष्ठा मनुष्य की विशिष्टता है।

42.E: विचार का सम्बन्ध मस्तिष्क से है, जबकि अन्य सभी मन के भाव हैं।

43.D: नाला पानी की छोटी प्राकृतिक धारा है जबकि अन्य सभी में पानी भरा रहता है।

44.A: अन्य सभी पुल्लिंग हैं।

45.D: अन्य सभी ग्रह हैं जबकि चन्द्रमा एक उपग्रह है।

46.B: अन्य सभी स्थलीय हैं, जबकि मगर एक जलीय जीव है।

47.D: अन्य सभी प्राणियों द्वारा चलते हैं जबकि कार ईंधन के द्वारा चलती है।

48.D: अन्य सभी गुण हैं जबकि निर्दयी अवगुण है।

49.E: अन्य सभी गहने हैं।

50.A: अन्य सभी माह odd month है जबकि अप्रैल एक even month है।

दिशा-परीक्षा
(DIRECTION-TEST)

इस परीक्षा में उम्मीदवारों को दिशा व प्रत्येक दिशा में तय की गई दूरी से सम्बन्धित प्रश्न पूछे जाते हैं।

इस प्रकार के प्रश्नों को हल करने से पहले आप इस Diagram पर अपनी पकड़ मजबूत कर लें। यह Diagram आपके Left-Right के Concept को सरल कर देगा।

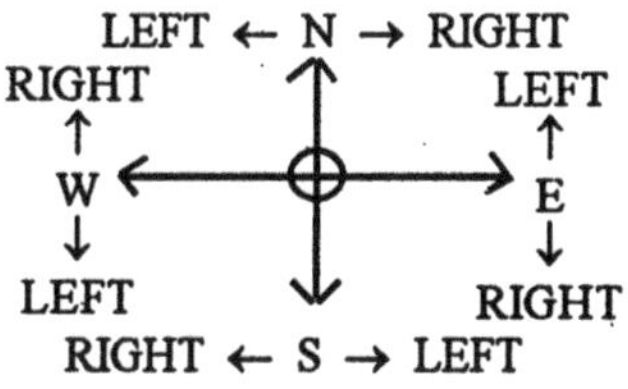

Concept of Right and Left

उदाहरण 1. सुजाता ने पश्चिम की ओर 5 कि.मी. की दूरी तय की और बायीं ओर मुड़कर 3 कि.मी. चली। फिर वह दायीं ओर मुड़ी और 9 कि.मी. की यात्रा तय की। इसके बाद वह उत्तर की ओर 3 कि.मी. गई। वह प्रारंभिक स्थान से कितनी दूरी पर है?

A. 5 कि.मी. B. 3 कि.मी.
C. 6 कि.मी. D. 14 कि.मी.

उत्तर : D :

E 9 किमी. B 5 किमी.
प्रारम्भिक स्थान
3 किमी. 3 किमी.
D 9 किमी. C

माना कि सुजाता ने A से यात्रा शुरू की, पश्चिम की ओर AB = 5 कि.मी., बायें मुड़ी और BC = 3 कि.मी. चली, दायें मुड़ी और CD = 9 कि.मी. गई और उत्तर की ओर जा कर DE = 3 कि.मी. चली। अत: 'E' सुजाता की अन्तिम स्थिति है।

∴ AE = 5 + 9 = 14 कि.मी.

अभ्यास

1. एक आदमी दक्षिण की ओर चलता है, फिर वह अपने दायीं ओर मुड़ जाता है और फिर बायीं ओर, अंत में 1 कि.मी. चलने के बाद वह अपनी बायीं ओर मुड़ा। अब वह अपनी प्रारम्भिक दशा में किस दिशा में है?

   A. पूर्व B. पश्चिम
   C. उत्तर D. दक्षिण

2. आनन्द 30 मीटर दक्षिण को जाता है फिर वह अपनी दायीं ओर मुड़ जाता है और 40 मीटर जाता है और फिर अपनी दायीं ओर मुड़ कर 20 मीटर चलता है। वह अपने शुरू के स्थान से कितनी दूर है?

   A. 0 मीटर B. 10 मीटर
   C. 20 मीटर D. 25 मीटर

3. अतुल 10 मीटर पूर्व की ओर गया, फिर उत्तर को मुड़कर 15 मीटर और गया। फिर पश्चिम को मुड़ा और 10 मीटर तय किए। फिर दक्षिण की ओर मुड़कर 15 मीटर तय किया। अतुल अपने घर से कितनी दूर है?

A. 0 मीटर B. 2 मीटर
C. 4 मीटर D. 5 मीटर

4. अमर पूर्व की तरफ मुड़कर खड़ा हुआ, फिर बाएं घूमा और 10 मीटर गया। फिर दायें मुड़ा और 5 मीटर आगे बढ़ा और फिर 5 मीटर पश्चिम को गया। अब घर से अमर किस दिशा में है?

A. पूर्व B. पश्चिम
C. उत्तर D. दक्षिण

5. एक व्यक्ति पूर्व की ओर जा रहा है। अब वह किन क्रमों में जोड़ ले ताकि वह दक्षिण दिशा की ओर चलने लग जाए?

A. बाएं, बाएं, बाएं
B. दाएं, दाएं, बाएं
C. दाएं, बाएं, दाएं
D. इनमें से कोई नहीं

6. 4 मित्र ताश खेल रहे हैं। सुनीता, मुनीश के दाएं है और उमेश, गजेन्द्र के बाएं है। निम्नलिखित में से कौन-सा जोड़ा आपस में साथी हैं?

A. मुनीश व गजेन्द्र
B. उमेश व सुनीता
C. मुनीश व सुनीता
D. उमेश व मुकेश

7. सूरज पहले पूर्व को जाता है फिर दक्षिण की ओर मुड़ जाता है। इसके बाद वह पश्चिम की ओर मुड़ जाता है और अन्त में वह बायीं ओर मुड़ जाता है। अब उसके चलने की दिशा क्या है?

A. पूर्व
B. उत्तर
C. पश्चिम
D. दक्षिण

8. यदि अरूण सबसे पहले उत्तर दिशा में चलता है। फिर दायीं ओर मुड़ता है, फिर पूर्व दिशा में चलता है और थोड़े समय बाद दाहिनी ओर मुड़ जाता है तो वह किस दिशा में जा रहा है?

A. पूर्व B. पश्चिम
C. दक्षिण D. उत्तर

9. मुनीश पहले दक्षिण दिशा में चलता है, फिर दायीं ओर मुड़ जाता है। उसके बाद बायीं ओर मुड़ जाता है और पुनः दायीं ओर मुड़ता है। अब वह किस दिशा में चल रहा है?

A. दक्षिण
B. पश्चिम
C. पूर्व
D. उत्तर

10. यदि राहुल पहले उत्तर दिशा में चलता है और फिर पश्चिम की ओर मुड़ जाता है और फिर दाहिनी ओर मुड़ जाता है। अब वह किस दिशा में जा रहा है?

A. दक्षिण
B. पूर्व
C. पश्चिम
D. उत्तर

व्याख्यात्मक उत्तर

1. **D:** आदमी के चलने का क्रम इस प्रकार है—

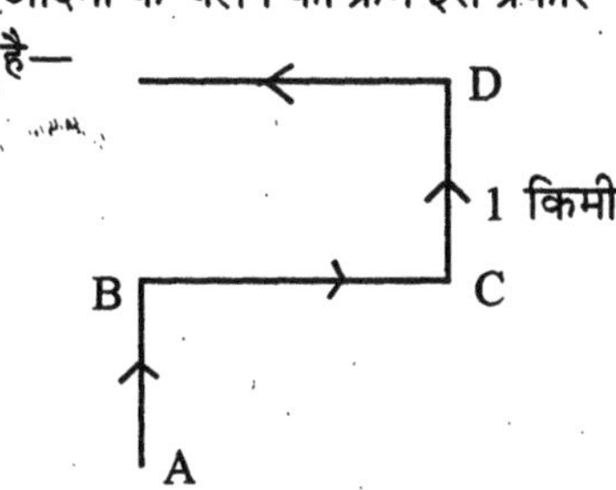

उ.
प.
पू.
द.

2. **B:** आनन्द के घूमने का क्रम इस प्रकार है—

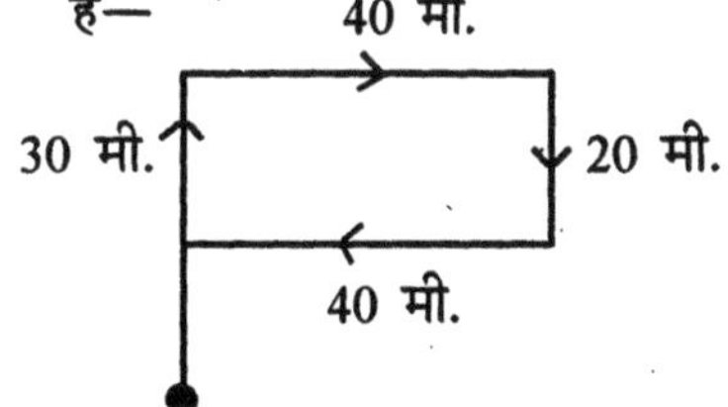

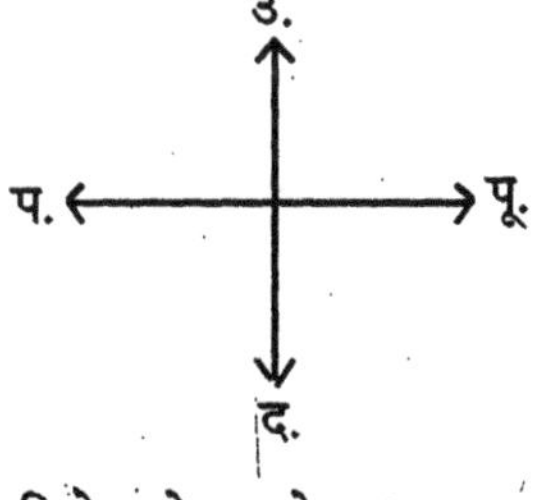

3. **A:** अतुल के घूमने का क्रम इस प्रकार है—

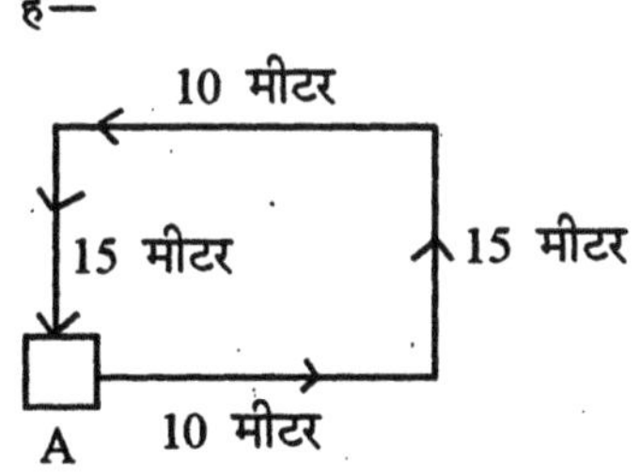

4. **C:** जितेन्द्र के घूमने का क्रम इस प्रकार है—

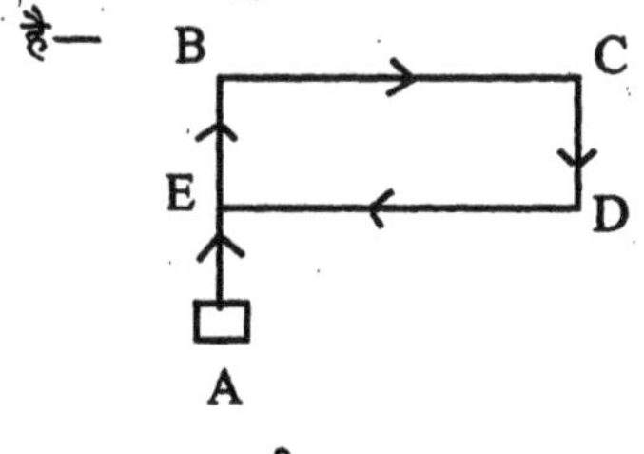

5. **A:**

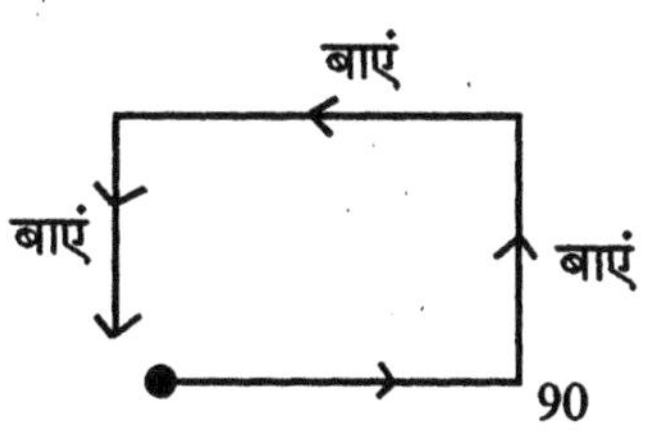

6. **D:**

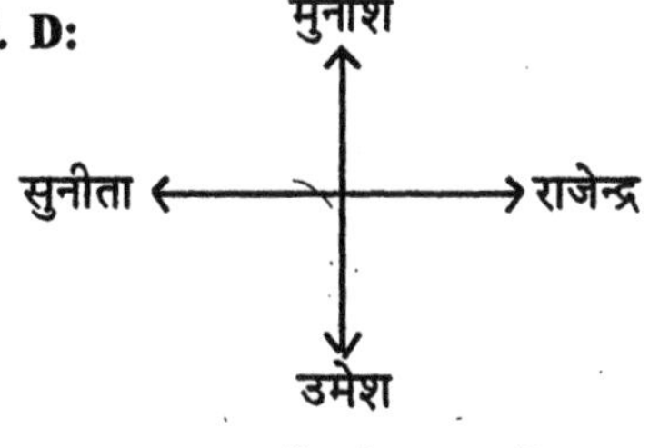

अतः स्पष्ट है उमेश व मनीश आपस में साथी हैं।

7. **C:** सूरज के घूमने का क्रम निम्न प्रकार है—

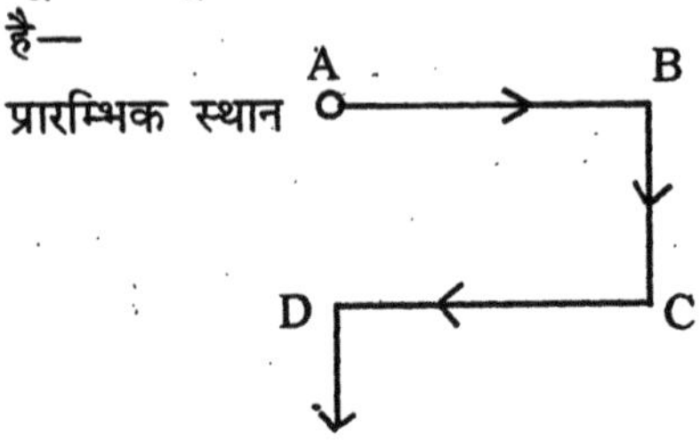

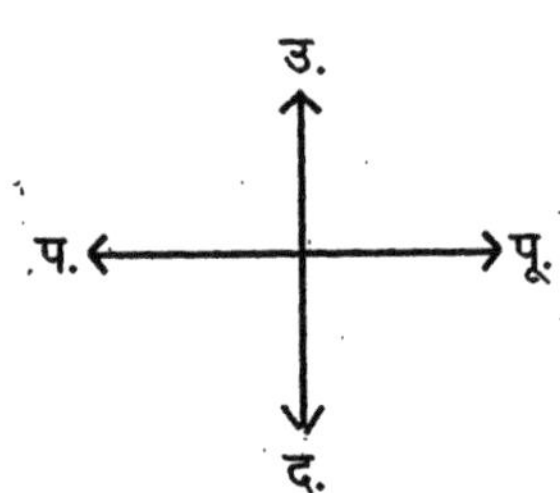

8. **C:** अरुण के घूमने का क्रम निम्न प्रकार है—

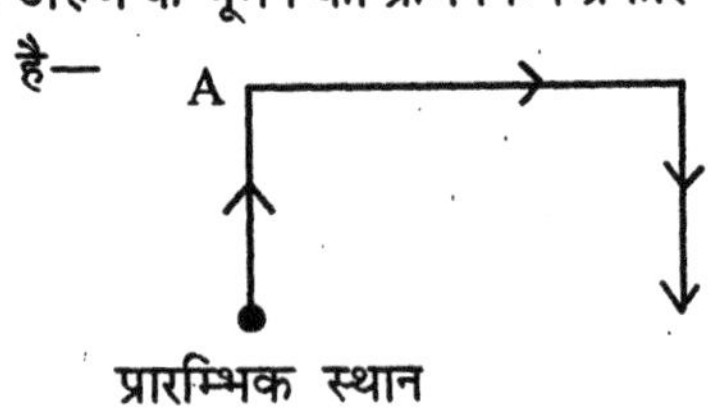

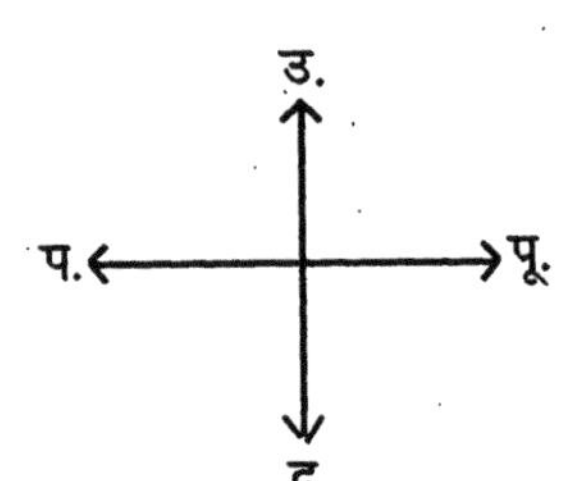

9. **B:** मुनीश के घूमने का क्रम निम्न प्रकार है—

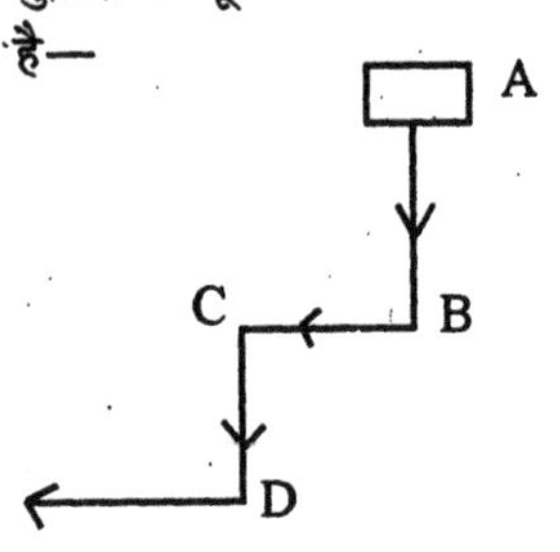

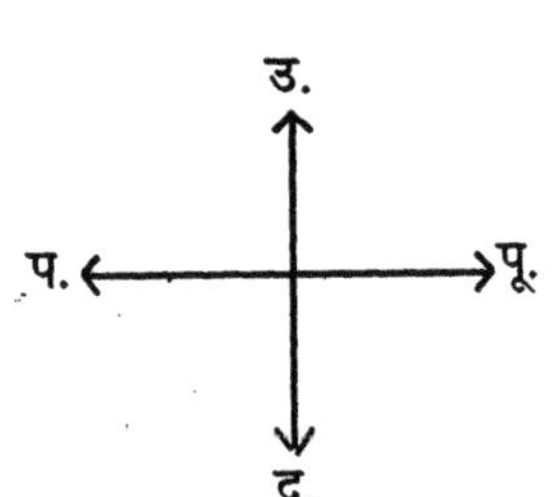

10. **D:** राहुल के घूमने का क्रम इस प्रकार है—

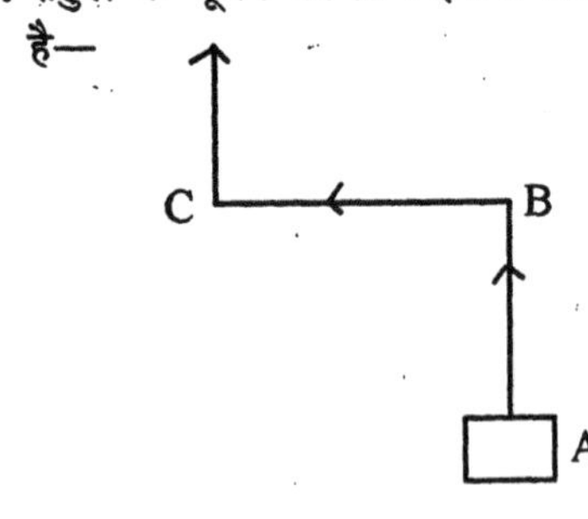

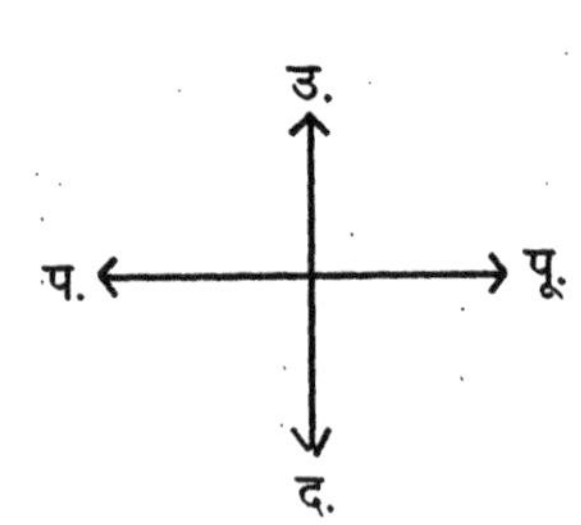

श्रेणी परीक्षा
(RANKING TEST)

इस प्रकार की परीक्षा में कुछ व्यक्तियों, वस्तुओं या स्थानों की स्थिति अथवा श्रेणी दी हुई होती है। परीक्षार्थियों को किसी एक व्यक्ति, वस्तु या स्थान की स्थिति दूसरे व्यक्ति, वस्तु या स्थान के सापेक्ष में मालूम करनी होती है।

निम्नलिखित उदाहरणों से स्पष्टीकरण हो जाएगा :

उदाहरण 1. सौरभ, राहुल से बड़ा है तथा राहुल विकास से बड़ा है। सबसे छोटा कौन है ?

A. राहुल
B. विकास
C. सौरभ
D. इनमें से कोई नहीं

उत्तर—C : सौरभ > राहुल > विकास

अत: विकास सबसे छोटा है।

नोट : '>' का अर्थ 'बड़ा' है। इसी प्रकार '<' का अर्थ हुआ 'छोटा'। जैसे—A > B अर्थात् A, B से छोटा है।

उदाहरण 2. विजय, दिनेश से लम्बा है, जोकि सुभाष से छोटा है। संजय, अजय से लम्बा है, परन्तु दिनेश से छोटा है। सुभाष, विजय से छोटा है। सबसे लम्बा कौन है ?

A. दिनेश
B. अजय
C. सुभाष
D. विजय
E. इनमें से कोई नहीं

उत्तर—D : विजय > सुभाष > दिनेश > संजय > अजय

अत: विजय सबसे लम्बा है।

अभ्यास

1. राम का सबसे बड़ा भाई 'अविनाश' है। 'अजय' से छोटा राम है। राम और 'अजय' भाई नहीं हैं। निम्नलिखित कथनों में से कौन-सा कथन निश्चित रूप से सही है ?

A. 'अविनाश' छोटा है 'अजय' से
B. 'अजय' 'अविनाश' से छोटा है
C. 'अजय' 'राम' से छोटा है
D. 'अजय' 'राम' से लम्बा है
E. इनमें से कोई नहीं

2. एक कक्षा में 'सोनू' का क्रमांक ऊपर से 8वाँ है और नीचे से क्रमांक 28वाँ है। बताएं कि उस कक्षा में कुल कितने विद्यार्थी हैं ?

A. 34 B. 38
C. 36 D. 37
E. इनमें से कोई नहीं

3. 'नेहा' का छोटा भाई 'सचिन', अनीता से बड़ा है। 'किरण' जो कि 'प्रिया' से छोटी है, परन्तु 'नेहा' से बड़ी है। इनमे से सबसे बड़ा कौन है?

A. किरण

B. सचिन

C. नेहा

D. प्रिया

E. ज्ञात नहीं किया जा सकता

4. 40 विद्यार्थियों की कक्षा में 'राजू' का क्रमांक 19वाँ है। बताएं कि अंतिम से उसका क्रमांक क्या होगा?

A. 19 B. 20

C. 21 D. 22

E. इनमें से कोई नहीं

5. पांच मित्रों के बीच में, 'A', B से भारी है; 'C', D से हल्का है। 'B' D से हल्का है लेकिन 'E' से भारी है। बताएं कि इनमें से सबसे भारी कौन है?

A. B B. C

C. A D. D

E. इनमें से कोई नहीं

6. एक कक्षा में अंजना का क्रम ऊपर से 14वाँ है और नीचे से 23वाँ है। बताओ कि कक्षा में कुल कितनी छात्राएं हैं?

A. 36 B. 37

C. 35 D. 38

E. इनमें से कोई नहीं

7. एक कतार में 'A' बायें से 15वें स्थान पर और 'B' दायें से 7वें स्थान पर है। इनके बीच में तीन व्यक्ति हैं और 'C', A के बायीं ओर है। बताएं कि 'C' का दायें से कौन-सा स्थान है?

A. 8वाँ B. 9वाँ

C. 10वाँ D. 11वाँ

E. 12वाँ

8. 'विकास' श्याम से लम्बा है लेकिन उमेश से छोटा है। 'उमेश' रजत से लम्बा है लेकिन गणेश से छोटा है। यदि 'श्याम' रजत से लम्बा है तो इनमें सबसे छोटा कौन है?

A. गणेश B. रजत

C. उमेश D. विकास

E. श्याम

9. पाँच व्यक्ति एक सड़क पर टहल रहे थे। 'D', A से आगे है। 'E', B का अनुसरण कर रहा था। 'C', A और B के बीच में था। बताएं कि कतार के मध्य में कौन था?

A. A B. B

C. C D. D

E. E

10. एक कक्षा में 'राहुल' का क्रमांक ऊपर से 15वाँ है और नीचे से क्रम 21वाँ है। बताएं कि उस कक्षा में कुल विद्यार्थी कितने हैं?

A. 34 B. 35

C. 36 D. 37

E. इनमें से कोई नहीं

व्याख्यात्मक उत्तर

1.E: राम व अजय भाई नहीं हैं।

2.E:

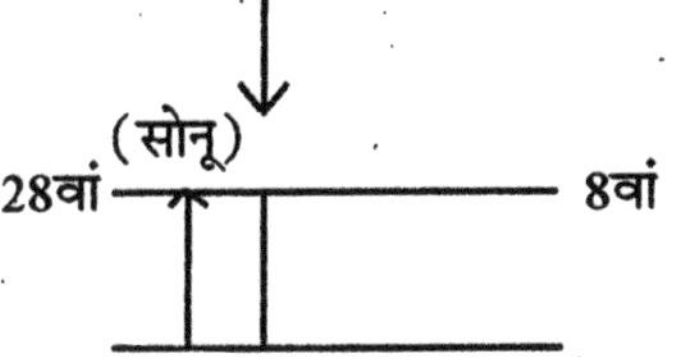

∴ कुल विद्यार्थियों की संख्या
= (8 + 28) −1 ⇒ 35.

3.A: प्रिया > किरण > नेहा > सचिन > अनिता। प्रिया सबसे बड़ी है।

4.D: **TRICK :**
= (40 − 19) + 1 ⇒ 22.

5.E: A > B, C < D, E < B, B < D, A > B, D > B > E, D > C → यहाँ 'D' व 'A' का सम्बन्ध नहीं दिया गया है।

6.A: **TRICK :**
कुल छात्रों की संख्या
14 + 23 − 1 ⇒ 36.

7.E: A, B व C तथा अन्य व्यक्तियों का कतार में व्यवस्थित क्रम निम्न प्रकार है—

C 15वां 7वां
A 3 B

C का दायें से स्थान
= 7 + 3 + 1 + 1 ⇒ 12वां

8.C: गणेश > उमेश > विकास > श्याम > रजत

9.C: पांचों का टहलने का क्रम इस प्रकार है—
E → B → [C] → A → D
अत: कतार के मध्य में 'C' था।

10.B:

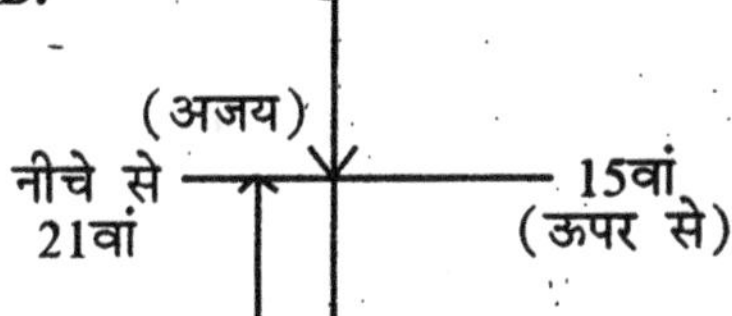

∴ कुल विद्यार्थियों की संख्या
= (15 + 21) − 1 ⇒ 35.

व्यवस्था क्रम
(SITTING ARRANGEMENT)

इस प्रकार के प्रश्नों में कुछ आदमियों या वस्तुओं के समूह दिए हुए होते हैं तथा उनका पोजीशन भी दिया हुआ होता है। अभ्यार्थियों को किसी एक आदमी या वस्तु का पोजीशन किसी दूसरे आदमी या वस्तु के सापेक्ष निकालना होता है। इन उदाहरणों से स्पष्टीकरण हो जाएगा—

उदाहरण 1. पांच व्यक्ति A, B, C, D और E इस प्रकार बैठे हैं कि वे वृत्त बना रहे हैं तथा सभी केन्द्र के तरफ मुंह करके बैठे हैं। B और C के बीच में 'A' है, 'D' के दायें बगल में 'C' है, परन्तु 'E' और C के बीच में 'D' है। 'E' के बायें बगल में कौन है?

उत्तर—B :

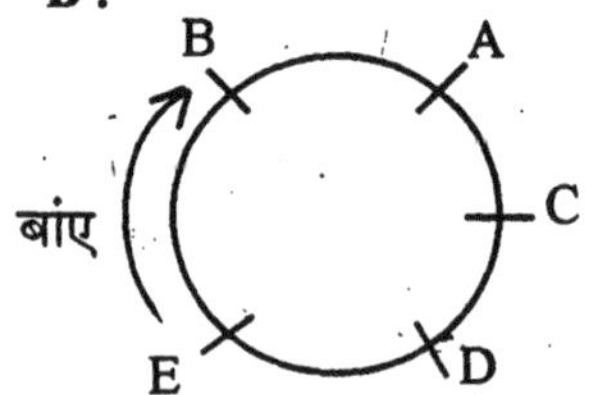

अतः स्पष्ट है कि E के बाएं 'B' है।

अभ्यास

निर्देश—(1–5) : *इन प्रश्नों के लिए निर्देश इस प्रकार हैं :*

(*i*) 9 मित्र A, B ,C, D, E, F, G, H और I एक बेंच पर बैठे हुए हैं।

(*ii*) 'C' जो कि D के ठीक दाईं ओर बैठा है, वहीं 'E' के दाईं ओर तीसरे स्थान पर है।

(*iii*) B एक छोर पर है।

(*iv*) 'H' F व G का निकटतम पड़ोसी है।

(*v*) 'F', B के बाईं ओर तीसरे स्थान पर है।

(*vi*) 'A', F के ठीक बाईं ओर है।

1. निम्नलिखित कथनों में कौन-सा कथन उपर्युक्त बैठने के क्रम में निरूपण के आधार पर सत्य है?

A. 'I', A के ठीक बायें है

B. E व C पड़ोसी हैं

C. D व H के बीच 3 व्यक्ति बैठे हैं

D. 'B', F के दायें चौथे स्थान पर है

E. इनमें से कोई नहीं

2. निम्न में से कौन से मित्रों का समूह 'C' के बाईं ओर बैठा है?

A. EID B. BAG

C. AFH D. BIG

E. इनमें से कोई नहीं

3. B के अलावा दूसरे छोर पर निम्न में से कौन है?

A. I B. H

C. E D. G

E. इनमें से कोई नहीं

4. A का पड़ोसी कौन है?

A. I और F

B. F व H

C. D व C
D. ज्ञात नहीं कर सकते
E. इनमें से कोई नहीं

5. बेंच के बीच वाली जगह पर कौन बैठा है?
A. C B. A
C. G D. H
E. इनमें से कोई नहीं

6. P, Q, R व S ताश खेल रहे हैं। P, R व S,Q जोड़ीदार हैं, 'S', R के दाईं ओर है जो कि पश्चिम की तरफ मुंह करके बैठा है। बताएं कि Q का मुंह किस तरफ है?
A. उत्तर B. पश्चिम
C. पूर्व D. दक्षिण
E. इनमें से कोई नहीं

निर्देश—(7–8) : *6 मित्र A, B, C, D, E और F केन्द्र की ओर मुंह करके एक वृत्ताकार घेरा बनाकर बैठे हुए हैं। 'E', D के दाईं ओर है। 'C', A व B के बीच में है, 'F', E व A के बीच में है।*

7. 'B' के बाईं तरफ कौन है?
A. A B. D
C. E D. C
E. इनमें से कोई नहीं

8. 'C' के दायीं ओर कौन है?
A. A B. F
C. B D. A
E. D

निर्देश—(9–10) : *इन प्रश्नों के लिए निर्देश निम्न हैं—*

6 व्यक्ति केन्द्र की ओर मुंह करके एक वृत्ताकार घेरा बनाकर बैठे हैं, 'विजय', 'सुधीर' के बाएं है। 'अमर', 'राकेश' व सौरभ के बीच में है। नीरज, अमर के बाईं ओर दूसरे स्थान पर है।

9. विजय के दाईं तरफ दूसरे स्थान पर निम्न में से कौन बैठा है?
A. नीरज
B. राकेश
C. सौरभ
D. ज्ञात नहीं कर सकते
E. इनमें से कोई नहीं

10. अमर व विजय के बीच में कौन है?
A. सौरभ व सुधीर
B. राकेश या सौरभ
C. सुधीर या राकेश
D. सौरभ या राकेश
E. इनमें से कोई नहीं

व्याख्यात्मक उत्तर

1.C: D और H के बीच में तीन व्यक्ति बैठे हैं। यह कथन सत्य है।

2.A: E, I और D मित्रों का समूह C के बायीं ओर बैठा है।

3.C: B के अलावा दूसरे छोर पर E है।

4.E: 'A' का पड़ोसी F व C हैं।

5.B: बेंच के ठीक बीच में A बैठा है।

6.A: P, Q, R व S का बैठने का क्रम निम्न प्रकार है—

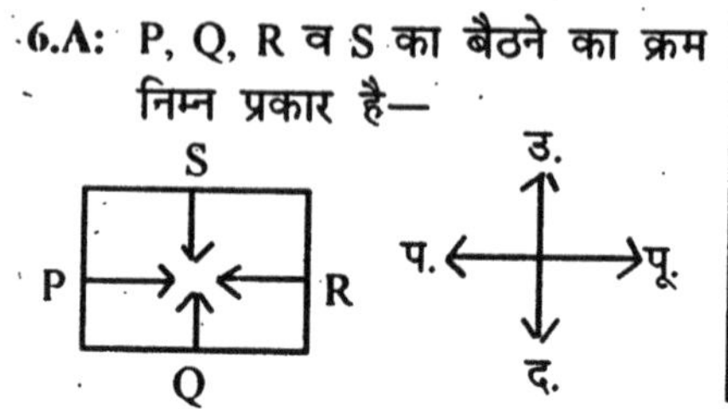

7.A: 'B' के बाईं ओर D है।

8.D: 'C' के दाईं ओर A है।

9.A: विजय के दाईं ओर दूसरे स्थान पर नीरज है।

10.E: इनमें से कोई नहीं।

रक्त-सम्बन्ध
(BLOOD RELATION)

इस प्रकार की परीक्षा में परीक्षार्थियों की रिश्ते-सम्बन्धी जानकारी की जांच की जाती है। इसमें ऐसे प्रश्न दिए जाते हैं, जिनमें किन्हीं दो व्यक्तियों का सम्बन्ध दिया जाता है तथा अन्य व्यक्तियों का सम्बन्ध ज्ञात किया जाता है।

स्पष्टीकरण के लिए निम्नलिखित उदाहरण दिए गए हैं:—

उदाहरण I. एक फोटो की ओर संकेत करते हुए सोनू की माँ ने कहा, "इस सुन्दरी का पति तुम्हारी माँ का इकलौता पुत्र है" बताएं कि सोनू तथा फोटो में जो सुन्दरी है, इनके बीच आपस में क्या संबंध है?

A. देवर-भाभी B. भाई-बहन

C. जीजा-साली D. पति-पत्नी

उत्तर—D : सोनू की माँ के कथना-नुसार, इस सुन्दरी का पति तुम्हारी माँ का इकलौता पुत्र है, यानी सोनू की माँ का इकलौता पुत्र स्वयं सोनू ही होगा। अतः सोनू उस सुन्दरी का पति है अर्थात् वह सुन्दरी सोनू की पत्नी है।

इस प्रकार सोनू और वह सुन्दरी आपस में पति-पत्नी से सम्बन्धित हैं।

उदाहरण 2. एक स्त्री की फोटो की ओर संकेत करते हुए राहुल ने कहा, "वह मेरे पिताश्री के एकमात्र पुत्र की बेटी है।" राहुल कैसे उस स्त्री से सम्बन्धित है?

A. चाचा B. चचेरा भाई

C. भाई D. पिता

E. इनमें से कोई नहीं

उत्तर : (D) माना कि राहुल का पिता A है। अतः राहुल A का एकमात्र पुत्र है। फोटो वाली स्त्री राहुल की पुत्री है।

उदाहरण 3. सीमा की ओर संकेत करते हुए राजेश ने कहा, "उसकी माँ की एकमात्र पुत्री मेरी पुत्री है।" राजेश का सीमा से क्या रिश्ता है?

A. भाई B. चाचा

C. बेटा D. पिता

E. इनमें से कोई नहीं

उत्तर : (D) सीमा की माँ की एकमात्र पुत्री सीमा स्वयं हुई तथा राजेश की पुत्री हुई।

∴ राजेश, सीमा का पिता है।

अभ्यास

1. राकेश उमेश के लिए कहता है, "इसकी मां मेरी मां की इकलौती पुत्री है।" उमेश, राकेश से किस प्रकार सम्बन्धित है?

A. चाचा B. भाई

C. पिता D. भांजा

E. इनमें से कोई नहीं

2. फोटो में एक महिला की ओर संकेत करते हुए प्रवीन ने कहा—"यह मेरी माँ की इकलौती पुत्री है।" प्रवीन फोटो में उस महिला से किस प्रकार सम्बन्धित है?

A. भाई B. माँ

C. भतीजा D. भतीजी

E. इनमें से कोई नहीं

3. पूनम का एक दीपक नाम का लड़का है। पूनम का भाई सोनू है। सोनू की बहन नेहा है। नेहा की भी एक रश्मि नाम की पुत्री है। दीपक का रश्मि से क्या सम्बन्ध है?

A. चाचा

B. जीजा

C. मौसेरा भाई

D. कोई रिश्ता नहीं है

4. रंजना, नीलिमा से एक पुरुष की ओर इशारा करते हुए कहती है कि यह मेरे दादा के इकलौते पुत्र का पुत्र है। तब रंजना उस पुरुष से किस प्रकार सम्बन्धित है?

A. भतीजी B. बेटी

C. बुआ D. बहन

E. इनमें से कोई नहीं

5. तीन पुरुष कहीं जा रहे हैं। यदि उनमें से दो पिता तथा दो पुत्र हों तो सबसे बड़ा सबसे छोटे का क्या है?

A. पिता B. दादा

C. पुत्र D. नाती

6. एक महिला का परिचय देते हुए एक पुरुष बोला—उसकी माता मेरी सास की एकलौती पुत्री है। उस पुरुष का उस महिला से क्या नाता है?

A. पुत्र B. पिता

C. भाई D. पति

7. अजय ने कहा, "यह लड़की मेरी माता के पोते की पत्नी है" अमित का उस लड़की से क्या रिश्ता है?

A. पिता B. दादा

C. पति D. ससुर

8. एक पुरुष ने किसी महिला से कहा—"तुम्हारे भाई की इकलौती बहन मेरी माँ है।" वह महिला उस पुरुष की नानी की कौन लगती है?

A. पुत्री B. माँ

C. सास D. इनमें से कोई नहीं

9. एक आदमी का परिचय देते हुए एक औरत ने कहा, "उसके ससुर का पिता मेरा ससुर है।" उस आदमी का उस औरत से क्या रिश्ता है?

A. पति B. बेटा

C. दामाद D. इनमें से कोई नहीं

10. एक आदमी का परिचय देते हुए रमेश ने कहा, "उसका बेटा मेरे बेटे का चाचा है।" वह आदमी रमेश से क्या रिश्ता रखता है?

A. भाई B. पिता

C. चाचा D. इनमें से कोई नहीं

व्याख्यात्मक उत्तर

1. **D:** प्रश्नानुसार चित्र बनाने पर

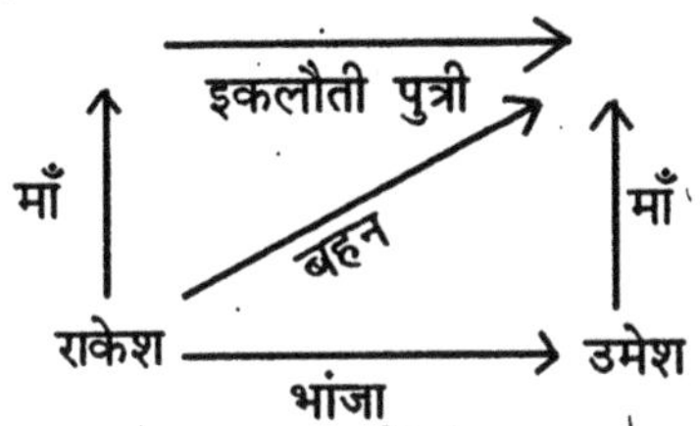

2. **A:** फोटा की महिला, प्रवीन की माँ की इकलौती बेटी है अर्थात् प्रवीन की बहन है।

3. **C:**

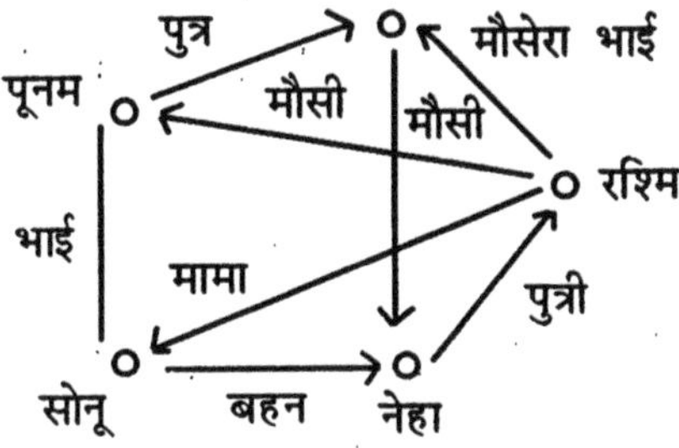

अर्थात् दीपक, रश्मि का मौसेरा भाई है।

4. **C:** रंजना के दादा के इकलौते पुत्र रंजना के पिता का पुत्र है। अतः अवश्य ही रंजना, उस पुरुष की बहन लगेगी।

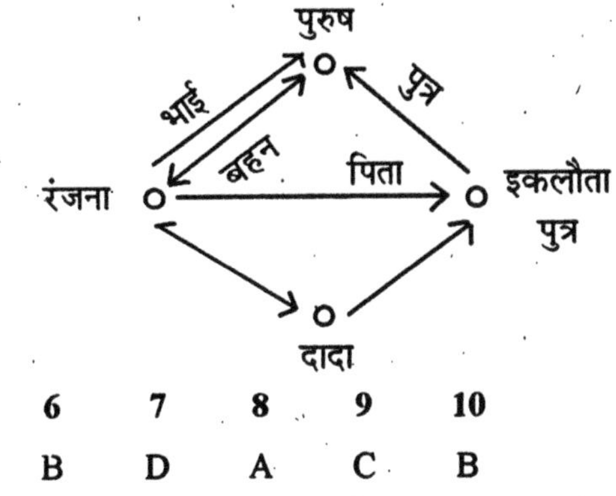

5	6	7	8	9	10
B	B	D	A	C	B

माध्यश्रित अनुमान या निष्कर्ष (MEDIATE INFERENCE OR SYLLOGISM)

इस प्रकार के प्रश्नों में दो कथन दिए होते हैं तथा उन पर आधारित दो निष्कर्ष दिए होते हैं। परीक्षार्थियों को इन कथनों को सत्य मानकर, चाहे वे कथन असत्य प्रतीत होते हों, यह ज्ञात करना होता है कि इन कथनों के आधार पर कौन-सा निष्कर्ष सही है, या दोनों सही हैं या दोनों गलत हैं।

(Syllogism) का अर्थ होता है— किसी दो दिए गए कथनों की सहायता से किसी निष्कर्ष पर पहुंचना। इससे स्पष्ट है कि किसी एक ही कथन से कोई निष्कर्ष नहीं निकाला जा सकता।

कुछ महत्त्वपूर्ण पद (Some Important Terms).

1. मध्य पद (Middle Term) : मध्य पद वह पद है जो दिए गए दो कथनों (Statements) को आपस में जोड़ता है, परन्तु निष्कर्ष में स्वयं भाग नहीं लेता है। यह दोनों कथनों में उपस्थित होता है।

2. सार्वभौम (Universal) : 'सभी' तथा 'कोई नहीं' को सार्वभौम (Universal) कहते हैं।

(*a*) सार्वभौम सकारात्मक (Universal Affirmative)—'सब, सभी (All)

(*b*) सार्वभौमिक नकारात्मक (Universal Negative)—'कोई नहीं (No)

3. विशिष्ट पद (Particular Term) : कुछ (Some), बहुत (Many) आदि को विशिष्ट पद कहते हैं।

(*a*) सार्वभौम सकारात्मक (Universal Affirmative)— कुछ, बहुत, अनेक इत्यादि।

(*b*) विशिष्ट नकारात्मक (Particular Negative)— कुछ नहीं (Some + Not)

4. पूर्ण समग्रवाची (Completely Distributed) : जब दूसरे कथन के मध्य पद से पहले सभी (All) या कोई नहीं (No) लगा हो, तो इसे 'पूर्ण समग्रवाची' कहते हैं। जैसे—सभी पुरुष महिलाएं हैं।

5. आंशिक समग्रवाची (Partially Distributed) : जब दूसरे कथन में मध्यपद से पहले 'कुछ'(Some) लगा हो तो इसे 'आंशिक समग्रवाची' कहते हैं। जैसे—कुछ पुरुष महिलाएं हैं।

महत्त्वपूर्ण संकेत (Important Symbols)

A — सार्वभौम सकारात्मक (Universal Affirmative)

E — सार्वभौम नकारात्मक (Universal Negative)

I — विशिष्ट सकारात्मक (Particular Affirmative)

O — विशिष्ट नकारात्मक (Universal Negative)

निष्कर्ष के नियम (Rules of Syllogism)

1. एक मध्यपद (Middle Term) का होना आवश्यक है, अन्यथा कोई निष्कर्ष नहीं निकलेगा।

उदाहरण : I. सभी पुरुष महिलाएं हैं।
II. सभी कबूतर हाथी हैं।

व्याख्या : कोई निष्कर्ष संभव नहीं है, क्योंकि दोनों कथनों में कोई भी पद 'मध्य पद' का कार्य नहीं कर रहा है।

2. मध्य पद (Middle Term) पूर्ण समग्रवाची (Completely Distributed) होना चाहिए अन्यथा कोई निष्कर्ष नहीं निकलेगा।

उदाहरण : I. सभी लड़कियां लड़के हैं।
II. सभी लड़के फूल हैं।

व्याख्या : यहाँ पर मध्य पद 'लड़के' पूर्ण समग्रवाची है। इसलिए सही निष्कर्ष, "सभी लड़कियां फूल हैं" होगा।

उदाहरण : I. सभी हाथी शेर हैं।
II. सभी शेर कौवे हैं।

व्याख्या : चूंकि यहां मध्य पद (Middle Term) शेर आंशिक समग्रवाची (Partially Distributed) है, कोई सही निष्कर्ष नहीं निकलता।

3. निष्कर्ष में मध्य पद नहीं आना चाहिए।

उदाहरण : I. सभी कारें स्कूटर हैं।
II. सभी स्कूटर साइकिलें हैं।

निष्कर्ष : I. सभी स्कूटर कारें हैं।
II. सभी साइकिलें स्कूटर हैं।

व्याख्या : दोनों निष्कर्ष गलत हैं, क्योंकि दोनों निष्कर्षों में मध्य पद 'स्कूटर' आ गया है।

4. यदि दोनों कथन (Statements) विशिष्ट (Particular) हों तो कोई सही निष्कर्ष नहीं निकलेगा।

उदाहरण : I. कुछ पैन पैन्सिलें हैं।
II. कुछ पैन पुस्तकें हैं।

व्याख्या : चूंकि दोनों कथन विशिष्ट (Particular) हैं, कोई भी सही निष्कर्ष नहीं निकाला जा सकता।

5. यदि दोनों कथन नकारात्मक (Negative) हों, तो कोई सही निष्कर्ष नहीं निकलेगा।

उदाहरण : I. कोई गाय हाथी नहीं है।
II. कोई हाथी गाय नहीं है।

व्याख्या : चूंकि दोनों कथन नकारात्मक (Negative) हैं, कोई भी सही निष्कर्ष नहीं निकाला जा सकता।

6. यदि एक कथन सार्वभौम (Universal) तथा दूसरा विशिष्ट (Particular) होगा।

उदाहरण : I. कुछ कबूतर तोते हैं।
II. सभी तोते कौवे हैं।

व्याख्या : सही निष्कर्ष "कुछ कबूतर कौवे हैं" होगा।

7. यदि एक कथन नकारात्मक (Negative) तथा दूसरा सकारात्मक (Affirmative) हो, तो निष्कर्ष हमेशा नकारात्मक (Negative) होगा।

उदाहरण : I. सभी छात्राएं महिलाएं हैं।
II. कोई भी महिला अध्यापक नहीं है।

व्याख्या : सही निष्कर्ष "कोई भी छात्रा अध्यापक नहीं है" होगा।

8. यदि दोनों कथन सकारात्मक (Affirmative) हों, तो इससे नकारात्मक (Negative) निष्कर्ष नहीं निकाला जा सकता।

उदाहरण : I. कुछ पत्र फूल हैं।
II. सभी फूल पीले हैं।

निष्कर्ष : "कुछ पत्र पीले नहीं हैं"।

व्याख्या : यह निष्कर्ष गलत है, क्योंकि नकारात्मक (Negative) निष्कर्ष नहीं होना चाहिए।

परिवर्तित अनुमान (Conversion) **के महत्त्वपूर्ण नियम—**

1. A $\xrightarrow{\text{Conversion}}$ I

उदाहरण : सभी फूल गुलाब हैं।

Conversion : कुछ गुलाब फूल हैं।

2. E $\xrightarrow{\text{Conversion}}$ E

उदाहरण : कोई फूल गुलाब नहीं है।

Conversion : कोई गुलाब फूल नहीं हैं।

3. I $\xrightarrow{\text{Conversion}}$ I

उदाहरण : कुछ गुलाब फूल हैं।

Conversion : कुछ गुलाब फूल हैं।

4. O ⟶ No Conversion

अभ्यास

निर्देश—*निम्नलिखित प्रत्येक प्रश्न में दो कथन हैं। जिनके बाद दो निष्कर्ष I और II दिए गए हैं। दिए हुए कथन सर्वज्ञान तथ्यों से मेल न रखने वाले हों तो भी आप उन दोनों को सत्य समझें और सर्वज्ञात तथ्यों की ओर ध्यान न देकर उन दोनों निष्कर्षों में कौन-सा दिए हुए कथनों से तर्कसंगत निकलता है, इसका निर्णय कीजिए।*

उत्तर (A) दीजिए, यदि केवल निष्कर्ष I निकलता है।

उत्तर (B) दीजिए, यदि केवल निष्कर्ष II निकलता है।

उत्तर (C) दीजिए, यदि केवल निष्कर्ष I या II निकलता है।

उत्तर (D) दीजिए, यदि न I और न ही II निकलता है।

उत्तर (E) दीजिए, यदि I और II दोनों निकलते हैं।

1. **कथन :** सभी घोड़े बैल हैं।
सभी बैल तोते हैं।

2. **कथन :** कुछ चिड़ियां गधे हैं।
कुछ गधे गाय हैं।
निष्कर्ष : I. कुछ चिड़ियां गाय हैं।
II. कोई चिड़िया गाय नहीं है।

3. **कथन :** सभी मनुष्य घोड़े हैं।
सभी घोड़े हाथी हैं।
निष्कर्ष: I. सभी मनुष्य हाथी हैं।
II. सभी हाथी मनुष्य हैं।

4. **कथन :** सभी पुस्तकें पैंसिलें हैं।
सभी पैंसिलें फूल हैं।
निष्कर्ष : I. सभी पुस्तकें फूल हैं।
II. सभी पैंसिलें पुस्तकें नहीं हैं

5. **कथन :** कुछ मुर्गियाँ गायें हैं।
सभी गायें घोड़े हैं।
निष्कर्ष : I. कुछ मुर्गियाँ घोड़े हैं।
II. कुछ घोड़े मुर्गियाँ हैं।

6. **कथन :** सभी खिड़कियाँ दरवाजे हैं।
कोई दरवाजा दीवार नहीं है।

निष्कर्ष : I. कोई खिड़की दीवार नहीं है।
II. कोई दीवार दरवाजा नहीं है।

7. **कथन :** कुछ अध्यापक निर्धन हैं।
कुछ महिलाएं अध्यापक हैं।
निष्कर्ष : I सभी महिलाएं निर्धन हैं।
II. कुछ महिलाएं निर्धन हैं।

8. **कथन :** सभी कैप्सूल प्लेट हैं।
कोई प्लेट प्याला नहीं है।
निष्कर्ष : I. कुछ प्लेटें कैप्सूल नहीं हैं।
II. कुछ प्याले कैप्सूल हैं।

9. **कथन :** कुछ आम पीले हैं।
टिंकसो एक आम है।
निष्कर्ष : I. कुछ आम हरे हैं।
II. टिंकसो पीला आम है।

10. **कथन :** सभी कारें साईकिलें हैं।
कोई साईकिल कुर्सी नहीं है।
निष्कर्ष : I. कोई कार कुर्सी नहीं है।
II. कोई कुर्सी कार नहीं है।

व्याख्यात्मक उत्तर

1.A: जब दोनों कथन सार्वभौम हों तथा मध्य पद व्याप्त हो, तो निष्कर्ष हमेशा पहले 'सार्वभौम' और दूसरा 'विशिष्ट' निकलता है। यहाँ निष्कर्ष (I) सभी 'घोड़े तोते हैं' एक सही निष्कर्ष है।

2.D: दोनों कथन विशिष्ट हैं। अत: चिड़िया और गाय का कोई सम्बन्ध नहीं हो सकता। दोनों निष्कर्ष गलत हैं।

3.A: जब दोनों कथन सार्वभौम हों और मध्यपद उपस्थित हो तो पहला निष्कर्ष सार्वभौम तथा दूसरा निष्कर्ष विशिष्ट में निकलता है। यहाँ निष्कर्ष (I) 'सभी मनुष्य हाथी हैं' एक सही निष्कर्ष है। निष्कर्ष (II) के स्थान पर यदि 'कुछ हाथी मनुष्य हैं' होता तो इसे निष्कर्ष (I) का परिवर्तन (Conversion) मानते हुए सही माना जाता, क्योंकि सार्वभौम निष्कर्ष का परिवर्तन सदैव विशिष्ट में होता है अर्थात् निष्कर्ष (II) 'सभी हाथी मनुष्य हैं' एक गलत निष्कर्ष है। अत: केवल निष्कर्ष (I) सही है।

4.A: जब दोनों कथन 'सार्वभौम' हों तथा मध्यपद उपस्थित हो तो पहला निष्कर्ष 'सार्वभौम' तथा दूसरा विशिष्ट में निकाला जाता है। यहां 'सभी पुस्तकें फूल हैं' एक सही निष्कर्ष है। निष्कर्ष (II) में मध्यपद 'पैंसिल' आ गई है, साथ ही निष्कर्ष 'नकारात्मक' है, जोकि नियमानुसार गलत है। अत: सही निष्कर्ष (I) होगा।

5.E: जब पहला कथन विशिष्ट हो तथा दूसरा कथन सार्वभौम हो तो निष्कर्ष विशिष्ट में निकाला जा सकता है। निष्कर्ष (I) 'कुछ मुर्गियां घोड़े हैं' एक सही निष्कर्ष है, जबकि निष्कर्ष (II), निष्कर्ष (I) का परिवर्तित स्वरूप (Conversion) है। अत: दोनों निष्कर्ष सही हैं।

6.E: जब एक कथन 'सार्वभौम सकारात्मक' हो तथा दूसरा 'सार्वभौम नकारात्मक' हो तो निष्कर्ष हमेशा नकारात्मक निकलेगा। यहां निष्कर्ष (I) 'कोई खिड़की दीवार नहीं है' सही है। निष्कर्ष (II) दूसरे कथन 'कोई दरवाजा दीवार नहीं है' का सही परिवर्तित स्वरूप (Conversion) है।

7.D: क्योंकि कथन में 'अध्यापक' मध्यपद है जो कि आंशिक समग्रवाची है, इसलिए दोनों निष्कर्ष गलत हैं।

8.D: जब एक कथन सार्वभौम सकारात्मक हो तथा दूसरा कथन सार्वभौम नकारात्मक हो तो निष्कर्ष हमेशा सार्वभौम नकारात्मक में निकलता है। यहां दिए गए दोनों निष्कर्ष गलत हैं। अतः सही उत्तर (D) होगा।

9.D: जब दोनों कथन विशिष्ट हों तो कोई भी निष्कर्ष नहीं निकाला जा सकता, क्योंकि ऐसी स्थिति में मध्यपद आंशिक समग्रवाची (Partially Distributed) होता है। अतः दोनों निष्कर्ष गलत हैं।

10.E: जब पहला कथन 'सार्वभौम सकारात्मक' हो तथा दूसरा कथन 'सार्वभौम नकारात्मक' हो तो निष्कर्ष हमेशा-हमेशा नकारात्मक में निकलेगा। यहां निष्कर्ष (I) निष्कर्ष (II) का सही परिवर्तित स्वरूप है। अतः दोनों निष्कर्ष सही हैं।

घन एवं पासे संबंधी परीक्षण
(CUBES AND DICES)

घन एवं पासों पर आधारित प्रश्न का उद्देश्य अभ्यर्थी की कल्पना शक्ति की जांच करना होता है। अभ्यर्थी में यह योग्यता होनी चाहिए कि वह पूछे गए प्रश्न का उत्तर देने के लिए त्रि-विमीय वस्तु की तत्काल एक कल्पित आकृति बना सकें। ऐसे प्रश्नों का उत्तर देने के लिए कुछ बुनियादी बातों से अवगत होने तथा कल्पना शक्ति को त्वरित और परिशुद्ध परिकलनों की सहायता से साकार रूप प्रदान करने की आवश्यकता है।

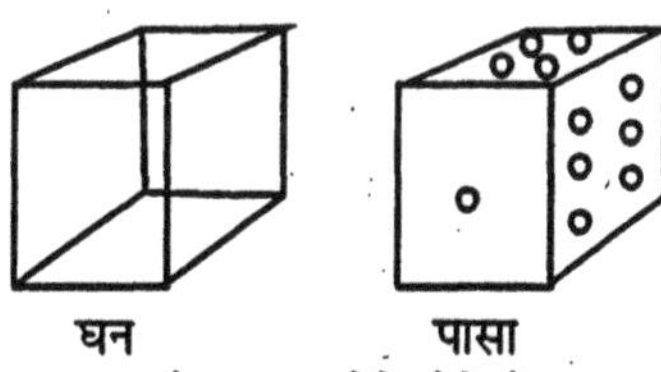

- घन में छह पार्श्व या फलक और आठ कोने होते हैं।
- प्रश्न एक ही या अलग-अलग रंगीन पार्श्वों पर आधारित होते हैं।
- प्रश्न वर्ग को विशिष्ट संख्या के छोटे बराबर भागों में काटने पर आधारित हो सकता है।
- पासे में छह पार्श्व या फलक होते हैं।
- प्रश्न केवल उसके छह फलकों पर लिखी संख्या के आधार पर पूछे जाते हैं।

आरेखीय रूप में, सभी फलकों पर हरे रंग से रंगे घन को उसके किसी एक फलक को लेकर अच्छी तरह समझा जा सकता है।

a	b	a
b	c	b
a	b	a

यह घन $3 \times 3 \times 3 = 27$ समान छोटे घनों में विभाजित किया गया है।

इसमें कोने के चार 'a' खंड हैं, अत: 4×2 अर्थात 8 खंडों के तीन फलक रंगीन होंगे।

इसमें चार बीच के 'b' खंड हैं, अत: 4×3 अर्थात् 12 खंडों के दो फलक रंगीन होंगे।

इसमें एक बीच का 'c' खंड हैं, अत: 1×6 अर्थात छह खंडों का केवल एक फलक रंगीन होगा।

इसमें ठीक बीचों बीच एक खंड होगा जिसका कोई भी फलक रंगीन नहीं होगा।

अत: इस घन के $8 + 12 + 6 + 1$ अर्थात 27 छोटे खंड होंगे।

अभ्यास

1. नीचे किसी एक ही पासे की दो स्थितियां दर्शाई गई हैं। जब पासे की तली पर दो घेरे हों तो उसके शीर्ष पर घेरों की संख्या कितनी होगी?

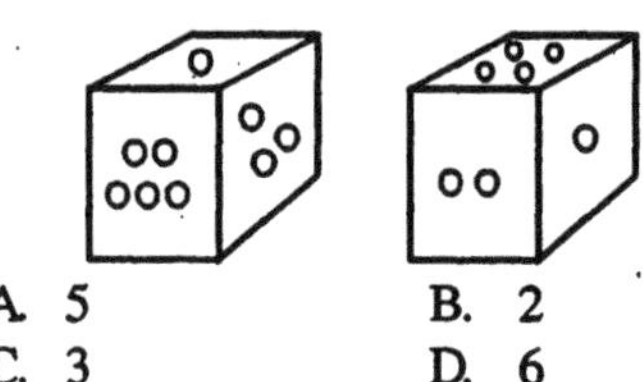

A. 5 B. 2
C. 3 D. 6

2. नीचे किसी एक पासे की दो स्थितियां दर्शाई गई हैं। जब पासे की तली पर 4 का अंक हो तो उसके शीर्ष पर कौन-सा अंक होगा?

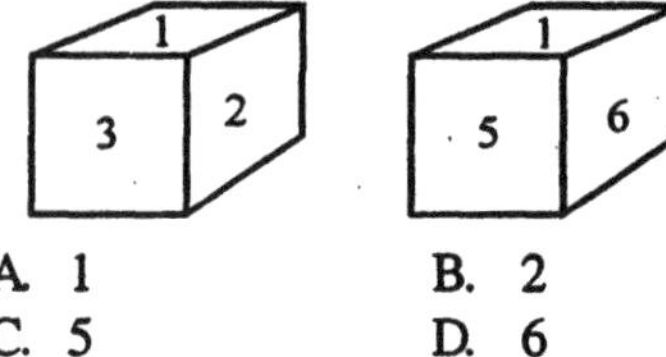

A. 1 B. 2
C. 5 D. 6

3. एक घन के दो संलग्न फलकों और एक सम्मुख फलक को लाल रंग में और दो संलग्न फलकों को पीले रंग में तथा घन के शेष फलकों को हरे रंग में रंगा जाता है। उसके बाद उस घन को 64 समान आकार के छोटे घनों में काट दिया जाता है। कितने घन ऐसे होंगे जिनमें केवल एक लाल और एक हरा फलक हो?

A. 4 B. 8
C. 12 D. 16

4. नीचे किसी एक पासे की दो स्थितियां दर्शाई गई हैं। पासे के छह फलकों पर क्रमशः 1 से 6 तक बिंदु अंकित हैं। यदि इस पासे को 3 बिंदु अंकित फलक के सहारे रखा जाए तो उसके शीर्ष फलक पर कितने बिंदु अंकित होंगे।

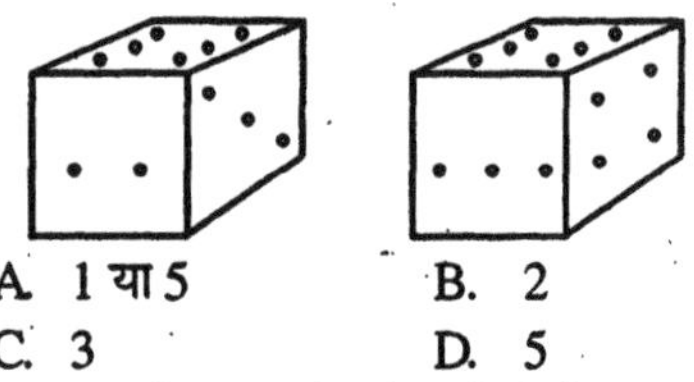

A. 1 या 5 B. 2
C. 3 D. 5

5. एक घन के फलकों को अंग्रेजी के अक्षरों द्वारा सूचित किया गया है। इस घन को विभिन्न दिशाओं से देखे जाने पर इसकी विभिन्न स्थितियां नीचे दर्शाई गई हैं। इसमें प्रश्न चिह्न (?) के स्थान पर कौन सा अक्षर लिखा होना चाहिए।

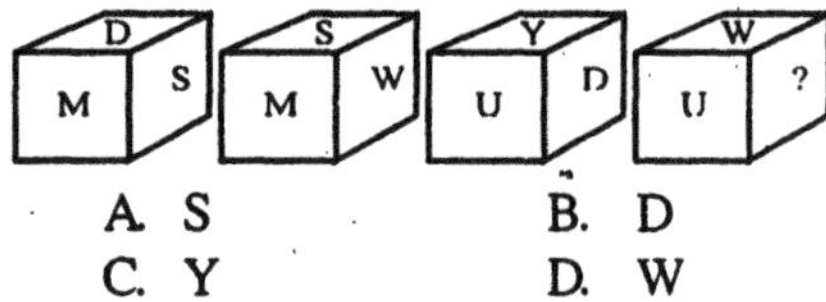

A. S B. D
C. Y D. W

6. यदि किसी घन के सम्मुख फलकों पर अंकित बिंदुओं की कुल संख्या घन के प्रत्येक सम्मुख पार्श्वों के संदर्भ में 7 हो, तो नीचे दर्शाई गई आकृति में कौन सही है?

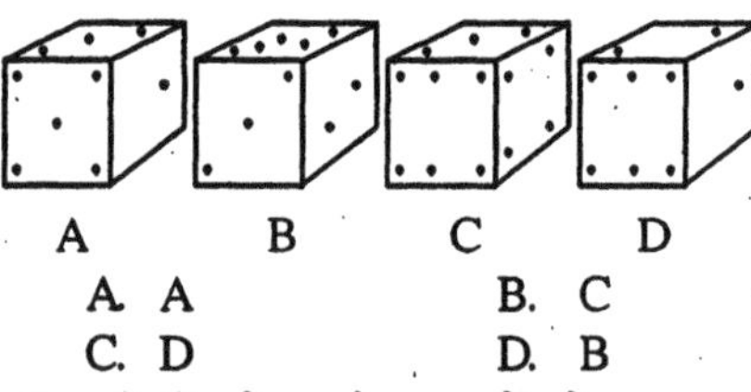

A. A B. C
C. D D. B

7. यदि किसी घन के फलकों को इस प्रकार रंगा जाए कि उसका कोई भी दो संलग्न पार्श्व एक से रंग में रंगा न हो इसके लिए न्यूनतम कितने रंगों की आवश्यकता होगी?

A. 6　　B. 4
C. 3　　D. 2

8. एक पासे के संलग्न फलकों पर दक्षिणावर्त क्रम में a, b, c और d, लिखा गया है तथा पासे के शीर्ष और तली पर क्रमश: e ओर f लिखा गया है। यदि पासे की किसी एक स्थिति में c उसके शीर्ष पर आता हो तली पर कौन-सा अक्षर लिखा होगा?

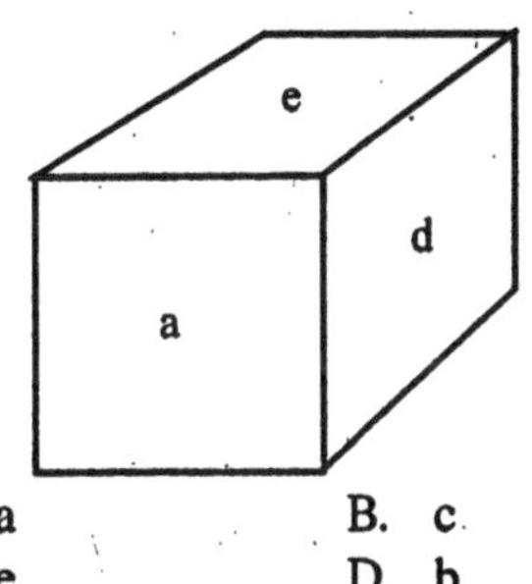

A. a　　B. c
C. e　　D. b

9. नीचे की आकृति में एक के ऊपर एक व्यवस्थित घनों की संख्या कितनी हैं?

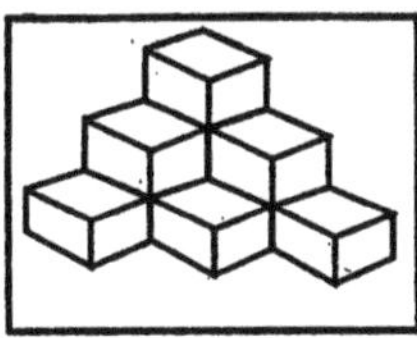

A. 8　　B. 6
C. 5　　D. 10

10. नीचे एक घन की दो स्थितियां दर्शाई गई हैं। 5 और 6 की संख्या घन के सम्मुख फलकों पर लिखी गई हैं।

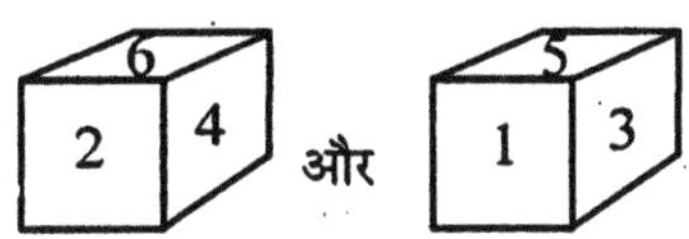

जब 2 की संख्या घन की तली पर अंकित हो तो उसके शीर्ष फलक पर निम्नलिखित में से कौन-सी संख्या लिखी होगी?

A. 1　　B. 3
C. 4　　D. 5

11. किसी पासे की दो स्थितियां नीचे दर्शाई गई हैं। यदि 1 का अंक पासे के शीर्ष फलक पर अंकित हो तो उसकी तली पर निम्नलिखित में से कौन-सा अंक अंकित होगा?

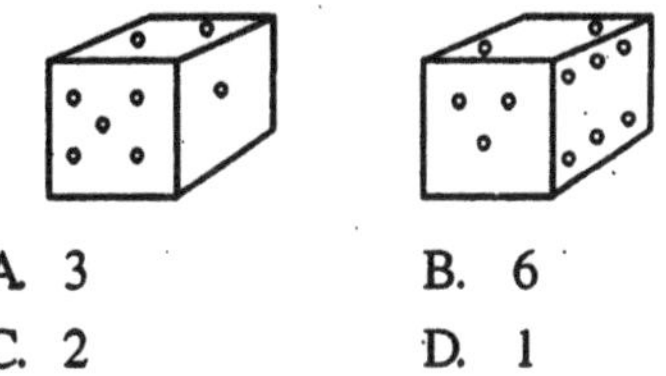

A. 3　　B. 6
C. 2　　D. 1

12. किसी पासे की दो स्थितियां नीचे दर्शाई गई हैं। यदि पासे की तली वाले फलक पर 2 का अंक लिखा हो तो उसके शीर्ष फलक पर निम्नलिखित में से कौन-सा अंक लिखा होगा?

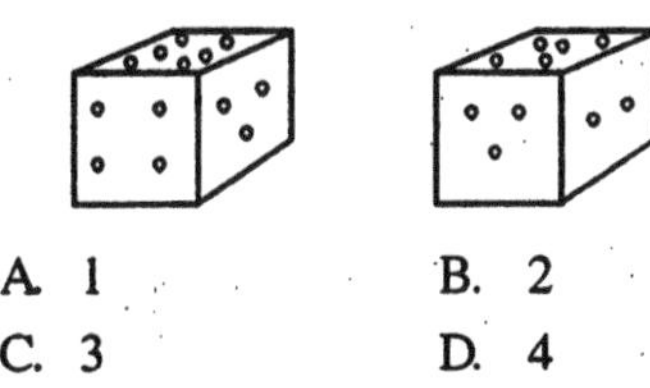

A. 1　　B. 2
C. 3　　D. 4

13. नीचे किसी पासे की तीन स्थितियां दर्शाई गई हैं। पासे के जिस फलक पर 2 की संख्या लिखी गई है उसके सम्मुख फलक पर निम्नलिखित में से कौन-सी संख्या लिखी होगी?

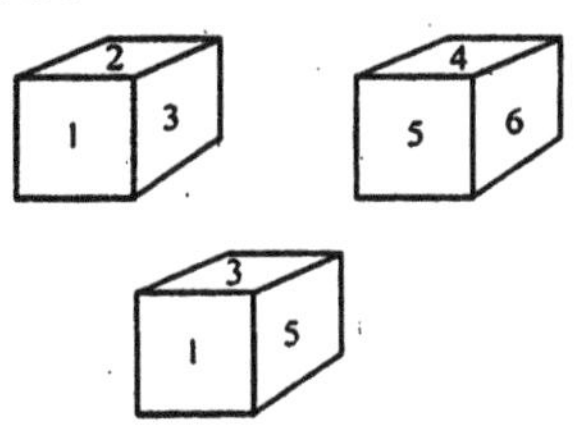

A. 4 B. 3
C. 6 D. 5

14. किसी घन के फलक भिन्न-भिन्न रंगों में रंगे हैं। काले रंग का फलक लाल रंग के फलक के सम्मुख है। सफेद फलक काले और लाल फलकों के बीच है। हरा फलक धूसर रंग के फलक का संलग्न फलक है और नीला फलक हरे रंग के फलक का संलग्न फलक है। घन के सफेद फलक का सम्मुख फलक किस रंग का होगा।

A. नीला
B. हरा
C. धूसर
D. दी गई सूचना अपर्याप्त है

15. किसी घन का दो संलग्न और एक सम्मुख फलक काले रंग में, दो सम्मुख फलक लाल रंग में और शेष एक फलक हरें रंग में रंगा है। यदि इसे 64 समान आकार के छोटे घनों में काटा जाए तो कितने ऐसे घन प्राप्त होंगे जिनका केवल एक फलक काले रंग में रंगा हो?

A. 32 B. 16
C. 12 D. 8

16. किसी घन के छह पार्श्व निम्नलिखित प्रकार से रंगे गए हैं:

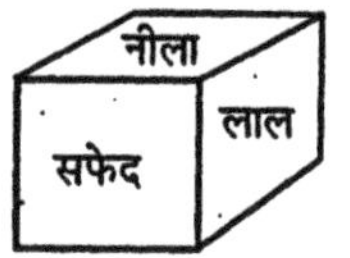

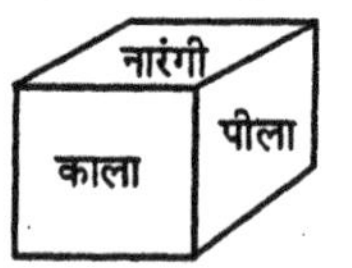

यदि घन का नीला और नारंगी फलक उसके सम्मुख फलक हों और लाल उसका शीर्ष फलक हो तो घन की तली पर कौन-सा रंग होगा?

A. नारंगी B. बैंगनी
C. काला D. पीला

17. एक घन के सभी फलक नारंगी रंग में रंगे हैं। इसे समान आकार के 64 छोटे घनों में काटा जाता है। बताएं कि ऐसे कितने छोटे घन प्राप्त होंगे जिनका कोई भी पार्श्व रंगीन नहीं होगा?

A. 4 B. 8
C. 16 D. 20

18. एक छह सेंटीमीटर भुजा के घन के सभी पार्श्व हरे रंग में रंगे हैं। इसे 2 सेमी. भुजा के छोटे घनों में काटा जाता है। बताएं कि ऐसे कितने छोटे घन प्राप्त होंगे जिनके दो फलक रंगीन हों?

A. 12 B. 8
C. 24 D. 4

19. नीचे दर्शाए गए पासे में कौन-सी संख्या 6 लिखे पार्श्व के सम्मुख पार्श्व पर लिखी होगी?

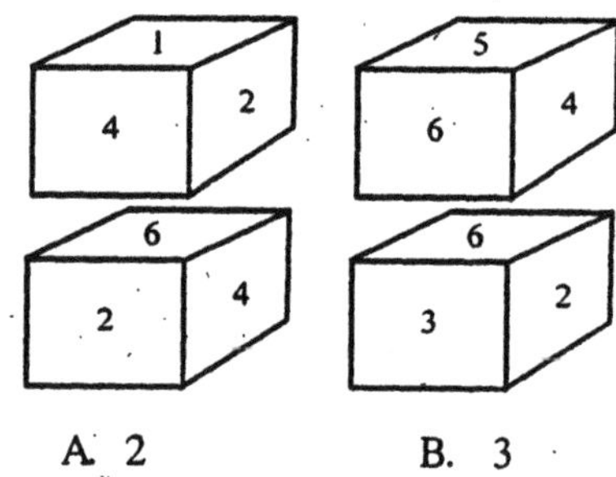

A. 2 B. 3
C. 1 D. 5

20. यदि घन के सम्मुख फलकों पर अंकित संख्याओं का कुल योग प्रत्येक स्थिति में केवल 7 हो तो निम्नलिखित में से कौन-सी आकृति त्रुटिपूर्ण हैं?

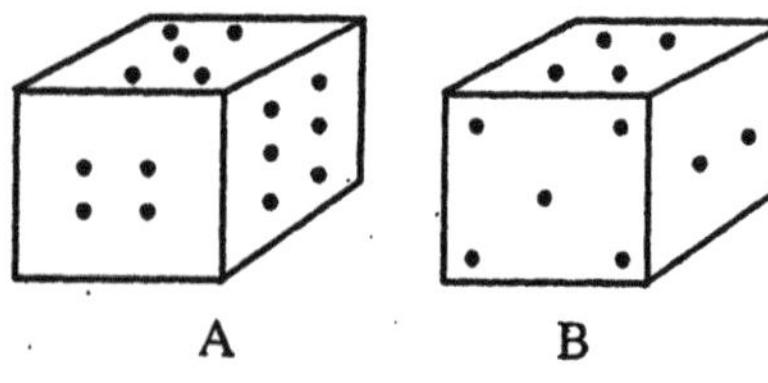

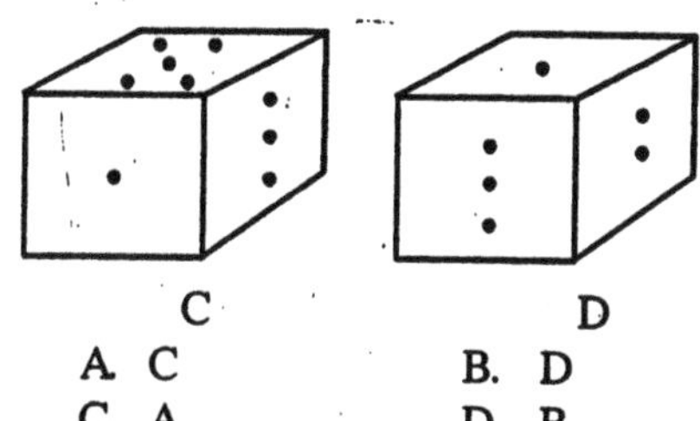

C D

A. C B. D
C. A D. B

निर्देश (प्रश्न 21 से 23) : *एक घन के सभी फलकों को सफेद रंग में रंगा गया है। इस घन को समान आकार के 125 छोटे घनों में काटा जाता है। इस सूचना के आधार पर प्रश्न संख्या 21 से 23 तक के प्रश्नों के उत्तर दें।*

21. ऐसे छोटे घनों की संख्या कितनी है जिनका केवल एक फलक ही रंगीन है?

A. 54 B. 8
C. 16 D. 27

22. कितने छोटे घनों के केवल दो फलक रंगीन हैं?

A. 64 B. 12
C. 36 D. 48

23. कितने घनों का कोई भी फलक रंगीन नहीं है?

A. 66 B. 27
C. 25 D. 49

24. किसी एक पासे की दो स्थितियां नीचे दर्शाई गई हैं। यदि पासे का चार बिंदु अंकित फलक तली पर हों तो उसके शीर्ष फलक पर कितने बिंदु अंकित होंगे?

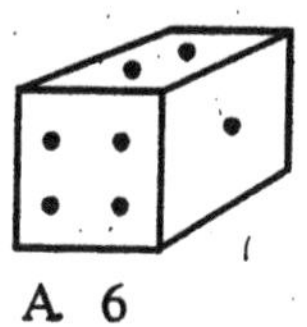

A. 6 B. 5
C. 4 D. 3

निर्देश (प्रश्न 25-26) : *एक पासा चार बार फेंका जाता है। इन चारों बार पासे की स्थितियां नीचे दर्शाई गई हैं :*

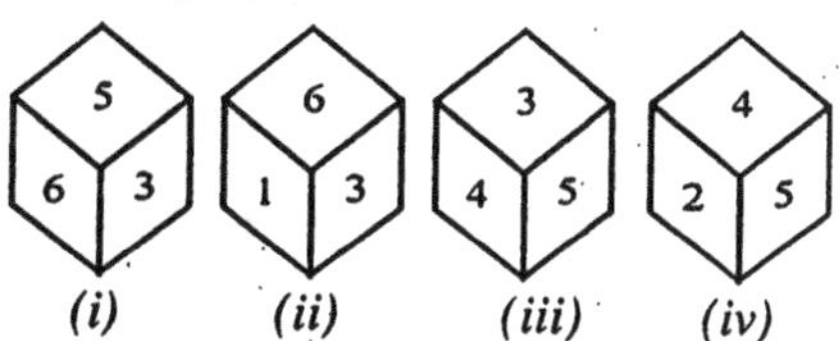

(i) (ii) (iii) (iv)

25. पासे के जिस फलक पर 3 लिखा है उसके सम्मुख फलक पर कौन सी संख्या लिखी होगी?

A. 2 B. 1
C. 5 D. 4

26. पासे के जिस फलक पर 6 लिखा है उसके सम्मुख फलक पर कौन-सी संख्या लिखी होगी?

A. 5 B. 3
C. 4 D. 1

27. नीचे की आकृतियों में पासे पर अंकित बिंदुओं (एक से छह तक बिंदु) को ध्यानपूर्वक देखें। पासे के जिस फलक पर चार बिंदु अंकित हैं उसके ठीक विपरीत (सम्मुख) फलक पर कितने बिंदु अंकित होंगे?

A. 3 B. 5
C. 2 D. 6

28. किसी पासे की दो स्थितियां नीचे दर्शाई गई हैं:

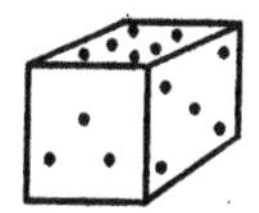 

यदि पासे की तली पर 3 बिंदु अंकित हों तो उसके शीर्ष फलक पर कितने बिंदु अंकित होंगे?

A. 5 B. 4
C. 1 D. 2

29. किसी पासे की चार स्थितियां नीचे दर्शाई गई हैं:

यदि पासे के शीर्ष फलक पर 2 की संख्या हो तो उसके तल फलक पर कौन-सी संख्या अंकित होगी?

A. 6 B. 4
C. 3 D. 1

निर्देश (प्रश्न 30–31) : *किसी पासे की तीन स्थितियां नीचे दर्शाई गई हैं। प्रश्न चिह्न (?) के स्थान पर कौन-सी संख्या होगी?*

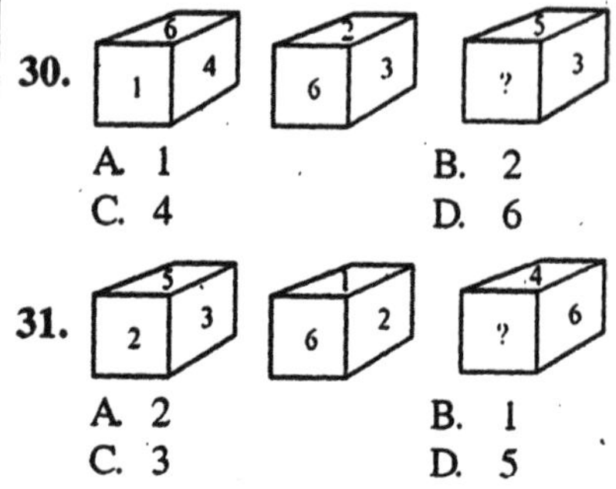

30.

A. 1 B. 2
C. 4 D. 6

31.

A. 2 B. 1
C. 3 D. 5

व्याख्यात्मक उत्तर

1. A. : पासे की विभिन्न स्थितियों का अध्ययन करने पर ज्ञात होता है कि पासे के निम्नलिखित पार्श्व उसके सम्मुख पार्श्व हैं :

2 — 5, 4 — 3 और 1— 6.

2. A. : दिए गए पासे में 1 संख्यांकित पासे से संलग्न फलक 3, 2, 5 और 6 हैं। अत: सम्मुख पार्श्वों पर लिखी संख्याएं 1 और 4 हैं।

3. B. :

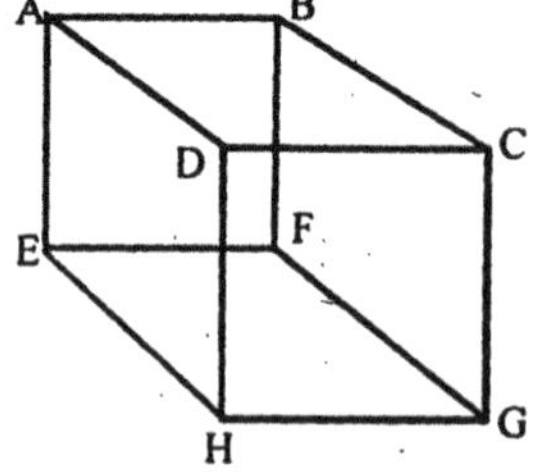

घन के लाल रंग में रंगे फलक EHDA, ABCD और BCGF हैं तथा उसके पीले रंग में रंगे फलक ABFE और EFGH हैं एवं उसका हरे रंग में रंगा फलक CDHG है।

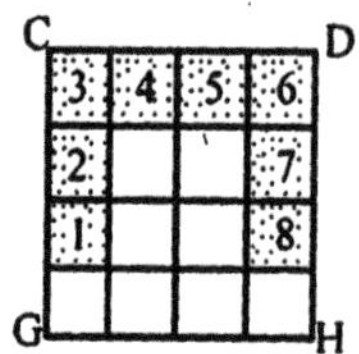

घन की HD, CD और CG भुजाएं लाल रंग में रंगे फलक की भुजाओं की संलग्न भुजाएं हैं और GH भुजा पीले रंग के फलक की भुजाओं के संलग्न है। अत: केवल 8 घन ही ऐसे होंगे जिनमें एक पार्श्व लाल और एक पार्श्व हरा हो।

4. A. : हालांकि स्पष्ट है कि 2 बिंदुओं वाले फलक के सम्मुख फलक पर 4 बिंदु अंकित हैं किंतु यह स्पष्ट नहीं हैं कि 3 बिंदु अंकित फलक के सम्मुख फलक पर 1 बिंदु अंकित हैं या 5

बिंदु अंकित हैं। अतः उत्तर 1 या 5 है।

5. C. : शीर्ष और तल फलक पर अंकित अक्षर क्रमशः W और D हैं तथा बगल के फलकों पर दक्षिणावर्त अंकित अक्षर क्रमशः U, Y, M और S हैं।

6. A. : इस घनाकार खंड में सम्मुख फलकों पर बिंदुओं की संख्याएं क्रमशः 1—6, 3—4 और 5—2 होंगी।

7. C. : घन के छह फलक होते हैं और उसके दो सम्मुख फलक एक से रंग में रंगे जा सकते हैं।

8. A. : पासे की दो स्थितियां निम्नवत होंगी :

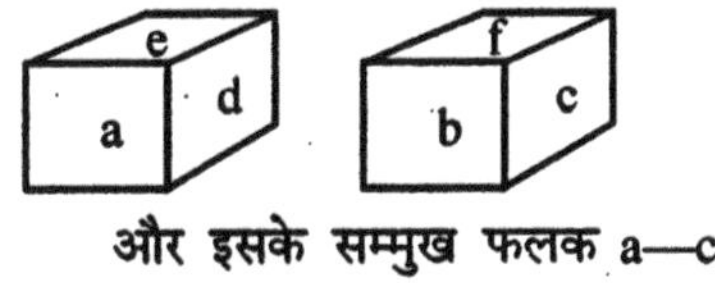

और इसके सम्मुख फलक a—c, b—d होंगे।

9. D. :

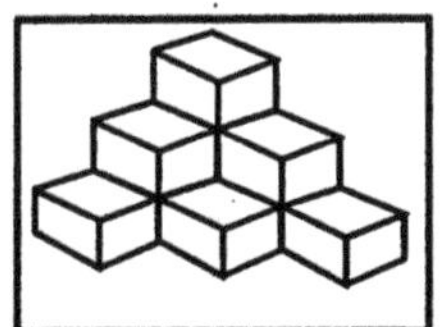

दी गई आकृति में तीन कॉलमों में 1-1 घन हैं, दो कॉलमो में 2-2 घन हैं तथा एक कॉलम में 3 घन हैं। अतः घनों की कुल संख्या

$= (3 \times 1) + (2 \times 2) + (1 \times 3)$

अर्थात्, $3 + 4 + 3 = 10$.

10. B. : जब 5 और 6 की संख्या घन के सम्मुख फलकों पर लिखी गई हैं तो सम्मुख फलकों पर अंकित संख्याएं 4—1 और 2—3 होंगी। यदि 2 तल फलक पर अंकित है तो घन के शीर्ष फलक पर 3 की संख्या लिखी होगी।

11. B. : एक ही पासे की दो भिन्न-भिन्न स्थितियों का अध्ययन करने पर ज्ञात होता है कि पासे के सम्मुख फलक 1—6, 2—4 और 3—5 है। अतः यदि 1 की संख्या पासे के शीर्ष फलक पर लिखी हो तो पासे के तल फलक पर 6 की संख्या लिखी होगी।

12. D. : पासे की दी गई विभिन्न स्थितियों का अध्ययन करने पर ज्ञात होता है कि फलक 1—3, 2—4 और 5—6 पासे के सम्मुख फलक हैं। अतः यदि पासे के शीर्ष फलक पर 2 की संख्या अंकित हो तो उसके तल फलक पर 4 की संख्या अंकित होगी।

13. D. : एक दूसरे के सम्मुख फलकों पर अंकित संख्याएं

1—4; 2—5 और 3—6 हैं।

14. B. :

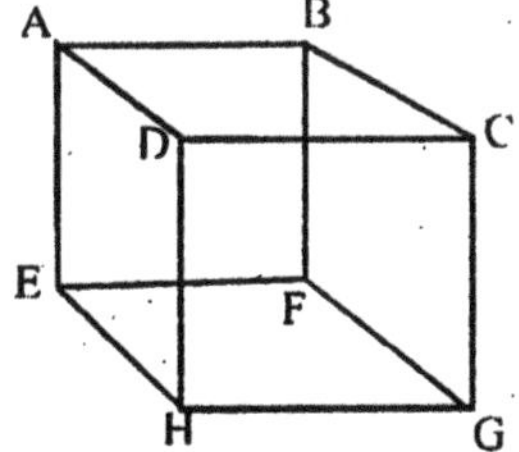

घन का फलक ABCD लाल है और EFGH काला है। यदि ADHE सफेद और CDHG धूसर हो, तो उसका संलग्न पार्श्व BCGF हरा हो सकता है और ABFE नारंगी हो सकता है। ऐसी स्थिति में घन के सफेद फलक (ADHE) के सम्मुख फलक (BCGF) का रंग हरा होगा।

15. C. :

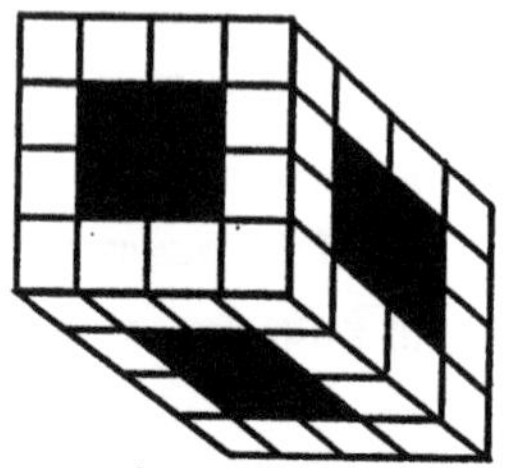

घन के तीन फलक काले रंग में रंगे हैं और शेष फलक अलग-अलग रंगों में रंगे हैं। यदि इस घन को 64 समान छोटे-छोटे घनों में काटा जाए तो एक फलक के बीच के केवल 4 घन ही ऐसे प्राप्त होंगे जिसमें केवल एक पार्श्व ही काले रंग से रंगा होगा। अत: ऐसे छोटे घनों की कुल संख्या 4 × 3 = 12 होगी। जिसका केवल एक फलक ही काले रंग में रंगा होगा।

16. D. :

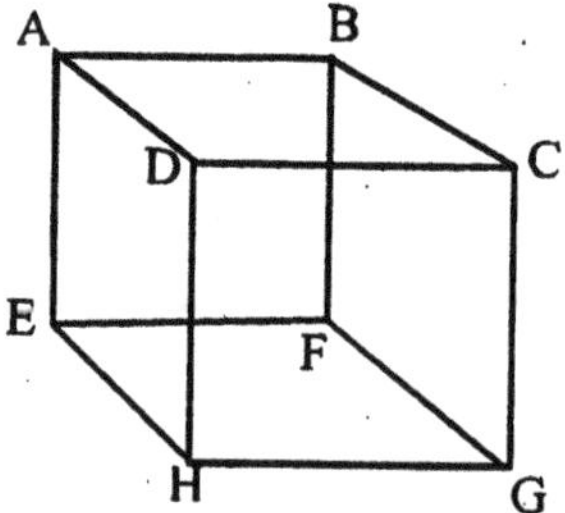

यदि घन का फलक ABCD लाल हो तो ABFE सफेद होगा और ADHE नीला होगा। यदि पार्श्व BCGF (नीले रंग वाले फलक का सम्मुख फलक) नारंगी हो तो CDHG फलक काला होगा और EFGH (लाल रंग के फलक ABCD का सम्मुख फलक) पीला होगा और घन का तल फलक होगा।

17. B. : बड़े घन से 64 छोटे आकार के घन निम्नवत् काटे जाएंगें :

1. छोटे आकार के 8 घनों के तीन फलक रंगीन होंगे।
2. 24 छोटे घनों के 2 फलक रंगीन होंगे।
3. 24 छोटे घनों का 1 फलक रंगीन होगा।
4. 8 छोटे घनों का कोई भी फलक रंगीन नहीं होगा।

आरेखीय रूप में घन के एक फलक को लेकर निम्नलिखित स्पष्टीकरण प्राप्त होता है :

a	b	b	a
b	c	c	b
b	c	c	b
a	b	b	a

1. 'a' कोने के खंड हैं [4 × 2 = 8]
2. 'b' कोने के बीच वाले खंड हैं [8 × 3 = 24]
3. 'c' बीच के खंड हैं [4 × 6 = 24]
4. शेष आंतरिक खंड
   = 64 – (8 + 24 + 24)
   = 64 – 56 = 8.

18. A. : घन से छोटे आकार के 27 खंड निम्नलिखित रूप में काटे जाएंगे :

1. 8 घनों के 3 फलक रंगीन होंगे।
2. 12 घनों के 2 फलक रंगीन होंगे।
3. 6 घनों का केवल 1 फलक रंगीन होगा।
4. 1 घन का कोई भी फलक रंगीन नहीं होगा।

आरेखीय रूप में, घन के एक फलक को लेकर स्पष्टीकरण निम्नवत होगा:

a	b	a
b	c	b
a	b	a

1. 'a' कोने के खंड हैं [4 × 2 = 8]
2. 'b' कोने के बीच वाले खंड हैं [4 × 3 = 12]
3. 'c' बीच के खंड हैं [1 × 6 = 6]
4. आंतरिक रंगहीन खंड केवल 1 है।

19. C. : एक ही पासे की दी गई विभिन्न आकृतियों के अनुसार 6 संख्यांकित पार्श्व के संलग्न पार्श्व क्रमशः 5, 4, 2 और 3 संख्यांकित पार्श्व हैं। अतः 6 संख्यांकित फलक के सम्मुख पार्श्व पर 1 की संख्या अंकित होगी।

20. D. : 5 और 2 की संख्याएं सम्मुख फलकों पर अंकित होने के बजाय संलग्न फलकों पर अंकित हैं।

21. A., 22 C., 23. B. :
दिए गए घन से छोटे आकार के 125 घन खंड निम्नलिखित प्रकार से काटे जाएंगे :

1. 8 खंडों के 3 फलक रंगीन होंगे।
2. 36 खंडों के 2 फलक रंगीन होंगे।
3. 54 खंडों का केवल 1 फलक रंगीन होगा।
4. 27 खंडों का कोई भी फलक रंगीन नहीं होगा।

आरेखीय रूप में, घन के एक फलक को लेकर निम्नलिखित स्पष्टीकरण प्राप्त होगा :

a	b	b	b	a
b	c	c	c	b
b	c	c	c	b
b	c	c	c	b
a	b	b	b	a

1. 'a' कोने के खंड हैं [4 × 2 = 8]
2. 'b' कोने के बीच वाले खंड हैं [12 × 3 = 36]
3. 'c' बीच के खंड हैं [9 × 6 = 54]
4. आंतरिक रंगहीन खंड 27 होंगे।

24. D. : पासे के सम्मुख फलक स्पष्टतः 1 – 6, 2 – 5 और 3 – 4 हैं। अतः जबकि 4 बिंदु अंकित पासे का तल फलक है तो उसके शीर्ष फलक पर 3 बिंदु अंकित होंगे।

25. A. : आकृति (i), (ii) और (iii) से यह स्पष्ट है कि 3 संख्यांकित फलक के संलग्न फलक 6, 5, 1 और 4 संख्यांकित हैं। अतः 3 संख्यांकित फलक के सम्मुख फलक पर 2 की संख्या लिखी होगी।

26. C. : आकृति (i), (iii) और (iv) से यह स्पष्ट है कि 5 संख्यांकित फलक के संलग्न फलक 6, 3, 4 और 2 संख्यांकित हैं। अतः 5 संख्यांकित फलक के सम्मुख फलक पर 1 की संख्या लिखी होगी। पूर्व के प्रश्न में यह स्पष्ट हो चुका है कि 3 संख्यांकित फलक का सम्मुख फलक 2 संख्यांकित फलक है। अतः पासे के सम्मुख फलक हैं : 3 – 2, 5 – 1 और 4 – 6।

27. C. : प्रेक्षण से यह स्पष्ट होता है कि 4 बिंदु अंकित फलक के सम्मुख फलक

पर 2 बिंदु अंकित हैं। यदि 1 बिंदु अंकित फलक शीर्ष फलक हो तो पांच बिंदु युक्त फलक दोनों प्रेक्षित फलकों के बीच का फलक है।

28. D. : पासे की दोनों स्थितियों से यह स्पष्ट है कि यदि छह और पांच बिंदु युक्त फलक बगल में हों तो तीन और दो बिंदु युक्त फलक सम्मुख फलक हैं। अतः यदि तल फलक पर 3 बिंदु अंकित हैं तो शीर्ष फलक पर 2 बिंदु अंकित होंगे।

29. B. : पासे की चारों स्थितियों के प्रेक्षण से यह स्पष्ट है कि :

(i) 1 संख्यांकित फलक के संलग्न फलक क्रमशः 5, 4, 6 और 2 संख्यांकित हैं। अतः 1 संख्यांकित फलक के सम्मुख फलक पर 3 की संख्या लिखी होगी।

(ii) 5 संख्यांकित फलक के संलग्न फलक क्रमशः 3, 4, 1 और 2 संख्यांकित फलक होंगे। अतः 5 संख्यांकित फलक के सम्मुख फलक पर 6 की संख्या लिखी होगी।

(iii) 4 संख्यांकित फलक के संलग्न फलक क्रमशः 3, 6, 5 और 1 संख्यांकित फलक होंगे। अतः 4 संख्यांकित फलक के सम्मुख फलक पर 2 की संख्या लिखी होगी।

अतः यदि पासे के शीर्ष फलक पर 2 की संख्या लिखी हो तो उसके तल फलक पर 4 की संख्या लिखी होगी।

30. B. : पासे के संलग्न फलकों पर 1, 2, 3 और 4 की संख्याएं लिखी हुई हैं जबकि उसके सम्मुख फलकों पर 5 और 6 की संख्याएं लिखी हुई हैं। संलग्न फलकों पर संख्याओं के क्रम पर विचार करने से यह स्पष्ट होता है कि प्रश्न चिह्न (?) वाले फलक पर प्रश्न चिह्न के स्थान पर 2 की संख्या आएगी। यदि शीर्ष फलक पर लिखी संख्या 6 है तो प्रश्न चिह्न वाले फलक पर प्रश्न चिह्न के स्थान पर 4 की संख्या लिखी जाएगी।

31. B. : 2 लिखे फलक के संलग्न फलकों पर क्रमशः 5, 3, 1 और 6 की संख्याएं लिखी हैं। अतः सम्मुख फलकों पर 2 और 4 की संख्याएं लिखी हैं। 5 और 3 लिखे फलक संलग्न फलक होंगे यदि तल फलक पर 2 की संख्या लिखी हो। अतः यदि शीर्ष फलक पर 4 की संख्या लिखी हो तो 1 और 6 लिखे फलक संलग्न फलक होंगे।

आरेखों पर आधरित प्रश्न

(DIAGRAMMATIC PUZZLES)

इस प्रकार के प्रश्नों में किसी दी गई जटिल आकृति में निहित ज्यामितीय आकृतियों की संख्या ज्ञात करनी होती है। अभ्यर्थियों के लिए यह अनिवार्य है कि वे प्रश्न आकृति का अत्यंत सावधानीपूर्वक प्रेक्षण करें और तत्पश्चात् उसमें निहित ज्यामितीय आकृतियों को गिनें। एक बड़ी और उलझी हुई आकृति में से उसमें निहित आकृति/डिजाइन को ज्ञात करने के लिए सूक्ष्म बुद्धि और तीक्ष्ण विश्लेषणात्मक क्षमता अपेक्षित होती है तथा साथ ही यह भी आवश्यक है कि अभ्यर्थियों को सभी **ज्यामितीय आकृतियों की संरचना का स्पष्ट ज्ञान हो।**

अभ्यास

1. नीचे दी गई आकृति में कुल कितने त्रिभुज हैं?

A. 24 B. 27
C. 25 D. 26

2. इस आकृति में कुल कितने समांतर चतुर्भुज हैं?

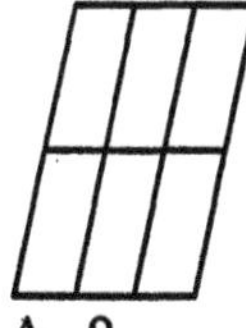

A. 9 B. 13
C. 15 D. 18

3. इस आकृति में कुल कितने त्रिभुज हैं?

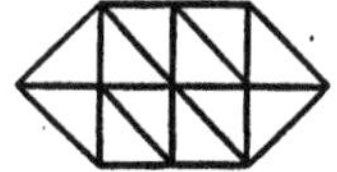

A. 16 B. 17
C. 18 D. 19

4. इस आकृति में आयतों की कुल कितनी संख्या है?

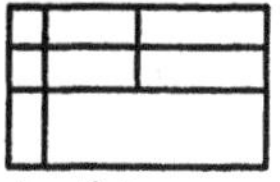

A. 21 B. 24
C. 23 D. 25

5. इस आकृति में कुल कितने वर्ग छिपे हैं?

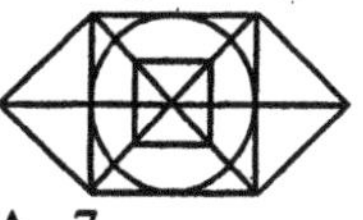

A. 7 B. 8
C. 9 D. 10

6. इस आकृति में निहित त्रिभुजों की संख्या कितनी है?

A. 19 B. 16
C. 21 D. 15

7. नीचे दी गई आकृति में कुल कितने वर्ग निहित हैं?

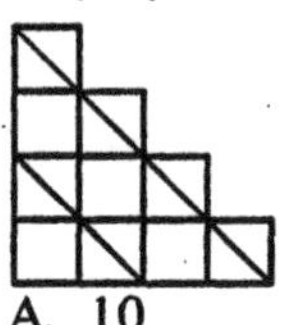

A. 10 B. 11
C. 13 D. 14

8. इस आकृति में वर्गों की कुल कितनी संख्या है?

A. 6 B. 5
C. 2 D. 3

9. नीचे दी गई आकृति में कितने त्रिभुज हैं?

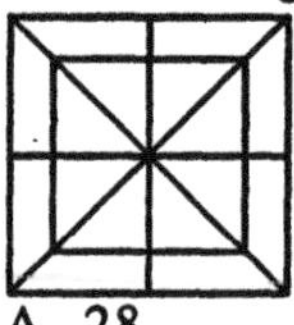

A. 28 B. 36
C. 24 D. 32

10. प्रश्न 9 में दी गई आकृति को निर्मित करने में कुल कितनी रेखाएं प्रयोग में लाई गई हैं?

A. 10 B. 12
C. 11 D. 13

11. नीचे दी गई आकृति में कुल कितने वर्ग हैं?

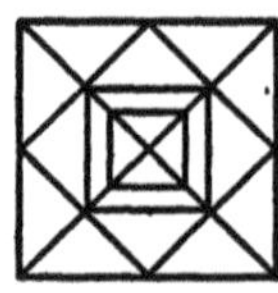

A. 15 B. 11
C. 8 D. 3

12. नीचे की आकृति में वर्गों की कुल कितनी संख्या है?

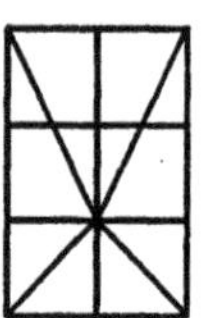

A. 6 B. 10
C. 8 D. 12

13. पूर्वोक्त प्रश्न में दी गई आकृति में निहित त्रिभुजों की संख्या बताइए।

A. 15 B. 16
C. 17 D. 18

14. नीचे की आकृति में कितने षड्भुज हैं?

A. 1 B. 2
C. 4 D. 5

15. इस आकृति में कुल कितने समांतर चतुर्भुज हैं?

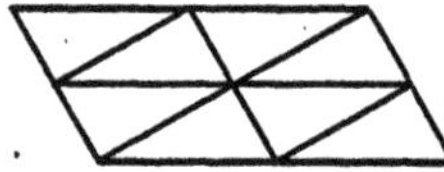

A. 11 B. 12
C. 9 D. 10

16. नीचे दी गई आकृति में कुल कितने वर्ग हैं?

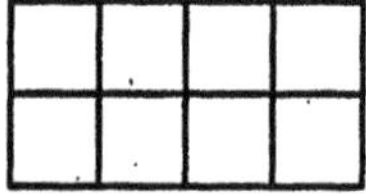

A. 8 B. 10
C. 11 D. 12

17. नीचे दी गई आकृति में कुल कितने वृत्त हैं?

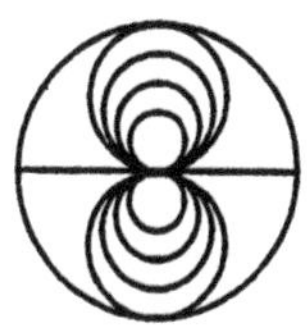

A. 5 B. 6
C. 8 D. 9

18. इस आकृति में कुल कितने त्रिभुज हैं?

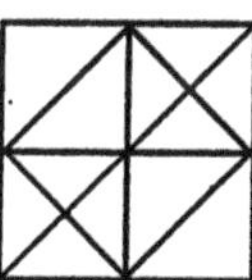

A. 26 B. 25
C. 28 D. 27

19. नीचे की आकृति को निर्मित करने में कुल कितनी सरल रेखाएं प्रयोग में लाई गई है?

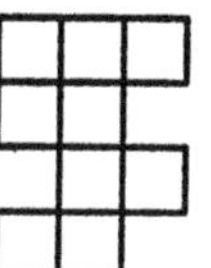

A. 7 B. 11
C. 8 D. 10

20. नीचे की आकृति में कुल कितने आयत हैं?

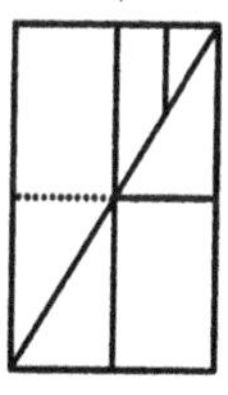

A. 3 B. 5
C. 6 D. 4

व्याख्यात्मक उत्तर

1. B :

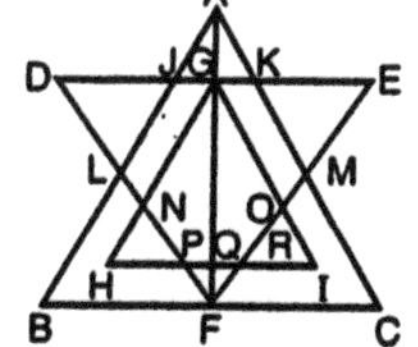

आकृति को निर्मित करने वाले मुख्य त्रिभुज हैं ABC, DEF और GHI, अर्थात् 3 त्रिभुज। आकृति में निहित सरलता पूर्वक दिखाई पड़ने वाले त्रिभुज हैं: AJG, AGK, KEM, DJL, NHP, PQF, QFR और ORI, अर्थात् 8 त्रिभुज।
समद्विभाजक रेखा AF द्वारा निर्मित त्रिभुज हैं: ABF, AFC, GHQ, GQI, DGF और GFE, अर्थात् 6 त्रिभुज। तीनों मुख्य त्रिभुजों के बीच बनने वाले त्रिभुज हैं: AJK, ALF, AMF, DGN, DGF, LBF, MFC, GEO, GNF और GOF, अर्थात् 10 त्रिभुज। अतः दी गई आकृति में निहित त्रिभुजों की कुल संख्या है: = 3 + 8 + 6 + 10 = 27

2. D **3. A**

4. C

5. D :

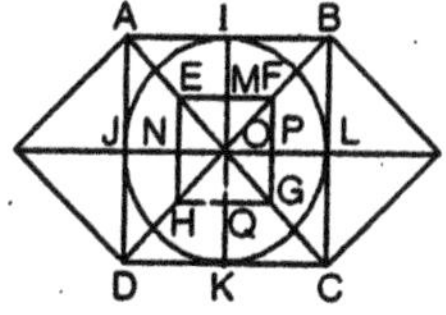

आकृति में निहित मुख्य वर्ग हैं : ABCD और EFGH, अर्थात् 2 वर्ग।

सरलतम बाह्य वर्ग हैं। AIOJ, IBLO, JOKD, और OLCK, अर्थात् 4 वर्ग।
सरलतम आंतरिक वर्ग हैं: EMON, NOQH, MFPO और OPGQ, अर्थात् 4 वर्ग।
आकृति में अन्य कोई वर्ग निहित नहीं हैं।
अतः उपर्युक्त आकृति में निहित वर्गों की कुल संख्या

$= 2 + 4 + 4 = 10$

6. B

7. C

8. A :

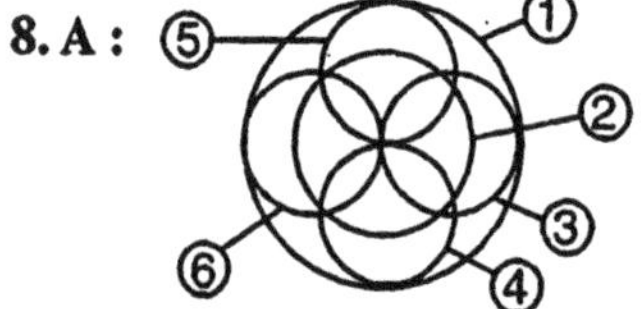

आकृति में दो मुख्य वृत्त हैं और चार छोटे वृत्त हैं और ये सभी एक-दूसरे को प्रतिच्छेदित कर रहे हैं।

∴ आकृति में निहित कुल वृत्त $= 2 + 4 = 6$

9. D

10. B :

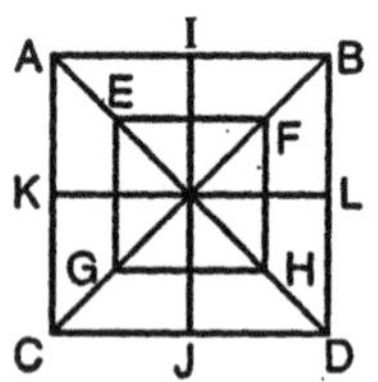

आकृति में निहित क्षैतिज रेखाएं हैं: AB, EF, KL, GH और CD, अर्थात् 5 रेखाएं
ऊर्ध्वाधर रेखाएं हैं AC, EG, IJ, FH और BD, अर्थात् 5 रेखाएं।
विकर्णी रेखाएं हैं: AD और BC, अर्थात् 2 रेखाएं

उक्त आकृति को निर्मित करने के लिए प्रयोग में लाई गई रेखाओं की कुल संख्या $= 5 + 5 + 2 = 12$

11. C :

आकृति में निहित मुख्य वर्ग हैं: ABCD, IJKL, MNPQ और EFGH, अर्थात् 4 वर्ग।
अन्य वर्ग हैं: EIOJ, IFLO, JOKH और OKGL, अर्थात् 4 वर्ग।

∴ आकृति में निहित वर्गों की कुल संख्या $= 4 + 4 = 8$

12. C :

उपर्युक्त आकृति में निहित सरलतम वर्ग हैं: AIKC, CKME, EMNG, IBDK, KDFM और MFHN अर्थात् 6 वर्ग
आकृति में निहित अन्य वर्ग हैं: ABFE और CDHG, अर्थात् 2 वर्ग।

∴ आकृति में निहित वर्गों की कुल संख्या $= 6 + 2 = 8$

13. B **14. C** **15. A**

16. C **17. D** **18. A**

19. B

20. D

प्रतीक (चिह्न) प्रतिस्थापन
(SYMBOL SUBSTITUTION)

इस प्रकार के प्रश्नों को हल करना अत्यधिक सरल है। ऐसे प्रश्नों को हल करने की एकमात्र अपेक्षा यह है कि उम्मीदवार दिए गए प्रतीकों या चिह्नों को प्रतिस्थापित करने और परिकलन की विद्या में पारंगत हों और अत्यधिक त्वरित गति से दिए गए प्रश्नों का हल ज्ञात कर सके। इस श्रेणी में पूछे गए कुछ सामान्य प्रकार के प्रश्न नीचे हल किए गए हैं।

अभ्यास

1. यदि "+" का अर्थ "–"; "–" का अर्थ "×" हो; "×" का अर्थ "÷" हो और "÷" का अर्थ "+" हो, तो
$15 \times 5 \div 10 + 5 - 3 = ?$
A. 9.5 B. 0
C. –2 D. 24
E. इनमें से कोई नहीं

2. यदि "+" का अर्थ "–" हो; "–" का अर्थ "×" हो; "×" का अर्थ "÷" हो; और "÷" का अर्थ "+" हो, तो
$15 \times 3 \div 15 + 5 - 2 = ?$
A. 0 B. 10
C. 20 D. 6
E. इनमें से कोई नहीं

3. यदि "+" का अर्थ "÷" हो; "×" का अर्थ "–" हो; "÷" का अर्थ "+" हो और "–" का अर्थ "×" हो, तो
$16 \div 8 \times 6 - 2 + 12 = ?$
A. 22 B. 24
C. 23 D. 20
E. इनमें से कोई नहीं

4. यदि "+" का अर्थ "×" हो; "–" का अर्थ "÷" हो; "÷" का अर्थ "+" हो और "×" का अर्थ "–" हो, तो $20 \div 40 - 4 \times 5 + 6$ का मान निम्नलिखित में से क्या होगा?
A. 60 B. 1.67
C. 150 D. 0
E. इनमें से कोई नहीं

5. यदि "+" का अर्थ "×" हो; "–" का अर्थ "÷" हो; "×" का अर्थ "–" हो और "÷" का अर्थ "+" हो, तो
$5 + 8 - 4 \times 2 \div 9 = ?$
A. 15 B. 13
C. 17 D. 11
E. इनमें से कोई नहीं

6. यदि × का आशय जोड़ की संक्रिया से हो, ÷ का आशय घटाव की संक्रिया से हो, + का आशय गुणा की संक्रिया से हो और – का आशय भाग की संक्रिया से हो तो $(20 \times 6 \div 6 \times 4)$ निम्नलिखित में से किसके बराबर है?
A. 5 B. 24
C. 25 D. 80
E. इनमें से कोई नहीं

7. यदि "+" का अर्थ "×" हो; "÷" का अर्थ "–" हो; "×" का अर्थ "÷" हो और "–" का

अर्थ "+" हो, तो निम्नलिखित व्यंजक का क्या मान होगा?

$4 + 11 \div 5 - 50 = ?$

A. 79 B. – 11

C. 91 D. – 48.5

E. इनमें से कोई नहीं

8. यदि P = 6, J = 4, L = 8, M = 24 हो, तो निम्नलिखित व्यंजक में प्रश्नचिह्न (?) के स्थान पर विकल्पों में दिया गया कौन सा मान आएगा?

$M \times J \div L + J = ?$

A. 8 B. 36

C. 52 D. 0

E. 16

9. यदि A + B > C + D, B + E = 2 C और C + D > B + E तो इसका निश्चित अर्थ यह है कि :

A. A > C B. A + B > 2D

C. A + B > 2C D. A + B > 2E

E. D + B < 2C

10. यदि A + D > C + E, C + D = 2B और B + E > C + D हो, तो इसका निश्चित अर्थ यह है कि :

A. A + D > B + E

B. A + D > B + C

C. A + B > 2D

D. B + D > C + E

E. A + D < B + C

व्याख्यात्मक उत्तर

1. C. : $15 \div 5 + 10 - 5 \times 3$
$3 + 10 - 15 = -2$

2. B. : $15 \div 3 + 15 - 5 \times 2$
$5 + 15 - 10 = 10$

3. C. : $16 + 8 - 6 \times 2 \div 12$
$16 + 8 - 1 = 23$

4. D. : $20 + 40 \div 4 - 5 \times 6$
$20 + 10 - 30 = 0$

5. C. : $5 \times 8 \div 4 - 2 + 9$
$10 - 2 + 9 = 17$

6. B. : $20 + 6 - 6 + 4 = 24$

7. E. : $4 \times 11 - 5 + 50$
$44 - 5 + 50 = 89$

8. E. : $24 \times 4 \div 8 + 4$
$12 + 4 = 16$

9. C. : A + B > C + D > B + E or 2 C
∴ A + B > 2C

10. B. : 1. A + D > C + E
2. B + E > C + D or 2 B
चूँकि 1 और 2 के बीच संबंध स्पष्ट नहीं है, तथापि यह निश्चित है कि A + D > B + C.

मॉडल प्रश्न पत्र
(MODEL QUESTION PAPERS)

मॉडल प्रश्न पत्र-1

1. किसी सांकेतिक भाषा में 2 = T, 4 = S, 8 = U, 9 = D ,7 = E, 1 = C, 3 = M हो तो MUTED कैसे लिखा जाएगा ?

   A. 38297 B. 83279
   C. 38729 D. 38279
   E. 38972

2. अजय को मिल्क चाकलेट का 1/7 भाग या बड़ी फ्रूट चाकलेट का 1/14 भाग मिलेगा। यदि फ्रूट चाकलेट, मिल्क चाकलेट से तीन गुणा बड़ी हो तो अजय को किस चाकलेट से बड़ा भाग मिलेगा ?

   A. मिल्क चाकलेट
   B. फ्रूट चाकलेट
   C. दोनों हिस्से बराबर होंगे
   D. कुछ नहीं बताया जा सकता
   E. इनमें से कोई नहीं

3. टीनू ने पूर्व की ओर एक खुले मैदान में चलना शुरू किया और 35 मीटर चलने के बाद रुक गई। तब वह अपनी दायीं ओर मुड़ी और 15 मीटर चली। वहां से कम से कम कितनी दूरी तय करके वह चलने के स्थान पर पहुंच सकती है ?

   A. 25 मीटर B. 20 मीटर
   C. 30 मीटर D. 35 मीटर
   E. इनमें से कोई नहीं

4. राहुल अपने घर से बस स्टाप की ओर अपने निर्धारित समय से 15 मिनट पहले चला। उसे बस स्टाप पहुंचने में 10 मिनट का समय लगा। वह बस स्टाप पर सुबह 8.40 पर पहुंचा। उसका घर से चलने का निर्धारित समय क्या है ?

   A. 8.30 A.M.
   B. 8.55 A.M.
   C. 8.45 A.M.
   D. आंकड़े अपर्याप्त हैं
   E. इनमें से कोई नहीं

5. निम्नलिखित अंक श्रेणी में ऐसे कितने 7 अंक हैं जिसके ठीक बाद में 3 नहीं है, परन्तु जिसके ठीक पहले 8 है ?
   89876226326⁰732 872778737794

   A. 10 B. 2
   C. 3 D. 0
   E. इनमें से कोई नहीं

6. सोनू मोनू से लम्बा है परन्तु अन्नी से छोटा है। जमाल अन्नी से लम्बा है। सीता सोनू से लम्बी है। मोनू सीता से छोटा है। इस समूह में सबसे छोटा कौन है ?

   A. सीता

B. मोनू
C. सोनू
D. कोई निष्कर्ष नहीं निकलता
E. इनमें से कोई नहीं

7. जिस प्रकार 'लाइब्रेरियन' संबंधित है 'पुस्तकों' से उसी प्रकार 'बैंक अधिकारी' संबंधित है—
A. कर्जदार
B. धन
C. बैंक
D. ग्राहक
E. सरकार

8. किसी सांकेतिक भाषा में, 'Mu Ke Sit' का अर्थ है 'Much Providential Person' और 'Dis Hu Mu' का अर्थ है 'Fortunate and Providential' उसी भाषा में 'Providential' का संकेत क्या होगा?
A. Mu
B. Ke
C. Sit
D. Dis
E. Hu

9. निम्नलिखित पांच शब्दों में, चार एक जैसे हैं और एक समूह बनाते हैं। इनमें से कौन-सा बाकी चारों से अलग है?
A. ML
B. TS
C. FG
D. PO
E. XW

10. 'LAPAROSCOPY' शब्द से कितने अर्थपूर्ण शब्द बनाए जा सकते हैं। ध्यान रहे कि प्रत्येक अक्षर को केवल एक बार प्रयोग करना है और शब्द में दिए गए अक्षरों के क्रम को इसी प्रकार प्रयोग करना है
A. 1
B. 2
C. 3
D. 4
E. 4 से ज्यादा

11. यदि 'DISTURBANCE' शब्द के पहले और अन्तिम अक्षरों का परस्पर स्थान परिवर्तित कर दिया जाए, और दूसरे तथा 10वें अक्षर का स्थान परिवर्तित कर दिया जाए। इस प्रकार बनने वाले नये शब्द में 'T' के बाद कौन-सा अक्षर आएगा?
A. I
B. U
C. N
D. S
E. T

12. निम्नलिखित पांच शब्दों में चार एक जैसे हैं और एक समूह बनाते हैं। इनमें से कौन-सा बाकी चारों से अलग है?
A. बैडमिन्टन
B. टेनिस
C. बिलियर्ड्स
D. वाली-बॉल
E. टेबल-टेनिस

13. एक स्त्री की ओर संकेत करते हुए मैंने कहा, "यह महिला मेरे पिताजी की इकलौती बहन है।" मेरे दादा जी के कितने बच्चे हैं?
A. दो बेटे
B. एक पुत्री
C. एक बेटा और एक बेटी
D. निश्चित नहीं किया जा सकता
E. इनमें से कोई नहीं

14. यदि + का अर्थ ×, ÷ का अर्थ –, × का अर्थ ÷ और – का अर्थ + हो तो निम्नलिखित व्यंजक का क्या मान है?

$$4 + 11 \div 5 - 55$$

A. 79
B. –11
C. 91
D. 94
E. इनमें से कोई नहीं

15. राहुल दाएं से 12वें स्थान पर और बाएं से चौथे स्थान पर लड़कों की पंक्ति में है। लड़कों की संख्या में कितनी वृद्धि

की जाय कि कुल लड़के 28 हो जाएं?

A. 12 B. 14

C. 20 D. 13

E. इनमें से कोई नहीं

16. निम्नलिखित वर्णमाला में से कौन-सा अक्षर बायें से छठे अक्षर से एकदम पहले है?

A B C D E F G H I J K L M
N O P Q R S T U V W X Y Z

A. G B. U

C. E D. F

E. V

17. अजय 32 से घटे हुए क्रम से गिनती बोल रहा है। संजय 1 से बढ़ते हुए क्रम में गिनती गिन रहा है और केवल विषम संख्याएँ (odd numbers) बोल रहा है। यदि दोनों एक ही गति से बोल रहे हों तो दोनों एक साथ किस संख्या का उच्चारण करेंगे?

A. 21

B. 22

C. 19

D. दोनों एक संख्या बोलेंगे ही नहीं

E. इनमें से कोई नहीं

18. अर्पणा ने एक केक को दो बराबर हिस्सों में काटा। एक हिस्से को फिर से दो बराबर हिस्सों में काटा गया। प्रत्येक छोटा हिस्सा 20 ग्राम का है। यदि पूरे केक के कुल सात हिस्से हों तो केक का वजन कितना है?

A. 140 ग्राम B. 280 ग्राम

C. 240 ग्राम D. 120 ग्राम

E. इनमें से कोई नहीं

19. 'लेखक' जिस प्रकार सम्बन्धित है 'कवि' से, उसी प्रकार 'दूध वाला' निम्नलिखित में से किससे सम्बन्धित है?

A. गाय B. डॉयरी

C. हॉकर D. बच्चे

E. ग्राहक

20. यदि 'पीला' का अर्थ है 'लाल', सफेद का अर्थ है 'हरा'। लाल का अर्थ है 'सन्तरिया', 'नीला' का अर्थ है 'सफेद' और 'हरा' का अर्थ है 'नीला', तो वृक्ष के पत्तों का रंग कौन-सा होगा?

A. सफेद B. हरा

C. नीला D. पीला

E. लाल

21. यदि P = 6, J = 4, L = 8 और M = 24 हो, तो निम्नलिखित अंकों में से कौन-सा प्रश्न-चिह्न के स्थान पर आएगा?

$M \times J \div L + J = ?$

A. 8 B. 36

C. 52 D. 0

E. 16

22. निम्नलिखित वर्णमाला शृंखला में प्रश्नचिह्न के स्थान पर कौन-सा अक्षर-समूह आएगा?

BF CH ? HO LT

A. EM B. DN

C. FJ D. EL

E. EK

23. निम्नलिखित पांच वस्तुओं में, चार एक समान हैं व एक समूह से सम्बन्धित हैं। इनमें से कौन-सा इस समूह से भिन्न है?

A. गाजर B. आलू

C. मूली D. टमाटर

E. शलगम

24. यदि 'ILLOGICAL' शब्द के दूसरे, चौथे, पांचवें व आठवें अक्षर से कोई अर्थपूर्ण शब्द बनता है, तो नए शब्द का तीसरा अक्षर कौन-सा है? यदि एक से ज्यादा शब्द बनते हों तो आपका उत्तर X होगा और अगर कोई अर्थपूर्ण शब्द न बनता हो तो आपका उत्तर Z होगा।

A. O B. A
C. G D. X
E. Z

25. यदि निम्नलिखित शब्दों को शब्दकोष के अनुसार क्रमबद्ध किया जाए तो बीच में कौन-सा शब्द आएगा?

A. delude B. delirium
C. defer D. demean
E. delete

निर्देश—*दी गई जानकारी को ध्यान से पढ़कर प्रश्न 26 से 30 का उत्तर दीजिए।*

(i) A, B, C, D, E और F एक दीवार पर बैठे हैं और उनका मुंह उत्तर की ओर है।

(ii) C, D के दाईं ओर बैठा है।

(iii) B आखिर में है तथा E उसके पास बैठा है।

(iv) G, E और F के बीच में बैठा है।

(v) D दक्षिण छोर से तीसरे स्थान पर है।

26. निम्नलिखित जोड़ों में से कौन-सा जोड़ा दोनों सिरों पर बैठा है?

A. AE B. AB
C. FB D. CB
E. इनमें से कोई नहीं

27. D किस जोड़े के बीच में बैठा है?

A. CE B. AC
C. CF D. AF
E. इनमें से कोई नहीं

28. C के स्थान पर निम्नलिखित में से कौन-सा बदलना चाहिए कि C उत्तरी किनारे से तीसरे स्थान पर आ जाए?

A. G B. F
C. E D. B
E. इनमें से कोई नहीं

29. A की स्थिति ज्ञात करने के लिए किस जानकारी की आवश्यकता नहीं है?

A. (*i*) B. (*ii*)
C. (*iii*) D. सभी आवश्यक हैं
E. इनमें से कोई नहीं

30. D की दाईं ओर कौन बैठा है?

A. F B. D
C. C. D. A
E. इनमें से कोई नहीं

मॉडल प्रश्न पत्र-2

निर्देश—(1-4) : *नीचे दी गई जानकारी पढ़कर उस पर आधारित प्रश्नों के उत्तर दीजिए।*

(*i*) *सौत व्यक्ति, अ, ब, स, द, य, फ और ज एक पत्र पढ़ रहे हैं।*

(*ii*) *जिसने सबसे अंत में पत्र पढ़ा उसे वह फ से मिला था और जिसने सबसे पहले पढ़ा था उसने पत्र द को दिया था।*

(*iii*) *स ने उसे फ से तुरंत पहले लेकिन अ के तुरंत बाद पढ़ा।*

(*iv*) *य न तो उसे पढ़ने वाला पहला*

था न ही आखिरी व्यक्ति।

(*v*) *ब उसे पढ़ने वाला अंतिम व्यक्ति नहीं था।*

1. निम्नलिखित में से कौन-सा कथन अनावश्यक है?

A. केवल (*i*) B. केवल (*ii*)
C. केवल (*v*) D. केवल (*iv*)
E. इनमें से कोई नहीं

2. अगर द अपनी पढ़ने की बारी स से बदल लेता है तथा य और फ तथा अ और ज भी इसी प्रकार बदल लेते हैं तो वे तीन अंतिम व्यक्ति कौन होंगे, जो समाचार-पत्र पढ़ेंगे?

A. स फ ज B. द ग ज
C. य द ब D. द य अ
E. इनमें से कोई नहीं

3. उस पत्र को पढ़ने वाला ठीक बीच का व्यक्ति कौन था?

A. अ
B. स
C. फ
D. तय नहीं कर सकते
E. इनमें से कोई नहीं

4. उन तीन व्यक्तियों का वर्ग कौन-सा था जिसने यह पत्र य के तुरंत बाद पढ़ा?

A. द ब अ
B. अ स फ
C. स फ ज
D. तय नहीं कर सकते
E. इनमें से कोई नहीं

5. यदि '+' का अर्थ '×', '–' का अर्थ '÷', '×' का अर्थ '–' तथा '÷' का अर्थ '+' हो, तो

$16 \div 96 - 4 \times 3 + 6 = ?$

A. 12 B. 18
C. 22 D. 28
E. इनमें से कोई नहीं

निर्देश—(6-9) : *नीचे दी गई अंग्रेजी वर्णमाला पर आधारित निम्नांकित प्रश्नों के उत्तर दीजिए :*

A B C D E F G H I J K L M
N O P Q R S T U V W X Y Z

6. किसी कूट (Code) में JOURNAL को MRXUQDO लिखा जाता है। उसी कूट भाषा में TRAINING को कैसे लिखा जाएगा?

A. VUDLQLQJ
B. WVDLQLQJ
C. WUDLQLPJ
D. WUDLQLQJ
E. इनमें से कोई नहीं

7. ऊपर दी गई वर्णमाला में आपके दाहिनी ओर से 9वें और बायीं ओर से 6ठे अक्षरों के बीच निम्नांकित में से कौन-सा अक्षर है?

A. K B. L
C. M D. O
E. इनमें से कोई नहीं

8. दिए गए अक्षर-संख्याक्रम में प्रश्न चिह्न (?) के स्थान पर कौन आएगा?

ZW3 UR6 PM10 KH15 ?

A. FC20 B. FB21
C. FC22 D. FC21
E. इनमें से कोई नहीं

9. यदि ऊपर दी गई वर्णमाला के पूर्वार्द्ध (First Half) को उल्टे क्रम (Reverse

Order) में लिखा जाता है तो आपके दाहिनी ओर से दसवें (10वें) अक्षर के दाहिने सातवां (7वाँ) अक्षर कौन–सा होगा?

A. L B. D

C. C D. B

E. इनमें से कोई नहीं

निर्देश—(10-12) : *निम्नलिखित सूचनाओं को ध्यानपूर्वक पढ़िए और उसके बाद नीचे दिए गए प्रश्नों के उत्तर दीजिए?*

(i) 9 पर्यटक A, B, C, D, E, F, G, H व I समुद्र की तरफ मुंह करके एक बेंच पर बैठे हुए हैं।

(ii) C जो G के ठीक बायें है, H के दाहिनी ओर दूसरे स्थान पर है।

(iii) A दाहिने से तीसरा है I के, जो किसी किनारे पर है।

(iv) E, G के बाएं दूसरे स्थान पर तथा F के दाएं दूसरे स्थान पर है।

(v) B, H के बाएं तीसरे स्थान पर है।

10. पंक्ति के बीच में कौन बैठा है?

A. A B. B

C. F D. H

E. इनमें से कोई नहीं

11. तीन पर्यटकों का वह कौन–सा दल है जो H के दाहिनी ओर बैठा है?

A. ECG B. FAB

C. FAD D. FEC

E. इनमें से कोई नहीं

12. वे दो पर्यटक कौन हैं, जो दोनों किनारे पर बैठे हुए हैं?

A. DC B. DG

C. GC D. IG

E. इनमें से कोई नहीं

13. नीचे दिए गए अंकों में ऐसे कितने 6 हैं जिनके ठीक पहले 3 और ठीक बाद में 2 है?

2634263363926536236342623 63

A. 1 B. 2

C. 3 D. 4

E. इनमें से कोई नहीं

14. अपने वर्ग में शुभ्रा अश्वमेघी का स्थान ऊपर से 9वां तथा नीचे से 31वां है। बताएं, उस वर्ग में कुल कितने विद्यार्थी हैं?

A. 38 B. 40

C. 41 D. 42

E. इनमें से कोई नहीं

15. किसी कूट भाषा में '358' का अर्थ होता है 'कृपया शीघ्र आइए', '275' का अर्थ है 'आप शीघ्र जाइए', और '867' का अर्थ होता है 'कृपया वहां जाइए'। 'आइए' निम्नलिखित में से किस कूट का अर्थ है?

A. 3

B. 5

C. 8

D. तय नहीं कर सकता

E. इनमें से कोई नहीं

निर्देश—(16-19) : *निम्नांकित प्रश्नों में दी गई संख्याओं को नीचे दिए गए कूट के अनुसार कूटबद्ध करना है*

संख्याएं	*7*	*2*	*9*	*4*	*0*	*6*	*3*	*5*	*1*	*8*
अक्षर	*M*	*S*	*P*	*B*	*G*	*D*	*W*	*K*	*L*	*N*

दिए गए उत्तरों या उत्तर विकल्पों A, B, C या D में से उस विकल्प या उत्तर को चुनना है जिसमें प्रश्न में दी गई संख्या का सही कूट दिया गया है। यदि किसी भी

विकल्प में संख्या का सही कूट या रूप नहीं है तो विकल्प संख्या 'E' को अपने सही उत्तर के रूप में इंगित करें।

16. 45286719

A. BKSNMDLP
B. BKSNDMLP
C. BKSNDLMP
D. BKSDNMLP
E. इनमें से कोई नहीं

17. 2807143

A. SNGMLBW
B. SNGMLWB
C. SNGMWLB
D. SSGMOLW
E. इनमें से कोई नहीं

18. 9162807

A. PLDNSGM
B. PLDSNGM
C. PLDSGNM
D. PLDSNMG
E. इनमें से कोई नहीं

19. 01234798

A. GLSWBMNP
B. GLSBWMPN
C. GLSWBMPN
D. GLSWBPMN
E. इनमें से कोई नहीं

20. नीचे दिए गए पांच में से चार किसी प्रकार एक से हैं और अपना एक समूह वनाते हैं। बताएं, कौन-सा एक उस समूह में शामिल नहीं होता है?

A. 23 B. 43
C. 53 D. 63
E. 73

21. निम्नलिखित अक्षर-श्रृंखला में प्रश्नचिह्न के स्थान पर कौन-सा अक्षर आएगा?

OM KQ HT ?

A. WE B. YC
C. FV D. XD
E. इनमें से कोई नहीं

22. अनिल का परिचय कराते हुए राजेश ने कहा, "उसकी माँ मेरी माँ की एकमात्र बेटी है।" अनिल कैसे राजेश से संबंधित है?

A. भाई B. पिता
C. भतीजा D. चाचा
E. इनमें से कोई नहीं

23. PRACTITIONERS शब्द के दूसरे और दसवें अक्षरों को अदल-बदल दिया जाए, चौथे और सातवें अक्षरों को बदल दिया जाए, पांचवें और 9वें अक्षरों को, 6ठे व 11वें अक्षरों को बदल दिया जाए तो कौन-सा अक्षर आपके दाहिनी ओर से गिनने पर नवां अक्षर होगा?

A. T B. O
C. C D. I
E. इनमें से कोई नहीं

24. अगर 4 से 96 तक की सभी संख्याएं जो 4 से पूर्णतया विभाजित हो जाती हैं, अवरोही क्रम में व्यवस्थित की जाएं तो निम्नलिखित में से कौन-सी संख्या नीचे से 11वें स्थान पर आएगी?

A. 48 B. 40
C. 52 D. 44
E. 36

25. किसी सांकेतिक भाषा में JAMES को IBLFR लिखते हैं। उसी भाषा में

SOURCE को कैसे लिखा जाएगा?
A. TPTSDF B. RPTSBF
C. RPTBSF D. RPTSBD
E. इनमें से कोई नहीं

26. सामंत पश्चिम की ओर 25 किलोमीटर चला फिर अपनी बाईं ओर मुड़ गया और 10 किलोमीटर चला। फिर वह अपनी दाहिनी ओर मुड़कर 8 किलोमीटर चला। अब वह अपने आरंभ करने के स्थान से कितनी दूर है?
A. 10 कि.मी. B. 15 कि.मी.
C. 25 कि.मी. D. 23 कि.मी.
E. इनमें से कोई नहीं

27. नीचे दी गई श्रृंखला में ऐसे कितने N हैं जिनके ठीक पहले M है और ठीक बाद में भी M है?
MMNMNMENMNFPNMNM NMNM
A. 1 B. 2
C. 3 D. 4
E. इनमें से कोई नहीं

28. नीचे दिए गए पांच में से चार किसी प्रकार एक से हैं और इस प्रकार अपना एक समूह बनाते हैं। कौन-सा एक उस समूह में शामिल नहीं होता है?
A. शरीर क्रिया विज्ञान
B. तंत्रिका विज्ञान
C. मनोविज्ञान
D. रोग विज्ञान
E. जन्तु विज्ञान

29. 'कार्यालय' का जो संबंध 'काम' से है ठीक उसी प्रकार 'तालाब' का संबंध निम्नलिखित में से किससे है?
A. पंक B. गहराई
C. तैरना D. चलना
E. स्वच्छता

30. पांच लड़कियां पूर्व की ओर मुंह करके खड़ी हैं। पूजा ऊषा के बाईं ओर है। सीमा और रमा कुसुम के बायीं ओर हैं। रमा, ऊषा और सीमा के बीच में है। अगर सीमा, बाईं ओर से चौथी हो तो ऊषा की स्थिति दाहिनी ओर से क्या है?
A. चौथी
B. तीसरी
C. पहली
D. तय नहीं कर सकते
E. इनमें से कोई नहीं

व्याख्यात्मक उत्तर

मॉडल प्रश्न पत्र-1

1.D: 38279

2.B: अजय को मिल्क चाकलेट का मिलने वाला हिस्सा = 1/7. अजय को फ्रूट चाकलेट का मिलने वाला हिस्सा = 1/14 × 3 = 3/14 (क्योंकि फ्रूट चाकलेट मिल्क चाकलेट से 3 गुणा ज्यादा है।)
क्योंकि 3/14 भाग, 1/7 भाग से बड़ा है, अजय को फ्रूट चाकलेट लेने से ज्यादा हिस्सा मिलेगा।

3.E:

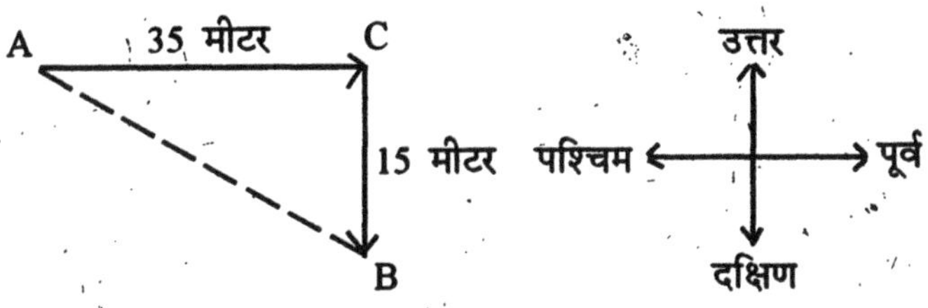

टीनू की चाल उपरोक्त चित्र के अनुसार है। इसलिए, चलने के स्थान तक कम से कम दूरी

$=\sqrt{(AC)^2 + (BC)^2}$

$=\sqrt{35 + 15} = \sqrt{1225 + 225} = \sqrt{1450}$ मीटर।

4.C: राहुल को बस स्टाप पर पहुंचने में 10 मिनट लगे और वह वहां पर 8.40 A.M. पर पहुंचा। इसलिए वह अपने घर से 8.30 A.M. पर चला। परन्तु वह निर्धारित समय से 15 मिनट पहले चला। इसलिए उसका घर चलने का निर्धारित समय 8.30 A.M. है।

5.B: इस प्रकार के 7 के नीचे अंकों की निम्नलिखित शृंखला में रेखा खींची गई है।
898 7 22632697328 7 2778 7 37794

6.B: इस समूह के सदस्यों को बढ़ते हुए क्रम से निम्नलिखित दो तरीकों से क्रमबद्ध किया जा सकता है—

(*i*) मोनू, सोनू, सीता, अनी, जमाल

(*ii*) मोनू, सीता, अनी जमाल

∴ मोनू सबसे छोटा है।

7.B: लाइब्रेरी का अधिकारी लाइब्रेरियन होता है जहाँ पुस्तकों का आदान-प्रदान होता है। इसी प्रकार बैंक अधिकारी बैंक का अधिकारी होता है जहाँ धन का आदान-प्रदान होता है।

8.A: (*i*) और (*ii*) का मिलान करने से हम 'Providential' के लिए 'Mu' का संकेत प्राप्त करते हैं।

9.C: समूह के बाकी शब्दों में, दोनों शब्द वर्णमाला के विपरीत क्रम में हैं।

10.D: निम्नलिखित चार अर्थपूर्ण शब्द बनाए जा सकते हैं—
LAP, A, PAR, और COPY

11.D: शब्दों के परस्पर स्थान बदलने से हमें 'ECNABRUTSID' शब्द प्राप्त होगा। इसलिए T के बाद S आएगा।

12.D: बाकी सभी खेलों में रैकेट और गेंद का प्रयोग होता है, परन्तु वालीबॉल में सिर्फ गेंद का प्रयोग होता है।

13.D: यद्यपि यह स्पष्ट है कि मेरे दादा जी की केवल एक पुत्री है परन्तु यह स्पष्ट नहीं है कि उनके पुत्र कितने हैं।

14.D: चिह्न बदल कर हम प्राप्त कर सकते हैं—$4 \times 11 - 5 + 55 = 94$

15.D: राहुल दायें से 12वें स्थान पर और बायें से 4थे स्थान पर है तो कुल लड़के हुए = $(12 + 4) - 1 = 15$। लड़कों की संख्या 28 करने के लिए 13 लड़कों की वृद्धि करनी पड़ेगी।

16.C: बायें से छठे शब्द F से ठीक पहले 'E' है।

17.D: दोनों एक संख्या बोलेंगे ही नहीं।

18.C: पहले केक को दो समान भागों में बांटा गया है। तब एक भाग को आगे छः भागों में बांटा गया है। क्योंकि सबसे छोटा भाग 20 ग्राम है, केक का आधा हिस्सा (जिसके छः छोटे भाग हैं) का वजन $20 \times 6 = 120$ ग्राम होगा। इसलिए पूरे केक का वजन 240 ग्राम होगा।

19.B: जिस प्रकार 'लेखक' और 'कवि' लिखने का कार्य करते हैं, उसी प्रकार 'दूधवाला' और 'हॉकर' व्यापार करते हैं।

20.E: प्रश्न में हरा = नीला दिया हुआ है इसलिए वृक्ष के पत्तों का रंग नीला होगा।

21.E: M, L और J के स्थान पर उनके बराबर अंक लिखने पर हमें निम्नलिखित संख्या प्राप्त होगी—

$? = 24 \times 4 \div 8 + 4 = 16$

23.D: बाकी सभी जमीन के अन्दर होते हैं।

24.B: L, O, G और A शब्दों के अर्थपूर्ण शब्द 'GOAL' बनता है जिसका तीसरा शब्द 'A' है।

25.D: शब्दों को इस प्रकार क्रमबद्ध किया जाएगा—

defer, delete, delirium, delude, demean इस प्रकार 'delirium' शब्द बीच में आएगा।

26.B: A और B किनारों पर बैठे हैं।

27.C: C और F के बीच 'D' बैठा है।

28.A: यदि C के स्थान पर G को परिवर्तित कर दिया जाए तो C उत्तर से तीसरे स्थान पर होगा।

29.D.

30.E: 'D' के दायीं ओर G बैठा है।

मॉडल प्रश्न पत्र-2

1.E: दी गई जानकारियों के अनुसार पत्र पढ़ने वाले सात व्यक्तियों का सही क्रम होगा—

पहला ↓ ... अंतिम ↓

ब → द → य → अ → स → फ → ज

चूंकि निर्देश में दी गई सभी सूचनाएं आवश्यक हैं, अतः इस प्रश्न का सही उत्तर 'E' होगा

2.B: ब → द → य → अ → स → फ → ज

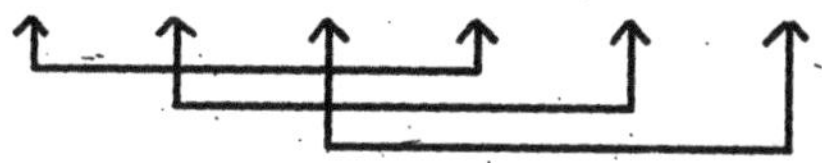

3.A: प्रश्न संख्या '1' के उत्तर की उपर्युक्त व्याख्या में दिए गए पत्र पढ़ने वाले व्यक्तियों के सही क्रम के अनुसार उस पत्र को पढ़ने वाला ठीक बीच का व्यक्ति था 'अ'। अतः सही उत्तर 'A' होगा।

4.B: प्रश्न संख्या '1' के व्याख्यानुसार 'य' के तुरंत बाद उस पत्र को पढ़ने वाले तीन व्यक्तियों का वर्ग था—'अ, स, फ'। अतः सही उत्तर 'B' होगा

5.C: ∴ + = X, − = ÷, × = − तथा ÷ = +,

$\therefore 11 + 96 \div 4 - 3 \times 6 = 16 + 24 - 18 = 22$

अतः सही उत्तर 'C' होगा।

6.D: जिस प्रकार—

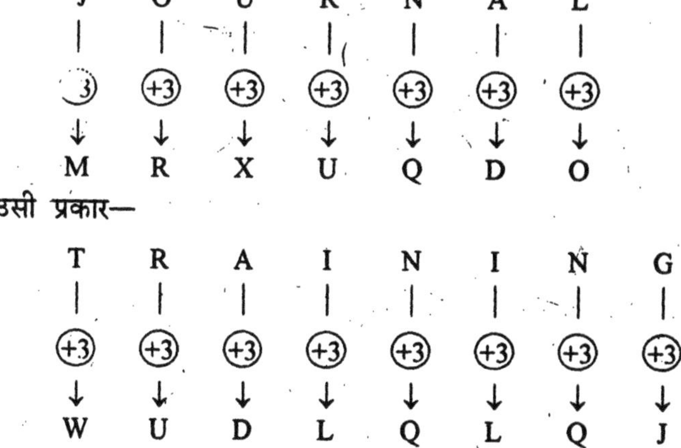

7.B: पहला ——————————→ छठा

A B C D E F G H I J K [L] M N O P Q R S T U V W X Y Z

8.D:

Z	–5 →	U	–5 →	P	–5 →	K	–5 →	F
W	–5 →	R	–5 →	M	–5 →	H	–5 →	C
3	+3 →	6	+4 →	10	+5 →	15	+6 →	21

9.E.

10.D: पंक्ति के बीच में H बैठा है।

11.A: 'ECG' तीन पर्यटकों का वह ग्रुप है, जो H के ठीक दाईं ओर बैठा है।

12.E: वस्तुत: दोनों किनारों पर 'I' और 'D' बैठे हुए हैं, जो दिए गए किसी विकल्प में नहीं हैं। अत: सही उत्तर 'E' होगा।

13.A: 26342633639265 [362] 3634262363

दिए गए अंकों में ऐसा एकमात्र '6' है जिसके ठीक पहले '3' और ठीक बाद में '2' है।

14.E: ∴ ऊपर से 9वां = नीचे से 31वां

∴ ऊपर से 39वां = नीचे से पहला

इसी प्रकार, ऊपर से पहला = नीचे से 39वां

इसी प्रकार, उस वर्ग में कुल 39 विद्यार्थी हैं।

15.A:

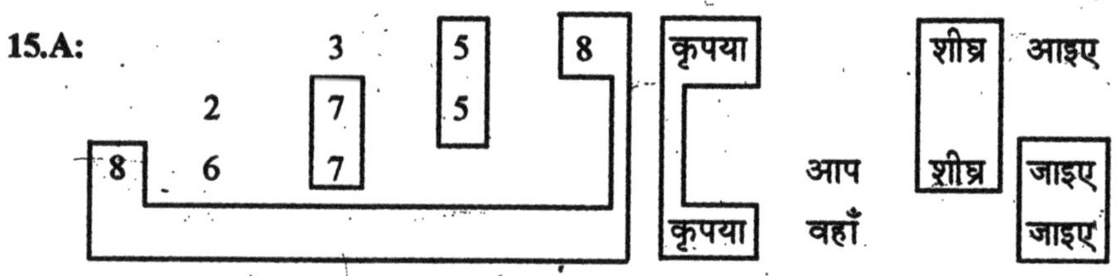

3 = आइए, 5 = शीघ्र, 8 = कृपया

2 = आप, 7 = जाइए, 6 = वहां

अत:, सही उत्तर 'A' होगा।

16.B:

4	5	2	8	6	7	1	9
B	K	S	N/	D	M	L	P

दी गई कूट तालिका के अनुसार इस प्रश्न का सही उत्तर 'B' होगा।

17.A: 2 8 0 7 1 4 3
S N G M L B W
अतः सही उत्तर 'A' होगा।

18.B: 9 1 6 2 8 0 7
P L D S N G M
तालिका के अनुसार सही उत्तर 'B' होगा।

19.C: 0 1 2 3 4 7 9 8
G L S W B M P N
अतः सही उत्तर 'C' होगा।

20.D: अन्य सभी संख्याएं अपने अतिरिक्त अन्य किसी संख्या से विभाजित नहीं हो सकती हैं।

21.C: O M K Q H T F V
(O → K: –4, M → Q: +4; K → H: –3, Q → T: +3; H → F: –2, T → V: +2)

22.E.

23.B: P R A C T I T I O N E R S

निर्देशानुसार आपसी अदल-बदल के बाद अक्षरों का सही क्रम—

9 8 7 6 5 4 3 2 1
P N A T [O] E C I T R I R S

24.B: 96 → 92 → 88 → 84 → 80 → 76 → 72 → 68 → 64 → 60 → 56 → 52 → 48 → [44] → 40 → 36 → 32 → 28 → 24 → 20 → 16 → 12 → 8 → 4

25.B: यह उसी प्रकार होगा—

S O U R C E — R P T S B F
(S → R, O → P, U → T, R → S: +1; C → B: +1; E → F: –1)

जिस प्रकार यह है—

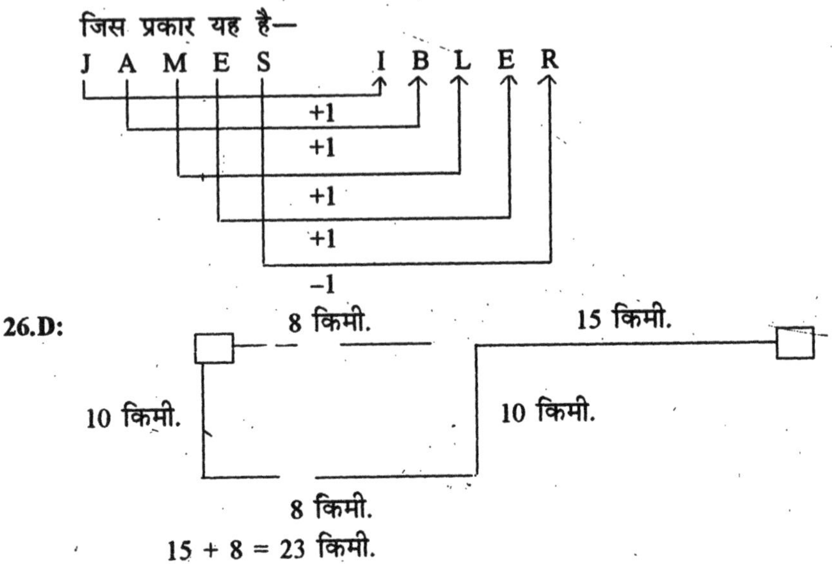

26.D: 15 + 8 = 23 किमी.

27.E.

28.E: अन्य सभी आयुर्विज्ञान से सम्बन्धित विज्ञान की शाखाएं हैं, जबकि 'जन्तुविज्ञान' प्राणिशास्त्र की शाखा है।

29.C: जिस प्रकार कार्यालय में कर्मचारी कार्य करते हैं, उसी प्रकार तालाब में तैराक तैरते हैं।

30.E: पूर्व की ओर मुंह करके खड़ी लड़कियों का सही क्रम होगा—

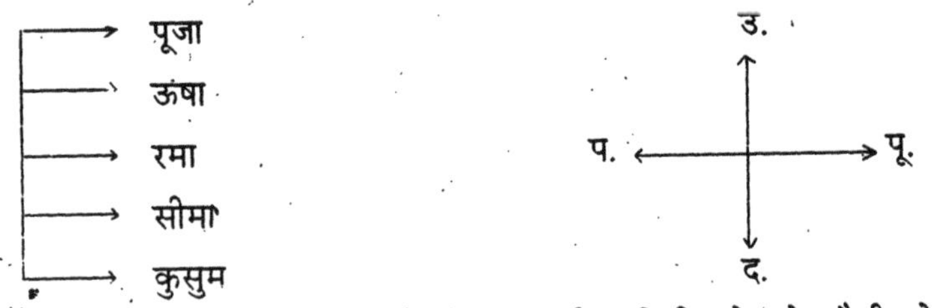

अगर सीमा बायीं ओर से चौथी है तो ऊषा भी दाहिनी ओर से चौथी होगी। अतः सही उत्तर 'A' होगा।

वस्तुनिष्ठ हिन्दी

I संधि

निर्देश : *निम्नलिखित शब्दों के संधि विच्छेद के सही विकल्प को चुनिए।*

1. सुरेन्द्र
   A. सुर + इन्द्र B. सु + रेन्द्र
   C. सुरः + इन्द्र D. सुरअ + इन्द
2. सदाचार
   A. सदा + आचार B. सद् + आचार
   C. सत् + आचार D. सदा + चार
3. महेन्द्र
   A. महे + इन्द्र B. मह + इन्द्र
   C. महान् + इन्द्र D. महा + इन्द्र
4. देव्यार्पण
   A. देव्य + अर्पण B. देव + अर्पण
   C. देव्या + अर्पण D. देवी + अर्पण
5. संशय
   A. सम् + शय B. सन् + शय
   C. स + शंय D. सम + शंय
6. निर्भय
   A. निर + भय B. नि + रभय
   C. निः + भय D. नृ + भय
7. शरदचन्द्र
   A. शरद + चन्द्र B. शरत् + चन्द्र
   C. शरच् + चन्द D. शरद् + चन्द्र
8. उल्लेख
   A. उल + लेख B. उत् + लेख
   C. उत + लेख D. उल् + लेख
9. बिम्बोष्ठ
   A. बिम्ब + ओष्ठ B. बिम्ब + औष्ठ
   C. बिम्बौ + अष्ठ D. बिम् + बौष्ठ
10. देव्यागम
   A. देव + आगम B. देव्या + गम
   C. देवि + अगम D. देवी + आगम
11. यद्यपि
   A. यदि + अपि B. यद् + आपि
   C. यद्या + पि D. यदा + इपि
12. पित्रिच्छा
   A. पितृ + इच्छा B. पितृ + एच्छा
   C. पित्र + इच्छा D. पितर + इच्छा
13. दुश्शासन
   A. दु + शासन B. दुः + शासन
   C. दश्श + आसन D. दुःशा + सन
14. उन्नति
   A. उत् + नति B. उन् + नति
   C. उ + नति D. उन + नति
15. मनोरथ
   A. मनो + अर्थ B. मनः + रथ
   C. मनः + अरथ D. मने + ओरथ
16. सप्तर्षि
   A. सप्तः + ऋषि B. सप्त + ऋषि
   C. सप्त + ऋर्षि D. सप्तत् + ऋषि
17. जगदीश
   A. जगत् + ईश B. जग + ईश
   C. जग + दीश D. जगद + ईश
18. न्यून
   A. नि + यून B. नी + युन
   C. नि + उन D. नि + ऊन
19. इत्यादि
   A. इत + आदि B. ईत + आदी
   C. इति + आदि D. ईति + आदी
20. अम्बूर्मि
   A. अम्ब + बूर्मि B. अम + ऊर्मि
   C. अम्बु + ऊर्मि D. अंब + ऊर्मि
21. पित्राज्ञा
   A. पित्र + आज्ञा B. पितृ + आज्ञा
   C. पितर + आज्ञा D. पित्रा + ज्ञा

22. श्रावण

A. श्रौ + अन B. श्राव् + अण

C. श्राव् + अन D. श्रौ + अण

23. प्रत्युत्तर

A. प्र + त्युत्तर B. प्रति + युत्तर

C. प्रति + उत्तर D. प्रत्यु + उत्तर

24. निस्तार

A. निः + स्तार B. निस् + तार

C. निः + तार D. निस्त + आर

25. मतैक्य

A. मत + एक्य B. मत + ऐक्य

C. मति + एक्य D. मत्य + ऐक्य

26. स्वल्प

A. स्व + अल्प B. सु + वल्प

C. सु + अल्प D. स्वलः + प

27. रजनीन्दु

A. रजनि + इन्दु B. रजनी + ईन्दु

C. रजनी + इन्दू D. रजनी + इन्दु

28. सदैव

A. सदा + एव B. सदा + ऐव

C. सद + ऐव D. सता + ऐव

29. वध्वागमन

A. वध्वा + गमन

B. वध्व + आगमन

C. वधू + आगमन

D. वध + उगमन

30. नयन

A. ने + अन B. न + यन

C. नय + अन D. नय + न

31. दीपावली

A. दीपा + वली B. दीप + अली

C. दीप + आवली D. दीप + अवली

32. निष्कारण

A. निः + कारण B. निस + कारण

C. निष + कारण D. निष् + कारण

33. गिरीश

A. गिरि + ईश B. गिरी + ईश

C. गिरि + इश D. गिर + ईष

34. पुनर्विवाह

A. पुनर + विवाह B. पुनस् + विवाह

C. पुर्न + विवाह D. पुनः + विवाह

35. निरुपाय

A. निः + पाय B. निर + उपाय

C. निः + उपाय D. निरु + पाय

36. निरीक्षण

A. निरी + क्षण B. निरा + इक्षण

C. निर् + ईक्षण D. निः + ईक्षण

37. अनन्त

A. अन् + अन्त B. अन + अन्त

C. अ + नन्त D. अनन् + त

38. काव्योर्मि

A. का + योर्मि B. कवि + उर्मि

C. काव्य + उर्मि D. काव्य + ओर्मि

39. भवन

A. भ + वन B. भो + अन

C. भु + वन D. भव + न

40. तद्धित

A. तत् + हित B. तत + हित

C. तद् + हित D. तध + हित

41. सत्याग्रह

A. सत्य + ग्रह B. सत्य + आग्रह

C. सत + आग्रह D. सत्या + अग्रह

42. बहिष्कार

A. बहिः + कार B. बहिष + कर

C. बहि + अकार D. बहि + सकार

43. निर्धन

A. निः + धन B. निर + धन

C. नृः + धन D. निरः + धन

44. एकैक

A. एकः + एक B. एक + एक

C. एको + एक D. एकाः + एक

45. सुक्ति
A. स + उक्ति B. सु + उक्ति
C. सम + उक्ति D. सो + ऊक्ति

46. दिगम्बर
A. दिग् + अम्वर B. दिक्+अम्बर
C. दिग + अम्बर D. दिक+अम्बर

47. पावक
A. पौ + अक B. पा + अवक
C. पव + अक् D. पाव + अक

48. उपैति
A. अप + इति B. उपै + इति
C. उप + ऐति D. उप + एति

49. अन्वेषण
A. अन + वेषण B. अनु + एषण
C. अनु + वेषण D. अन्व + ऐषण

निर्देश : *नीचे प्रत्येक शब्द से संधि के लिए चार विकल्प दिए गए हैं। इनमें से जो विकल्प सही है उसका चयन कीजिए।*

50. निश्चल
A. विसर्ग B. गुण
C. दीर्घ D. यण

51. मनोहर
A. गुण B. वृद्धि
C. विसर्ग D. दीर्घ

52. परिच्छेद
A. गुण B. व्यंजन
C. विसर्ग D. दीर्घ

53. सप्तर्षि
A. वृद्धि B. दीर्घ
C. विसर्ग D. गुण

54. इत्यादि
A. गुण संधि B. यण संधि
C. विसर्ग संधि D. वृद्धि संधि

55. निस्तेज
A. यण संधि B. वृद्धि संधि
C. विसर्ग संधि D. गुण संधि

56. तथेति
A. वृद्धि संधि B. यण संधि
C. विसर्ग संधि D. गुण संधि

57. षडानन
A. दीर्घ संधि B. वृद्धि संधि
C. यण संधि D. गुण संधि

58. धर्मात्मा
A. स्वर संधि B. व्यंजन संधि
C. विसर्ग संधि D. यण संधि

59. रेखांकित
A. गुण संधि B. वृद्धि संधि
C. दीर्घ संधि D. स्वर संधि

60. अत्यूष्म
A. गुण संधि B. यण संधि
C. दीर्घ संधि D. वृद्धि संधि

61. दुरुपयोग
A. स्वर संधि B. यण संधि
C. गुण संधि D. दीर्घ संधि

62. देवेन्द्र
A. दीर्घ संधि B. गुण संधि
C. अयादि संधि D. वृद्धि संधि

63. पित्रीहा
A. दीर्घ संधि B. व्यंजन संधि
C. यण् संधि D. गुण संधि

64. यद्यपि
A. व्यंजन संधि B. वृद्धि संधि
C. यण् संधि D. गुण संधि

65. षड्दर्शन
A. यण् संधि B. व्यंजन संधि
C. गुण संधि D. वृद्धि संधि

66. निष्फल
A. विसर्ग संधि B. व्यंजन संधि
C. गुण संधि D. वृद्धि संधि

67. उपेन्द्र
A. अयादि संधि B. गुण संधि
C. विसर्ग संधि D. दीर्घ संधि

68. महीन्द्र
A. दीर्घ संधि B. गुण संधि
C. वृद्धि संधि D. यण् संधि

69. सूक्ति
A. गुण संधि B. वृद्धि संधि
C. अयादि संधि D. दीर्घ संधि

70. चन्द्रोदय
A. दीर्घ संधि B. गुण संधि
C. व्यंजन संधि D. वृद्धि संधि

71. हितैषी
A. दीर्घ संधि B. वृद्धि संधि
C. गुण संधि D. अयादि संधि

72. अन्वय
A. गुण संधि B. अयादि संधि
C. वृद्धि संधि D. यण् संधि

73. शयन
A. अयादि संधि B. यण् संधि
C. गुण संधि D. वृद्धि संधि

74. सत्येन्द्र
A. वृद्धि संधि B. गुण संधि
C. व्यंजन संधि D. विसर्ग संधि

75. दिगम्बर
A. व्यंजन संधि B. विसर्ग संधि
C. गुण संधि D. अयादि संधि

76. निस्स्वार्थ
A. व्यंजन संधि B. विसर्ग संधि
C. गुण संधि D. अयादि संधि

77. कवीश्वर
A. दीर्घ संधि B. गुण संधि
C. व्यंजन संधि D. स्वर संधि

78. सूर्योदय
A. गुण संधि B. वृद्धि संधि
C. यण् संधि D. दीर्घ संधि

79. निर्विकार
A. व्यंजन B. दीर्घ स्वर
C. विसर्ग D. गुणस्वर

80. उद्घाटन
A. गुण संधि B. यण् संधि
C. व्यंजन संधि D. वृद्धि संधि

उत्तरमाला

1	2	3	4	5	6	7	8	9	10
A	C	D	B	A	C	B	B	A	D
11	12	13	14	15	16	17	18	19	20
A	A	B	A	B	B	A	D	C	C
21	22	23	24	25	26	27	28	29	30
B	A	C	C	B	C	D	A	C	A
31	32	33	34	35	36	37	38	39	40
D	A	A	D	C	D	A	C	B	A
41	42	43	44	45	46	47	48	49	50
B	A	A	B	B	B	A	C	B	A
51	52	53	54	55	56	57	58	59	60
C	B	D	B	C	D	A	A	C	B
61	62	63	64	65	66	67	68	69	70
A	B	C	C	B	A	B	A	D	B
71	72	73	74	75	76	77	78	79	80
B	D	A	B	A	B	A	A	C	C

II वर्तनी

निर्देश : *इन प्रश्नों में स्वर या मात्रा की दृष्टि से शब्द को अशुद्ध रूप में लिया गया है नीचे दिए गए चार विकल्पों में से शुद्ध रूप चुनिए—*

1. A. इच्छादुम B. इच्छाद्रम
C. इच्छाद्रुम D. इच्छादम
2. A. द्विरूक्ति B. दिरुक्ति
C. द्विरक्ती D. द्विरुकती
3. A. विसमृति B. विसमरती
C. विस्मती D. विस्मृति
4. A. जगतापाण B. जगतप्राण
C. जगत्प्राण D. जगर्त्पाण
5. A. आर्शीवाद B. आशिर्वाद
C. आशीर्वाद D. आर्शिवाद
6. A. सोस्टांग B. साष्टांग
C. सस्टांग D. शाष्टांग
7. A. परिस्थती B. परीस्थिति
C. परिस्थिति D. परिस्थिती
8. A. वाँक्षनीय B. वाँछनीय
C. बाँछनिय D. वान्छनीय
9. A. स्वर्गिय B. स्वर्गीय
C. स्वर्गीय D. स्वर्गीअ
10. A. प्रज्वलित B. प्रज्जलित
C. प्रज्जवलित D. प्रजलित
11. A. पूज्यनीय B. पूजनीय
C. पुजनीय D. पूजनिय
12. A. कवयित्री B. कवियित्री
C. कवियत्री D. कवीयित्री
13. A. सौहार्द्र B. सौहार्द
C. सौहार्दयता D. सौहार्दय
14. A. मृत्योपरांत B. मृत्यूपरांत
C. म्रत्युपरांत D. मृत्युपरांत
15. A. माधुर्य B. माधुर्यता
C. मार्धुता D. माधुयर्ता
16. A. सामुर्द्रिक B. समुद्रिक
C. सांमुद्रिक D. सामुद्रिक
17. A. षड्दर्शन B. शड्दर्शन
C. षड्दर्षन D. षड्दर्शण
18. A. श्रुतिलिपि B. श्रुतिलीपि
C. श्रूतिलिपि D. श्रुतीलिपि
19. A. दुर्भिक्ष B. दूर्भिक्ष
C. दुर्भीक्ष D. दूर्भीक्ष
20. A. गृहिणी B. ग्रहिणी
C. ग्रहीणि D. गृहीणि
21. A. शूर्पनखाँ B. सूर्पणखाँ
C. शूर्पणखा D. सुर्पणखा
22. A. आविष्कार B. आविस्कार
C. आविश्कार D. अविस्कार
23. A. शत्रुघ्न B. शत्रुघ्न
C. शत्रुधन D. शत्रूघ्न
24. A. पैत्रिक B. पैतृक
C. पैत्रीक D. पैतृक्
25. A. यथेष्ट B. यथेष्ठ
C. यथेस्ट D. यथेस्ठ
26. A. अस्तुत्य B. स्तुत्य
C. स्तूत्य D. स्तुतय

27. A. शिर्षस्थ B. शीर्षस्थ्य
C. सीर्षस्थ D. शीर्षस्थ

28. A. प्रथक B. पर्थक
C. पृथक् D. प्रर्थक

29. A. प्रसंशा B. प्रशंसा
C. पृशंसा D. परंशंसा

30. A. विध्यालय B. विधालय
C. विद्धालय D. विद्यालय

31. A. विभिषिका B. विभिषीका
C. विभीषिका D. वीभीषिका

32. A. निर्विघ्न B. नीर्विघ्न
C. नीर्वीघ्न D. र्निविघ्न

33. A. परिपार्टी B. परीपाटी
C. परिपार्टि D. परिपाटी

34. A. कोमलांगिनी B. कोमलांगी
C. कोमलंगी D. कोमल अंगी

35. A. दम्पत्ति B. दम्पती
C. दम्पति D. दमपति

36. A. अनुकृम B. अनुक्रम
C. अनुकर्म D. अनुकर्म्र

37. A. दीर्घायु B. दीरघायु
C. दीघायु D. दीघीयु

38. A. याक्षुष B. चाच्छुष
C. चक्षुश D. चासुस

39. A. दुरव्यवहार B. दुव्यर्वहार
C. दुर्व्यवहार D. द्रुव्यवहार

40. A. उरिन B. उरिण
C. उत्रृण D. उत्रिन

41. A. दन्तोष्ठ B. दन्तौष्ठ्य
C. दन्तौष्ठ D. दनतौष्ठ

42. A. ऐशवर्य B. ऐश्वर्य
C. ऐर्श्वय D. ऐश्वय

43. A. मुहूर्त B. मुहुर्त्त
C. मूहूर्त D. मुहूर्त

44. A. नूपुर B. नुपुर
C. नुपूर D. नपुर

45. A. अपह्हति B. अपन्हुति
C. अपह्नुति D. अपह्नुती

46. A. मन्त्रिमंडल B. मंत्रिमंडल
C. मंत्री मंडल D. मैंत्री मंडल

47. A. ऊपरोक्त B. उपर्युक्त
C. उपोरोक्त D. उपरोक्त

48. A. अनुग्रहित B. अनुगृहीत
C. अनुग्रहीत D. अनुगृहीत

49. A. कृष्निका B. क्रष्णिका
C. कृष्णिका D. कृश्णिका

50. A. प्रर्दशनी B. प्रदर्शनी
C. प्रदर्शिनी D. पर्दशिनी

51. A. अत्युष्म B. अत्यूष्म
C. अतियुष्म D. अत्यिुश्म

52. A. सिंगार B. सिंगारि
C. श्रंगार D. शृंगार

53. A. अन्तोदय B. अन्त्योदय
C. अन्तयौदय D. अन्तयुदय

54. A. युधिष्ठिर B. युद्धिष्ठिर
C. युधष्ठिर D. युधिष्ठर

55. A. कुटुम्बिक B. कुटुम्बीक
C. कूटूम्बीक D. कूटूम्बिक

56. A. बाल्मीकि B. वाल्मीकि
C. वाल्मिकि D. वालमिकि

निर्देश : *नीचे दिए गए वाक्यों में गहरे काले शब्दों की वर्तनी के लिए चार–चार विकल्प दिए गए हैं। इनमें से एक विकल्प में शब्द की वर्तनी शुद्ध है। उस विकल्प को चुनिए–*

57. हमें नियमों का **उलंल्घन** नहीं करना चाहिए
A. उल्लंघन B. उलंल्घन
C. उलंघन D. ऊल्लंघन

58. हम **जान्तंत्रिक** पद्धति में विश्वास करते हैं
A. जानतांत्रिक B. जनतांत्रिक
C. जनतांत्रीक D. ज़नतंत्रिक

59. इस पुस्तक के अन्त में दो **परिशिष्ठ** दिए गए हैं
A. परिशिष्ठ B. प्ररिशिष्ट
C. परिशिष्ट D. प्रशिष्ट

60. आपके दर्शन कर मैं स्वयं को **कृत्यकृत्य** अनुभव करता हूँ
A. कृत्यकृत B. कृत्यक्रत्य
C. कृत्कृत्य D. कृतकृत्य

61. कानपुर एक महत्वपूर्ण **व्यावसाइक** केन्द्र है
A. व्यावसायक B. व्यावसाइक
C. व्यावसाइक D. व्यावसायिक

62. **युधिस्टिर** सबसे बड़े पाण्डव थे
A. युधिस्थिर B. युधिस्टिर
C. युधिष्ठिर D. युधष्ठिर

63. प्रधानमंत्री ने **मंत्रिमण्डल** के बैठक की अध्यक्षता की
A. मन्त्रिमन्डल B. मन्त्रिमण्डल
C. मन्त्रीमण्डल D. मंत्रीमण्डल

64. आजकल **आर्युवैदिक** औषधियों की विश्वसनीयता बढ़ रही है
A. आर्युवैदिक B. आयुर्वेदिक
C. आयुर्वैदिक D. आयुर्वेदीक

65. **चन्द्र-ज्योतसना** सरिता के प्रभाव को मोहक बना रही थीं
A. ज्योतिसना B. ज्योतसना
C. ज्योत्सना D. ज्योत्स्ना

66. यह आपकी **अनिधिकार** चेष्टा है
A. अनधिक्कार B. अनधिकार
C. अनाधिकार D. अनधीकार

67. साम्राज्य के शासन-सूत्र को धारणा करने वाली स्त्री **समरागी** कहलाती है
A. सामरागी B. साम्राज्ञी
C. सम्राज्ञी D. साम्राग्यी

68. भूकम्प पीड़ित क्षेत्रों में **पुनरवास** एक बड़ी समस्या है
A. पूर्नवास B. पुर्णवास
C. पुनर्वास D. पुनरवास

69. धन के पीछे भागना **म्रिगतृष्णा** है
A. मिगतृष्णा B. म्रगतृष्णा
C. मृगतृष्णा D. मृगत्रिष्णा

70. **ओद्योगिक** क्रांति ने यूरोप के स्वरूप को पूर्णतः परिवर्तित कर दिया
A. उद्योगिक B. ओद्योगिक
C. औद्योगिक D. ओद्यौगिक

71. **प्रकारान्त्र** से मेरे कथन का अभिप्राय आपसे मिलता है
A. प्राकारान्तर B. प्रकारान्त्र
C. प्राकारान्त्र D. प्रकारान्तर

72. दिनकर राष्ट्रीय भावधारा के ओजस्वी कवियों में **अगरगन्य** है
A. अग्रगन्य B. अग्रगण्य
C. अगरगन्य D. अर्गमन्य

73. सीता राम की **परीणिता** है
A. प्रणीता B. प्रणयीता
C. परीणिता D. परिणीता

74. हमें आपके **आशीरवाद** की कामना है
A. आशिर्वाद B. आर्शीवाद
C. आशीरवाद D. आशीर्वाद

75. संस्कृत **संश्लिष्ट** भाषा है
A. संश्लिष्ट B. संश्लिस्ट
C. संस्लिष्ट D. संष्लिष्ठ

76. वह अभी–अभी तो यहाँ बैठा था, न जाने कहाँ **अर्न्तध्यान** हो गया
A. अर्न्तध्यान B. अन्तर्ध्यान
C. अन्तर्धान D. अन्तःर्धान

77. मन्दाकिनी की जलधारा **अजस्सर** रूप से प्रवाहित हो रही थी
A. अजस्सर B. अजस्त्र
C. अजस्र D. अजसर

78. रूप–रस–गंध आदि के अनुभव के लिए मनुष्य के पास पाँच **ज्ञानेन्द्रीयाँ** हैं
A. ज्ञानेन्द्रिआँ B. ज्ञानेन्द्रियाँ
C. ग्यानेंद्रीआँ D. ज्ञानेन्द्रीयँ

79. साहित्यकार ही समाज को **दिगृर्भान्त** होने से बचा सकता है
A. दिग्भ्रान्त B. दिगर्भान्त
C. दिर्गभान्त D. दिर्गभ्रान्त

80. इस सहायता के लिए मैं आपका सदैव **अनुग्रहित** रहूँगा
A. अनुग्रहीत B. अनुगृहीत
C. अनुगृहित D. अनुग्रहित

उत्तरमाला

1	2	3	4	5	6	7	8	9	10
C	A	D	C	C	B	C	A	C	C
11	12	13	14	15	16	17	18	19	20
B	A	B	B	A	D	A	A	A	A
21	22	23	24	25	26	27	28	29	30
C	A	B	B	A	B	D	C	B	D
31	32	33	34	35	36	37	38	39	40
C	A	D	B	B	B	A	C	C	C
41	42	43	44	45	46	47	48	49	50
B	B	A	A	C	A	B	C	C	B
51	52	53	54	55	56	57	58	59	60
B	D	B	A	A	B	A	B	C	D
61	62	63	64	65	66	67	68	69	70
D	C	B	C	D	C	B	C	C	C
71	72	73	74	75	76	77	78	79	80
D	B	D	D	A	C	C	B	A	B

III अनेक शब्दों के बदले एक शब्द

निर्देश : *नीचे दिए गए प्रत्येक वाक्यांश के लिए एक शब्द दीजिए इसके लिए चार–चार विकल्प दिए गए हैं। उचित विकल्प का चुनाव कीजिए।*

1. वह स्थान जहाँ पृथ्वी और आकाश मिलते हुए से दिखाई पड़ते हैं
A. क्षितिज B. सरसिज
C. अन्तरिक्ष D. नीहारिका

2. जो ऊपर से मिलाया गया हो
A. प्रक्षिप्त B. विक्षिप्त
C. संक्षिप्त D. विलुप्त

3. किसी कथा के अन्तर्गत आने वाली कोई अन्य कथा
A. दृष्टांत B. अन्तर्कथा
C. अंतःकथा D. अंतर्दृष्टांत

4. हाथी की पीठ पर रखी जाने वाली चौकी
A. मचान B. हौदा
C. तख्त D. गद्दी

5. यज्ञ में आहुति देने वाला
A. पुरोहित B. हवि
C. होता D. समिधा

6. कामना पूरी होने का विश्वास
A. प्रत्याशा B. दुराशा
C. विभावना D. सम्भावना

7. जो बात लोगों से सुनी गई हो
A. अश्रुति B. सर्वप्रिय
C. लोकोक्ति D. किंवदन्ती

8. सबके समानाधिकार पर विश्वास
A. अधिकारी B. समाजवाद
C. प्रगतिवाद D. अधिकारवाद

9. रजोगुण वाला
A. तामसिक B. राजसिक
C. वाचिक D. सात्विक

10. जिसका इन्द्रियों से अनुमान न हो सके
A. जितेन्द्रिय B. अतीन्द्रिय
C. कालजयी D. सर्वजयी

11. अनुचित व्यय करने वाला
A. अतिव्ययी B. मितव्ययी
C. दुर्व्ययी D. अपव्ययी

12. जिसकी स्त्री मर गई हो
A. पुश्चल B. जरठ
C. विधुर D. विसृत

13. जिसके पास कुछ न हो
A. निरीह B. निर्धन
C. वंचित D. अंकित

14. इस लोक की लीला
A. सांसारिक B. इहलौकिक
C. भौतिक D. जागतिक

15. जो गलत काम के लिए साहस करे
A. निर्भय B. दस्यु
C. दुस्साहसी D. वीर

16. हाथ से लिखी पुस्तक
A. आलेख B. हस्तलिखित
C. आशुलिपि D. पाण्डुलिपि

17. जीने की इच्छा
A. जिजीविषा B. जिज्ञासा
C. जिघासी D. जिगीषा

18. रक्त से सना हुआ
A. रक्तिम B. रक्ताभ
C. रक्ताक्त D. रक्तीम

19. मृत्यु की इच्छा
   A. मुमूर्षा B. मूमुर्षा
   C. मूमूर्षा D. मरणेच्छा
20. जिसे कुछ भी करना-धरना न सूझे
   A. किंकर्त्तव्यविमूढ़ B. अविवेकी
   C. दीर्घसूत्री D. किंवदन्ती
21. उपकार के बदले में किया हुआ उपकार
   A. कृतज्ञ B. उपकारी
   C. अनुपकारी D. प्रत्युपकार
22. बहुत समय तक स्थिर रहने वाला
   A. स्थिर B. चिरस्थायी
   C. दीर्घायु D. दीर्घकालीन
23. जो दूसरों में केवल दोष देखे
   A. आलोचक B. दोषारोपक
   C. छिद्रान्वेषक D. अनुदार
24. कंजूसी से धन व्यय करने वाला
   A. मितव्ययी B. कृपण
   C. अल्पव्ययी D. मसृण
25. भाषा का विकृत रूप
   A. विकृत B. भ्रष्ट
   C. अपभ्रंश D. प्राकृत
26. जिसका अंदाजा न हो सके
   A. अचिन्त्य B. आकस्मिक
   C. बिजली D. नैसर्गिक
27. जिसमें चेतना का अभाव हो
   A. अनजान B. बेसुध
   C. निश्चेष्ट D. अचेतन
28. सुन्दर ढंग से कहा हुआ
   A. उपयुक्त B. सुभाषित
   C. मृदुभाषित D. अभिभाषण
29. जिसकी पहले से कोई आशा न हो
   A. निराशा B. आशातीत
   C. असम्भाज्य D. अप्रत्याशित

निर्देश : *निम्नलिखित प्रत्येक वाक्य–खण्ड के लिए उसके नीचे दिए गए विकल्पों में से एक शब्द चुनिए।*

30. दोनों भौहों के मध्यवर्ती स्थान पर उसकी बिंदिया खूब सज रही थी
   A. भृकुटी B. त्रिकुटी
   C. त्रिपुटी D. ध्यान–स्थान
31. उमंग एवं खुशी का भाव
   A. प्रमोद B. उल्लास
   C. आह्लाद D. उत्फुल्लता
32. साहित्यिक गुण-दोषों की विवेचना करने वाला
   A. समालोचक B. सम्पादक
   C. निरीक्षक D. परीक्षक
33. जिसका इलाज न हो सके
   A. असाध्य B. दुसाध्य
   C. क्लिष्ट D. अशोध्य
34. जो धन को व्यर्थ व्यय करता हो
   A. कृपण B. मितव्ययी
   C. अल्पव्ययी D. अपव्ययी
35. कनिष्ठा और मध्यमा के बीच की उँगली
   A. तर्जनी B. अनामिका
   C. आगामी D. अनुयायी
36. जिसका भाषा द्वारा वर्णन न किया जा सके
   A. अनुश्रुति B. अधित्यका
   C. अन्योदर D. अनिर्वचनीय
37. हर काम को देर से करने वाला
   A. दीर्घदर्शी B. अदूरदर्शी
   C. दीर्घसूत्री D. विलम्बी
38. उचित से कम मूल्य आँकना या लगाना
   A. मूल्यांकन B. अधिमूल्यन
   C. अवमूल्यन D. अवमूर्तन

39. जिसे पार करना कठिन हो
A. निगम B. आगम
C. दुर्गम D. अगम्य

40. दूर की बात सोचने वाला
A. द्रुतगामी B. दूरदर्शी
C. दूरस्थ D. सुदूरवर्ती

41. बारातियों के ठहरने का स्थान
A. अतिथिगृह B. बैठक
C. जनवासा D. जनवास

42. वह अग्नि जो जंगल में अपने आप लग जाती है
A. बड़वाग्नि B. जठराग्नि
C. दावानल D. वायवाग्नि

43. हाथी के समान मंदगति से चलने वाली
A. गजगमन B. गजगामन
C. गजगामिनी D. गजगति

44. जिसे वश में करना मुश्किल है, वह कहलाता है
A. प्रियंवदा B. दुधुर्षु
C. दुर्धर्ष D. प्रष्टव्य

45. जो बाह्य जगत के ज्ञान से अनभिज्ञ हो
A. कूपमण्डूक B. अल्पज्ञ
C. अन्तःवासी D. अदूरदर्शी

46. ऐसी उक्ति जो परम्परागत हो
A. अनुश्रुति B. पारम्परिक
C. आधुनिक D. ऐतिहासिक

47. न टलने वाली घटना/भाग्याधीन
A. होनहार B. अनिवार्य
C. अपरिहार्य D. आवश्यक

48. वह पद्य पाठ जिसको अन्तिम अक्षर से आरम्भ किया जाए
A. अंत्योगत्वा B. ओंकार
C. अंत्याक्षरी D. समिधा

49. कई राग और रागनियों के मेल से बना एक संकरराग
A. ध्रुपद B. गंधर्व
C. धमाल D. मल्हार

50. जिस पर उपकार किया गया हो
A. कृतज्ञ B. कृतघ्न
C. उपकृत D. उपकारी

51. अपशकुनों से रहित
A. निरूपवृत B. शकुन
C. निरुपेक्ष D. निरुपसर्ग

52. किसी बात को बढ़ा-चढ़ाकर कहना
A. प्रवक्ता B. वाचाल
C. अतिशयोक्ति D. अनुभव

53. किसी के प्रति उदारता एवं कृपापूर्वक किया जाने वाला व्यवहार
A. अगम्य B. अनुग्रह
C. निग्रह D. विग्रह

54. जो अपने पद या स्थान से हटा दिया गया है।
A. पदच्युत B. पदविमुक्ति
C. वैराग्य D. संन्यास

55. जिसके आर-पार देखा जा सके
A. अपारदर्शी B. सूक्ष्मदर्शी
C. समदर्शी D. पारदर्शी

56. किसी काम में दूसरे से बढ़ने की इच्छा
A. द्वेष B. घृणा
C. स्पर्द्धा D. स्नेह

57. कार्य को नए ढंग से करने की पद्धति
A. आधुनिकीकरण B. नवीनीकरण
C. नवागत रूप D. पारम्परिक

58. जिसे आसानी से सिद्ध न किया जा सके
A. कठिन B. दुःसाध्य
C. दुष्कर D. असम्भव

59. वीर पुत्रों को जन्म देने वाली
A. वीर प्रसूता B. वीरांगना
C. वीर माता D. वीर वधू

60. श्रेष्ठ कुल में जन्मा हुआ
A. कुलभूषण B. कुलश्रेष्ठ
C. कुलीन D. शालीन

61. जो बहुत बड़ा नहीं है
A. नातिलघु B. नातिदीर्घ
C. सव्यसाची D. अदीर्घ

62. जो गर्भ की थैली से जन्म लेता है
A. अंडज B. पिंडज
C. उद्‌भिज D. जरायुज

63. जिसका सम्बन्ध धरती से हो
A. पार्थिव B. जमीनी
C. भूमिगत D. पालथिव

64. जिसने धरती फोड़कर जन्म लिया हो
A. उद्‌भिज B. धरती पुत्र
C. अंडज D. पंकज

65. जो सदैव एक-सा बना रहे
A. शाश्वत B. स्मरणीय
C. सर्वमान्य D. संस्कार

66. पर्वत के पास की भूमि
A. उपजाऊ B. ऊर्वर
C. उपत्यका D. बलुआई

67. पुस्तक के संस्करण की त्रुटियाँ दूर करना
A. शोधित B. शुद्धिकरण
C. संशोधन D. सही

68. विशिष्ट अवसर पर विशिष्ट लोगों के समक्ष दिया गया विद्वतापूर्ण भाषण
A. सम्भाषण B. अपभाषण
C. अनुभाषण D. अभिभाषण

69. वह जो दूसरों द्वारा लगाए गए अभियोग का उत्तर दे
A. प्रत्युक्त B. प्रतिवादी
C. प्रताड़ित D. प्रतिपक्षी

70. हमेशा एक जगह स्थिर रहने वाला
A. विश्वम्भर B. क्षणस्थायी
C. यथावर D. स्थित–प्रज्ञ

उत्तरमाला

1	2	3	4	5	6	7	8	9	10
A	A	B	B	C	A	D	B	A	B
11	12	13	14	15	16	17	18	19	20
D	C	A	B	C	D	A	C	A	A
21	22	23	24	25	26	27	28	29	30
D	B	C	B	C	A	D	B	D	B
31	32	33	34	35	36	37	38	39	40
B	A	A	D	B	D	C	C	C	C
41	42	43	44	45	46	47	48	49	50
A	C	C	C	A	A	A	C	B	C
51	52	53	54	55	56	57	58	59	60
B	C	B	A	B	C	B	B	A	C
61	62	63	64	65	66	67	68	69	70
B	D	A	A	A	C	C	D	A	C

IV अनेकार्थी शब्द

निर्देश : *इन प्रश्नों में प्रत्येक में चार शब्द दिये गए हैं जिनमें से तीन अनेकार्थी शब्द की श्रेणी में आते हैं। जो शब्द इस श्रेणी में नहीं आता है वही आपका उत्तर है, उसे चुने।*

1. अर्थ
A. पाप B. धन
C. आशय D. प्रयोजन

2. आश्रय
A. आधार B. मैदान
C. सहायता D. तरकश

3. खग
A. मन B. तीर
C. पक्षी D. आकाश

4. चपला
A. लक्ष्मी B. चंचल
C. पुष्प D. तड़ित

5. नाग
A. साँप B. पर्वत
C. जवाहर D. बादल

6. पुर
A. गाँव B. घर
C. किला D. नगर

7. बक
A. बगुला B. ढोंगी
C. आँधी D. ठग

8. मूल
A. वंश B. जड़
C. औषध D. पूँजी

9. अक्षर
A. आत्मा B. वर्ण
C. अक्षत D. स्थिर

10. अचल
A. पहाड़ B. स्थिर
C. अटल D. चंचल

11. अर्क
A. सर्प B. बुध
C. ताँबा D. सत्त्व

12. कनक
A. सोना B. गेहूँ
C. धतूरा D. कमल

13. वर्ण
A. अक्षर B. स्वर
C. जाति D. रंग

14. शिखी
A. मोर B. पर्वत
C. क्षत्रित D. अग्नि

15. सारंग
A. सर्प B. सिंह
C. भौंरा D. वादक

16. अंक
A. चिह्न B. लेख
C. अक्षर D. प्रकृति

17. अंकुर
A. आँख B. कोंपल
C. गरुड़ D. रक्त

18. अंग
A. शरीर B. भेद
C. गोद D. प्रकृति

19. अक्ष
A. सोहागा B. शरीर
C. बछेड़ा D. गरुड़

20. कुल
A. वंश B. शक्ति
C. समूह D. भवन

21. खर
A. गधा B. तिनका
C. कौवा D. दुष्ट

22. गो
A. गाय B. श्रेष्ठ
C. सरस्वती D. पृथ्वी

23. गौरी
A. नक्षत्र B. पकड़ना
C. स्वीकार D. अर्थ

24. गौरी
A. पार्वती B. तुलसी
C. गंगा नदी D. अदरक

25. गुरु
A. शिक्षक B. भारी
C. श्रेष्ठ D. वृहस्पति

26. घट
A. घड़ा B. शरीर
C. मन D. अंग

27. घन
A. बादल B. लोहा
C. घड़ा D. कपूर

28. चक्र
A. पहिया B. विष्णु
C. सेना का व्यूह D. चकवा पक्षी

29. छन्द
A. वेद B. अभिलाषा
C. बंधन D. मुक्ति

30. छाया
A. अनुकरण B. अंधकार
C. पंक्ति D. शीतलता

31. जननी
A. जनमत B. माता
C. चमगादड़ D. कृपा

32. जन्मज
A. कमल B. मछली
C. शैवाल D. मोती

33. जाल
A. बुनावट B. षड्यन्त्र
C. क्षार D. सम्मान

34. जाहक
A. गिरगिट B. कबूतर
C. बिस्तर D. घोंघा

35. टंक
A. सिक्का B. कुल्हाड़ी
C. बिच्छू D. म्यान

36. तनु
A. थोड़ा B. कोमल
C. मधुर D. केंचुली

37. तंत्र
A. सूत B. जुलाहा
C. रेशम D. औषध

38. तात
A. पिता B. कपूर
C. पुत्र D. प्रिय

39. ताल
A. हथेली B. बेल
C. ताला D. मृदंग

40. दंड
A. डंडा B. शिव
C. पतवार D. यमराज

41. दल
A. पंखुड़ी B. सेना
C. कोष D. अम्बार

42. द्विज
A. दाँत B. द्वापर
C. पक्षी D. चन्द्रमा

43. धाम
A. पसीना B. देव स्थान
C. जन्म D. ज्योति

44. धर्म
A. प्रकृति B. उत्कर्ष
C. कर्त्तव्य D. सम्प्रदाय

45. धर्मराज
A. युधिष्ठिर B. यमराज
C. न्यायाधीश D. दार्शनिक

46. धात्री
A. माता B. गंगा
C. भाई D. गाय

47. धुर
A. बोझ B. खूँटी
C. चिनगारी D. धूर्त्त

48. ध्रुव
A. अटल B. तारे का नाम
C. नदी D. पर्वत

49. नंदिनी
A. व्याहता B. उमा
C. पति की बहन D. पत्नी

50. नग
A. पर्वत B. वृक्ष
C. सूर्य D. सपेरा

51. नभ
A. बिजली B. शून्य
C. अभ्रक D. वर्षा

52. नाक
A. स्वर्ग B. नासिका
C. प्रतिष्ठा D. पाताल

53. निराला
A. एकान्त B. विचित्र
C. अनूठा D. निर्मल

54. निशाचर
A. राक्षस B. गीदड़
C. चन्द्रमा D. सर्प

55. पत्र
A. पत्ता B. पुत्र
C. अखबार D. पंखुड़ी

56. पट्ट
A. मुकुट B. रेशम
C. पगड़ी D. पठार

57. पतंग
A. थोड़ा B. टिड्डी
C. शलभ D. चिनगारी

58. पाद
A. पाँव B. मंत्र
C. गंदगी D. शिव

59. पद
A. पैर B. उपवास
C. उपाधि D. मोक्ष

60. पानी
A. जल B. इज्जत
C. चमक D. बाढ़

61. पार्थिव
A. पृथ्वी संबंधी B. राजसी
C. अर्जुन D. मंगल ग्रह

62. पावन
A. पवित्र B. प्राकृतिक
C. रुद्राक्ष D. चंदन

63. फणी
A. सर्प B. केतु
C. कौतुहल D. औषध

64. बलि
A. उदार B. बलिदान
C. उपहार D. भोग

65. मधु
A. शहद B. शरबत
C. अमृत D. दूध

66. मल
A. मैल B. दोष
C. पाप D. मलमल

67. मकर
A. घड़ियाल B. मछली
C. माघ मास D. मकड़ी

68. माधव
A. विष्णु B. वैशाख
C. वसन्त D. काला

69. मुद्रा
A. सिक्का B. चेहरा
C. उम्र D. भाव–भंगिमा

70. युक्ति
A. साधन B. कौशल
C. न्याय D. तर्क

71. रस
A. आनन्द B. शहद
C. जल D. स्वाद

72. रक्त
A. खून B. केसर
C. कमल D. लोहा

73. राग
A. प्रेम B. कष्ट
C. मोह D. तारा

74. लय
A. प्रलय B. प्यास
C. गाने का ढंग D. नाश

75. वन
A. जंगल B. बगीचा
C. मोह D. रश्मि

76. वरा
A. त्रिफला B. भिण्डी
C. हल्दी D. मद्य

77. वंश
A. बाँस B. रीढ़
C. खानदान D. उपवन

78. शंकु
A. भाला B. उमंग
C. राक्षस D. कामदेव

79. शिव
A. आपदा B. भाग्यशाली
C. महादेव D. लिंग

80. श्री
A. सरस्वती B. बनावटी
C. चन्दन D. सिद्धि

उत्तरमाला

1	2	3	4	5	6	7	8	9	10
A	D	A	C	D	A	C	C	D	D
11	12	13	14	15	16	17	18	19	20
B	D	B	C	D	D	C	C	B	B
21	22	23	24	25	26	27	28	29	30
D	B	A	D	B	D	C	B	D	D
31	32	33	34	35	36	37	38	39	40
A	C	D	B	C	C	C	B	D	C
41	42	43	44	45	46	47	48	49	50
D	B	A	B	A	C	D	C	A	D
51	52	53	54	55	56	57	58	59	60
A	D	D	C	B	D	A	C	B	D
61	62	63	64	65	66	67	68	69	70
C	B	C	A	B	D	D	D	C	A
71	72	73	74	75	76	77	78	79	80
B	D	D	B	C	B	D	B	A	B

V पर्यायवाची शब्द

निर्देश : नीचे एक शब्द दिया गया है। दिए गए चार विकल्पों में से पर्यायवाची शब्द ज्ञात करना है।

1. अनन्त
   A. विष्णु B. अतिशय
   C. असंख्य D. आकाश
2. आडम्बर
   A. ढोंग B. तम्बू
   C. दर्प D. आवाज
3. कपाल
   A. अदृष्ट B. खप्पर
   C. भाग्य D. माथा
4. छंद
   A. आवरण B. पद
   C. बंधन D. आचरण
5. ऐश्वर्य
   A. बड़ाई B. विलास
   C. सुख D. सम्पदा
6. खर
   A. रावण B. कुंठित
   C. गधा D. मूर्ख
7. पक्षी
   A. नीरज B. नभ
   C. विहग D. सरसिज
8. कमल
   A. कुसुम B. पुष्प
   C. प्रसून D. पुंडरीक
9. चतुरानन
   A. ब्रह्मा B. इन्द्र
   C. विष्णु D. देवता
10. जल
    A. घटा B. नीर
    C. दिनकर D. सुधाकर
11. अमृत
    A. सुधा B. कौमुदी
    C. मन्मथ D. सुधाकर
12. उद्यान
    A. धाम B. कुसुमाकर
    C. आलय D. वाटिका
13. अन्त्य
    A. समाप्त B. अन्तिम
    C. नीच D. कुलीन
14. घर
    A. सदन B. उपवन
    C. पंचशर D. हुताशन
15. व्योम
    A. आकाश B. किरण
    C. अग्नि D. ब्रह्मा
16. कानन
    A. मधुकर B. पुष्प
    C. विहिप D. वन
17. दास
    A. पादप B. तात
    C. भृत्य D. श्रमिक
18. मारुत
    A. वायु B. पृथ्वी
    C. तालाब D. देवता
19. यमुना
    A. अर्कजा B. सुरसरि
    C. सुरसरिता D. त्रिपथगा
20. प्रेक्षक
    A. प्रेरक B. दर्शक
    C. संयोजक D. आयोजक

21. रासभ
A. रासलीला B. रास्ता
C. रीछ D. गधा

22. वृषभ
A. श्रेष्ठ B. कुलीन
C. बलराम D. बैल

23. मृगधर
A. सिंह B. चंद्रमा
C. शिव D. मयूर

24. प्रेक्षा
A. परीक्षा B. शिक्षा
C. दृष्टि D. दीक्षा

25. प्रासाद
A. प्रसाद B. आवास
C. प्रसन्न D. महल

26. श्वान
A. श्येन B. कुत्ता
C. शेर D. सांस

27. राधेय
A. कर्ण B. हलधर
C. राधा D. छंद

28. वितान
A. ताड़ना B. तैरना
C. विस्तार D. विश्राम

29. यक्ष
A. दक्ष B. कुशल
C. पेड़ D. देवता

30. कुसुमेबु
A. कबूतर B. काला
C. कामदेव D. आकाश

31. मर्कट
A. पानी B. पुत्र
C. बंदर D. मित्र

32. स्वर्ग
A. नाक B. ब्रह्माण्ड
C. देवलोक D. द्यौ

33. कुबेर
A. किन्नरेश B. कोविद
C. धनाधिप D. राजराज

34. रात्रि
A. क्षपा B. तमीचर
C. अमा D. विभावरी

35. भगीरथी
A. सरिता B. गंगा
C. यमुना D. निर्झरणी

36. विद्युत
A. गर्जन B. दामिनी
C. चमक D. पयोद

37. इन्द्र
A. राजीव B. कन्दर्प
C. शक्र D. बल्लभ

38. सैन्धव
A. अश्व B. अरण्य
C. असुर D. नदी

39. दामिनी
A. प्रकाश B. वृक्ष
C. बिजली D. पत्थर

40. श्यामा
A. दुर्गा B. पृथ्वी
C. चन्द्रमा D. गंगा

41. तामरस
A. आम B. अमृत
C. तालाब D. कमल

42. अग्नि
A. सोम B. हुतायन
C. अक्षि D. आलम

43. उदय
A. अन्त B. व्यस्त
C. उगना D. विराम

44. शत्रु
A. आरति B. आराति
C. आरती D. अति

45. उत्कर्ष
A. विकर्षण B. आकर्षण
C. प्रकर्ष D. निष्कर्ष

46. किरण
A. रश्मि B. सुषमा
C. मरीचिका D. अंशु

47. आकाश
A. राकापति B. व्योम
C. शशिधर D. निशाचर

48. कुहरा
A. कुन्तल B. कुहासा
C. वारि D. मृगमद

49. जुगनू
A. प्रभाकीट B. केतुक
C. करि D. कुन्तल

50. झंडा
A. केतन B. प्रतीक
C. चेतन D. डंडा

51. अनुशीलन
A. प्रेषण B. चिन्तन
C. अध्ययन D. मनन

52. वसन्त
A. बैसाख नन्दन B. कुषमायन
C. मधुमास D. पावस

53. गरुड़
A. उरग B. द्विज
C. वैन्तेय D. विहंग

54. अर्वाचीन
A. विदेशी B. चीनी
C. प्राचीन D. आधुनिक

निर्देश : *निम्नलिखित विकल्पों में से कौन–सा दिए गए शब्द का सही पर्यायवाची नहीं है?*

55. देवता
A. सुर B. असुर
C. अमर D. निर्जर

56. तारा
A. अम्बु B. तारक
C. नक्षत्र D. नखत

57. बेटा
A. पुत्र B. सुत
C. आत्मज D. अग्रज

58. मनुष्य
A. नर B. महीपाल
C. मनुज D. मानव

59. गणेश
A. गणपति B. गौरीसुत
C. मतंग D. गजानन

60. द्विज
A. केश B. दाँत
C. ब्राह्मण D. दो

61. हवा
A. अनल B. अनिल
C. वायु D. पवन

62. अंकुश
A. प्रतिबन्ध B. रोक
C. अखुआ D. दबाव

63. अक्षि
A. धुरी B. चक्षु
C. लोचन D. नेत्र

64. अगाध
A. गहना B. गहन
C. अथाह D. गम्भीर

65. अवधि
A. अचल B. पृथ्वी
C. इला D. धरती

66. राजा
A. क्षपाकर B. नृप
C. नरेश D. भूपति

67. पहाड़

A. पर्वत B. भूधर
C. भूप D. गिरि

निर्देशः *दिए गए वाक्यों में गाढ़े काले शब्दों के पर्याय के लिए चार–चार विकल्प दिए गए हैं। उचित विकल्प का चयन कीजिए।*

68. भक्ति से **सरल** मार्ग पर चलकर भी मोक्ष की प्राप्ति की जा सकती है

A. ऋजु B. सुलभ
C. पावन D. स्वच्छ

69. तुलसी का रामचरितमानस **आरम्भ** से अन्त तक भक्ति–भावना से ओत–प्रोत है

A. अथ B. पथ
C. गद्य D. रथ

70. एक अच्छे निबंध में बुद्धि और हृदय का **सामंजस्य** होना चाहिए

A. समुदाय B. मिश्रण
C. समन्वय D. सौष्ठव

71. **हाथी** पर नृप की सवारी यात्रा की शोभा बढ़ा रही थी

A. भुजंग B. कुंजर
C. वृषभ D. रासभ

72. **अतिशय** दुःख के क्षणों में मनुष्य को धैर्य और संयम से काम लेना चाहिए

A. अत्यधिक B. असहनीय
C. अकल्पनीय D. अत्यल्प

73. भारत के अतीत की गौरव गाथा से सभी **परिचित** हैं

A. अवगत B. ज्ञात
C. विगत D. सुविज्ञ

74. **वेश्या** को पतित समझने का हमें कोई अधिकार नहीं है

A. नृत्यांगना B. अंगना
C. वासगना D. वीरांगना

75. अर्जुन धनुर्विद्या में **निष्णात** थे

A. स्नातक B. विख्यात
C. पारंगत D. परम्परित

76. रेगिस्तान में जल की दो बूँद भी **अमृत** के समान हैं

A. पय B. सुधा
C. क्षुधा D. तृष्णा

77. गाँवों के सुखी और **स्वावलम्बी** होने से ही देश का कल्याण सम्भव है

A. परावलम्बी B. आत्मनिर्भर
C. निर्भर D. स्वछन्द

78. **बहेलिया** छिपकर शिकार करता है

A. बाघ B. व्याध
C. निदाघ D. पिशाच

79. राजा के तरकश में अनेक **बाण** थे

A. तूणीर B. शर
C. खर D. शस्त्र

80. उसके घुँघराले **बाल** अवलोकनीय हैं

A. अहि B. कुंतल
C. उपल D. अंबर

81. नदी के **तट** पर विशाल पीपल वृक्ष झूम रहा था

A. पय B. तरु
C. तटिनी D. तीर

82. घर में **अतिथि** आए हैं

A. अनुगत B. अवगत
C. दिनांत D. अभ्यागत

83. मानव शरीर का प्रत्येक **अंग** अपने आप में महत्वपूर्ण है

A. अवयव B. अनुभाव
C. अव्यय D. अंश

84. **युद्ध** भूमि में अनेक योद्धा क्षत–विक्षत हुए पड़े थे

A. स्मर B. संघर्ष

C. समर D. द्वन्द्व

85. **पर्वत** की ऊँचाई मानव को भी ऊँचा उठने की प्रेरणा देती है

A. डग B. विहग

C. खग D. नग

86. बालक **प्रकृति** से कोमल होते हैं

A. अभाव B. विभाव

C. स्वभाव D. अनुभाव

87. **मेघ** छाए, घिर के आए

A. यती B. तरु

C. दुम D. नीरद

88. राम एक जनप्रिय **राजा** थे

A. नरेश B. संदेश

C. माधव D. विभु

89. अमावस्या की रात्रि में **अन्धकार** का राज्य होता है

A. पंक B. आतंक

C. तिमिर D. धन

90. युद्ध में सैनिक **कवच** पहनकर लड़ते हैं

A. चर्म B. वर्म

C. शुक्र D. शक्ल

उत्तरमाला

1	2	3	4	5	6	7	8	9	10
C	A	D	B	D	C	C	D	A	B
11	**12**	**13**	**14**	**15**	**16**	**17**	**18**	**19**	**20**
A	D	C	A	A	D	C	A	A	B
21	**22**	**23**	**24**	**25**	**26**	**27**	**28**	**29**	**30**
D	D	B	C	D	B	A	C	D	C
31	**32**	**33**	**34**	**35**	**36**	**37**	**38**	**39**	**40**
C	A	C	D	B	B	C	A	C	B
41	**42**	**43**	**44**	**45**	**46**	**47**	**48**	**49**	**50**
D	B	C	B	C	B	B	B	A	A
51	**52**	**53**	**54**	**55**	**56**	**57**	**58**	**59**	**60**
C	C	C	C	B	A	D	B	C	A
61	**62**	**63**	**64**	**65**	**66**	**67**	**68**	**69**	**70**
A	C	A	A	A	A	C	A	A	C
71	**72**	**73**	**74**	**75**	**76**	**77**	**78**	**79**	**80**
B	A	A	C	C	B	B	B	B	B
81	**82**	**83**	**84**	**85**	**86**	**87**	**88**	**89**	**90**
D	D	A	C	D	B	D	A	C	B

VI विलोम शब्द

निर्देश : *नीचे दिए गए शब्दों के विलोम के लिए चार-चार विकल्प दिए गए हैं। उनमें से उचित विकल्प का चयन कीजिए।*

1. क्षणिक
   A. शाश्वत B. संक्षेप
   C. विरह D. क्षुद्र
2. स्तुति
   A. सेवक B. निवेदन
   C. प्रार्थना D. निन्दा
3. तम
   A. सम B. कृश
   C. नम D. प्रकाश
4. नख
   A. शिख B. अनित्य
   C. श्याम D. निन्दा
5. भौतिक
   A. पाश्चात्य B. दैविक
   C. दैहिक D. आध्यात्मिक
6. कर्कशा
   A. कोमल B. निर्मल
   C. विह्वल D. व्याकुल
7. अति
   A. न्यून B. कम
   C. अल्प D. नगण्य
8. अद्‌भुत
   A. सामान्य B. लौकिक
   C. संसारी D. सुगम
9. दिवस
   A. विभावरी B. अरविन्द
   C. प्रवाहिणी D. विचक्षण
10. निर्मल
    A. पवित्र B. शुद्ध
    C. मलिन D. मृदु
11. अग्र
    A. पश्च B. शांत
    C. मध्यम D. अधम
12. अच्युत
    A. अधम B. पतित
    C. द्रवित D. च्युत
13. ओजस्विनी
    A. तेजस्विनी B. निर्जस्वी
    C. तपस्विनी D. तपस्वी
14. अर्पण
    A. ग्रहण B. तर्पण
    C. समर्पण D. प्रत्यर्पण
15. संयोग
    A. विप्रलम्भ B. विरह
    C. वियोग D. पार्थक्य
16. रूक्ष
    A. पिच्छल B. चिक्कण
    C. स्निग्ध D. सरस
17. अनायास
    A. सायास B. विपर्यास
    C. प्रयास D. आभास
18. गरिमा
    A. कालिमा B. लघुमा
    C. अरुणिमा D. लालिमा
19. उपेक्षा
    A. वीक्षा B. उत्प्रेक्षा
    C. अपेक्षा D. परीक्षा
20. अंगीकरण
    A. तिरस्कार B. उपेक्षा
    C. अनंगीकरण D. घृणा

21. अज्ञ

A. प्रज्ञ B. प्रवीण

C. चतुर D. समझदार

22. सामंजस्य

A. विवाद B. कलह

C. सन्ताप D. द्वेष

23. पराक्रम

A. भीरूता B. दुविधा

C. आलस्य D. दुर्बलता

24. गुरु

A. विस्तृत B. बड़ा

C. विशाल D. लघु

25. प्रीति

A. वैर B. दोस्ती

C. मदद D. सहायता

26. द्युति

A. छवि B. प्रभा

C. ज्योति D. अन्धकार

27. ऋत

A. निऋत B. रस

C. अमृत D. शहद

28. विपन्न

A. सम्पन्न B. धनाढ्य

C. सिद्ध D. परिपूर्ण

29. उत्तरायण

A. उत्तरोत्तर B. पूर्वोत्तर

C. पश्चिमोत्तर D. दक्षिणायन

30. सम्मुख

A. उन्मुख B. विमुख

C. प्रमुख D. अभिमुख

31. चिरंतन

A. नश्वर B. गम्भीर

C. अचल D. लघु

32. कृत्रिम

A. स्वाभाविक B. असली

C. प्राकृतिक D. निर्मित

33. संक्षिप्त

A. विश्लिष्ट B. विस्तीर्ण

C. विनीत D. विस्तृत

34. आदि

A. अन्त B. अनादि

C. अनन्त D. समाप्त

35. एड़ी

A. अधम B. चोटी

C. ऊपर D. मस्तक

36. अल्पज्ञ

A. सर्वज्ञ B. अभिज्ञ

C. कृतज्ञ D. कनिष्ठ

37. कृष्ण

A. राधा B. शुक्ल

C. कंस D. श्वेत

38. दनुज

A. देव B. प्रजापति

C. यक्ष D. मनुज

39. नवीन

A. प्राचीन B. पुरातन

C. अर्वाचीन D. आधुनिक

40. वक्र

A. ऊँचा B. सरल

C. वक्त्र D. उल्टा

41. भूगोल

A. धरातल B. आकाश

C. पाताल D. खगोल

42. प्रज्ञा

A. राजा B. धनवान

C. दौलतमंद D. गरीब

43. कृश

A. सूक्ष्म B. अनंग

C. स्थूल D. स्वस्थ

44. आध्यात्मिक

A. भौतिक B. अलौकिक

C. तनय D. पामर

45. पण्डित
A. मूर्ख B. ज्ञानी
C. जड़ D. अनपढ़

46. भूत
A. प्रेत B. वर्तमान
C. भविष्य D. तत्काल

47. कीर्ति
A. अपकीर्ति B. ख्याति
C. उपकृति D. वदी

48. श्री गणेश
A. अत श्री B. श्री ओम
C. इति श्री D. पद श्री

49. वैतनिक
A. सावधिक B. दैनिक
C. अवैतनिक D. माहवारी

निर्देश : *नीचे दिए गए प्रत्येक वाक्य में रिक्त स्थान की पूर्ति उसी वाक्य में गहरे काले शब्द के उपयुक्त विलोम द्वारा की जानी है। इसके लिए चार–चार विकल्प प्रस्तावित हैं। उचित विकल्प का चयन कीजिए।*

50. मोहन की कविता **मौलिक** न होकर .... है
A. अमूल्य B. अनमोल
C. काल्पनिक D. अनूदित

51. कानून की **अनभिज्ञता** क्षम्य नहीं होती इसलिए उसकी .... आवश्यक है
A. अभिज्ञता B. बहुज्ञता
C. विज्ञता D. अल्पज्ञता

52. दसवीं की परीक्षा में कतिपय विषय **अनिवार्य** है, तो कतिपय .... है
A. वैकल्पिक B. अनावश्यक
C. अपरिहार्य D. प्रासंगिक

53. बड़ी बहन **स्थूलकाय** है, परन्तु छोटी बहन की काया .... है
A. लघु B. सूक्ष्म
C. कृश D. निर्बल

54. व्यक्ति की **संकीर्णता** की तुलना में .... अधिक व्यावहारिक होती है
A. विकीर्णता B. उदारता
C. समानता D. संकुलता

55. **महान्** लक्ष्य पर दृष्टि रखने वाले .... साधनों का आश्रय नहीं लेते
A. अल्प B. नगण्य
C. अनुचित D. क्षुद्र

56. भारत पड़ोसी देशों से **संधि** का पक्षधर रहा है .... का नहीं
A. विग्रह B. निग्रह
C. अनुग्रह D. परिग्रह

57. राजेश यदि **धनवान** नहीं होता तो .... भी नहीं कहा जा सकता
A. अकिंचन B. किंकर
C. कंचन D. धनाढ्य

58. पृथ्वी पर खनिज पदार्थ **न्यून** नहीं .... मात्रा में उपलब्ध हैं
A. विपुल B. पृथुल
C. व्याप्त D. पर्याप्त

59. कार्लमार्क्स की विचारधारा **भौतिकवादी** है परन्तु महात्मा गांधी का ....
A. प्रकृतिवादी B. आदर्शवादी
C. यथार्थवादी D. अध्यात्मवादी

60. प्रत्येक **क्रिया** की ...... स्वाभाविक है
A. प्रक्रिया B. अनुक्रिया
C. संक्रिया D. प्रतिक्रिया

61. शिव और पार्वती **ताण्डव** और .... की मुद्रा में सुशोभित थे
A. रास B. हास्य
C. लास्य D. उल्लास

62. **यौवन** के अनन्तर .... का आना स्वाभाविक है
A. जरा B. ज़री
C. अजर D. अजिर

63. **मधुर** और .... अनुभवों का नाम जिन्दगी है
A. ललित B. लवण
C. कूट D. कटु

64. पेड़ **सजीव** होते हैं और पेड़ों से प्राप्त लकड़ी
A. अजीव B. परजीव
C. निष्ठुर D. निर्जीव

65. इस **क्लिष्ट** गद्यांश को .... भाव में प्रकट करो
A. अपने B. बोलचाल
C. सरल D. लघु

66. अनीता का **प्रफुल्ल** मन एकाएक .... हो गया
A. प्रसन्न B. ऊष्ण
C. शुष्क D. उदास

67. कठिन परिश्रम से **असफलता** को .... में बदला जा सकता है
A. विफलता B. जीत
C. निर्भयता D. सफलता

68. अपनी **निर्जल** भूमि की ओर कृषक .... नेत्रों से देख रहा था
A. जलज B. अजल
C. स्नेहिल D. सजल

69. **संग्रह** और .... बहुत सोच समझकर करना चाहिए
A. त्याग B. परित्याग
C. विराग D. विग्रह

70. **गरिमा** और .... दोनों की सिद्धि के लिए साधना अपेक्षित होती है
A. अरुणिमा B. माहात्म्य
C. लघिमा D. सफलता

71. हानि और लाभ, **जीवन** और .... भगवान के अधीन हैं
A. मरण B. मृत्यु
C. स्वास्थ्य D. अपयश

72. जो उद्दण्ड अपने को **विज्ञ** प्रकट करते हैं, वे प्रायः .... होते हैं
A. अज्ञ B. अनभिज्ञ
C. अल्पज्ञ D. विज्ञ

73. भारत में हिन्दू **बहुसंख्यक** हैं और मुसलमान .... कहे जाते हैं
A. संगठित B. अल्पसंख्यक
C. धार्मिक D. दलित

74. **कोमल** शब्द सुनकर सांत्वना मिलती है, न कि .... शब्द
A. आनन्द B. मृदु
C. कठिन D. निष्ठुर

75. पिंजरे के खुलते ही **बन्धन** में रहने वाले तोते ने .... की साँस ली
A. प्रसन्नता B. खुशी
C. मुक्ति D. मीठी

76. सूर्य के **अस्त** होते ही चाँद का .... हुआ है
A. प्रादुर्भाव B. आगमन
C. पदार्पण D. उदय

77. **चंचल** चित्त एकाएक .... हो गया
A. प्रसन्न B. दुःखी
C. शान्त D. वाचाल

78. **कठिन** शब्दों का .... अर्थ लिखिए
A. सरल B. भाव
C. पर्याय D. व्याख्यात्मक

79. समीक्षा का एक रूप **व्यावहारिक** समीक्षा है तो दूसरा .... समीक्षा
A. काल्पनिक B. सैद्धान्तिक
C. सार्वत्रिक D. यथार्थवादी

80. हर वर्ष देश में कहीं **अतिवृष्टि** तो कहीं .... होती है
A. अनावृष्टि B. सूखा
C. बाढ़ D. वर्षा

उत्तरमाला

1	**2**	**3**	**4**	**5**	**6**	**7**	**8**	**9**	**10**
A	D	D	A	D	A	C	A	A	C
11	**12**	**13**	**14**	**15**	**16**	**17**	**18**	**19**	**20**
A	D	D	A	C	C	A	B	C	B
21	**22**	**23**	**24**	**25**	**26**	**27**	**28**	**29**	**30**
D	A	C	D	A	D	C	A	D	B
31	**32**	**33**	**34**	**35**	**36**	**37**	**38**	**39**	**40**
A	A	D	A	B	A	B	D	A	B
41	**42**	**43**	**44**	**45**	**46**	**47**	**48**	**49**	**50**
D	A	C	A	A	C	A	C	C	D
51	**52**	**53**	**54**	**55**	**56**	**57**	**58**	**59**	**60**
C	A	C	B	D	A	A	A	D	D
61	**62**	**63**	**64**	**65**	**66**	**67**	**68**	**69**	**70**
C	A	D	D	C	B	D	D	A	C
71	**72**	**73**	**74**	**75**	**76**	**77**	**78**	**79**	**80**
A	C	B	D	C	D	C	A	B	A

VII उपसर्ग, प्रत्यय, तत्सम एवं तद्भव

निर्देश : *निम्नलिखित शब्दों में उपसर्ग लगाने से बनने वाले सही विकल्प को चुनिए।*

1. अति + अन्त
   A. अतीयन्त B. अत्यन्त
   C. अतिअन्त D. अत्यान्त

2. सत् + जन
   A. सत्जन B. सद्जन
   C. सज्जन D. सतजन

3. अधः + लिखित
   A. अधलिखित B. अद्योलिखित
   C. अधोलिखित D. अद्यलिखित

4. सम् + अन्वय
   A. समअन्वय B. समोन्वय
   C. समान्वय D. समन्वय

5. अलम + कार
   A. अलंकार B. अलँकार
   C. अलमकार D. अलोमकार

निर्देश : *नीचे एक शब्द दिया गया है। दिए गए विकल्प से आपको शब्द में प्रयुक्त उपसर्ग ज्ञात करना है।*

6. विज्ञान
   A. विज्ञ B. चिर
   C. वि D. अन

7. चिरायु
   A. चि B. चिर
   C. यु D. आयु

8. अवनत
   A. नत B. अ
   C. अव D. अवन

9. अत्याचार
   A. अ B. अत्या
   C. अति D. चार

10. अध्यात्म
    A. अध्य B. अधि
    C. आत्म D. अ

निर्देश : *निम्नलिखित शब्दों में प्रत्यय लगाने से बनने वाले सही विकल्प को चुनिए।*

11. शरीर + इक
    A. शारीरक B. शारिरीक
    C. शारीरिक D. शरीरिक

12. वर + इष्ठ
    A. वरीष्ठ B. वरेष्ठ
    C. वरिष्ट D. वरिष्ठ

13. बहन + ओई
    A. बहनौई B. बहनोई
    C. बहनुई D. बहनौयी

14. आध्यात्म + इक
    A. आध्यात्मिक B. अध्यात्मिक
    C. अधिआत्मिक D. अध्यात्मक

15. लड़का + पन
    A. लड़कापन B. लड़पन
    C. लड़कपन D. लड़कापन

निर्देश : *नीचे एक शब्द दिया गया है। दिए गए विकल्प से आपको शब्द में प्रयुक्त प्रत्यय ज्ञात करना है।*

16. पागलपन
    A. पागल
    B. पा
    C. पन
    D. इनमें से कोई नहीं

17. सावधानी
A. ई B. इ
C. धानी D. साव

18. धुंधला
A. धुं
B. धुंध
C. ला
D. इनमें से कोई नहीं

19. शिक्षक
A. क B. अक्
C. आक D. अक्

20. बपौती
A. ती B. औती
C. ई D. इ

21. फुफेरा
A. रा B. एरा
C. ऐरा D. आ

22. अड़ियल
A. इयल B. ईयल
C. यल D. एल

23. दैत्य
A. त्य B. य
C. अ D. एय

24. मौन
A. औन B. न
C. अ D. अन

25. मनौती
A. औती B. ती
C. आती D. ई

26. मिलावट
A. वट B. आवट
C. ठ D. लावट

27. भतीजा
A. जा B. अजा
C. ईजा D. इजा

निर्देश : *तत्सम शब्द का चुनाव कीजिए।*

28. A. अँगरखा B. अंगरक्षक
C. अंगरच्छक D. अंरक्षक

29. A. अँधेरा B. अंधाधुंध
C. अंधकार D. अंधड़

30. A. आँवला B. आँवलक
C. आमलक D. अँवला

31. A. आश्चर्य B. आम
C. इज्जत D. अचरज

32. A. आलस्य B. उबटन
C. अमोल D. ऊँट

33. A. पुस्तक B. अंगूठी
C. आमोल D. अचरज

34. A. पूत B. बच्चा
C. नोन D. पाषाण

35. A. सनीचर B. हाथी
C. हिरण D. लक्ष्मी

36. A. अल्प B. पाहन
C. पत्थर D. दाँत

37. A. कर्म B. काम
C. करम D. कारज

38. A. अकाज B. अकारज
C. अकाज्य D. अकार्य

39. A. लज्जा B. आग
C. भगत D. सूरज

40. A. बामन B. दुआर
C. दूरदर्शन D. गधा

निर्देश : *नीचे लिखे प्रत्येक वर्ग में दिए गए विकल्पों में से तद्भव शब्द का चयन कीजिए।*

41. A. कान B. नासिका
C. परीक्षण D. कटक

42. A. पीड़ा B. केरा
C. पर्याप्त D. शिल्प

43. A. पक्षी B. नृत्य
C. अँधेरा D. पश्य

44. A. बालिका B. बेत
C. आज्ञा D. सिद्धि

45. A. रक्षा B. तमंचा
C. विरोध D. शान्ति

46. A. दुग्ध B. दूध
C. कार्य D. काष्ठ

47. A. मारग B. पथिक
C. यात्री D. अजीर्ण

48. A. ठकठक B. बरात
C. निदेशक D. प्रवर

49. A. कार्य B. कमल
C. ओखल D. कपाट

50. A. उत्साह B. कपूर
C. आशीष D. कूप

51. A. चतुर्दश B. चतुर्थ
C. चौदह D. चतुर्थी

52. A. ब्याह B. कुंजर
C. उत्साह D. स्नेह

53. A. उपवास B. अवगुण
C. अवतार D. अमिय

54. A. अंत्र B. आंत्र
C. अंधा D. अंध

55. A. कड़ाह B. कराह
C. कटाक्ष D. कटु

निर्देश : *निम्नलिखित में से कौन-सा शब्द नीचे दिए गए तद्भव का सही तत्सम शब्द है?*

56. नमक
A. लावण्य B. नौन
C. लवण D. लौन

57. सतसई
A. सप्तपदी B. षट्शती
C. सप्तशती D. सत्यशती

58. तुरन्त
A. त्वरित B. त्वरन्त
C. तुवरन्त D. तवरन्त

59. साखी
A. सखी B. साक्षी
C. साक्ष्य D. शाखा

60. तिगुना
A. तीन गुना B. तिन गुणा
C. त्रयगुण D. त्रिगुण

61. काठ
A. काष्ठ B. कठ
C. काँठ D. कष्ठ

62. आँख
A. आरअक्षि B. अच्छि
C. अक्षि D. नेत्र

63. बैल
A. वृश्चिक B. बलीवर्द
C. वार्ताक D. बर्कर

64. अनाड़ी
A. अन्यत्र B. अनार्य
C. अट्टालिका D. अन्यत

65. पलंग
A. पर्यंक B. प्रलंग
C. पलका D. पल्लक

66. मामा
A. मुषल B. मकर
C. मातुल D. मास

67. झट
A. अम्ब B. अष्ट
C. झटिति D. आश्रय

68. हिय
A. सुत्र B. रूक्ष
C. हस्ती D. हृदय

निर्देश : *निम्नलिखित में से कौन-सा शब्द नीचे दिए गए तत्सम शब्द का सही तद्भव शब्द है?*

69. शिष्य
A. शिशु B. शिक्षु
C. सिक्ख D. शिष

70. वणिक
A. वाणी B. बनिया
C. वाणिज्य D. बाण

71. चतुष्कोण
A. चौकोर B. चौपट
C. चौराहा D. चौखट

72. इक्षु
A. इच्छुक B. इच्छा
C. इष्ट D. ईख

73. क्षीण
A. छीनना B. झीना
C. छेड़ना D. क्षणिक

74. नेवला
A. नकुल B. नव्य
C. नौ D. नींद

75. अंगरक्षक
A. अनार्य B. अज्ञान
C. अँगरखा D. अक्षर

उत्तरमाला

1	2	3	4	5	6	7	8	9	10
B	C	C	D	B	C	B	C	C	B
11	12	13	14	15	16	17	18	19	20
C	D	B	A	C	C	A	C	B	B
21	22	23	24	25	26	27	28	29	30
B	A	B	C	A	B	A	B	C	C
31	32	33	34	35	36	37	38	39	40
A	A	A	D	D	A	A	D	A	C
41	42	43	44	45	46	47	48	49	50
A	A	C	C	A	B	A	C	C	B
51	52	53	54	55	56	57	58	59	60
C	A	D	D	A	C	C	A	B	D
61	62	63	64	65	66	67	68	69	70
A	D	B	B	A	C	C	D	C	B
71	72	73	74	75					
A	D	B	A	C					

VIII समास

निर्देश : *निम्नलिखित शब्दों में समास बताने के लिए उचित विकल्प का चयन कीजिए।*

1. चन्द्रशेखर
   A. तत्पुरुष B. कर्मधारय
   C. बहुब्रीहि D. द्विगु
2. रात-दिन
   A. द्वन्द्व B. द्विगु
   C. कर्मधारय D. अव्ययी भाव
3. बहन-भाई
   A. बहुब्रीहि B. तत्पुरुष
   C. द्वन्द्व D. द्विगु
4. दशमुख
   A. तत्पुरुष B. बहुब्रीहि
   C. द्वन्द्व D. कर्मधारय
5. यथाशक्ति
   A. द्विगु B. बहुब्रीहि
   C. कर्मधारय D. अव्ययीभाव
6. देशभक्ति
   A. तत्पुरुष B. बहुब्रीहि
   C. द्विगु D. कर्मधारय
7. हस्तलिखित
   A. कर्मधारय B. तत्पुरुष
   C. बहुब्रीहि D. द्वन्द्व
8. भरपेट
   A. अव्ययीभाव B. कर्मधारय
   C. द्विगु D. द्वन्द्व
9. आजन्म
   A. तत्पुरुष B. द्वन्द्व
   C. अव्ययीभाव D. कर्मधारय
10. नीलकमल
    A. बहुब्रीहि B. तत्पुरुष
    C. कर्मधारय D. द्विगु
11. चतुर्भुज
    A. द्वन्द्व B. द्विगु
    C. तत्पुरुष D. कर्मधारय
12. चौराहा
    A. बहुब्रीहि B. तत्पुरुष
    C. द्विगु D. कर्मधारय
13. दशानन
    A. द्विगु B. बहुब्रीहि
    C. कर्मधारय D. द्वन्द्व
14. रोग पीड़ित
    A. कर्मधारय B. द्वन्द्व
    C. बहुब्रीहि D. तत्पुरुष
15. प्रतिमान
    A. कर्मधारय B. अव्ययीभाव
    C. बहुब्रीहि D. तत्पुरुष
16. वीर पुरुष
    A. बहुब्रीहि B. तत्पुरुष
    C. अव्ययीभाव D. द्वन्द्व
17. नवयुवक
    A. द्विगु B. बहुब्रीहि
    C. द्वन्द्व D. कर्मधारय
18. पददलित
    A. तत्पुरुष B. कर्मधारय
    C. बहुब्रीहि D. द्विगु
19. लोकप्रिय
    A. तत्पुरुष B. अव्ययीभाव
    C. कर्मधारय D. बहुब्रीहि

20. वीणापाणि
A. बहुब्रीहि B. द्विगु
C. तत्पुरुष D. कर्मधारय

21. प्राप्तोदक
A. बहुब्रीहि B. अव्ययीभाव
C. द्वन्द्व D. तत्पुरुष

22. नवग्रह
A. द्विगु B. तत्पुरुष
C. द्वन्द्व D. कर्मधारय

23. रणवीर
A. कर्मधारय B. द्वन्द्व
C. बहुब्रीहि D. तत्पुरुष

24. देशान्तर
A. कर्मधारय B. द्विगु
C. द्वन्द्व D. बहुब्रीहि

25. राजपुरुष
A. कर्मधारय B. द्विगु
C. तत्पुरुष D. द्वन्द्व

26. सपरिवार
A. अव्ययीभाव B. तत्पुरुष
C. द्विगु D. बहुब्रीहि

27. वनवास
A. द्विगु B. तत्पुरुष
C. अव्ययीभाव D. कर्मधारय

28. गुरुदक्षिणा
A. कर्मधारय B. द्वन्द्व
C. तत्पुरुष D. अव्ययीभाव

29. त्रिलोचन
A. बहुब्रीहि B. द्विगु
C. तत्पुरुष D. अव्ययीभाव

30. पंचवटी
A. द्विगु B. बहुब्रीहि
C. तत्पुरुष D. कर्मधारय

31. पीताम्बर
A. बहुब्रीहि B. द्वन्द्व
C. द्विगु D. कर्मधारय

32. चतुरानन
A. कर्मधारय B. बहुब्रीहि
C. द्वन्द्व D. तत्पुरुष

33. बेकाम
A. कर्मधारय B. बहुब्रीहि
C. द्विगु D. अव्ययीभाव

34. महात्मा
A. कर्मधारय B. बहुब्रीहि
C. द्वन्द्व D. द्विगु

35. दुअन्नी
A. तत्पुरुष B. बहुब्रीहि
C. द्विगु D. द्वन्द्व

36. लाजवाब
A. अव्ययीभाव B. तत्पुरुष
C. कर्मधारय D. द्विगु

37. चिड़ीमार
A. कर्त्ता तत्पुरुष
B. उत्पादक तत्पुरुष
C. तत्पुरुष
D. कर्मधारय

38. सेठ-साहूकार
A. कर्मधारय B. बहुब्रीहि
C. द्विगु D. द्वन्द्व

39. सप्तऋषि
A. द्वन्द्व B. द्विगु
C. अव्ययी भाव D. कर्मधारय

40. नरोत्तम
A. द्वन्द्व B. तत्पुरुष
C. अव्ययी भाव D. कर्मधारय

41. गजानन
A. द्वन्द्व B. कर्मधारय
C. बहुब्रीहि D. तत्पुरुष

42. यथाविधि
A. अव्ययीभाव B. तत्पुरुष
C. कर्मधारय D. बहुब्रीहि

43. सूररचित
A. तत्पुरुष B. कर्मधारय
C. अव्ययीभाव D. द्वन्द्व

44. त्रिभुवन
A. द्विगु B. द्वन्द्व
C. तत्पुरुष D. बहुब्रीहि

45. उद्योगपति
A. द्विगु B. द्वन्द्व
C. तत्पुरुष D. बहुब्रीहि

46. आजीवन
A. तत्पुरुष B. अव्ययी भाव
C. कर्मधारय D. बहुब्रीहि

47. गगनचुम्बी
A. द्विगु B. द्वन्द्व
C. तत्पुरुष D. अव्ययीभाव

48. सिरतोड़
A. द्विगु B. कर्मधारय
C. तत्पुरुष D. द्वन्द्व

49. दोपहर
A. द्विगु B. अव्ययीभाव
C. तत्पुरुष D. कर्मधारय

50. लौह–पुरुष
A. अव्ययीभाव B. द्वन्द्व
C. बहुब्रीहि D. कर्मधारय

51. प्रत्येक
A. अव्ययीभाव B. कर्मधारय
C. द्वन्द्व D. तत्पुरुष

52. रोगग्रस्त
A. कर्मधारय B. तत्पुरुष
C. बहुब्रीहि D. द्विगु

53. छुटभैये
A. बहुब्रीहि B. तत्पुरुष
C. कर्मधारय D. द्वन्द्व

54. नीलोत्पल
A. तत्पुरुष B. बहुब्रीहि
C. कर्मधारय D. द्विगु

55. त्रिफला
A. द्वन्द्व B. बहुब्रीहि
C. कर्मधारय D. द्विगु

56. नीलकंठ
A. बहुब्रीहि B. कर्मधारय
C. द्वन्द्व D. द्विगु

57. रसभरा
A. तत्पुरुष B. बहुब्रीहि
C. अव्ययीभाव D. द्वन्द्व

58. सहस्रानन
A. द्विगु B. तत्पुरुष
C. बहुब्रीहि D. कर्मधारय

59. नील-रत्न
A. कर्मधारय B. द्विगु
C. तत्पुरुष D. बहुब्रीहि

60. रामानुज
A. तत्पुरुष B. द्वन्द्व
C. कर्मधारय D. बहुब्रीहि

61. युद्धभूमि
A. तत्पुरुष B. बहुब्रीहि
C. द्वन्द्व D. कर्मधारय

62. दीनानाथ
A. कर्मधारय B. बहुब्रीहि
C. द्विगु D. द्वन्द्व

63. वज्रपाणि
A. तत्पुरुष B. द्वन्द्व
C. कर्मधारय D. बहुब्रीहि

64. नवरत्न
A. कर्मधारय B. बहुब्रीहि
C. द्वन्द्व D. द्विगु

65. गंगाज़ल
A. द्वन्द्व B. तत्पुरुष
C. द्विगु D. कर्मधारय

66. जन्मांध
A. द्वन्द्व B. कर्मधारय
C. तत्पुरुष D. द्विगु

67. देवासुर
A. बहुव्रीहि B. कर्मधारय
C. तत्पुरुष D. द्वन्द्व

68. देशप्रेम
A. द्विगु B. तत्पुरुष
C. कर्मधारय D. बहुव्रीहि

69. वनमानुष
A. बहुव्रीहि B. अव्ययी भाव
C. द्वन्द्व D. तत्पुरुष

70. पंचानन
A. कर्मधारय B. तत्पुरुष
C. द्वन्द्व D. बहुव्रीहि

71. अनन्त
A. कर्मधारय B. अव्ययीभाव
C. तत्पुरुष D. द्विगु

72. अनायास
A. द्विगु B. द्वन्द्व
C. नञ् D. अव्ययीभाव

73. करकमल
A. तत्पुरुष B. कर्मधारय
C. द्वन्द्व D. अव्ययीभाव

74. लम्बोदर
A. कर्मधारय B. बहुब्रीहि
C. द्विगु D. द्वन्द्व

75. परमेश्वर
A. द्विगु B. द्वन्द्व
C. बहुब्रीहि D. कर्मधारय

उत्तरमाला

1	2	3	4	5	6	7	8	9	10
C	A	C	B	D	A	B	A	C	C
11	12	13	14	15	16	17	18	19	20
B	C	B	D	B	B	D	A	A	A
21	22	23	24	25	26	27	28	29	30
D	A	D	A	C	B	B	C	B	A
31	32	33	34	35	36	37	38	39	40
D	B	D	A	C	A	A	D	B	B
41	42	43	44	45	46	47	48	49	50
C	A	A	B	C	B	C	C	A	D
51	52	53	54	55	56	57	58	59	60
A	B	C	C	D	A	A	C	A	D
61	62	63	64	65	66	67	68	69	70
A	B	D	D	B	B	D	B	D	D
71	72	73	74	75					
B	D	B	B	C					

IX मुहावरे एवं लोकोक्तियाँ

निर्देश : *नीचे प्रत्येक मुहावरे का अर्थ बताने के लिए चार विकल्प दिये गए हैं। इनमें से सही अर्थ बताने वाले विकल्प का चयन करें—*

1. लल्लो-चप्पो करना
A. बातें मानना
B. ढोंग करना
C. खुशामद की बातें करना
D. शिकायत करना

2. साढ़ेसाती लगना
A. होश बिगड़ जाना
B. शुभ घड़ी जाना
C. हिसाब न लगा पाना
D. विपत्ति का समय आना

3. कमर कसना
A. दृढ़ निश्चय कर लेना
B. खूब कसकर कपड़े पहनना
C. दण्डित करना
D. कमर कसकर युद्ध पर निकल जाना

4. लाल-पीला होना
A. क्रोध करना
B. तेवर बदलना
C. मुद्राएं बदलना
D. रंग बदलना

5. आँख लगना
A. आशंका होना B. मृत्यु होना
C. नींद आना D. प्रेम होना

6. घाट-घाट का पानी पीना
A. मारा-मारा फिरना
B. शिक्षा ग्रहण करना
C. तीर्थयात्रा करना
D. अनुभवी होना

7. निन्यानवे के फेर में पड़ना
A. धन कमाने में लगा रहना
B. मूर्खता के कार्य कर बैठना
C. किसी चक्कर में पड़ जाना
D. परिवार के झंझटों में फँसे रहना

8. हुलिया तंग होना
A. रास्ते की चौड़ाई कम होना
B. परेशान होना
C. बहुत क्रोधित होना
D. आर्थिक तंगी होना

9. डंके की चोट पर कहना
A. शोर-शराबा करना
B. अस्वाभाविक बातें करना
C. सबके सामने घोषित करना
D. ऊँचे स्वर में चिल्लाना

10. एड़ी चोटी का पसीना एक करना
A. पसीना आना
B. अत्यधिक श्रम करना
C. व्यर्थ परिश्रम करना
D. कठिन कार्य करना

11. ईंट से ईंट बजाना
A. दोष लगाना
B. कठोर वार करना
C. विपत्ति की आशंका होना
D. तबाह कर देना

12. अंगूठा चूमना
A. खुशामद करना
B. नासमझी दिखाना
C. तिरस्कार करना
D. इनकार करना

13. एक और एक ग्यारह होना
A. संगठन में शक्ति है
B. गणित विद्या में निपुणता प्राप्त करना
C. भीड़ में बल है
D. संसार में सब सम्भव है

14. चादर के बाहर पैर पसारना
  A. बेपर्द होना
  B. सामर्थ्यानुसार खर्च करना
  C. आय से अधिक खर्च करना
  D. दिखावा करना

15. कागज के घोड़े दौड़ाना
  A. लम्बी लिखा-पढ़ी करना
  B. बेकार बातें करना
  C. लिखित प्रमाण देना
  D. इनमें से कोई नहीं

16. आँखों में चर्बी छाना
  A. विपत्ति का समय आना
  B. अप्राकृतिक व्यवहार करना
  C. इज्जत लेना
  D. घमण्ड से चूर होना

17. मुँह की खाना
  A. बातूनी होना
  B. अपमानित होना
  C. अभिनन्दित होना
  D. पराजित होना

18. कलेजा काँपना
  A. बेसहारा होना B. डरना
  C. हिम्मत रखना D. परेशान होना

19. गरदन पर सवार होना
  A. पीछा न छोड़ना
  B. गर्दन काट देना
  C. परेशान करना
  D. बहुत प्यारा होना

20. उल्टी गंगा बहाना
  A. अपनी बात से स्वयं को ही नुकसान पहुँचाना
  B. परम्पराओं के विपरीत कार्य करना
  C. निश्चित चाल के विपरीत कार्य करना
  D. बिना सोचे-विचारे कार्य करना

21. आँख का पानी ढल जाना
  A. बुढ़ापा आ जाना
  B. निर्लज्ज हो जाना
  C. प्रिय व्यक्ति का बिछुड़ जाना
  D. देखने की ताकत कमजोर पड़ना

22. आस्तीन का साँप होना
  A. सपेरों का एक खेल
  B. कपटी मित्र
  C. मूर्ख व्यक्ति
  D. डंक मारने वाला

23. हथेली पर सरसों उगाना
  A. [illegible] करना
  B. शीघ्र प्रतिफल की कामना करना
  C. स्थान परिवर्तन
  D. शक्तिशाली होना

24. रंग में भंग होना
  A. बना बनाया काम बिगड़ना
  B. अपमानित होना
  C. समाप्त होना
  D. घुलमिल जाना

25. अक्ल पर पत्थर पड़ना
  A. मूर्ख होना
  B. बुद्धिभ्रष्ट होना
  C. बुद्धिमान होना
  D. प्रतिभावान होना

26. दाँतों तले उँगली दबाना
  A. डर जाना
  B. शर्मिंदा होना
  C. हैरान हो जाना
  D. कष्ट अनुभव करना

27. पगड़ी उछालना
  A. सम्मानित करना
  B. अपमानित करना
  C. जश्न मनाना
  D. अफसोस करना

28. कच्चे घड़े पानी भरना
A. मूर्खतापूर्ण कार्य करना
B. कठिन कार्य करना
C. ठीक ढंग से काम न करना
D. कमजोर से मदद की अपेक्षा रखना

29. सूर्य को दीपक दिखाना
A. सूर्य की पूजा करना
B. विपरीत कार्य करना
C. महापुरुषों को सम्मानित करना
D. अत्यन्त प्रसिद्ध व्यक्ति का परिचय देना

30. भुजी भाँग न होना
A. नशे में चूर होना
B. दरिद्र होना
C. होश में न रहना
D. भाँग न मिलने से नशा ढूँढना

31. पापड़ बेलना
A. पापड़ बनाना
B. मुसीबत उठाना
C. खाना बनाना
D. पतली रोटी बेलना

32. औघट घाट चलना
A. मूर्खता की बात करना
B. गलत स्थान से नदी पार करना
C. धोखा देना
D. सही रास्ता छोड़कर ऊटपटांग रास्ते पर चलना

33. कुएँ में भाँग घोलना
A. दिमाग का काम न करना
B. सबकी बुद्धि भ्रष्ट होना
C. कुछ भी न सूझना
D. नशे में आना

34. कंगाली में आटा गीला होना
A. गरीब होना
B. मुसीबत पर मुसीबत पड़ना
C. गीला आटा व्यर्थ होता है
D. कंगाल व्यक्ति का आटा गीला होता है

35. अपना उल्लू सीधा करना
A. अपना स्वार्थ सिद्ध करना
B. अपने बच्चे को सुधारना
C. अपनी गलती सुधारना
D. किसी को मूर्ख बनाना

36. दाँत खट्टे करना
A. नाराज करना
B. हरा देना
C. दु:खी कर देना
D. क्रोध करना

37. आटे-दाल का भाव मालूम होना
A. व्यवसाय में लगना
B. दुनियादारी का अनुभव होना
C. बाजार भाव की जानकारी रखना
D. घर-गृहस्थी में व्यस्त होना

38. पहाड़ टूट पड़ना
A. भारी विपत्ति आना
B. भूकम्प आना
C. काम का बोझ होना
D. अपने को असमर्थ पाना

39. कूपमण्डूक होना
A. कुएँ में गिरना
B. अत्यंत सीमित ज्ञान होना
C. घर में रहना
D. इनमें से कोई नहीं

40. ईद का चाँद होना
A. आकाश में चाँद निकलना
B. चाँद निकलने पर खुशियाँ मनाना
C. बहुत दिनों बाद दिखाई देना
D. चाँदनी रात में त्योहार का आनन्द लेना

41. कपास ओटना
   A. खेती के कार्य में लगना
   B. इधर-उधर भागना
   C. व्यर्थ का कार्य करना
   D. बेगार करना

निर्देश : *प्रत्येक पंक्ति में एक लोकोक्ति दी गई है। उसके अर्थ स्वरूप चार विकल्प दिए गए हैं। इनमें से एक विकल्प सही है। आपको उसी का चयन करना है।*

42. अन्धा बाँटे रेवड़ी फिर-फिर अपनों को देय
   A. उच्च पद पाकर अपने ही लोगों को लाभान्वित करना
   B. न्याय की अवहेलना करके स्वजनों को लाभान्वित करना
   C. अन्धा आदमी स्वजनों का ख्याल रखता है
   D. स्वार्थी व्यक्ति पक्षपात करता है

43. अकल बड़ी कि भैंस
   A. शारीरिक बल की अपेक्षा बौद्धिक बल श्रेष्ठ होता है
   B. अक्ल अमूर्त और भैंस मूर्त रूप हैं
   C. भैंस शारीरिक दृष्टि से बड़ी होती है
   D. भैंस बुद्धिमान होती है

44. होनहार बिरवान के होत चीकने पात
   A. चिकने पत्तों वाला पौधा सुन्दर लगता है
   B. बागवानी का शौक अच्छी बात है
   C. होनहार बालक के लक्षण बचपन में ही प्रकट होने लगते हैं
   D. चिकने पत्तों से पता लगता है कि यह पौधा वृक्ष बन जाएगा

45. सच्चे का बोलबाला, झूठे का मुँह काला
   A. झूठ बोलना पाप है
   B. झूठ बोलने वाला अपमानित होता है
   C. असत्य बोलने वालों पर व्यंग्य
   D. सत्य की सर्वत्र विजय होती है

46. शेर भूखा रह जाए, पर घास नहीं खाता
   A. श्रेष्ठ व्यक्ति संकट में भी मर्यादा नहीं तोड़ता है
   B. शेर केवल मांसाहारी होता है
   C. शेर स्वयं शिकार होता है
   D. स्वावलम्बी व्यक्ति किसी का सहारा नहीं तकता

47. घर में नहीं दाने, अम्मा चली भुनाने
   A. झूठा आडम्बर
   B. अधिक दिखावा करना
   C. डींगें हाँकना
   D. मुश्किल से गुजारा करना

48. ऊँची दुकान फीका पकवान
   A. ऊँचे पर बनी दुकान के पकवान मीठे नहीं होते
   B. ऊँची दुकान महँगी होती है
   C. दिखावटी वस्तु में गुणवत्ता कम होती है
   D. दिखावट में आकर्षण अधिक रहता है

49. न ऊधो का लेना, न माधो का देन
   A. दूसरे के झंझट में दखल देना
   B. किसी झंझट में न पड़ना
   C. किसी से उधार न लेना
   D. नगद लेन-देन करना

50. तीन लोक से मथुरा न्यारी
   A. मथुरा सबसे श्रेष्ठ तीर्थ है
   B. मथुरा नगर विशिष्ट है
   C. सबसे श्रेष्ठ व सुन्दर
   D. सबसे निराला

51. अधजल गगरी, छलकत जाए

A. निर्धन द्वारा अधिक खर्च करना

B. अज्ञानी द्वारा उपदेश देना

C. अल्पज्ञानी द्वारा अधिक प्रदर्शन करना

D. गगरी को पूरा भरना ही श्रेष्ठ

52. अपनी करनी, पार उतरनी

A. स्वयं के प्रयास से सफलता मिलती है

B. अपने कर्मों का फल भोगना

C. अपने साधन से ही नदी पार करनी चाहिए

D. अपने का हित करना

53. आये थे हरि भजन को ओटन लगे कपास

A. अच्छे कार्य न करके बुरे कार्य करना

B. पूजा-पाठ छोड़कर व्यापार करना

C. साधारण मनुष्य बनकर रहना

D. उच्च लक्ष्य छोड़कर साधारण कार्य में शक्ति लगाना

54. आगे नाथ न पीछे पगहा

A. पूर्ण स्वतन्त्र

B. अपने मन की करना

C. बन्धन रहित होना

D. इधर-उधर भागना

55. जस दूल्हा तसि बनी बराता

A. अच्छा दूल्हा और अच्छे साथी

B. अच्छा दूल्हा और खराब बाराती

C. सभी लोगों का अच्छा होना

D. जैसे व्यक्ति वैसे साथी

56. कहे से कुम्हार गधे पर नहीं चढ़ता

A. सरलता से न मानना

B. हठी व्यक्ति समझाने से नहीं मानता

C. किसी की न सुनना

D. भय दिखाने से ही काम बनता है

57. ऊँट चढ़े पर कुत्ता काटे

A. अपना काम निकालना

B. कोई काम पूरा न हो पाना

C. दुस्साहस करके पछताना

D. विपत्ति सब जगह पीछा करती है

58. तन पर नहीं लत्ता, पान खायें अलबत्ता

A. बुरी आदत में पड़ना

B. झूठा दिखावा करना

C. रौब डालना

D. रईस मिजाज होना

59. आँख के अन्धे, गाँठ के पूरे

A. धनी परन्तु मूर्ख

B. गरीब किन्तु अक्लमंद

C. धनी परन्तु अक्लमंद

D. गरीब परन्तु मूर्ख

60. मन चंगा तो कठौती में गंगा

A. घर में रहना तीर्थ के बराबर होता है

B. यदि मन शुद्ध है तो सभी जगह तीर्थ होता है

C. मन प्रसन्न हो तो गंगा-स्नान होता है

D. कठौती में गंगाजल होता है

61. पेट भरे मन-मोदक से कब

A. पुरुषार्थ से किसी काम में सफलता न मिलना

B. सच्चाई व ईमानदारी से किसी काम में सफलता न मिलना

C. केवल भगवान का नाम लेने से किसी काम में सफलता न मिलना

D. केवल सोचते रहने से किसी काम में सफलता न मिलना

62. अरहर की टट्टी गुजराती ताला
- A. बड़ी वस्तु के लिए अधिक व्यय करना
- B. बड़ी वस्तु के लिए कम व्यय करना
- C. छोटी वस्तु के लिए अधिक व्यय करना
- D. छोटी वस्तु के लिए कम व्यय करना

63. पत्थर को जोंक नहीं लगती
- A. मजबूत चीज आसानी से खराब नहीं होती
- B. दो धूर्तों में प्रायः टकराव नहीं होता
- C. सबल का शोषण नहीं होता
- D. हठी पर कोई प्रभाव नहीं होता

64. ओखली में सिर दिया तो मूसलों का क्या डर
- A. मूर्ख के साथ मित्रता करने पर हानि ही होती है
- B. मुसीबतों से घबराना किसी भी प्रकार से उचित नहीं
- C. ओछे व्यक्ति किसी को लाभ नहीं पहुँचा सकते
- D. कठिन काम शुरू करने पर कष्ट तो सहन करने ही पड़ते हैं

65. एक पंथ दो काज
- A. एक मार्ग और दो काम
- B. अनमोल वस्तुओं का एक साथ होना
- C. एक ही साधन से दो लाभ मिलना
- D. अच्छे-बुरे का भेद न करना

66. न नौ मन तेल होगा न राधा नाचेगी
- A. निश्चित कार्य एवं कार्यस्थल का अभाव
- B. कारण को समूल नष्ट कर देना
- C. किसी कार्य को न करने का बहाना
- D. एक समस्या के निराकरण में दूसरी समस्या का आ जाना

67. डूबते को तिनके का सहारा
- A. आपत्ति के समय थोड़ी सहायता भी बड़ी होती है
- B. तिनका भी अवसर पर काम आता है
- C. कभी बेकार लगने वाली वस्तु भी काम आ जाती है
- D. निकम्मा व्यक्ति कुछ न करने का बहाना खोजता है

68. एक तो करेला दूजे नीम चढ़ा
- A. अत्यन्त बुरे स्वभाव का होना
- B. बुरे बाप का बुरा बेटा
- C. कटु या कुटिल स्वभाव वाले व्यक्ति कुसंगति में पड़कर और अधिक बिगड़ जाते हैं
- D. मूर्ख और साथ ही अशिष्ट

69. रस्सी जल गई ऐंठन न गई
- A. सब कुछ मिट जाने पर भी झूठा अभिमान करना
- B. झूठ बोलना और उस पर गर्व करना
- C. फिर से ऐंठन
- D. हारने पर भी अकड़ना

70. आँख का अंधा नाम नयनसुख
- A. अंधे का अच्छा नाम
- B. गुण के विपरीत नाम
- C. नयनसुख नाम होना
- D. आँख न होने पर भी सुखी

71. तबले की बला बंदर के सिर
A. दोषी कोई पर दोष किसी अन्य को
B. बंदर के सिर पर बला
C. तबले में बंदर
D. बंदर का तबले की ताल पर नाच

72. अन्धी पीसे कुत्ते खाएं
A. बेहिसाब काम करना
B. असावधानी से अयोग्य को लाभ
C. लाचारी का अनुचित लाभ
D. अपना माल लुटाना

73. अपना हाथ जगन्नाथ
A. भगवान जगन्नाथ की पूजा करना
B. अपने वश में सब कुछ होना
C. अपने हाथ का भोजन स्वादिष्ट होता है
D. स्वयं किया हुआ कार्य फलदायी होता है

74. गए थे रोजा छुड़ाने, गले पड़ी नमाज
A. सुख के बदले दुःख मिला
B. दुःख के बदले सुख मिला
C. लाभ ही लाभ होना
D. बिल्कुल उलटा काम

75. चौबे गए छब्बे बनने, दूबे बन के आए
A. लाभ के बदले हानि हुई
B. बढ़-चढ़ कर बातें करना
C. बहुत बड़ा आदमी हो जाना
D. बिल्कुल उलटा काम करना

76. ढाक के वही तीन पात
A. सदा एक-सा
B. यत्नपूर्वक करना
C. ऊटपटांग काम करना
D. निर्धन होना

77. थोथा चना बाजे घना
A. बहुत अधिक बोलना
B. ओछे व्यक्ति अधिक दिखावा करते हैं
C. बढ़ा-चढ़ाकर बात करना
D. बहुत शोर करना

78. खग जाने खग ही की भाषा
A. पक्षियों की भाषा जानना
B. समान प्रवृत्ति वाले ही एक-दूसरे को समझते हैं
C. पक्षी अपनी भाषा स्वयं समझते हैं
D. पक्षियों की तरह बोलना

79. नौ दिन चले अढाई कोस
A. यात्री को समय की परवाह नहीं होती
B. नौ दिन का काम एक ही दिन में करना
C. समय की गति बड़ी कुटिल होती है
D. समय का भारी अपव्यय करना

80. हींग लगे न फिटकरी रंग भी चोखा होय
A. बिना मेहनत फल पाना
B. मुफ्त में काम करने की इच्छा करना
C. साधारण मेहनत से अच्छा काम कर लेना
D. इनमें से कोई नहीं

81. ईश्वर की माया कहीं धूप कहीं छाया
A. जाड़ों में धूप तथा गर्मियों में छाया सुखद होती है
B. लक्ष्मी चंचल है
C. ईश्वर राई और पहाड़ में परिवर्तन करता रहता है
D. संसार में कहीं सुख है और कहीं दुःख है

82. अंधों में काना राजा

A. मूर्खों के मध्य कुछ समझदार

B. अंधों के बीच में काना बादशाह होना

C. अंधों के साथ काना व्यक्ति चालाकी करता है

D. उपर्युक्त में से कोई नहीं

83. अंधेर नगरी चौपट राजा

A. नगर में प्रकाश व्यवस्था का प्रभाव

B. अन्याय का बोलबाला

C. बिजली का बार-बार गुल होना

D. अव्यवस्थित प्रशासन व्यवस्था पर व्यंग्य

84. इमली के पात पर बारात का डेरा

A. असंभव बात

B. साधन थोड़े, बातें बड़ी

C. कमाल दिखाना

D. अत्यंत कंजूस होना

85. सीधी अंगुली से घी नहीं निकलता

A. सीधेपन से भी काम नहीं चलता

B. टेढ़ी अंगुली वाला घी जल्दी निकाल लेता है

C. घी अंगुली में जरूर लगता है

D. घी निकालने के लिए अंगुली टेढ़ी करनी पड़ती है

86. दूध का जला छाछ को भी फूँक कर पीता है

A. दूध से जलने वाला छाछ नहीं पीता

B. धोखा खाया व्यक्ति दुबारा सावधानी बरतता है

C. दूध से क्या छाछ से भी आदमी जल सकता है

D. दूध पीने वाले को छाछ अच्छी नहीं लगती

87. अकेला चना भाड़ नहीं फोड़ सकता

A. एक चना भाड़ में नहीं भुन सकता

B. अकेला चना व्यर्थ होता है

C. सफलता संगठन के बिना नहीं मिलती

D. सफलता के लिए संगठित हो या नहीं

88. खिसियानी बिल्ली खम्भा नोचे

A. जो क्रोध में पागल हो जाए

B. शक्तिशाली पर वश न चलने पर दुर्बल पर क्रोध करना

C. जो सर्वथा निकम्मा हो

D. काम बिगड़ जाने पर सब पर गुस्सा करने वाला

89. सांप मरे न लाठी टूटे

A. हत्या के पाप से बचना

B. सांप को भगा देना

C. बिना हानि के कार्य सिद्ध होना

D. अपना काम दूसरों से कराना

90. कहाँ राजा भोज कहाँ गंगू तेली

A. दो दूर से आए दोस्तों की मुलाकात

B. दो व्यक्तियों को अलग–अलग स्थान देना

C. दो व्यक्तियों के जन्म का अन्तर बताना

D. दो असमान व्यक्तियों की तुलना

उत्तरमाला

1	2	3	4	5	6	7	8	9	10
C	D	A	A	C	D	A	B	C	B
11	12	13	14	15	16	17	18	19	20
D	A	A	C	A	D	D	B	A	B
21	22	23	24	25	26	27	28	29	30
B	B	A	A	B	C	B	C	D	B
31	32	33	34	35	36	37	38	39	40
B	D	B	B	A	B	B	A	B	C
41	42	43	44	45	46	47	48	49	50
C	D	A	C	D	A	A	C	B	D
51	52	53	54	55	56	57	58	59	60
C	A	D	C	D	B	D	B	A	B
61	62	63	64	65	66	67	68	69	70
D	C	C	D	C	C	A	D	A	B
71	72	73	74	75	76	77	78	79	80
A	C	D	A	A	A	B	B	D	A
81	82	83	84	85	86	87	88	89	90
D	A	B	A	A	B	C	B	C	D

X अशुद्ध वाक्य-खण्ड की पहचान

निर्देश : *नीचे दिए गए वाक्यों में से कुछ वाक्यों में त्रुटियाँ हैं और कुछ ठीक हैं। त्रुटि वाले वाक्य के जिस भाग में त्रुटि हो उसके अनुरूप उत्तर चुनिए। यदि वाक्य में कोई त्रुटि न हो तो (D) वाले विकल्प को चुनिए।*

1. (A) इस मकान की नीलामी के समय / (B) अनेकों लोगों ने / (C) अपनी–अपनी सामर्थ्य के अनुसार बोली लगाई / (D) कोई त्रुटि नहीं
2. (A) भारत विश्व का एकमात्र ऐसा देश है / (B) जहाँ विभिन्न प्रकार की अलग–अलग / (C) जलवायु, वनस्पति और भूमि है / (D) कोई त्रुटि नहीं
3. (A) शरद पूर्णिमा की मध्यरात्रि में / (B) ताजमहल की सौन्दर्यता / (C) सर्वाधिक चित्ताकर्षक होती है / (D) कोई त्रुटि नहीं
4. (A) मीरा के भावों में / (B) जो तन्मयता और माधुर्य है / (C) वह अत्यन्त दुर्लभ है / (D) कोई त्रुटि नहीं
5. (A) यह पंक्तियाँ भक्तिकाल के / (B) सर्वश्रेष्ठ कवि तुलसीदास के / (C) 'रामचरितमानस' से उद्धृत हैं / (D) कोई त्रुटि नहीं
6. (A) विदुषी लेखक ने / (B) इस पुस्तक को / (C) विद्वतापूर्वक लिखा है / (D) कोई त्रुटि नहीं
7. (A) भारत एक विशाल देश है / (B) जहाँ समय–समय पर ईश्वर अवतरित होते रहे हैं / (C) इसीलिए इसे देवों की पुण्य स्थली कहा जाता है / (D) कोई त्रुटि नहीं
8. (A) जिस प्रकार से अच्छी सुखद निद्रा के लिए एकांत, अनुकूल बिस्तर आदि की अपेक्षा होती है / (B) उसी प्रकार ईश्वर प्राप्ति के लिए / (C) उचित भोजन, नियम, आचार आदि की अपेक्षा होती है / (D) कोई त्रुटि नहीं
9. (A) आज के राजनीतिज्ञों ने / (B) देश की वर्तमान राजनीतिक व्यवस्था का / (C) बहुत नुकसान करा है / (D) कोई त्रुटि नहीं
10. (A) भाई साहब, आप बाजार जाएं / (B) तो मेरे लिए एक फूलों की माला / (C) अवश्य लाएं / (D) कोई त्रुटि नहीं
11. (A) स्कूल की छात्राओं ने / (B) 15 अगस्त के अवसर / (C) पर अच्छे गीत गाए / (D) कोई त्रुटि नहीं
12. (A) कृपया आप ही / (B) यह बताने की कृपा करें / (C) कि बम्बई कब चलना है / (D) कोई त्रुटि नहीं
13. (A) संक्षेपीकरण करने की कला में / (B) पारंगत होने के लिए / (C) विद्यार्थियों को इसका निरन्तर अभ्यास करना चाहिए / (D) कोई त्रुटि नहीं
14. (A) आपका पत्र मिला / (B) और आशा करता हूँ / (C) कि भविष्य में भी / (D) तुम्हारा कृपापात्र मिलता रहेगा
15. (A) जीवन पथ पर / (B) हमें सतत् रूप से / (C) चलते रहना चाहिए / (D) कोई त्रुटि नहीं

16. (A) नए कवियों ने परम्परा से हट कर / (B) कविता को / (C) नए धरातल पर सम्मानित किया है / (D) कोई त्रुटि नहीं
17. (A) बुरे-से-बुरा आदमी भी / (B) अपने पारिवारिक सदस्यों के प्रति / (C) सद्भाव रखता है / (D) कोई त्रुटि नहीं
18. (A) हमें / (B) परस्पर एक दूसरे / (C) की सहायता करनी चाहिए / (D) कोई त्रुटि नहीं
19. (A) विद्यार्थियों ने / (B) प्राचार्य को / (C) एक गुलाब की माला पहनाई / (D) कोई त्रुटि नहीं
20. (A) उसने इस वर्ष / (B) परीक्षा में लगभग / (C) शत-प्रतिशत अंक प्राप्त किए /(D) कोई त्रुटि नहीं।
21. (A) आपके इन्हीं गुणों के कारण ही तो लोग / (B) तुम्हारी यशोगाथा का वर्णन करते / (C) अघाते नहीं / (D) कोई त्रुटि नहीं
22. (A) जब तक तुम अपने अभिप्राय का अभिप्रेत / (B) स्पष्ट रूप से नहीं कहते / (C) मैं तुम्हारी सहायता नहीं कर सकूंगा / (D) कोई त्रुटि नहीं
23. (A) उपन्यासकार ने अपने उपन्यास में / (B) राजनीतिक परिवेश का दिग्दर्शन किया है, / (C) परन्तु वह उसका मुख्य उद्देश्य नहीं है / (D) कोई त्रुटि नहीं
24. (A) गम्भीर नदियों, विस्तृत सागरों / (B) एवं उत्तुंग पर्वत शृंगों को पार करना / (C) भी अब कठिन नहीं रहा / (D) कोई त्रुटि नहीं
25. (A) प्रत्येक देशवासी को विभिन्नता में/ (B) एकीकरण करने की शक्ति को उजागर करने चाहिए / (C) तत्वों की पहचान करनी चाहिए / (D) कोई त्रुटि नहीं
26. (A) 'आवारा मसीहा' में विष्णु प्रभाकर ने / (b) कथाशिल्पी शरतचन्द्र का प्रामाणिक जीवन वृत / (C) प्रस्तुत करने का सराहनीय प्रयास किया है / (D) कोई त्रुटि नहीं
27. (A) तुष्टीकरण करने की नीति अपनाकर / (B) न व्यक्ति आगे बढ़ सकता है / (C) और न राष्ट्र /(D) कोई त्रुटि नहीं
28. (A) मेरी समझ में नहीं आ रहा है कि / (B) आपके द्वारा इतने परिश्रम से कमाया गया /(C) यह धन आखिर किस काम में आएगा / (D) कोई त्रुटि नहीं
29. (A) जब धर्म आदि एकता के साधन / (B) वैमनस्य का कारण बनने लगे / (C) तो समझिए मानव पतन के कगार पर खड़ा है / (D) कोई त्रुटि नहीं
30. (A) वही रचना कालजयी एवं प्रभावी कही जाएंगी / (B) जो अपने पाठकों के मन–मस्तिष्क पर / (C) अपने प्रभाव की गहरी रेखाएँ छोड़ जाती हैं / (D) कोई त्रुटि नहीं
31. (A) शिशुपाल गालियाँ देता रहा / (B) और श्रीकृष्ण उन्हें सुनते रहे / (C) परन्तु लगभग चुप रहे / (D) कोई त्रुटि नहीं
32. (A) भारत में शिक्षा के पर्याप्त प्रचार–प्रसार के बावजूद / (B) स्त्रियों के प्रति लोगों का दृष्टिकोण / (C) पूर्ववत् सा संकुचित एवं अनुदार है / (D) कोई त्रुटि नहीं

33. (A) इस पुस्तक के विकास में / (B) अनेक अध्यापकों, शिक्षाविदों तथा भाषा शास्त्रियों / (C) का सहयोग मिला है / (D) कोई त्रुटि नहीं
34. (A) लोगों के बहुत आग्रह पर / (B) उन्होंने अपनी कविता / (C) स्वयं आप पढ़कर सुनाई / (D) कोई त्रुटि नहीं
35. (A) प्रायः ऐसे अवसर आते हैं / (B) जिनमें लोगों को लगभग कभी—कभी / (C) अपना मत बदलना पड़ता है / (D) कोई त्रुटि नहीं
36. (A) प्राणवायु पर नियन्त्रण करने की / (B) विधा को जानने वाला शरीर और मन की / (C) प्रत्येक क्रिया पर नियन्त्रण रख सकने की क्षमता से सुसम्पन्न हो जाता है / (D) कोई त्रुटि नहीं
37. (A) उसका व्यक्तित्व आकर्षक है / (B) वह मधुर भाषी है / (C) और उसकी जिह्वा पर तो लक्ष्मी निवास करती है / (D) कोई त्रुटि नहीं
38. (A) छायावादी कवि श्री महादेवी वर्मा ने / (B) केवल काव्य की रचना नहीं की /(C) वे सफल गद्य—लेखिका भी थीं / (D) कोई त्रुटि नहीं
39. (A) अपनी-अपनी कक्षा में प्रथम आने वाले / (B) तीन विद्यार्थियों को सम्मानित करने के लिए / (C) तीन फूलों के गुलदस्ते मँगवाए गए / (D) कोई त्रूटि नहीं
40. (A) यह चित्र उस समय का है / (B) जब अहिंसा के पुजारी महात्मा गांधी / (C) इस बस्ती में पधारे थे / (D) कोई त्रुटि नही
41. (A) डॉक्टर ने रोगी / (B) को राय दी / (C) कि तुम अधिक से अधिक पानी खाया करो / (D) कोई त्रुटि नहीं
42. (A) सच्चाई तो यह है / (B) कि व्यक्ति वहीं तक जाता है / (C) जहाँ तक जाने की उसमें शक्ति होती है / (D) कोई त्रुटि नहीं
43. (A) इस कहानी में / (B) लेखक आधुनिक शिक्षा पद्धति की / (C) समस्याओं पर प्रकाश फेंकता है / (D) कोई त्रुटि नहीं
44. (A) राम ने श्याम / (B) से कहा कि वह नित्य प्रातः / (C) टहलने जाया करो / (D) कोई त्रुटि नहीं
45. (A) पिंजरे में / (B) जाकर घोड़ों की / (C) नकेल उतार दो / (D) कोई त्रुटि नहीं
46. (A) राम लाल / (B) चोरी करने में / (C) विख्यात हो गया है / (D) कोई त्रुटि नहीं
47. (A) खूनी को / (B) मृत्यु की / (C) सजा दी गई / (D) कोई त्रुटि नहीं
48. (A) विद्यापति के / (B) हस्ताक्षर / (C) सुन्दर है / (D) कोई त्रुटि नहीं
49. (A) बाघ और बकरी / (B) एक ही घाट में / (C) पानी पीती हैं / (D) कोई त्रुटि नहीं
50. (A) सुनील / (B) बुरी तरह / (C) प्रसिद्ध है / (D) कोई त्रुटि नहीं

निर्देश : *निम्नलिखित अशुद्ध वाक्यों के शुद्ध रूप का नीचे दिए विकल्पों में से चयन कीजिए।*

51. मैं तेरे को बता दूँगा
    A. मैं बता तुझको दूँगा
    B. मैं तुम्हें बता दूँगा
    C. मैं तुझको बता दूँगा
    D. सभी वाक्य सही हैं

52. पेड़ों पर कोयल बोल रही थी
A. पेड़ पर कोयलें बोल रही थीं
B. पेड़ पर कोयल बोल रही थी
C. पेड़ों पर कोयल थी
D. सभी वाक्य सही हैं

53. मुझे भारी दुःख हुआ
A. मुझे बहुत दुःख हुआ
B. मुझे दुःखी हुआ
C. मुझे ज्यादा दुःख हुआ
D. सभी वाक्य सही हैं

54. वह पूर्णतया उत्तीर्ण हो गया
A. वह एकदम उत्तीर्ण हो गया
B. वह उत्तीर्ण हो गया
C. वह एकदम पास हो गया
D. सभी वाक्य सही हैं

55. जो मिठाइयाँ पसन्द हों आप खा लो
A. जो मिठाई पसन्द हों आप खा लो
B. जो मिठाई पसन्द हो तुम खा लो
C. जो मिठाइयाँ पसन्द हों तुम खा लो
D. जो मिठाइयाँ पसन्द हों उन्हें आप खाइए

56. हम बचपन में वहाँ जाता रहा
A. हम बचपन मं वहाँ जाएंगे
B. हम बचपन में वहाँ जाते रहे हैं
C. मैं बचपन में वहाँ जाता रहा
D. मैं बचपन में वहाँ जाऊँगा

57. हेम नरेश को पुस्तक दिया
A. हेम नरेश की पुस्तक दी
B. हेम ने नरेश को पुस्तक दी
C. हेम नरेश का पुस्तक देगा
D. हेम ने नरेश का पुस्तक दिया

निर्देश : *निम्नलिखित में शुद्ध वाक्य का चयन कीजिए।*

58. A. एक गीतों की पुस्तक ला दो
B. गीतों की एक पुस्तक ला दो
C. पुस्तक एक गीतों की ला दो
D. पुस्तक गीतों की एक ला दो

59. A. मैं गाने की कसरत कर रहा हूँ
B. मैं गाने का अभ्यास कर रहा हूँ
C. मैं गाने का शौक कर रहा हूँ
D. मैं गाने का व्यायाम कर रहा हूँ

60. A. उसकी अवस्था चालीस वर्ष की है
B. उसकी आयु चालीस वर्ष की है
C. उसका बात मत करो
D. आपका पत्र सधन्यवाद मिला

61. A. मैं जाते-जाते रुक गया
B. मैं जा रहा था पर रुक गया
C. मैं जा रहा था और रुक गया
D. अचानक जाते-जाते रुक गया

62. A. उसे जाने दो, रोको मत
B. रोको मत, उसे जाने दो
C. मत रोको, उसे जाने दो
D. उसे जाने ही दो, रोको नहीं

63. A. रात दस बजे गाड़ी आएगी
B. दस बजे रात में गाड़ी आएगी
C. रात में दस बजे गाड़ी आएगी
D. गाड़ी रात में दस बजे आएगी

64. A. मेरे को घर जाना चाहिए
B. मैंने घर जाना चाहिए
C. मुझे घर जाना चाहिए
D. मुझको घर को जाना चाहिए

65. A. भारत में अनेकों जातियाँ हैं
B. भारत में अनेक जातियाँ हैं
C. भारत में अनेकों जाति हैं
D. भारत में अनेक जाति हैं

66. A. वह दण्ड देने योग्य है
B. वह दण्ड के योग्य है
C. वह दण्ड लेने योग्य है
D. वह दण्ड पाने योग्य है

67. A. फल बच्चे को काटकर खिलाओ
B. बच्चे को काटकर फल खिलाओ
C. बच्चे को फल काटकर खिलाओ
D. फल काटकर बच्चे को खिलाओ

68. A. उसे अनुत्तीर्ण होने की आशा है
B. उसे अनुत्तीर्ण होने की आशंका है
C. उसे अनुत्तीर्ण होने का शक है
D. उसे अनुत्तीर्ण होने का संशय है

69. A. कल पाठ पढ़कर आइए
B. पाठ पढ़कर कल आए
C. पाठ पढ़कर आइए कल
D. कल पाठ पढ़कर आइए

70. A. सूर्य पश्चिम को अस्त होता है
B. मुझे विद्यालय जाना है
C. मैं तो आप के ऊपर निर्भर हूँ
D. लड़ाई में लोगों ने खूब कमाया

उत्तरमाला

1	2	3	4	5	6	7	8	9	10
B	B	B	A	A	A	B	A	D	B
11	12	13	14	15	16	17	18	19	20
D	A	A	C	B	C	B	B	C	A
21	22	23	24	25	26	27	28	29	30
B	B	B	A	B	B	A	C	A	A
31	32	33	34	35	36	37	38	39	40
B	C	A	C	B	C	C	A	C	D
41	42	43	44	45	46	47	48	49	50
C	C	C	B	A	C	D	B	C	C
51	52	53	54	55	56	57	58	59	60
C	B	A	B	D	C	B	B	B	A
61	62	63	64	65	66	67	68	69	70
A	B	A	C	B	B	D	B	B	D

XI वाक्य-व्यवस्थितिकरण

निर्देश : *निम्नलिखित वाक्यों में उनके प्रथम तथा अंतिम अंश संख्या 1 और 6 के अंतर्गत दिए गए हैं। बीच वाले चार अंश य र ल व के अन्तर्गत बिना क्रम के हैं। इन चार अंशों को उचित क्रमानुसार व्यवस्थित करना है। वैकल्पिक उत्तरों में उचित क्रम वाले विकल्प को चुनकर चिह्नित करें।*

1. 1. मैंने सुना
 य जब मरण शय्या पर अंतिम सांस गिन रहा था
 र कि गरीब परिवार में जन्म लेकर वैभव के जिस शिखर पर आप पहुंचे हैं
 ल अमेरिका का धन-कुबेर रथचाइल्ड
 व उस समय उसके एक मित्र ने उससे कहा
 6. वहाँ तक कोई महान भाग्यशाली व्यक्ति ही पहुँच पाता है

A. य र ल व B. र ल य व
C. ल य व र D. व य ल र

2. 1. प्रभु कृपा से आपकी हर इच्छा पूरी हुई है
 य तो मैं जानना चाहता हूँ
 र और आज जबकि आप
 ल कि आप अपने मन में कोई अधूरी
 व इस संसार से विदा हो रहे हैं
 6. इच्छा लेकर तो यहां से नहीं जा रहे हैं

A. र व य ल B. य व र ल
C. ल र य व D. व र य ल

3. 1. गुरु का महत्व इसलिए बताया गया है
 य और माया से मोड़कर
 र सूरज की ओर कर देता है
 ल कि वह शिष्य का मुख छाया से मोड़कर
 व द्रिव्य ज्योति की ओर ले आता है
 6. पर यह कोई समर्थ गुरु ही कर पाता है

A. ल व य र B. ल र य व
C. र व ल य D. य र ल व

4. 1. परस्पर सहयोग की भावना में
 य ललक रहती है, परंतु प्रतिस्पर्धा
 र ईर्ष्या रहित भावना से स्वयं आगे
 ल यदि मैं न बढ़ सकूं तो दूसरा भी न बढ़े
 व बढ़ने और दूसरों को आगे बढ़ाने की
 6. की भावना प्रबल रूप से प्रधान होती है

A. र व य ल B. य र ल व
C. ल य र व D. व य र ल

5. 1. अहिंसा को आचार-सूत्र बना देना एक गलती है
 य ऊपर से आरोपित व्यवहार की भांति
 र जो बौद्धिक विचारधारा के रूप में
 ल जिसके कारण अहिंसा भी एक शास्त्र बन गई है
 व मनोविलास का साधन बनकर
 6. प्राणहीन निषेधों का संकायमात्र बन कर रह गई है

A. र व य ल B. व र य ल
C. ल र व य D. य र व

6. किसी लम्ब प्रिज्म का आधार एक आयत है। जिसकी भुजाएं 15 सेमी. तथा 10 सेमी. है यदि प्रिज्म का आयतन 1200 घन सेमी. हो तो उसकी ऊँचाई कितनी होगी ?

A. 8 सेमी. B. 6 सेमी.
C. 5 सेमी. D. 2 सेमी.

7. एक लम्ब प्रिज्म का आधार वर्ग है। यदि प्रिज्म का आयतन 1800 घन सेमी. तथा ऊंचाई 8 सेमी. हो तो प्रिज्म के आधार की भुजा क्या होगी ?

A. 18 सेमी. B. 15 सेमी.
C. 21 सेमी. D. 28 सेमी.

8. किसी लम्ब प्रिज्म का पार्श्व पृष्ठ 216 वर्ग सेमी. तथा ऊँचाई 6 सेमी. है। यदि प्रिज्म का आधार आयताकार हो जिसकी लम्बाई 10 सेमी. है तो आधार की चौड़ाई कितनी होगी ?

A. 7 सेमी. B. 11 सेमी.
C. 8 सेमी. D. 25 सेमी.

9. किसी लम्ब प्रिज्म का आधार समबाहु त्रिभुज है। यदि प्रिज्म का पार्श्व पृष्ठ तथा आयतन क्रमशः 120 वर्ग सेमी. तथा $40\sqrt{30}$ घन सेमी. हो तो प्रिज्म की ऊँचाई व आधार की भुजा क्रमशः क्या होगी ?

A. 8 सेमी. व 3 सेमी. B. 10 सेमी. व 4 सेमी.
C. 2 सेमी. व 5 सेमी. D. 10 सेमी. व 8 सेमी.

10. 24 सेमी. × 30 सेमी. के आयताकार कागज के टुकड़े प्रिज्म बनाये गये ? बताइये इस प्रकार बने दो प्रिज्मों के आयतनों में अनुपात क्या होगा ?

A. 3 : 2 B. 5 : 4
C. 7 : 6 D. 8 : 3

11. एक लम्बवृतीय बेलन के आधार का क्षेत्रफल 100 वर्ग सेमी. है। यदि बेलन की ऊंचाई 10 सेमी. हो तो उसका आयतन कितना होगा ?

A. 1000 सेमी.^{3} B. 888 सेमी.^{3}
C. 721 सेमी.^{3} D. 1221 सेमी.^{3}

12. एक वर्गाकार कागज जिसकी भुजा 25 सेमी. है, उसको मोड़कर बेलन बनाया गया बताइये बने बेलन का वक्रपृष्ठ कितना होगा ?

A. 556 वर्ग सेमी. B. 444 वर्ग सेमी.
C. 776 वर्ग सेमी. D. 625 वर्ग सेमी.

13. एक लम्बवृत्तीय बेलन का वक्रपृष्ठ 140π वर्ग सेमी. तथा आधार का व्यास 20 सेमी. हो तो उसकी ऊँचाई कितनी होगी ?

A. 17 सेमी. B. 20 सेमी.
C. 7 सेमी. D. 8 सेमी.

14. पैट्रोल रखने के एक लम्ब वृत्तीय बेलनाकार ड्रम का व्यास 55 सेमी. तथा लम्बाई 120 सेमी. है। बताइये ड्रम में कितने लीटर पानी आयेगा ?

A. 285.21 ली. B. 776.50 ली.
C. 884.5 ली. D.) 840.30 ली.

15. एक बेलन का आयतन 24750 घन सेमी. तथा वक्रपृष्ठ 3300 वर्ग सेमी. है तो बेलन की ऊँचाई व आधार की त्रिज्या क्रमशः क्या होगी ?

A. 35 सेमी., 15 सेमी. B. 20 सेमी., 10 सेमी.
C. 35 सेमी. 12 सेमी. D. 28 सेमी., 40 सेमी.

16. एक बेलनाकार लोहे की टंकी में 27720 घन सेमी. है तो उसकी ऊँचाई व व्यास क्रमशः क्या होंगे ?

A. 10 सेमी., 22 सेमी. B. 20 सेमी., 42 सेमी.
C. 22 सेमी., 42 सेमी. D. 24 सेमी., 48 सेमी.

17. एक बेलनाकार बर्तन, जिसके आधार की त्रिज्या 7 सेमी. है, में कुछ पानी भरा है। 4 सेमी. त्रिज्या का दूसरा ठोस बेलन इसमें डुबो देने पर पानी का तल 5 सेमी. ऊँचा उठ जाता है। बताइये बेलन की ऊँचाई क्या होगी ?

A. $24\frac{1}{2}$ सेमी. B. $45\frac{3}{5}$ सेमी.
C. $25\frac{5}{16}$ सेमी. D. $38\frac{1}{16}$ सेमी.

18. एक 22 सेमी. लम्बे तथा 18 सेमी. चौड़े दफ्ती के टुकड़े को मोड़कर 18 सेमी. ऊंचा एक बेलन बनाया जाता है। बताइये इस प्रकार बने बेलन का आयतन कितना होगा ?

A. 553 घन सेमी. B. 440 घन सेमी.
C. 693 घन सेमी. D. 388 घन सेमी.

19. यदि एक बेलन के व्यास में 20% की वृद्धि हो, तो उसकी ऊंचाई में कितने प्रतिशत की कमी हो ताकि उसके आयतन में कोई परिवर्तन न हो ?

A. $30\frac{5}{9}\%$ B. $31\frac{3}{5}\%$

C. $30\frac{4}{9}\%$ D. $29\frac{5}{7}\%$

20. 0.5 सेमी व्यास का ताँबे का तार 2.5 मी. लम्बे तथा 1.4 मीटर व्यास के बेलन पर इस प्रकार लपेटा जाता है कि उसका सम्पूर्ण व्रकपृष्ठ ढक जाये। बताइये तार की लम्बाई व आयतन क्रमशः क्या होंगे

A. 2200 मी., 13750π घन सेमी.

B. 2200 मी., 12750π घन सेमी.

C. 1100 मी., 13750π घन सेमी.

D. 1225 मी., 12750π घन सेमी.

उत्तरमाला

1	2	3	4	5	6	7	8	9	10
B	A	D	A	B	A	B	C	B	B
11	12	13	14	15	16	17	18	19	20
A	D	C	A	A	B	C	C	A	A

महत्त्वपूर्ण प्रश्नों के व्याख्यात्मक उत्तर

3. समबाहु Δ का परिमाप = 6 × 3 = 18 सेमी.

परिमाप × ऊँचाई = पार्श्व पृष्ठ

⇒ 18 × ऊँचाई = 180

⇒ ऊँचाई = 180/18 = 10 सेमी.

10. 24 सेमी × 30 सेमी. के आयतकार कागज के दो प्रिज्म बने

(1) प्रिज्म की ऊँचाई = 24 सेमी.

∴ आधार का परिमाप = 30 सेमी.

∴आधार वर्ग की भुजा $= \frac{30}{4} = 7.5$ सेमी

∴ प्रिज्म का आयतन = वर्ग का क्षेत्रफल × ऊँचाई

$= (7.5)^2 \times 24 = 1350$ घन सेमी.

(2) प्रिज्म की ऊँचाई = 30 सेमी.

∴ आधार का परिमाप = 24 सेमी.

∴ आधार वर्ग की भुजा = 24/4 = 6 सेमी.

∴ प्रिज्म का आयतन $= (6)^2 \times 30 = 1080$ घन से

आयतनों में अनुपात $= \frac{1350}{1080} = \frac{5}{4} = 5:4$

17. ∵ बेलन में पानी का तल 5 सेमी. चढ़ता है। डुबोये गये बेलन के कारण है।

∴ दूसरे बेलन का आयतन = हटाये गये प का आयतन

$\therefore \pi \times r^2 h = \pi \times 7 \times 7 \times 5 = 245\pi$

∴ दूसरे बेलन के लिए $\pi r^2 h = 245\pi$

$\pi \times 4 \times 4 \times h = 245\pi$

$\Rightarrow h = \frac{245\pi}{16\pi} = 25\frac{5}{16}$ सेमी.

19

कार्तिय तल

(Cartesian Plane)

याद रखिये :

1. निर्देशांक कक्ष :

(*i*) किसी समतल पर एक दूसरे को समकोण पर काटती हुई दो सरल रेखायें निर्देशांक कक्ष कहलाती हैं। इसका प्रतिच्छेद बिन्दु O मूल बिन्दू कहलाता है।

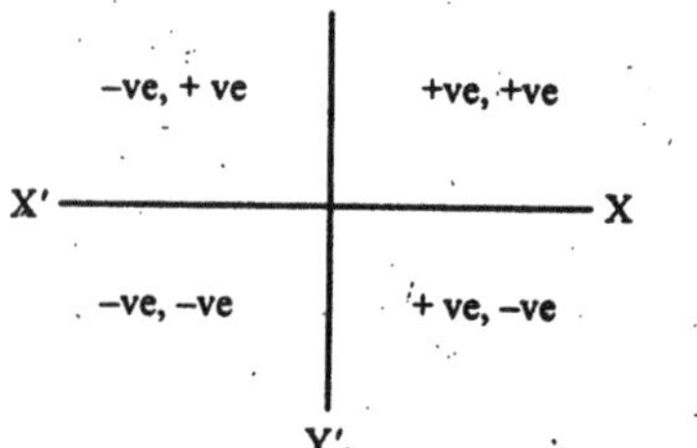

(*ii*) x-अक्ष पर मूल बिन्दु के दायीं ओर चली दूरियाँ (+) तथा बायीं ओर चली दूरियाँ (–) होती हैं।

(*iii*) y-अक्ष पर मूल बिन्दु से ऊपर की ओर चली दूरियाँ (+) तथा नीचे की ओर चली दूरियाँ (–) ऋणात्मक होती हैं।

(*iv*) x-अक्ष पर चली दूरी भुज तथा y-अक्ष पर चली दूरी कोटि कहलाती हैं। भुज और कोटि मिलकर बिन्दू के निर्देशांक कहलाती है।

(*v*) x-अक्ष पर स्थित प्रत्येक बिन्दु पर कोटि शून्य होती है।

(*vi*) y-अक्ष पर स्थित प्रत्येक बिन्दु का भुज शून्य होता है।

2. दो बिन्दुओं के बीच की दूरी :

(*i*) दो बिन्दुओं (x_1, y_1) तथा (x_2, y_2) के बीच की दूरी $=\sqrt{(x_2-x_1)^2+(y_2-y_1)^2}$

(*ii*) यदि दोनों बिन्दु x-अक्ष पर हों तो उनके बीच की दूरी $=(x_1-x_2)$ होगी।

(*iii*) यदि दोनों बिन्दु y-अक्ष पर हों तो उनके बीच की दूरी $=(y_1-y_2)$ होगी।

3. रेखाखण्ड का निर्दिष्ठ (दिये गये) अनुपात में विभाजन :

(*i*) बिन्दु (x_1, y_1) तथा (x_2, y_2) को मिलाने वाली रेखा को $m : n$ में अन्तः तथा बाह्य अनुपात में विभाजित करने वाले बिन्दुओं के निर्देशांक क्रमशः

$$\left(\frac{mx_2+nx_1}{m+n}, \frac{my_2+ny_2}{m+n}\right) \text{ तथा}$$

$$\left(\frac{mx_2-nx_1}{m-n}, \frac{my_2-ny_2}{m-n}\right) \text{ होते हैं।}$$

(*ii*) बिन्दुओं (x_1, y_1) तथा (x_2, y_2) को मिलाने वाली रेखा के मध्य बिन्दु के निर्देशांक $\left(\frac{x_1+x_2}{2}, \frac{y_1+y_2}{2}\right)$ होते हैं।

(*iii*) जहाँ रेखा x-अक्ष को काटती है; उस बिन्दु की कोटि शून्य होती हैं।

(*iv*) जहाँ रेखा y-अक्ष को काटती है। उस बिन्दु का भुज शून्य होती है।

(*v*) त्रिभुज के केन्द्रक के निर्देशांक

$$\left(\frac{x_1+x_2+x_3}{3}, \frac{y_1+y_2+y_3}{3}\right) \text{ होते हैं।}$$

A. ल य र व B. य व ल र
C. व र य ल D. र ल व य

23. 1. मानस-सिंधु में उठने वाली स्मृति तरंगें
य जो कभी हमारे थे,
र पर वे अपनी मूक भाषा में एक संदेश हमें दे जाती हैं
ल और उन क्षणों को,
व काल के विषम तट से टकराकर विलीन भले ही हो जाएँ
6. पुनजीर्वित-सा कर जाती हैं,
A. ल य र व B. र ल व य
C. व र ल य D. य व र ल

24. 1. क्रोध अत्यन्त कठोर होता है
य लेकिन मौन वह मन्त्र है, जिसके आगे उसकी सारी शक्ति विफल हो जाती है
र वह मौन को सहन नहीं कर सकता
ल वह देखना चाहता है कि मेरा एक-एक वाक्य निशाने पर बैठता है या नहीं
व उसकी शक्ति अपार है, ऐसा कोई घातक शस्त्र नहीं है, जिससे बढ़कर काट करने वाले मन्त्र उसकी शस्त्रशाला में न हो,
6. मौन उसके लिए अजेय है
A. य ल व र B. र व ल य
C. व ल य र D. ल र व य

25. 1. भारत कृषि प्रधान देश है
य कृषि हमारे देश के अर्थतंत्र की रीढ़ है
र यहाँ के लगभग सत्तर प्रतिशत निवासियों का व्यवसाय कृषि है
ल इसी पर हमारे अन्य लोगों का विकास निर्भर है
व यही कारण है कि हमारी विभिन्न आर्थिक समस्याएँ कृषि समस्या से जुड़ी हैं
6. उन्हीं में से खाद्य समस्या भी है
A. र य ल व B. य र ल व
C. ल व य र D. व ल य र

उत्तरमाला

1	2	3	4	5	6	7	8	9	10
C	A	B	A	C	B	D	C	D	C
11	**12**	**13**	**14**	**15**	**16**	**17**	**18**	**19**	**20**
B	C	B	A	C	B	D	A	D	B
21	**22**	**23**	**24**	**25**					
B	B	C	B	A					

XII रिक्त-स्थान

निर्देश : *नीचे दिए गए गद्यांशों में रिक्त स्थानों की पूर्ति हेतु उनके सम्मुख अंकित प्रश्नों में दिए गए विकल्पों का चयन कीजिए।*

मनुष्य स्वभावतः एकाकीपन पसन्द नहीं करता। परिवार अथवा समाज में रहते हुए भी हमें एक ऐसे व्यक्ति की आवश्यकता अनुभव होती है, जिससे हम हृदय की बात निःसंकोच रूप से कह सकें। पारिवारिक मर्यादाओं के कारण पारिवारिक सदस्यों के सम्मुख हम अपने .....(1)..... वास्तविक रूप में नहीं रख पाते। परन्तु हृदय तो.....(2).... के लिए सदा आकुल रहता है। हमारा अन्तःकरण जिससे .....(3).... नहीं रखता, जिसके सम्मुख खुल सकता है, वही हमारा .....(4)..... है। ऐसे मित्र प्रयत्नपूर्वक बनाए नहीं जाते ,......(5)..... ही मिल जाते हैं, हमारा मित्र हमारा ही .....(6). .... होता है। विपरीत विचारों वाले मित्र भी. ....(7) .....रूप में मिलते हैं। परन्तु विचारों और स्थिति की .....(8).... घनिष्ठ मित्रता के लिए अत्यन्त आवश्यक है। सामान्यतः दो . ....(9)..... विचारों की टकराहट अशान्ति को ही जन्म देती है। .....(10).... बढ़ाने वाले तो रास्ते चलते भी मिलेंगे पर वे स्वार्थपरायण होंगे और उनका सरोकार अपनी सुख-सुविधा एवं विलासिता तक सीमित होगा। उपयुक्त मित्र मिलना जीवन की सार्थकता है।

1. A. संकल्प B. विकल्प
   C. स्वप्न D. मनोभाव
2. A. अभिव्यक्ति B. अनुरक्ति
   C. निवेदन D. प्रतिवेदन
3. A. अनुराग B. विराग
   C. दुराव D. भुलाव
4. A. पूज्य B. श्रद्धेय
   C. सुहृद् D. सहृदय
5. A. सायास B. अनायास
   C. बहुप्रयास D. विपर्यास
6. A. प्रतिरूप B. अनुरूप
   C. अपरूप D. विरूप
7. A. निर्विवाद B. प्रतिवाद
   C. संवाद D. अपवाद
8. A. असमानता B. समानता
   C. विपरीतता D. विषमता
9. A. अकूल B. अनुकूल
   C. प्रतिकूल D. असंगत
10. A. अभिमान B. जान-पहचान
    C. अनुमान D. अवसाद

मेरे भारत ....(11)..... में अनेक धर्मों के लोग रहते हैं। इनमें आपसी प्रेम और भाईचारे की भावना है। देश के....(12)..... राज्यों में वेशभूषा, भाषा, खानपान आदि से भिन्नता पाई जाती है। मेरे देश की ....(13)..... प्रसिद्ध है। देश में अनेक महापुरुषों ने जन्म लेकर शान्ति का संदेश दिया है। यहाँ की प्राकृतिक शोभा देखते ही बनती है। विश्व के ....(14). .... यहाँ आने को तरसते हैं। मेरा भारत ... (15) ... है।

11. A. देश B. कक्षा
    C. शहर D. संगठन
12. A. सुन्दर B. गन्दे
    C. मेरे D. विभिन्न
13. A. शान्तिप्रियता B. मनुष्य
    C. नागरिक D. लोग
14. A. पर्यटक B. मनुष्य
    C. नागरिक D. लोग

15. A. महान्　B. छोटा
C. बड़ा　D. सुन्दर

कला, शक्ति और शिव के परस्पर ....(16)..... को लेकर नई काव्यमय कल्पनाएँ, नए ....(17).... और नए ध्यान हमारे यहाँ बने हैं, कला शब्द के कई ....(18).... हैं, चन्द्रमा के सोलहवें ....(19)....को भी कला कहते हैं और चन्द्रमा की ....(20).... कला जिसका नाम शास्त्रों में अमृता है, शिव के ....(21).. पर अवस्थित रहती है, कला बाँकी होती है और ....(22).... दृष्टि से प्रायः अदृश्य होती है। कला:...(23)....का भी एक माप है, कला शिल्प ....(24).... आदि के लिए प्रयुक्त होती है और उसके चौंसठ ....(25)....गिनाए गए हैं।

16. A. अनुबन्ध　B. सम्बन्ध
C. प्रबन्ध　D. निर्बन्ध

17. A. प्रतीक　B. प्रगति
C. प्रतीति　D. प्रदीप

18. A. वर्ग　B. दार्म
C. अर्थ　D. मर्म

19. A. वंश　B. दंश
C. अंग　D. अंश

20. A. रुपहली　B. पहली
C. सुनहली　D. मनचली

21. A. भाल　B. बाल
C. गाल　D. कपाल

22. A. आध्यात्मिक　B. दार्शनिक
C. भौतिक　D. मनोवैज्ञानिक

23. A. स्थान　B. समय
C. रूप　D. गुण

24. A. चेतना　B. रचना
C. बोध　D. चिन्तन

25. A. अन्तर　B. प्रकार
C. विकार　D. भेद

जीवन में सफलता और विफलता मन के कारण मिलती है, मन की दृढ़ संकल्प शक्ति निरन्तर कार्य में जुटाए रखती है, इससे ....(26).... सफलता मिल जाती है, मन की ....(27).... जब कार्य करने के दौरान ही ....(28).... को निर्बल बना देती है, उसमें ....(29).... का संचार कर देती है, तो ....(30).... में असफलता ही हाथ लगती है ....(31).... मन और तन से हम कार्य में ....(32).... होते हैं। ऐसी स्थिति में मन ....(33) .... हो गया, तो बुद्धि और तन ....(34).... हो जाते हैं, इसके विपरीत क़मी ....(35).... कार्य करते हुए व्यक्ति का तन शिथिल हो जाता है, बुद्धि भी हार मान जाती है और धन जैसे अन्य साधन भी बाधा बन जाते हैं। तब मन की संकल्प शक्ति तन में ताकत जगा देती है, बुद्धि को प्रखर बना देती है और अन्य साधनों का अभाव भी कार्य में आड़े नहीं आता। कार्य क्षेत्र में विजय प्राप्त हो जाती है।

26. A. बहुधा　B. एकदा
C. अनेकदा　D. बेहूदा

27. A. दुर्गमता　B. अबोधता
C. दुर्बलता　D. निष्प्राणता

28. A. बुद्धि　B. व्यक्ति
C. शक्ति　D. समष्टि

29. A. आशा　B. अभिलाषा
C. दुराशा　D. निराशा

30. A. प्रमाण　B. परिणाम
C. परिमाण　D. सप्रमाण

31. A. सुधि　B. सुमति
C. बुद्धि　D. कुमति

32. A. प्रेरित　B. अनुरक्त
C. विरत　D. रत

33. A. अभिशप्त　B. सन्तप्त
C. विचलित　D. संचालित

34. A. नकारा　B. आवारा
C. साभार　D. प्रभार

35. A. अनथक B. अविरत
C. कभार D. साहसिक

निर्देश : *निम्नलिखित वाक्यों में एक स्थान रिक्त है। प्रत्येक वाक्य के नीचे चार विकल्प दिए गए हैं। उचित विकल्प का अक्षरांश रिक्त स्थानों में से भरो।*

36. अदालतों में न्याय पाना बड़ा ...... हो गया है।
A. खर्चीला B. सरल
C. कठिन D. असम्भव

37. समाचार पत्रों में भी अब ...... समाचार कम छपते हैं।
A. धार्मिक B. जनहित के
C. अपराधियों के D. अमीरों के

38. अब नेताओं की सभा में उनके...... की ही भीड़ अधिक होती है।
A. बन्धुओं B. साथियों
C. चमचों D. बुजुर्गों

39. मंदिरों में पुजारी केवल..... ही देखते हैं।
A. चढ़ौती B. फूलमाला
C. भक्ति D. कपड़े

40. शिक्षा संस्थाओं में अध्यापकों का ध्यान प्रायः अपने ...... पर ही रहता है।
A. छात्रों B. विषय
C. वेतन D. सौन्दर्य

41. न जाने आज गाय का ...... दूध क्यों फ़ट गया।
A. कुछ B. बहुत
C. सारा D. थोड़ा

42. कितने मन के ...... ढहे तब खड़ी हुई यह मधुशाला।
A. शहर B. गाँव
C. भूखंड D. महल

43. सखि पतंगा तो ...... ही है दीपक भी जलता है।
A. मरता B. जीता
C. जलता D. उड़ता

44. कश्मीर की समस्या अब शीघ्र ...... योग्य हो गई है।
A. विचारने B. समाधान
C. सुधारने D. हटाने

45. संस्कृत एक ...... भाषा के रूप में मानी जाती है।
A. देव B. मृत
C. प्राचीन D. श्रेष्ठ

46. राष्ट्रपति ने लोक सभा ...... कर दी।
A. भँग B. खत्म
C. समाप्त D. स्थगित

47. देश की ...... बनाए रखना हमारा प्रथम दायित्व है।
A. व्यवस्था B. एकता
C. सरकार D. आजादी

48. धैर्यवान व्यक्ति विपत्ति में भी ... नहीं होता।
A. दुःखी B. चलायमान
C. अधीर D. विचलित

49. दीन-दुःखी की सहायता करना ही मानव का ...... होना चाहिए।
A. कर्म B. धर्म
C. फर्ज D. आभूषण

50. लोकतंत्र की सफलता के लिए जनता को ...... होना चाहिए।
A. शिक्षित B. अनुशासित
C. जागृत D. सभ्य

51. सभी धर्मों में ...... धर्म श्रेष्ठ है।
A. मानव B. हिन्दू
C. विश्व बंधुत्व D. भातृत्व

52. सबका भला चाहने वाला होता है
A. नेता B. संत
C. समाज-सेवी D. गुरु

53. हाथ से लिखी पुस्तक को ...कहते हैं।
A. हस्तलिखित B. हस्तलेखन
C. पाण्डुलिपि D. आलेख

54. वस्तुतः ...... मनुष्य वही है जो मानवता का आदर करता है।
A. सच्चा B. सम्पूर्ण
C. चरित्रवान D. यथार्थ

55. आणविक भट्टियाँ असीमित शक्ति का ...... हैं।
A. साधन B. स्रोत
C. उपकरण D. माध्यम

56. जैसे-जैसे अंधेरा ...... हमें आगे बढ़ने में कठिनाई होने लगी।
A. निकलता गया B. चढ़ता गया
C. फैलता गया D. आता गया

57. आपका उपकार जीवन ...... याद होगा।
A. तक B. से लेकर
C. भर D. के अन्दर

58. आप गेंद को जितनी ताकत से जमीन पर दे मारेंगे वह उतनी ही ऊँची ...।
A. झपटेगी B. आयेगी
C. निकलेगी D. उछलेगी

59. आज मानव पूजास्थलों का अपनी राजनीतिक स्वार्थ-सिद्धि के लिए ..... कर रहा है।
A. सदुपयोग B. सुप्रयोग
C. बल प्रयोग D. दुरुपयोग

60. मदिरापान मानव के विवेक को ...... कर देता है।
A. उन्नत B. जागृत
C. कुंठित D. उत्कृष्ठ

61. जुआ खेलना सबसे बड़ा ...... है।
A. पाप B. दुर्व्यसन
C. लत D. अपराध

62. स्वाभिमान मनुष्य का अमूल्य ...... है।
A. संपत्ति B. पूंजी
C. कोश D. धन

63. अंधे को क्या चाहिए ......।
A. रोटी-कपड़ा B. मकान
C. दो आँखें D. दो रोटियाँ

64. चाटुकारिता आज के मानव की सफलता का सबसे घटिया ...... है।
A. अस्त्र B. शस्त्र
C. बल D. साधन

65. गीता भक्ति, ... और कर्म का संदेश देती है।
A. भोग B. ज्ञान
C. वियोग D. संयोग

66. ...... मृत्यु से बढ़कर है।
A. कीर्ति B. अपकीर्ति
C. मोह D. अहंकार

67. माता-पिता की सेवा करना मानव का ...... है।
A. श्रम B. भ्रम
C. धर्म D. कर्म

68. हमारी शिक्षा प्रणाली में खेलों की स्थिति ...... है।
A. स्मरणीय B. शोचनीय
C. विचारणीय D. अकथनीय

69. आजकल के राजनेता अपने कर्त्तव्यों से ...... हैं।
A. उदास B. विमुख
C. पीड़ित D. संलिप्त

70. पृथ्वी ...... सूर्य की परिक्रमा करती है।
A. अभिराम B. अविराम
C. अक्सर D. ज्यादातर

71. केन्द्र सरकार राज्यों को ......देती है।
A. प्रतिदिन B. दान
C. अनुदान D. अविरल

72. लोकतंत्र में सबको .... अधिकार होते हैं।
A. सामान B. असीम
C. निरन्तर D. समान

73. राजा दशरथ के चार ..... थे।
A. सूत B. सुत
C. तनया D. तनुजा

74. रात ..... 2 बजे थे।
A. को B. से
C. में D. के

75. सहकारी संस्था शीघ्र ही सदस्यता ... .. प्रारम्भ कर रही है।

A. कार्यक्रम B. उपक्रम
C. आंदोलन D. भर्ती

76. आपका आचरण दूसरों के लिए ..... हो सकता है।

A. दृष्टान्त B. उदाहरण
C. उद्धरण D. अनुकरण

77. अतिशय ..... के क्षणों में आँसू अनायास टपक पड़ते हैं।

A. संघर्ष B. उत्कर्ष
C. हर्ष D. रहस्य

78. पर्वत की चोटी पर पहुँचने में असफल रमेश ने अपनी ओर से .... प्रयास किया।

A. यथासंभव B. यथाशीघ्र
C. यथामान्य D. यथायोग्य

79. किसी नियम, बन्धन आदि की परवाह न करने वाले व्यक्ति को ..... कहते हैं।

A. देशद्रोही B. विद्रोही
C. दर्पी D. घमण्डी

80. मनुष्य अपने .... का निर्माता स्वयं ही है।

A. भाग्य B. ग्रह
C. काम D. वस्त्र

81. बादलों के समूह को ..... कहते हैं।

A. घटा B. छटा
C. ढेर D. समूह

82. गंगा नदी सबसे ..... नदी है।

A. पवित्र B. अच्छी
C. बड़ी D. उत्तम

83. गुरु का ..... ही शिष्य के जीवन की अमूल्य धरोहर होता है।

A. प्रणय B. अनुराग
C. वात्सल्य D. विराग

84. साहित्य किसी देश या जाति का ..... चिह्न है।

A. उन्नति B. विकास
C. पहचान D. ख्याति

85. जयशंकर प्रसाद ..... कवि हैं।

A. विजयी B. दिग्विजयी
C. कालजयी D. पराजयी

उत्तरमाला

1	2	3	4	5	6	7	8	9	10
D	A	C	C	B	A	D	B	C	B
11	12	13	14	15	16	17	18	19	20
A	D	A	D	A	B	A	C	D	B
21	22	23	24	25	26	27	28	29	30
A	C	A	C	B	A	C	B	D	B
31	32	33	34	35	36	37	38	39	40
B	D	C	A	A	C	B	C	A	C
41	42	43	44	45	46	47	48	49	50
C	D	C	B	C	A	B	D	B	A
51	52	53	54	55	56	57	58	59	60
A	B	B	A	D	C	C	D	D	C
61	62	63	64	65	66	67	68	69	70
B	D	C	D	B	B	C	B	B	B
71	72	73	74	75	76	77	78	79	80
C	D	B	D	A	B	C	A	B	A
81	82	83	84	85					
A	A	C	B	C					

XIII अनुच्छेद

निर्देश : *नीचे दिए गए गद्यांशों के आधार पर इनके अन्त में दिए गए प्रश्नों के उत्तर दीजिए।*

अनुच्छेद-1

कबीर ने समाज में रहकर समाज का बड़े समीप से निरीक्षण किया। समाज में फैले बाह्याडम्बर, भेदभाव, साम्प्रदायिकता आदि का उन्होंने पुष्ट प्रमाण लेकर ऐसा दृढ़ विरोध किया कि किसी की हिम्मत नहीं हुई जो उनके अकाट्य तर्कों को काट सके। कबीर का व्यक्तित्व इतना ऊँचा था कि उनके सामने टिक सकने की हिम्मत किसी में नहीं थी। इस प्रकार उन्होंने समाज तथा धर्म की बुराइयों को निकाल-निकाल कर सबके सामने रखा। ऊँचा नाम रखकर संसार को ठगने वालों के नकली चेहरों को सबको दिखाया और दीन-दलितों को ऊपर उठने का उपदेश देकर अपने व्यक्तित्व को सुधारकर सबके सामने एक महान आदर्श प्रस्तुत कर सिद्धान्तों का निरूपण किया। कर्म, सेवा, अहिंसा तथा निर्गुण, मार्ग का प्रसार किया। कर्मकाण्ड तथा मूर्तिपूजा का विरोध किया। अपनी साखियों, रमैनियों तथा शब्दों को बोलचाल की भाषा में रचकर सबके सामने एक विशाल ज्ञानमार्ग खोला। इस प्रकार कबीर ने समन्वयवादी दृष्टिकोण अपनाया और कथनी-करनी की एकता पर बल दिया। वे महान् युगद्रष्टा, समाज-सुधारक तथा महान कवि थे। उन्होंने हिन्दू–मुस्लिम के बीच समन्वय की धारा प्रवाहित कर दोनों को ही शीतलता प्रदान की।

1. कबीर के सामने कोई नहीं टिक पाता था, क्योंकि कबीर

A. उच्च शिक्षा प्राप्त विद्वान् और बहुश्रुत थे

B. शास्त्रार्थ में अत्यन्त प्रवीण थे

C. का व्यक्तित्व बहुत ऊँचा था

D. का सामाजिक निरीक्षण तथ्यात्मक था

2. कबीर ने विरोध किया

A. आचरणहीन ढोंगियों का B. शोषकों और दलितों का

C. साम्प्रदायिक सामंजस्य का D. शोषितों और पीड़ितों का

3. सन्त कबीर ने प्रशस्त किया

A. ज्ञानमार्ग B. भक्तिमार्ग

C. वेद-मार्ग D. सत्य और अहिंसा का मार्ग

4. कबीर की रचनाओं की भाषा बोलचाल की भाषा थी, क्योंकि उनके उपदेश थे

A. असाधारण और असामान्य लोगों के लिए

B. सम्पन्न एवं समृद्ध लोगों के लिए

C. कवियों एवं लेखकों के लिए

D. सर्वसाधारण के लिए

5. कबीर के साम्प्रदायिकता विरोधी तर्क अकाट्य थे, क्योंकि
A. कबीर ने समाज का निरीक्षण बड़े समीप से किया था
B. उनके तर्क पुष्ट प्रमाणों पर आधारित थे
C. वे इनसे व्यक्तिगत लाभ उठाना चाहते थे
D. वे इनसे यशोपार्जन करना चाहते थे

अनुच्छेद-2

व्यक्ति समाज की इकाई है और शिक्षा व्यक्ति को सत्, चित् और आनन्द की अनुभूति करने योग्य बनाती है, शिक्षा का अर्थ है जीना सीखने की कला। हम जीते हैं समाज में। अतः शिक्षा का मूल स्रोत है समाज। इस प्रकार शिक्षा और समाज का परस्पर घनिष्ठ सम्बन्ध है। शिक्षा व शिक्षण संस्थाओं का समाज में विशेष महत्वपूर्ण स्थान है, क्योंकि यहीं से भावी नागरिक ढल कर निकलते हैं। आज समाज के मूलरूप को परिष्कृत करने हेतु नैतिक शिक्षा के प्रश्न पर विशेष बल दिया जाने लगा है। यह आवश्यकता अनुभव की गई है कि हमारी मान्यताओं का स्खलन हो रहा है, सामाजिक जीवन में जो अनैतिकता दिनों-दिन बढ़ती जा रही है उसका मूल कारण नैतिक शिक्षा का अभाव है। आज हमने भौतिक उन्नति को एकमात्र उद्देश्य बना लिया है। हम भौतिकवादी से अतिभौतिकवादी होते जा रहे हैं और यही कारण है कि विफलताएँ हमारे मार्ग को अवरुद्ध करती जा रही हैं। आज शिक्षा का महत्त्व केवल पुस्तकीय ज्ञान मात्र है जो पुस्तकों में ढलता जा रहा है। यह शैक्षिक-प्रक्रिया केवल मशीनीकरण का पर्याय न बने और व्यावहारिक सद्शिक्षा का स्वरूप विकसित हो इसके लिए अपेक्षित है कि नैतिक मूल्यों की शिक्षा दी जाए अन्यथा समाज में अपराध प्रवृत्ति निरन्तर बढ़ती रहेगी। यदि हम जीवन में सामंजस्य स्थापित करना चाहते हैं तो भौतिक प्रगति के साथ-साथ आध्यात्मिक प्रगति को भी जागरुक बनाए रखना आवश्यक है। आज विद्यार्थियों में व्याप्त अनुशासनहीनता, निराशा एवं हतोत्साह का प्रमुख कारण मानसिक एवं आध्यात्मिक अनुशासन का अभाव है। अतएव विद्यार्थियों में प्रारम्भ से ही चरित्र-निर्माण और देशभक्ति की भावना जाग्रत करने के लिए, उनमें दृढ़ संस्कारों का निर्माण करने के लिए नैतिक शिक्षा देना अतिआवश्यक है। नैतिक शिक्षा के बिना स्वस्थ समाज की कल्पना असम्भव है।

6. समाज में शिक्षण-संस्थाएँ इसलिए महत्व रखती हैं, क्योंकि शिक्षण
A. संस्थाओं से ही शिक्षा की गुणात्मकता का बोध होता है
B. संस्थाएँ शिक्षार्थियों को उपाधि-पत्र प्रदान करती हैं
C. संस्थाओं में ही शिक्षार्थी पढ़-लिख कर होनहार बनते हैं
D. संस्थाओं से ही भावी नागरिक ढलकर निकलते हैं

7. हमारी सामाजिक मान्यताओं के विघटन का प्रमुख कारण है
A. नैतिक शिक्षा का अभाव
B. वैज्ञानिक शिक्षा का अभाव
C. आध्यात्मिक शिक्षा का अभाव
D. सांस्कृतिक कार्यक्रमों का अभाव

8. नैतिक शिक्षा से समाज को लाभ होगा

A. छात्रों के चरित्र-संस्कार के अभाव का
B. छात्रों के समन्वित चरित्र के निर्माण का
C. छात्रों में धार्मिक जानकारी का
D. संघर्ष की प्रवृत्ति के विकास का

9. उपर्युक्त अवतरण का उपयुग्त शीर्षक है

A. जीने की कला
B. शिक्षा का अर्थ
C. शिक्षा और शिक्षण-संस्थाएँ
D. नैतिक शिक्षा की उपयोगिता

10. शिक्षा का अभिप्राय है

A. जिन्दगी में कुछ बनने की कला
B. धनार्जन की कला
C. जीना सीखने की कला
D. सभ्य समाज की कला

अनुच्छेद-3

स्वामी विवेकानन्द ने भारत के पुनर्निर्माण में कार्यरत् मनुष्य के लिए जिन मुख्य बातों पर बल दिया था, वे हैं-चरित्र, आध्यात्मिकता, आत्मविश्वास और अन्ततः सबके प्रति प्रेम, विशेषतः दरिद्र, अशिक्षित तथा पद-दलितों के लिए। यह कार्य वास्तव में महान है, किन्तु दृढ़ इच्छा के सामने कुछ नहीं टिक सकता।

भारतीयों में भारत माता के प्रति देशभक्ति की भावना जाग्रत करने के लिए स्वामी विवेकानन्द ने कहा था, "तुम मत भूलना कि तुम्हारी स्त्रियों का आदर्श सीता, सावित्री, दमयन्ती है ... मत भूलना कि तुम्हारा जीवन अपने व्यक्तिगत सुख के लिए नहीं है—मत भूलना कि नीच, अज्ञानी, दरिद्र तुम्हारा रक्त और तुम्हारे भाई हैं।"

पं. जवाहरलाल नेहरू का कथन स्मरणीय है, जो उन्होंने एक बार स्वामी विवेकानन्द को श्रद्धांजलि देते हुए कहा था—"अतीत में संलग्न तथा भारतीय धरोहर के प्रति गर्व से परिपूर्ण होते हुए भी विवेकानन्द जीवन की समस्याओं के प्रति आधुनिक धारणा रखते थे तथा भारत के अतीत एवं वर्तमान के मध्य सेतु की भाँति थे।" "प्रत्यक्ष अथवा परोक्ष रूप से उन्होंने आज के भारत को अत्यन्त प्रभावित किया है। हमारी युवा पीढ़ी स्वामीजी से लाभान्वित होगी, जिनकी वाणी प्रज्ञा एवं शक्ति से ओतप्रोत है।"

स्वामीजी ने एक अधैर्यवान शिष्य को समझाया कि "श्रद्धावान बन, वीर्यवान बन, आत्मज्ञान प्राप्त कर। यही मेरी इच्छा एवं आशीर्वाद है।" श्रद्धा का अभिप्राय कई बातों से है। पहली है आत्मश्रद्धा (आत्मविश्वास)। दूसरी है हमारी सांस्कृतिक धरोहर के प्रति श्रद्धा। "हमारी मातृभूमि का केन्द्र, प्राण-पखेरू धर्म में तथा केवल धर्म में ही है। मातृ देवो भव, पितृ देवो भव, आचार्य देवो भव—इन पर श्रद्धा, वीर्यवान भव"—"तुम्हारे अन्दर पूर्ण शक्ति निहित है। तुम सब कुछ करने में समर्थ हो। इस शक्ति को पहचानो। उठो और अपना अन्तस्थ ब्रह्मभाव अभिव्यक्त करो .... वीर बनो। वीर बनो मानव केवल एक बार ही मरता है। सारी शक्ति तुम्हारे अन्दर है। बल ही जीवन है, दुर्बलता मृत्यु .... शैशव से ही तुम्हारे मस्तिष्क में सकारात्मक, सशक्त एवं परोपकारी विचार प्रविष्ट होने चाहिए।"

11. जीवन अपने 'व्यक्तिगत सुख के लिए न होने' से स्वामीजी का क्या अभिप्राय है?
   A. दूसरों का सुखी जीवन बनाना
   B. अपने सुख की अपेक्षा निर्बल एवं दरिद्र देशवासियों को सुखी रखने का प्रयास करना
   C. देशभक्त का जीवन दुःखदायी होना
   D. देशभक्त का सुखी न होना
12. विवेकानन्द अतीत एवं वर्तमान के मध्य सेतु की भाँति थे, क्योंकि वे
   A. भारतीय संस्कृति पर गर्व करते हुए भी आधुनिक विचारधारा का यथावश्यक लाभ उठाने में तत्पर रहते थे
   B. पुरातन एवं आधुनिक विचार-धारा का सहअस्तित्व चाहते थे
   C. बीते हुए समय की तथा वर्तमान समस्याओं को एक नजर से देखते थे
   D. चाहते थे कि हम आज की समस्याओं तथा पिछली बातों में समन्वय करें
13. 'अन्तस्थ ब्रह्मभाव की अभिव्यक्ति है' से अभिप्रेत है
   A. मन में ब्रह्म के विषय में विचार लाना
   B. परमात्मा को बाहर खोजने की अपेक्षा अपने ही अन्दर उस सर्वशक्तिमान का अनुभव करना
   C. भगवान को अपना सहयोगी समझना
   D. भगवान को पूरे मन से पुकारना
14. स्वामीजी ने पुनर्निर्माण कार्य हेतु कार्यकर्ताओं के गुणों पर ध्यान दिया, क्योंकि वे
   A. ऐसे कार्यकर्ताओं से परिचित थे
   B. पुनर्निर्माण के कार्य में सफलता हेतु कार्यरत व्यक्ति में इन गुणों का होना परम आवश्यक समझते थे
   C. स्वयं ऐसे गुणवान थे
   D. अपने सहयोगियों पर विशेष ध्यान रखते थे
15. स्वामीजी पुनर्निर्माण में कार्यरत् व्यक्ति में किस गुण का होना परम आवश्यक मानते थे?
   A. चरित्र-निर्माण
   B. शिक्षा-प्रसार में रुचि
   C. सबके प्रति प्रेम
   D. दृढ़ इच्छा

अनुच्छेद-4

अनुशासन जीवन-निर्माण का मूल-मंत्र है। अभ्युदय एवं निःश्रेयस की प्राप्ति बिना अनुशासन के सम्भव ही नहीं। रणभूमि में युद्ध लड़ने वाले सैनिकों के लिए अनुशासन आवश्यक ही नहीं प्रत्युत जीवन के प्रत्येक क्षेत्र में इसकी आवश्यकता है। चाहे व्यक्ति का जीवन हो, समाज या राष्ट्र का जीवन हो। फिर जीवन भी तो कुरुक्षेत्र है, जिसमें निरन्तर युद्ध एवं संघर्ष चलता ही रहता है। जीवन के कुरुक्षेत्र में अनुशासनविहीन होकर जीना किसी भी प्रकार से

श्रेयस्कर नहीं हो सकता। मानव जीवन जिस प्रकृति का अंग है, जिसके अंचल में वह पोषण और विकास पाता है जिसके चक्रवात से घिरा वह तिमिर आलोक प्राप्त करता है वह प्रकृति भी एक अनुशासन में चलती है और एक शिक्षिका की भाँति मानव को भी अनुशासन की शिक्षा देती है। ऋतु चक्र एक निश्चित अनुशासन का अनुवर्तन करता है। 'हुकुम बिना न झूले पाता' उक्त पंक्ति इसी अनुशासनबद्धता की ओर संकेत करती है। अनुशासन शब्द का अर्थ है किसी एक शासन, आज्ञा, नियम अथवा नियंत्रण का अनिवार्य रूप से पालन। यदि व्यक्ति अपने जीवन में कतिपय निश्चित नियमों का अनुसरण नहीं करता जीवन में किसी उच्च लक्ष्य या ध्येय की प्राप्ति नहीं कर सकता, तो वह जीवन निर्माण में सफल नहीं हो सकता। अनुशासन के लिए यह जरूरी नहीं कि कोई दूसरा व्यक्ति शासन करने वाला हो और हम उसके द्वारा निर्धारित नियमों का पालन करें। ऐसा अनुशासन तो आरोपित अनुशासन होता है जो किसी व्यक्ति या देश की गुलामी का संकेत करता है। स्वाधीन देश में सच्चा अनुशासन वह है जो नागरिकों के हित के लिए होता है और नागरिक भी स्वेच्छा से उसका पालन करते हैं।

16. मानव लक्ष्य की प्राप्ति में असफलता का प्रमुख कारण है, उसका

A. लक्ष्य निर्धारण में असमंजस

B. व्यवहार कुशल न होना

C. निश्चित नियमों का अनुसरण न करना

D. निश्चित नियमों का निर्धारण न करना

17. अनुशासनबद्धता की सर्वप्रथम शर्त है

A. नियमों का अनिवार्यतः पालन

B. दूसरों द्वारा निर्धारित नियमों का पालन

C. जीवन निर्माण के लक्ष्य की ओर उन्मुखता

D. राष्ट्र एवं समाज के हित का अनुचिन्तन

18. जीवन को कुरुक्षेत्र कहने से लेखक का आशय है, जीवन

A. युद्ध प्रधान है B. हिंसा प्रधान है C. संघर्ष प्रधान है D. कर्म प्रधान है

19. मनुष्य के लिए प्रकृति को शिक्षिका इसलिए कहा गया है, क्योंकि

A. स्वयं अनुशासन का अनुवर्तन करती है B. मानव की हितैषिणी और पोषक है

C. मानव को अनुशासन सिखाती है D. ऋतुचक्र को अनुशासन में रखती है

20. आरोपित अनुशासन मनुष्य के लिए अस्वीकार्य है, क्योंकि

A. वह दूसरों द्वारा निर्धारित होता है

B. वह मनुष्य की पराधीनता का प्रतीक है

C. वह सुविचारित नहीं होता

D. उसमें मनुष्य के हित का ध्यान नहीं होता

अनुच्छेद-5

विद्यार्थी शब्द दो शब्दों के योग से बना है—विद्या + अर्थी अर्थात् विद्या को चाहने वाला। 'विद्यार्थी' शब्द की तरह 'अनुशासन' शब्द भी दो शब्दों के योग से बना है—अनु + शासन। अनुशासन का अर्थ है अपने को वश में रखना। आदेश या नियमों का पालन करना। नियंत्रण अथवा व्यवस्था का नाम ही अनुशासन है। अनुशासन समाज के नियमों का ही दूसरा नाम है। यद्यपि अनुशासन की आवश्यकता जीवन के हर क्षेत्र में है तथापि विद्यार्थियों के लिए तो यह नितांत आवश्यक है क्योंकि विद्यार्थी जीवन भावी जीवन की आधारशिला है। इस काल में जैसे संस्कार, जैसी प्रवृत्तियों और जैसी आदतों का विकास हो जाता है, वे जीवन-पर्यन्त साथ नहीं छोड़ती हैं। जिस प्रकार किसी भवन का स्थायित्व उसकी आधारशिला की दृढ़ता पर निर्भर होता है, उसी प्रकार मानव जीवन की सफलता उसकी बाल्यावस्था और विद्यार्थी काल के सिंचन और संरक्षण पर आश्रित होती है। विद्यार्थी जीवन ही वह काल है जिसमें शिशु के चरित्र, व्यवहार तथा आचरण को जैसा चाहे रूप दिया जा सकता है। यह अवस्था भावी दृक्ष की उस कोमल शाखा की भाँति है जिसे जिधर चाहे उधर मोड़ा जा सकता है। पूर्णतया विकसित वृक्ष की शाखाओं को मोड़ना सम्भव नहीं होता है। उन्हें मोड़ने का प्रयास करने पर वे टूट तो सकती हैं, मुड़ नहीं सकतीं। छात्रावस्था उस श्वेत चादर की तरह होती है जिसमें जैसा प्रभाव डालना हो, जो कुछ अंकित करना हो, किया जा सकता है। सफेद चादर पर एक बार कुछ अंकित हो जाए तो वह फिर से अपनी-अपनी पूर्वावस्था को प्राप्त नहीं हो सकती। इसलिए प्राचीनकाल से ही विद्यार्थी जीवन के महत्व को स्वीकार किया गया है तथा इस काल को भावी जीवन की तैयारी का काल मानकर इसमें तरह-तरह के सुसंस्कार और सद्वृत्तियाँ डालने का प्रयास किया जाता है।

21. अनुशासन शब्द में अनु उपसर्ग निम्नलिखित विकल्पों में से कौन-सा है?

A. तत्सम उपसर्ग
B. तद्भव उपसर्ग
C. आगत उपसर्ग
D. 'अनु' उपसर्ग नहीं है

22. अनुशासन का अर्थ है

A. स्वयं पर नियंत्रण रखना
B. समाज के नियमों का पालन करना
C. (A) तथा (B) दोनों
D. स्वयं तथा समाज के नियंत्रक नियमों की रचना करना

23. विद्यार्थी जीवन में अनुशासन क्यों आवश्यक है?

A. क्योंकि विद्यार्थी जीवन में विकसित अनुशासन की प्रवृत्ति जीवन-पर्यन्त साथ देती है
B. यदि विद्यार्थी अनुशासित न हो, तो उसे दंड दिया जा सकता है
C. विद्यार्थी जीवन का अनुशासन जीवन की आधारशिला को दृढ़ता प्रदान करता है
D. (A) तथा (C) दोनों

24. इस गद्यांश में मानव जीवन को निम्नलिखित विकल्पों में से किसकी उपमा दी गई है?
A. भवन
B. आधारशिला
C. समाज
D. इनमें से कोई नहीं

25. इस गद्यांश में विद्यार्थी काल के पर्यायवाची के रूप में कौन-सा शब्द प्रयुक्त किया गया है?
A. बाल्यावस्था
B. छात्रावस्था
C. शिशु
D. जीवनकाल

26. विद्यार्थी जीवन वह काल है जिसमें
A. शिशु के चरित्र, व्यवहार तथा आचरण को जैसा रूप चाहें, वैसा दिया जा सकता है
B. जैसे संस्कार और प्रवृत्ति डाले जाएंगे वे भावी जीवन तक स्थायी रहेंगे
C. विद्यार्थी उस कोमल शाखा की भाँति होता है जिसे जिधर चाहे मोड़ा जा सकता है
D. उपर्युक्त सभी

27. 'विद्या + अर्थी' संधि में निम्नलिखित विकल्पों में से संधि का कौन-सा भेद प्रयुक्त हुआ है?
A. दीर्घ संधि
B. गुण संधि
C. वृद्धि संधि
D. यण संधि

28. सद्वृत्तियाँ शब्द का संधि विच्छेद कीजिए
A. सत् + वृत्तियाँ
B. सत् + प्रवृत्तियाँ
C. सद् + वृत्तियाँ
D. सद् + प्रवृत्तियाँ

29. 'सुसंस्कार' शब्द की रचना इस प्रकार है
A. मूल शब्द + मूल शब्द
B. उपसर्ग + मूल शब्द
C. मूल शब्द + प्रत्यय
D. इनमें से कोई नहीं

30. इस गद्यांश का एक उचित शीर्षक लिखिए
A. विद्यार्थी-काल
B. जीवन की आधारशिला
C. विद्यार्थी और अनुशासन
D. मनुष्य-जीवन और अनुशासन

अनुच्छेद-6

देशाटन का अर्थ है देश-विदेश में घूमना, भ्रमण करना, विभिन्न महत्वपूर्ण स्थानों के ऐतिहासिक, धार्मिक, प्राकृतिक, भौगोलिक तथा सांस्कृतिक स्थानों का भ्रमण करना ही देशाटन कहलाता है। अपने व्यापार आदि के लिए किसी स्थान की यात्रा करना देशाटन नहीं कहा जा सकता। यदि कोई व्यक्ति किसी स्थान की सांस्कृतिक-सामाजिक परम्पराओं, वहाँ के रहन-सहन, रीति-रिवाजों, संस्कृति, भाषा, साहित्य, जीवन-दर्शन आदि का यथोचित ज्ञान प्राप्त करता है, तो निश्चय ही उसे देशाटन की संज्ञा दी जा सकती है। मानव स्वभाव से ही 'जिज्ञासु' रहा है। मानव की यही जिज्ञासा उसे अन्य बातों की ओर प्रेरित करती है। मानव अपने परिवेश से हटकर अपने आस-पास के ही नहीं, अपितु दूर-दराज के सौंदर्य, पर्यावरण तथा संस्कृति का ज्ञान प्राप्त करने के लिए उत्सुक रहता है। विभिन्न जीवन-पद्धतियों के अध्ययन में, विभिन्न देशों के भ्रमण में, नाना प्रकार के प्राकृतिक दृश्यों को देखने में, नई-नई जीवन-शैलियाँ देखने

में, नए-नए नगर, स्थान तथा ऐतिहासिक-सांस्कृतिक-धार्मिक स्थलों को देखने में उसे विशेष उत्साह, आनन्द तथा ज्ञान की प्राप्ति होती है। यद्यपि किसी स्थान की जानकारी पुस्तकों के माध्यम से भी प्राप्त की जा सकती है, तथापि साक्षात् दर्शन का तो आनन्द ही अनूठा होता है। केवल चित्र देखकर हम हिमालय के हिममंडित शिखरों के सौंदर्य से अभिभूत नहीं हो सकते, वहाँ की उपत्यकाओं के अनुपम सौंदर्य को नहीं देख सकते, वहाँ के देवदार के गहन वनों की गंध का अनुभव नहीं कर सकते। यह अनुभव तो इन स्थानों के भ्रमण या दर्शन द्वारा ही प्राप्त किया जा सकता है। देशाटन का बहुत महत्व है। किसी स्थान, दृश्य अथवा वस्तु के प्रत्यक्ष दर्शन से व्यक्ति का ज्ञान सर्वांगीण तथा स्थापित हो जाता है। हमारे प्राचीन ग्रंथों में भी देशाटन के महत्व का उल्लेख किया गया है। वेदों में तो 'चरैवेति चरैवेति' द्वारा निरन्तर चलते रहने का आह्वान किया गया है। महर्षि नारद तो तीनों लोकों का भ्रमण करते रहते थे। प्राचीनकाल में अनेक यात्री देशाटन करते हुए अनेक देशों में पहुँचे। फाहियान, ह्वेनसांग, इब्नबतूता इत्यादि के नाम विशेष रूप से गिनाए जा सकते हैं जो भारत में आए तथा जिन्होंने अपने ग्रंथों में भारत की महिमा का वर्णन किया। देशाटन के कारण ही कोलंबस द्वारा नई दुनिया की खोज हुई। देशाटन की प्रेरणा से ही वास्को-डि-गामा भारत पहुँचा तथा भारत के अनेक 'घुमक्कड़ों' ने सिंहल द्वीप, मलाया, बर्मा, 'बोर्नियो' आदि अनेक देशों का पता लगाया, बौद्ध धर्म का प्रचार करने के लिए हमारे अनेक घुमक्कड़ दूर-दूर के देशों में गए। इस प्रकार इस कथन में अत्युक्ति नहीं है कि देशाटन द्वारा धर्म तथा संस्कृति के प्रचार को भी बल मिला है।

31. देशाटन का अर्थ है

A. महत्वपूर्ण स्थानों के ऐतिहासिक, धार्मिक तथा सांस्कृतिक स्थानों का भ्रमण करना

B. किसी स्थान की संस्कृति, भाषा और जीवन-दर्शन इत्यादि के बारे में ज्ञान प्राप्त करना

C. व्यापार के लिए किसी स्थान की यात्रा करना

D. (A) और (B) दोनों

32. देशाटन ..... समास का उदाहरण है

A. तत्पुरुष B. बहुब्रीहि C. द्वन्द्व D. अव्ययीभाव

33. यथोचित में कौन-सी स्वर संधि है?

A. दीर्घ संधि B. गुण संधि C. यण संधि D. अयादि संधि

34. यथोचित का संधि विच्छेद है

A. यथा + उचित B. यथा + ऊचित

C. यथः + उचित D. यथा + चित

35. इस गद्य में 'इक' तद्धित प्रत्यय से बने शब्द हैं

A. धार्मिक B. सामाजिक C. प्राकृतिक D. उपर्युक्त सभी

36. 'देश-विदेश' .... समास का उदाहरण है

A. तत्पुरुष B. द्वन्द्व C. कर्मधारय D. अव्ययीभाव

37. 'चरैवेति चरैवेति' द्वारा निरंतर चलते रहने का आह्वान किस प्राचीन ग्रंथ में किया गया है?

A. महाभारत B. वेद C. रामायण D. पुराण

38. निम्नलिखित में से कौन-से यात्री भारत में देशाटन के लिए आए

A. फाह्यान B. वास्को-डि-गामा C. नारद D. (A) तथा (B)

39. देशाटन से .... का प्रचार-प्रसार हुआ

A. बौद्ध धर्म B. भारतीय वाणिज्य

C. (A) तथा (B) दोनों D. (A) तथा (B) दोनों ही नहीं

40. इस गद्यांश के लिए सर्वाधिक उपयुक्त शीर्षक है

A. मानव की घुमक्कड़ प्रकृति B. देशाटन का महत्व

C. प्राचीन ग्रंथ और देशाटन D. धर्म और देशाटन

उत्तरमाला

1	2	3	4	5	6	7	8	9	10
C	A	A	D	B	C	A	D	B	C
11	12	13	14	15	16	17	18	19	20
B	A	B	B	D	C	A	C	A	B
21	22	23	24	25	26	27	28	29	30
A	C	D	A	B	D	A	B	B	C
31	32	33	34	35	36	37	38	39	40
D	A	B	A	D	B	B	D	A	B

XIV रस एवं अलंकार

निर्देश : *निम्नलिखित प्रश्नों में दिए गए वाक्यों में प्रयुक्त अलंकार के भेद का चयन उसके नीचे दिए विकल्पों में से कीजिए।*

1. कुन्द इन्दु सन देह, उमा रमन, करुणा 'अयन'

A. श्लेष B. उपमा
C. अनुप्रास D. रूपक

2. 'काली लहर कल्पना काली
मेरी काल कोठरी काली'

A. अनुप्रास B. रूपक
C. श्लेष D. उपमा

3. "लाल चेहरा है नहीं, फिर, लाल किसके"

A. यमक B. रूपक
C. उपमा D. अनुप्रास

4. 'कनक-कनक ते सौ गुनी मादकता अधिकाय'

A. यमक B. श्लेष
C. अनुप्रास D. उपमा

5. बीती विभावरी जाग री
अम्बर-पनघट में डूबो रही तारा घट उषा-नागरी।।

A. उपमा B. रूपक
C. उत्प्रेक्षा D. यमक

6. 'रघुपति राघव राजा राम'

A. यमक B. अनुप्रास
C. उपमा D. उत्प्रेक्षा

7. ज्यों-ज्यों बढ़े स्याम रंग त्यों-त्यों उज्ज्वल होय।

A. अतिशयोक्ति B. विशेषोक्ति
C. विरोधाभास D. उत्प्रेक्षा

8. हनुमान की पूँछ में लगन न पाई आग।
लंका सिगरी जल गई, गए निसाचर भाग।।

A. श्लेष B. रूपक
C. अतिशयोक्ति D. विरोधाभास

9. पीपर पात सरिस मन डोला।

A. उपमा B. उत्प्रेक्षा
C. रूपक D. उल्लेख

10. ध्वनि-मयी कर के गिरि-कंदरा।
कलित-कानन केलि-निकुंज को।

A. छेकानुप्रास B. वृत्त्यानुप्रास
C. लाटानुप्रास D. यमक

11. माला फेरत युग गया,
फिरा न मन का फेर।
कर का मनका डारि दे,
मन का मनका फेर।।

A. अनुप्रास B. श्लेष
C. यमक D. रूपक

12. या मुरली मुरलीधर की अधरान-धरी अधरान धरौंगी।

A. रूपक B. यमक
C. उपमा D. उत्प्रेक्षा

13. नदियाँ जिनकी यशधारा-सी
बहती हैं अब भी निशि-वासर।।

A. श्लेष B. उत्प्रेक्षा
C. रूपक D. उपमा

14. कहे कवि बेनी ब्याल की चुराई लीनी।

A. यमक B. श्लेष
C. अतिशयोक्ति D. रूपक

15. सब प्राणियों के मत्तमनोमयूर अहा नच रहा।

A. उपमा B. रूपक
C. श्लेष D. उत्प्रेक्षा

16. मखमल के झूले पड़े हाथी-सा टीला।

A. उल्लेख B. उत्प्रेक्षा
C. उपमा D. रूपक

17. "मुख रूपी चाँद पर राहु भी धोखा खा गया"

A. श्लेष B. वक्रोक्ति
C. उपमा D. रूपक

18. 'रुदन का हँसना ही तो गान'

A. विरोधाभास B. विभावना
C. असंगति D. दीपक

19. "देखो दो-दो मेघ बरसते, मैं प्यासी की प्यासी'

A. विशेषोक्ति B. विभावना
C. अनुप्रास D. यमक

20. फूले कास सकल महि छाई।
जनु बरसा रितु प्रकट-बुढ़ाई।।

A. उत्प्रेक्षा B. उपमा
C. रूपक D. श्लेष

21. "भारत के सम भारत है"

A. रूपक B. अनन्वय
C. उपमा D. यमक

22. "पूत कपूत तो क्यों धन संचय
पूत सपूत तो क्यों धन संचय।।"

A. छेकानुप्रास B. लाटानुप्रास
C. वृत्यानुप्रास D. अन्त्यानुप्रास

23. 'कोई चाहे या न चाहे, मूक सी इस जिन्दगी को, शंख सा बजना पड़ेगा'

A. उपमा B. रूपक
C. प्रतीप D. श्लेष

24. "तरिन तनूजा तट तमाल तरुवर बहु छाये"

A. उत्प्रेक्षा B. उपमा
C. यमक D. अनुप्रास

25. *चारु चन्द्र की चंचल किरणें*
खेल रही हैं जल थल में
स्वच्छ चाँदनी बिछी हुई है
अवनि और अम्बर तल में

A. उपमा
B. रूपकातिशयोक्ति
C. वृत्यानुप्रास
D. छेकानुप्रास

26. 'आशाओं की करवट
फिर सुप्त व्यथा का जगना'

A. उपमा B. रूपक
C. उत्प्रेक्षा D. मानवीकरण

27. 'तिय लिलार बेंदी दिए अगनित बढ़त उदोत'

A. अत्युक्ति B. विरोधाभास
C. अतिशयोक्ति D. अन्योक्ति

28. साड़ी बीच नारी है कि नारी बीच साड़ी है।

A. यमक B. वक्रोक्ति
C. संदेह D. श्लेष

29. 'मंदिर ऊँघते रहे जेब रजनी भर तारा'

A. रूपक
B. मानवीकरण
C. रूपकातिशयोक्ति
D. विरोधाभास

निम्नलिखित पंक्तियों में से किस रस की अभिव्यक्ति हुई है? प्रश्न का उत्तर दिये गए विकल्पों से दीजिए—

30. जोगी जटिल अकाम मन मनन अमंगल वेष।
अस स्वामी एहि कहं मिलिहि, परी हस्त असि रेख।।

A. शृंगार B. वीभत्स
C. भयानक D. रौद्र

31. "मेरे तो गिरिधर गोपाल दूसरो न कोई।
जाके सिर मोर मुकुट मेरो पति सोई।।"

A. हास्य B. करुण
C. श्रृंगार D. शान्त

32. "सोहत कर नवनीत लिए
घुटुरुन चलत रेनु तन मंडित
मुख दधि लेप किए।"

A. श्रृंगार B. रौद्र
C. शान्त D. वात्सल्य

33. "किलक अरे मैं नेह निहारूँ।
इन दाँतों पर मोती वारूँ।।

A. वात्सल्य B. हास्य
C. वीर D. शांत

34. जग मय मगन भई बानी

A. रौद्र B. वीर
C. भयानक D. अद्भुत

35. "उस काल मारे क्रोध के, तन काँपने उसका लगा।
मानो हवा के जोर से, सोता हुआ सागर जगा।"

A. वीर रस B. रौद्र रस
C. अद्भुत रस D. करुण रस

उत्तरमाला

1	2	3	4	5	6	7	8	9	10
B	B	A	A	B	B	C	C	A	B
11	12	13	14	15	16	17	18	19	20
C	C	D	A	B	C	D	B	A	A
21	22	23	24	25	26	27	28	29	30
B	B	B	D	C	D	C	C	B	C
31	32	33	34	35					
C	D	A	C	B					

XV लेखक और उनकी रचनाएँ

निर्देश : *निम्नलिखित प्रश्नों में दी गई रचना के रचयिता के नाम का चयन दिए गए चार विकल्पों में से कीजिए*

1. गबन
   A. श्यामसुन्दर दास
   B. रामचन्द्र शुक्ल
   C. मुंशी प्रेमचन्द
   D. इनमें से कोई नहीं
2. कुरुक्षेत्र
   A. रामधारी सिंह दिनकर
   B. भारतेन्दु हरिश्चन्द्र
   C. गांधी
   D. केशवदास
3. चित्रलेखा
   A. यशपाल
   B. भगवतीचरण वर्मा
   C. सुमित्रानन्दन पन्त
   D. अमृतलाल नागर
4. यामा
   A. मीराबाई
   B. महादेवी वर्मा
   C. सुभद्रा कुमारी चौहान
   D. सुमित्रानन्दन पंत
5. गीतांजलि
   A. महादेवी वर्मा
   B. प्रेमचन्द
   C. रबीन्द्रनाथ टैगोर
   D. कल्हण
6. मृगनयनी
   A. सेठ गोविंद दास
   B. वृन्दावनलाल वर्मा
   C. यशपाल
   D. धनानंद
7. धूप के धान
   A. गिरिजाशंकर
   B. रसखान
   C. धनानंद
   D. मैथिलीशरण गुप्त
8. चौदह फेरे
   A. नागार्जुन B. अज्ञेय
   C. शिवानी D. प्रेमचन्द
9. मधुशाला
   A. हरिवंश राय बच्चन
   B. निराला
   C. यशपाल
   D. महादेवी वर्मा
10. बैताल-पचीसी
   A. सुमित्रानंदन पंत
   B. सूरति मिश्र
   C. जयशंकर प्रसाद
   D. जैनेन्द्र कुमार
11. तितली
   A. जयशंकर प्रसाद
   B. इलाचन्द्र जोशी
   C. धर्मवीर भारती
   D. हरिऔध
12. रश्मिरथी
   A. नन्ददास
   B. सूरदास
   C. उग्र
   D. रामधारी सिंह 'दिनकर'

13. टेढ़े-मेढ़े रास्ते
A. भगवतीचरण वर्मा
B. बिहारीलाल
C. शिवपूजन सहाय
D. उपेन्द्रनाथ 'अश्क'

14. प्रेत और छाया
A. चन्दबरदाई
B. सूरदास
C. इलाचन्द्र जोशी
D. महादेवी वर्मा

15. कवितावली
A. तुलसीदास
B. सुमित्रानंदन पंत
C. रसखान
D. माखन लाल चतुर्वेदी

16. साहित्य लहरी
A. सूरदास B. कबीरदास
C. तुलसीदास D. केशवदास

17. सूरसागर
A. तुलसीदास B. केशवदास
C. तुलसीदास D. जायसी

18. आकाशदीप
A. सुमित्रानंदन पंत
B. जयशंकर प्रसाद
C. रामनरेश त्रिपाठी
D. हरिऔध

19. कामायनी
A. कालिदास
B. सुभद्राकुमारी चौहान
C. मैथिलीशरण गुप्त
D. जयशंकर प्रसाद

20. बीजक
A. धनानन्द B. सूरदास
C. कबीरदास D. तुलीसदास

21. ध्रुवस्वामिनी
A. मैथिलीशरण गुप्त
B. महादेवी वर्मा
C. निराला
D. जयशंकर प्रसाद

22. नौका विहार
A. रामधारी सिंह 'दिनकर'
B. महादेवी वर्मा
C. सुमित्रा नन्दन पन्त
D. मैथिलीशरण गुप्त

23. रामायण
A. वेद व्यास B. केशवदास
C. तुलसीदास D. वाल्मिकि

24. पृथ्वीराज रासो
A. जगनिक
B. नरपति नाल्ह
C. चन्दबरदाई
D. उसमान

25. ग्राम्या
A. सुमित्रानंदन पंत
B. महादेवी वर्मा
C. डॉ. राम कुमार वर्मा
D. नरेन्द्र शर्मा

26. पैरों में पंख बाँधकर
A. रामवृक्ष बेनीपुरी
B. सुमित्रानंदन पंत
C. जैनेन्द्र कुमार
D. प्रेमचन्द

27. अंधायुग
A. उपन्यास B. काव्य
C. नाटक D. काव्य नाटक

निर्देश : *निम्नलिखित प्रश्नों का उत्तर दिये गए चार विकल्पों से दीजिए—*

28. कोकिल कवि विद्यापति की 'पदावली' कौन-सी भाषा में रचित है?

A. मैथिली B. अवधि
C. ब्रजभाषा D. बघेली

29. भारतेन्दु किसकी उपाधि है?
A. जयशंकर प्रसाद
B. सोहन लाल द्विवेदी
C. हरिश्चन्द्र
D. मैथिली शरण गुप्त

30. हिन्दी की पहली कहानी लेखिका का नाम है
A. बंग महिला B. सत्यवती
C. चन्द्र किरन D. चन्द्र कान्ता

31. सूरदास किस काल के कवि थे?
A. रीति काल
B. भक्ति काल
C. आधुनिक
D. उपर्युक्त में से कोई नहीं

32. कोमल कल्पनाओं का कवि किसे कहा जाता है?
A. भारतेन्दु
B. सुमित्रानंदन पंत
C. जयशंकर प्रसाद
D. डॉ. राम कुमार वर्मा

33. गीत गोविंद की भाषा है
A. हिन्दी B. संस्कृत
C. मैथिली D. अवधि

34. खड़ी बोली को परिमार्जित और व्याकरणबद्ध करने में किसका योगदान है?
A. भारतेन्दु हरिश्चन्द्र
B. बालकृष्ण भट्ट
C. रामचन्द्र शुक्ल
D. महावीर प्रसाद द्विवेदी

35. 'कठिन काव्य का प्रेत' किसे कहा गया है?
A. मुक्तिबोध B. पद्माकर
C. केशवदास D. भूषण

36. अबला जीवन हाय तुम्हारी यही कहानी। आँचल में है दूध और आँखों में पानी। इस पंक्ति के रचनाकार हैं
A. महादेवी वर्मा
B. जयशंकर प्रसाद
C. भारतेन्दु हरिश्चन्द्र
D. मैथिलीशरण गुप्त

37. 'आवारा मसीहा' जीवनी किसके जीवन पर आधारित है?
A. गांधी B. प्रेमचन्द
C. शरतचन्द्र D. विवेकानन्द

38. 'सरस्वती' पत्रिका कहाँ से प्रकाशित होती थी?
A. इलाहाबाद B. लखनऊ
C. बनारस D. कलकत्ता

39. 'झण्डा ऊँचा रहे हमारा' गीत के रचयिता हैं
A. रामप्रसाद विस्मिल
B. सुमित्रा नन्दन पंत
C. सियारामशरण गुप्त
D. श्यामलाल गुप्त पार्षद

40. 'हिन्दी हैं हम, वतन है हिन्दोस्ताँ हमारा' पंक्ति में हिन्दी का अर्थ है
A. देशवासी B. हिन्दी भाषा
C. हिन्दू D. देश

41. भारत भारती किस भाषा में लिखा हुआ ग्रंथ है?
A. खड़ी बोली B. ब्रजभाषा
C. राजस्थानी D. अवधी

42. वाल्मिकि का अवतार किस कवि को माना जाता है?
A. सूरदास B. केशवदास
C. मैथिलीशरण D. तुलसीदास

43. छायावादी काव्य धारा के प्रमुख कवि हैं
A. जयशंकर प्रसाद
B. धर्मवीर भारती

C. राम विलास शर्मा

D. भारत भूषण

44. 'कलम का सिपाही' क्या है?

A. आत्मकथा B. जीवनी

C. संस्मरण D. रेखाचित्र

45. 'पंचतंत्र' क्या है

A. उपन्यास B. कहानी संग्रह

C. कविता D. नाटक संग्रह

46. हिन्दी का पहला नाटक है

A. चन्द्रगुप्त

B. आषाढ़ का एक दिन

C. अंधेर नगरी

D. नहुष

47. 'वैशाली की नगर वधु' नामक ऐतिहासिक उपन्यास के उपन्यासकार कौन हैं?

A. यशपाल

B. मोहन राकेश

C. चतुरसेन शास्त्री

D. वृंदावन लाल वर्मा

48. 'सौमित्र' शब्द किसके लिए प्रयुक्त होता है?

A. लक्ष्मण B. लव-कुश

C. भरत D. राम

49. लोकनायक किसको कहा जाता है?

A. तुलसीदास B. कबीरदास

C. अज्ञेय D. सूरदास

50. 'रामचरितमानस' के चौथे काण्ड का क्या नाम है?

A. अरण्ड काण्ड

B. किष्किंधा काण्ड

C. सुन्दर काण्ड

D. लंका काण्ड

उत्तरमाला

1	2	3	4	5	6	7	8	9	10
C	A	B	B	C	B	A	C	A	B
11	12	13	14	15	16	17	18	19	20
A	D	A	C	A	A	C	B	D	C
21	22	23	24	25	26	27	28	29	30
D	C	D	C	A	A	D	A	C	A
31	32	33	34	35	36	37	38	39	40
B	B	B	D	C	D	C	A	D	A
41	42	43	44	45	46	47	48	49	50
A	D	A	B	B	D	C	A	A	B

XVI विविध

निर्देश: *निम्नलिखित प्रश्नों का उत्तर दिये गए चार विकल्पों में से कोई एक का चयन कर दें—*

1. 'दर्पण एक मासिक पत्रिका है' में विशेषण है
   A. दर्पण
   B. मासिक
   C. पत्रिका
   D. इनमें से कोई नहीं
2. 'तुमने पूरा पर्चा कर लिया है, कापी रखो और जाओ।' यह किस प्रकार का वाक्य है
   A. संयुक्त B. मिश्र
   C. सरल D. संयुक्त
3. खड़ी बोली का प्रथम महाकाव्य है
   A. प्रिय प्रवास B. साकेत
   C. कामायनी D. पृथ्वीराज रासो
4. निम्नलिखित में से कौन-सी लिपि आधुनिक उर्दू की लिपि की तरह दाहिनी ओर से बाईं ओर को लिखी जाती थी?
   A. सिंधु घाटी लिपि
   B. ब्राह्मी लिपि
   C. खरोष्ठी लिपि
   D. देवनागरी लिपि
5. किस काल को हिन्दी साहित्य का स्वर्ण युग कहा गया है?
   A. रीतिकाल B. आदिकाल
   C. भक्तिकाल D. आधुनिककाल
6. हिन्दी का पहला समाचार पत्र है
   A. भारत-मित्र
   B. बनारस समाचार
   C. उदन्त मार्तण्ड
   D. अमृत प्रभात
7. संस्कृत किस लिपि में लिखी जाती है?
   A. ब्राह्मी B. देवनागरी
   C. कैथी D. गुरुमुखी
8. 'हिन्दी दिवस' कब मनाया जाता है?
   A. 5 सितम्बर B. 14 सितम्बर
   C. 15 नवम्बर D. 2 अक्टूबर
9. 'उर्दू' किस लिपि में लिखी जाती है?
   A. अरबी B. पश्तो
   C. फारसी D. नागरी
10. हिन्दी को राष्ट्र भाषा का दर्जा कब मिला था?
    A. 14 सितम्बर, 1950
    B. 15 अगस्त, 1947
    C. 14 सितम्बर, 1949
    D. 26 जनवरी, 1950
11. वर्तमान हिन्दी का प्रचलित रूप है
    A. अवधी B. ब्रज
    C. खड़ी बोली D. देवनागरी

निर्देश : *निम्नलिखित वाक्यों में रिक्त स्थानों की पूर्ति के लिए सर्वाधिक उपयुक्त क्रिया-विशेषण को चुनिए।*

12. .... उसका अपनी कार्यक्षमता में विश्वास बढ़ने लगा।
    A. धीमे-धीमे B. धीरे-धीरे
    C. देर-सवेर D. पश्चात्
13. उसने कहा, "............... हो सके यह काम आज ही कर डालिए"

A. जब तक B. तब तक
C. जहाँ तक D. वहाँ तक

14. इस कार्यालय में .... ऐसा ही होता चला आ रहा है।
A. परसों तक B. कल तक
C. आज तक D. तब तक

15. उसने आकर बताया कि चपरासी ... . चला गया है।
A. इधर B. कहीं
C. किधर D. जिधर

16. मोहन .... ही आया था।
A. कैसे B. जैसे
C. तैसे D. वैसे

17. वह .... नहीं था।
A. जहाँ B. जिधर
C. किधर D. वहाँ

18. राकेश .... काम चला रहा है।
A. जैसे-जैसे B. कैसे-कैसे
C. वैसे-वैसे D. जैसे-तैसे

19. रजनी ने .... आफत मोल ले ली।
A. बैठे-बैठे B. बैठे-बैठाये
C. उठते-बैठते D. बैठते-बैठते

20. दुनिया बहुत छोटी है, हम .... अवश्य मिलेंगे।
A. कहीं न कहीं B. कहीं-कहीं
C. कहीं भी D. कहीं ही

उत्तरमाला

1	2	3	4	5	6	7	8	9	10
B	A	A	C	C	C	B	B	C	C
11	12	13	14	15	16	17	18	19	20
C	B	C	C	B	B	D	D	B	A

सामान्य ज्ञान

भारतीय इतिहास एवं राष्ट्रीय स्वतंत्रता आन्दोलन

1. सांची के स्तूप का निर्माण किस शासक ने करवाया था?
(*a*) बिम्बसार (*b*) कनिष्क
(*c*) पुष्यमित्र शुंग (*d*) अशोक

2. झेलम नदी के किनारे प्रसिद्ध 'वितस्ता का युद्ध' किन-किन शासकों के बीच लड़ा गया था?
(*a*) चन्द्रगुप्त मौर्य एवं सेल्यूकस
(*b*) घनानंद एवं चन्द्रगुप्त मौर्य
(*c*) पोरस एवं सिकन्दर
(*d*) सिकन्दर एवं आम्भी

3. निम्नलिखित विदेशी यात्रियों का सही कालक्रम क्या है?
(1) इत्सिंग (2) फाह्यान
(3) मेगस्थनीज (4) सुंगयून
(5) ह्वेनसांग
(*a*) 2, 4, 5, 3, 1
(*b*) 3, 2, 4, 5, 1
(*c*) 3, 2, 5, 4, 1
(*d*) 2, 3, 4, 5, 1

4. ब्राह्मणों पर जजिया कर सर्वप्रथम किसने लगाया?
(*a*) फिरोज तुगलक
(*b*) अलाउद्दीन खिलजी
(*c*) मुहम्मद-बिन-तुगलक
(*d*) सिकन्दर लोदी

5. दिल्ली सल्तनत के किस शासक को 'इक्ता प्रथा' प्रारम्भ करने श्रेय दिया जाता है?
(*a*) बलबन
(*b*) कुतुबुद्दीन ऐबक
(*c*) इल्तुतमिश
(*d*) अलाउद्दीन खि़लजी

6. दिल्ली सल्तनत का वह प्रथम सुल्तान कौन था जिसने 'स्थायी सेना' रखी?
(*a*) इल्तुतमिश
(*b*) बलबन
(*c*) अलाउद्दीन खिलजी
(*d*) मुहम्मद तुगलक

7. 1526 में बाबर ने किस वंश के शासक को परास्त कर मुगल साम्राज्य की स्थापना की?
(*a*) सैयद वंश (*b*) लोदी वंश
(*c*) तुगलक वंश (*d*) खिलजी वंश

8. सूची-I एवं सूची-II को सुमेलित कीजिए:

सूची-I	सूची-II
A. तुगलकाबाद	1. अल्लाउद्दीन
B. आदिलाबाद	2. गयासुद्दीन तुगलक
C. फिरोजाबाद	3. मुहम्मद तुगलक
D. खिज्राबाद	4. फिरोज तुगलक

कूटः

	A	B	C	D
(*a*)	1	2	3	4
(*b*)	2	3	4	1
(*c*)	4	3	2	1
(*d*)	3	2	1	4

9. किस युद्ध को जीतने के बाद शेरशाह ने दिल्ली में अफगान सत्ता की स्थापना की?
(*a*) बिलग्राम का युद्ध
(*b*) कालिंजर का युद्ध
(*c*) चौसा का युद्ध
(*d*) उपर्युक्त में से कोई नहीं

10. सूची-I एवं सूची-II को सुमेलित कीजिए:

सूची-I	सूची-II
A. पानीपत की पहली लड़ाई	1. 1539
B. खानवा का युद्ध	2. 1526
C. पानीपत की दूसरी लड़ाई	3. 1527
D. हल्दी घाटी की लड़ाई	4. 1556
E. चौसा का युद्ध	5. 1576

कूट:

	A	B	C	D	E
(*a*)	2	3	5	1	4
(*b*)	2	3	4	5	1
(*c*)	1	2	3	4	5
(*d*)	5	4	3	2	1

11. टीपू सुल्तान तथा कार्नवालिस के बीच श्रीरंगपटनम की सन्धि कब हुई थी?
(*a*) 1760 (*b*) 1780
(*c*) 1790 (*d*) 1792

12. निम्नलिखित में से किसने 'इबादतखाना' बनवाया था?
(*a*) अकबर (*b*) जहाँगीर
(*c*) शाहजहाँ (*d*) औरंगजेब

13. बुद्ध के उपदेश सबसे ज्यादा सम्बन्धित थे:
(*a*) सुविचार और सुचरित से
(*b*) मूर्ति-पूजन से
(*c*) रीति-रिवाजों के पालन से
(*d*) एक भगवान में विश्वास से

14. निम्नलिखित युग्मों में से कौन-सा सुमेलित नहीं है?
(*a*) चन्देल वंश — बुन्देलखण्ड
(*b*) मौर्य वंश — पाटलिपुत्र
(*c*) सातवाहन वंश — विजय नगर
(*d*) पल्लव वंश — कांचीपुरम

15. महात्मा गांधी निम्नलिखित में से किससे अधिक प्रभावित थे?
(*a*) लिओ टॉलस्टॉय
(*b*) बर्नार्ड शा
(*c*) कार्ल मार्क्स
(*d*) बट्रेण्ड रसेल

16. भारत में प्रथम आक्रमणकारी था:
(*a*) कुतुबुद्दीन ऐबक
(*b*) महमूद गजनवी
(*c*) मुहम्मद-बिन-कासिम
(*d*) मुहम्मद गौरी

17. समुद्रगुप्त की सैनिक उपलब्धियों का वर्णन उसके किन अभिलेखों में उपलब्ध है?
(*a*) एरण के (*b*) गया के
(*c*) नालन्दा के (*d*) प्रयाग के

18. सूची-I एवं सूची-II को सुमेलित कीजिए:

सूची-I	सूची-II
A. ह्वेनसांग	1. चन्द्रगुप्त मौर्य
B. फाह्यान	2. हर्षवर्धन
C. मेगस्थनीज	3. जहाँगीर
D. सर टॉमस रो	4. चन्द्रगुप्त विक्रमादित्य

कूटः

	A	B	C	D
(*a*)	1	2	3	4
(*b*)	2	4	1	3
(*c*)	2	4	3	1
(*d*)	2	1	4	3

19. सूची-I एवं सूची-II को सुमेलित कीजिएः

सूची-I	सूची-II
A. महात्मा गांधी	1. इंडिया डिवाइडेड
B. राम मनोहर लोहिया	2. इंडिया विन्स फ्रीडम
C. डॉ॰ राजेन्द्र प्रसाद	3. हिन्द स्वराज
D. मौलाना आजाद	4. द ह्वील ऑफ हिस्ट्री

कूटः

	A	B	C	D
(*a*)	3	4	1	2
(*b*)	1	3	4	2
(*c*)	4	3	2	1
(*d*)	2	4	1	3

20. सूची-I (नेता) का सुमेलन सूची-II (आन्दोलन, जिसका नेतृत्व नेता ने किया) से कीजिएः

सूची-I	सूची-II
A. तोम्मा दोरे	1. सवरा विद्रोह
B. शंभुनाथ पाल	2. मुंडा विद्रोह
C. बिरसा मुंडा	3. कोया विद्रोह
D. राधाकृष्ण दंडसेना	4. पबना राजद्रोह

कूटः

	A	B	C	D
(*a*)	3	4	2	1
(*b*)	4	1	2	3
(*c*)	4	2	3	1
(*d*)	3	1	2	4

21. सिंधु घाटी सभ्यता के लोग निम्न में से किसकी पूजा करते थे?

(*a*) विष्णु

(*b*) ब्रह्मा

(*c*) इन्द्र और वरुण

(*d*) पशुपति

22. सिंधु सभ्यता के अवशेषों के लिए प्रसिद्ध स्थल बनवाली भारत में कहाँ स्थित है?

(*a*) पंजाब के गुरदासपुर जिले में

(*b*) हिमाचल प्रदेश के शिमला जिले में

(*c*) हरियाणा के हिसार जिले में

(*d*) राजस्थान के जैसलमेर जिले में

23. सूची-I एवं सूची-II को सुमेलित कीजिएः

सूची-I	सूची-II
A. महावीर का जन्म	1. वैशाली
B. महावीर की मृत्यु	2. कुण्डग्राम
C. महावीर को ज्ञान-प्राप्ति	3. पावा
D. महावीर का सर्वाधिक प्रभाव	4. जुरिमक ग्राम के समीप

कूटः

	A	B	C	D
(*a*)	2	3	1	4
(*b*)	3	2	4	1
(*c*)	2	3	4	1
(*d*)	3	2	1	4

24. सूची-I एवं सूची-II को सुमेलित कीजिए:

सूची-I	सूची-II
A. नागार्जुन	1. निर्वाण का प्रारम्भिक सोपान है ज्ञान
B. शंकराचार्य	2. महिला साध्वी
C. अंदल	3. भक्ति को वैदिक परम्परा से तुलना करने का प्रयास किया
D. रामानुज	4. बौद्ध धर्म के प्रसार में महत्त्वपूर्ण भूमिका निभाई

कूटः

	A	B	C	D
(*a*)	4	1	3	2
(*b*)	3	1	2	4
(*c*)	3	1	4	2
(*d*)	4	1	2	3

25. सूची-I (मराठा प्रमुख) को सूची-II (सत्ता-केन्द्र) से सुमेलित कीजिए:

सूची-I	सूची-II
A. पेशवा	1. ग्वालियर
B. गायकवाड़	2. पूना
C. सिन्धिया	3. नागपुर
D. होल्कर	4. बड़ौदा
E. भोंसले	5. इन्दौर

कूटः

	A	B	C	D	E
(*a*)	2	4	1	5	3
(*b*)	2	5	1	3	4
(*c*)	1	5	3	2	4
(*d*)	5	2	1	3	4

26. सूची-I एवं सूची-II को सुमेलित कीजिए:

सूची-I	सूची-II
A. ब्राह्मण	1. अध्यात्म से सम्बन्धित
B. उपनिषद्	2. अवेस्ता के साथ इसकी बहुभाषी समानता है
C. अथर्ववेद	3. वैदिक क्रिया सम्पन्न करने का विधि-विधान
D. ऋग्वेद	4. लोक-परम्परा का दस्तावेज है

कूटः

	A	B	C	D
(*a*)	1	3	4	2
(*b*)	3	1	4	2
(*c*)	4	1	2	3
(*d*)	3	2	1	4

27. सूची-I एवं सूची-II को सुमेलित कीजिए:

सूची-I	सूची-II
A. हैदरअली	1. सड़कें और भूमि सुधार
B. कृष्णदेव राय	2. मकबरा और मेहराबों का निर्माण
C. शेरशाह सूरी	3. तेलुगु साहित्य
D. अफगान और तुर्क	4. युद्ध कलाएँ

कूटः

	A	B	C	D
(*a*)	1	2	3	4
(*b*)	2	3	1	4
(*c*)	4	3	1	2
(*d*)	1	4	2	3

28. सूची-I के स्थापत्य लक्षणों को सूची-II में दिए गए राजवंशों से सुमेलित कीजिए:

सूची-I	सूची-II
A. बड़े पत्थरों के ब्लाकों और न्यूनतम अलंकरण	1. लोदी वंश
B. शुद्ध मेहराब	2. गुलाम वंश
C. अर्ध-गुंबज महाद्वार	3. मुगल वंश
D. दोहरे गुंबज और मोटी दीवारें	4. तुगलक वंश

कूटः

	A	B	C	D
(*a*)	4	1	2	3
(*b*)	1	2	4	3
(*c*)	4	2	1	3
(*d*)	4	2	3	1

29. बौद्ध संगीतियों का आयोजन किया गया:
(*a*) मध्यम मार्ग के प्रवचन के लिए
(*b*) बुद्ध की शिक्षाओं के समाकलन तथा विवादों के निपटारे के लिए
(*c*) बाहरी देशों में धार्मिक मिशन या अभियान के सम्प्रेषण के लिए
(*d*) इनमें से कोई नहीं

30. निम्नलिखित में से किस शासक का सम्बन्ध सैयद वंश से नहीं था?
(*a*) मुबारकशाह (*b*) खिज्र खाँ
(*c*) मुहम्मदशाह (*d*) सिकन्दरशाह

31. चार सौ गुम्बद वाली अदीना मस्जिद का निर्माण निम्नलिखित में से किसने करवाया था?
(*a*) नुसरतशाह
(*b*) सिकन्दरशाह
(*c*) अलाउद्दीन हुसैनशाह
(*d*) आजमशाह

32. अकबर की विजयों के सम्बन्ध में निम्नलिखित में से कौन-सा सुमेलित नहीं है?
(*a*) गुजरात विजय - 1572 ई.
(*b*) बंगाल विजय - 1575 ई.
(*c*) मालवा विजय - 1561 ई.
(*d*) मेवाड़ विजय - 1555 ई.

33. सूची-I एवं सूची-II को सुमेलित कीजिए:

सूची-I	सूची-II
A. सआदत ख़ाँ	1. हैदराबाद
B. निजामुल मुल्क	2. रुहेलखण्ड
C. मुहम्मद खान बंगश	3. अवध
D. मुर्शीद कुकी खान	4. बंगाल

कूटः

	A	B	C	D
(*a*)	3	1	4	2
(*b*)	3	1	2	4
(*c*)	1	3	2	4
(*d*)	1	3	4	2

34. विजय नगर साम्राज्य में 'महानायकाचार्य' किसे कहते थे?
(*a*) दोषपूर्ण कार्य के लिए दिया जाने वाला दण्ड
(*b*) केन्द्रीय सरकार का ग्रामीण सभा में प्रतिनिधि
(*c*) राजा का विदेशी मामलों का सलाहकार
(*d*) इनमें से कोई नहीं

35. निम्नलिखित में से कौन-सा राज्य नर्मदा और ताप्ती नदियों के बीच स्थित था?
(*a*) मेवाड़ (*b*) मालवा
(*c*) गुजरात (*d*) जौनपुर

36. 1775 में 'सूरत की संधि' निम्नलिखित में से किस उद्देश्य से हुई थी?

(*a*) प्रथम आंग्ल-मराठा युद्ध की समाप्ति के लिए

(*b*) अंग्रेजों और राघोवा के बीच स्वार्थ सिद्धि के लिए

(*c*) द्वितीय आंग्ल-मराठा युद्ध की समाप्ति के लिए

(*d*) पेशवा माधव राव और टीपू सुल्तान के बीच अंग्रेजों का मिलकर सामना करने के लिए

37. सहायक संधि का लक्ष्य था:

1. देश की नेपोलियन से रक्षा
2. ब्रिटिश राजस्व में वृद्धि
3. भारतीय राज्यों पर नियंत्रण में वृद्धि
4. स्थानीय शासकों की शक्ति छीनना

(*a*) 3 एवं 4 (*b*) 1, 2 एवं 3

(*c*) 2, 3 एवं 4 (*d*) 1, 3 एवं 4

38. 1857 के सिपाही विद्रोह का शुभारम्भ कहाँ से हुआ?

(*a*) मेरठ (*b*) कानपुर

(*c*) बरहामपुर (*d*) बैरकपुर

39. कांग्रेस अधिवेशन की अध्यक्षता करने वाले प्रथम अंग्रेज थे:

(*a*) ए. ओ. ह्यूम

(*b*) ऐनी बेसेंट

(*c*) डब्ल्यू. वेडर बर्न

(*d*) जॉर्ज यूले

40. साइमन कमीशन के बहिष्कार का निर्णय कांग्रेस के साथ और किसने लिया?

(*a*) लिबरल फेडरेशन

(*b*) मुस्लिम लीग

(*c*) हिन्दू महासभा

(*d*) उपर्युक्त सभी

41. 1929 में 14 सूत्रीय माँगें किसके द्वारा प्रस्तुत की गईं?

(*a*) हिन्दू महासभा

(*b*) मुहम्मद अली जिन्ना

(*c*) गांधी जी

(*d*) ब्रिटिश सरकार

42. 1857 के विद्रोह के पश्चात्:

1. ईस्ट इण्डिया कम्पनी की शक्तियाँ समाप्त हो गईं।
2. सेना में यूरोपीय सैनिकों की संख्या बढ़ा दी गई।
3. अंग्रेजों और भारतीयों के मध्य अविश्वास और गहरा हो गया।
4. ब्रिटिश राज की सत्ता देशी रियासतों को हस्तान्तरित कर दी गईं।

(*a*) 1 एवं 4

(*b*) 1, 2 एवं 3

(*c*) 2, 3 एवं 4

(*d*) 1, 2, 3 एवं 4

43. निम्नलिखित को सही कालक्रम में लगाइए:

1. सूरत विभाजन
2. बंग भंग
3. मुस्लिम लीग की स्थापना
4. कांग्रेस का संवैधानिक प्रस्ताव घोषित करने वाला अधिवेशन

(*a*) 2, 4, 3, 1 (*b*) 4, 2, 3, 1

(*c*) 2, 3, 1, 4 (*d*) 3, 2, 1, 4

44. मराठा साम्राज्य का पतन हुआ:

(*a*) बाजीराव प्रथम की मृत्यु से

(*b*) पानीपत के तृतीय युद्ध से

(*c*) बालाजी बाजीराव की मृत्यु से

(*d*) माधवराव की मृत्यु से

45. काकोरी रेल डकैती काण्ड में जिन क्रान्तिकारियों को फांसी की सजा हुई, उनमें निम्नलिखित में से कौन शामिल नहीं था?

(*a*) राम प्रसाद बिस्मिल
(*b*) रोशन सिंह
(*c*) राजेन्द्र लाहिड़ी
(*d*) चन्द्रशेखर आजाद

46. सूची-I एवं सूची-II को सुमेलित कीजिए:

सूची-I

A. सुभाष चन्द्र बोस
B. जवाहरलाल नेहरू
C. अब्दुल गफ्फार खाँ
D. सरदार पटेल

सूची-II

1. कांग्रेस के उग्र अध्यक्ष
2. लाल कुर्ती आन्दोलन
3. बारदोली आन्दोलन
4. कांग्रेस के लाहौर अधिवेशन में पूर्ण स्वराज प्रस्ताव

कूटः

	A	B	C	D
(*a*)	4	1	3	2
(*b*)	1	4	2	3
(*c*)	4	3	1	2
(*d*)	4	1	2	3

47. सूची-I एवं सूची-II को सुमेलित कीजिए:

सूची-I

A. रौलेट एक्ट
B. मोंटफोर्ड सुधार
C. इलबर्ट बिल
D. 1892 का इण्डिया काउन्सिल एक्ट

सूची-II

1. भारतीय मजिस्ट्रेट ब्रिटिश विषयों वाले मुकदमों पर भी निर्णय दे सकते हैं।
2. बिना जूरी के राजनीतिक मुकदमों पर विचारणा की न्यायाधीशों को शक्ति दी
3. केन्द्रीय और प्रान्तीय सरकारों के कार्यों के बीच स्पष्ट विभाजन किया गया
4. चुनाव का सिद्धान्त, यद्यपि अप्रत्यक्ष रूप से व्यवहार में लाया गया

कूटः

	A	B	C	D
(*a*)	2	3	1	4
(*b*)	1	4	3	2
(*c*)	1	3	2	4
(*d*)	3	2	1	4

48. हड़प्पा लिपि की जानकारी का प्रमुख स्रोत क्या है?

(*a*) पुरातात्विक खुदाई
(*b*) शिलालेख
(*c*) पकी मिट्टी की मुहरों पर अंकित लेख
(*d*) उपर्युक्त सभी

49. प्राचीन भारत के अधिकांश अभिलेख किस लिपि में खुदे हैं?

(*a*) ब्राह्मी
(*b*) अरामाइक
(*c*) खरोष्ठी
(*d*) इनमें से कोई नहीं

50. 1761 ई. में मराठों और अफगानों के बीच हुए युद्ध को किस नाम से जाना जाता है?

(*a*) चौसा का युद्ध

(*b*) पानीपत का तृतीय युद्ध
(*c*) बिलग्राम का युद्ध
(*d*) इनमें से कोई नहीं

51. किस शासक ने 'वातापिकोण्डा' की उपाधि धारण की?
(*a*) राजेन्द्र चोल
(*b*) पुलकेशियन द्वितीय
(*c*) नरसिंह वर्मन प्रथम
(*d*) विक्रमादित्य द्वितीय

52. निम्नलिखित में से किस शासक ने अवंति को जीतकर मगध का हिस्सा बनाया?
(*a*) बिम्बिसार (*b*) अजातशत्रु
(*c*) शिशुनाग (*d*) महापद्मनंद

53. "ब्रिटेन भारत का खून चूस रहा है"। किसने कहा था?
(*a*) मोतीलाल नेहरू ने
(*b*) सुभाष चन्द्र बोस ने
(*c*) दादाभाई नौरोजी ने
(*d*) लाला लाजपत राय ने

54. निम्नलिखित में से किस गवर्नर जनरल पर ब्रिटिश संसद द्वारा महाभियोग लगाया गया था?
(*a*) लॉर्ड कर्जन
(*b*) लॉर्ड कार्नवालिस
(*c*) वारेन हेस्टिंग्स
(*d*) लॉर्ड हेस्टिंग्ज

55. 1908 में बाल गंगाधर तिलक को बन्दी बनाकर कहाँ भेज दिया गया था?
(*a*) दिल्ली की जेल में
(*b*) मांडले की जेल में
(*c*) सिंगापुर की जेल में
(*d*) अण्डमान एवं निकोबार की जेल में

56. राष्ट्रीय आन्दोलन की निम्नलिखित घटनाओं को कालक्रमानुसार सुमेलित कीजिए:
1. चम्पारण सत्याग्रह
2. असहयोग आन्दोलन
3. 'भारत छोड़ो' आन्दोलन
4. डाण्डी मार्च
(*a*) 1, 2, 4, 3 (*b*) 2, 1, 3, 4
(*c*) 3, 2, 1, 4 (*d*) 2, 3, 1, 4

57. पूना पैक्ट सम्बन्धित था:
(*a*) हिन्दू-मुस्लिम एकता से
(*b*) शैक्षिक सुधार से
(*c*) दलितों के विधायिकाओं में प्रतिनिधित्व से
(*d*) संवैधानिक प्रगति से

58. सूची-I को सूची-II से सुमेलित कीजिए:

सूची-I (पुस्तक)	**सूची-II** (लेखक)
A. समाजवाद ही क्यों?	1. सरोजनी नायडू
B. यंग इंडिया	2. मौलाना अबुल कलाम आजाद
C. इंडिया विन्स फ्रीडम	3. जयप्रकाश नारायण
D. सांग ऑफ इंडिया	4. लाला लाजपत राय

कूट:

	A	B	C	D
(*a*)	3	4	2	1
(*b*)	1	2	3	4
(*c*)	2	4	1	3
(*d*)	4	3	2	1

59. प्रवरसेन प्रथम, जिसने चार अश्वमेघ यज्ञ किए थे, का सम्बन्ध किस राजवंश से था?

(a) राष्ट्रकूट (b) वाकाटक
(c) वर्द्धन (d) गुप्त

60. पल्लवों ने किसे अपनी राजधानी बनाया?
(a) कांची या कांजीवरम्
(b) मदुरा
(c) वेंगी
(d) कल्याणी

61. पुलकेशिन द्वितीय की 'एहोलप्रशस्ति' का लेखक कौन था?
(a) रवि वर्मा (b) विज्ञानेश्वर
(c) विल्हण (d) रविकीर्ति

62. शुद्ध इस्लामी शैली में निर्मित भारत का प्रथम मकबरा कौन-सा है?
(a) सुल्तानगढ़ी का मकबरा
(b) बलबन का मकबरा
(c) ऐबक का मकबरा
(d) अलाउद्दीन का मकबरा

63. कांग्रेस में प्रथम विभाजन सूरत अधिवेशन में 1907 में हुआ। उस अधिवेशन के अध्यक्ष थे:
(a) मौलाना मुहम्मद अली
(b) सरोजनी नायडू
(c) रास बिहारी घोष
(d) ए. सी. मजूमदार

64. 'इंडिया इंडिपेंडेंस लीग' की स्थापना किसने की थी?
(a) सुभाष चन्द्र बोस
(b) सुरेन्द्रनाथ बनर्जी
(c) रासबिहारी घोष
(d) रासबिहरी बोस

65. 'सत्याग्रह आश्रम' की स्थापना 1915 में हुई। इसके संस्थापक कौन थे?
(a) सरदार वल्लभभाई पटेल
(b) इन्दुभाई याज्ञनिक
(c) महात्मा गांधी
(d) गोपालकृष्ण गोखले

66. 1925 की प्रमुख घटना थी:
(a) मेरठ षड्यंत्र केस
(b) काकोरी षड्यंत्र केस
(c) भारत छोड़ो आन्दोलन
(d) हिन्दुस्तान रिपब्लिकन एसोसिएशन की स्थापना

67. 'वन्दे मातृरम' से सम्बन्धित रहे:
(a) विपिन चन्द्र पाल
(b) ब्रह्म बांधव उपाध्याय
(c) अरविंद घोष
(d) सतीश चन्द्र मुखर्जी

68. मुस्लिम लीग ने किस दिन को 'पाकिस्तान दिवस' के रूप में मनाया?
(a) 23 जून, 1944
(b) 25 मार्च, 1944
(c) 21 सितम्बर, 1946
(d) 27 मार्च, 1947

69. निम्नलिखित युग्मों में से कौन सुमेलित है?
1. कर्जन वायली - मदन लाल धींगरा
2. सांडर्स - प्रफुल्ल चाकी
3. लॉर्ड हार्डिंग - रास बिहारी बोस
4. रॉन्ड - चापेकर बन्धु
(a) 1, 2, 3 (b) 2, 3, 4
(c) 1, 3, 4 (d) 1, 2, 4

70. बंगाल प्रान्त का विभाजन किस वायसराय के काल में किया गया?
(a) लॉर्ड लैन्सडाउन
(b) लॉर्ड एल्गिन
(c) लॉर्ड कर्जन
(d) लॉर्ड मोर्ले

71. प्रान्तों में द्वैध-शासन प्रणाली किस अधिनियम के अन्तर्गत लागू की गई थी?
   (*a*) 1892 (*b*) 1909
   (*c*) 1919 (*d*) 1935

72. सूची-I को सूची-II से सुमेलित कीजिए:
   सूची-I
   A. दि रेग्युलेटिंग एक्ट, 1773
   B. भारत परिषद् अधिनियम, 1909
   C. भारत सरकार अधिनियम, 1919
   D. भारत सरकार अधिनियम, 1935
   सूची-II
   1. प्रदेशों की स्वायत्तता के लिए प्रावधान
   2. द्वैध शासन का प्रारम्भ
   3. साम्प्रदायिक निर्वाचन मंडल का प्रारम्भ
   4. सुप्रीम कोर्ट की स्थापना
   कूटः

	A	B	C	D
(*a*)	1	2	3	4
(*b*)	4	3	2	1
(*c*)	2	1	4	3
(*d*)	3	4	1	2

73. गांधी जी ने किसे 'देशभक्तों का राजकुमार' कहा है?
   (*a*) सरदार वल्लभभाई पटेल
   (*b*) जवाहरलाल नेहरू
   (*c*) सुभाष चन्द्र बोस
   (*d*) बाल गंगाधर तिलक

74. मिर्जा गालिब किसका समकालीन था?
   (*a*) अकबर
   (*b*) जहाँगीर
   (*c*) बहादुरशाह II
   (*d*) शाहजहाँ

75. चित्तौड़ के किले में किसने 'विजय स्तंभ' बनवाया था?
   (*a*) राणा हमीर देव
   (*b*) राणा कुंभा
   (*c*) राणा रतन सिंह
   (*d*) राणा सांगा

76. बौद्ध धर्म किसके प्रयत्न से एक विश्वव्यापी धर्म हुआ?
   (*a*) बिंदुसार (*b*) कनिष्क
   (*c*) हर्ष (*d*) अशोक

77. निम्नलिखित में से कौन-सा युग्म सुमेलित नहीं है?
   (*a*) जहाँगीर - शेखू बाबा
   (*b*) मुहम्मद शाह - रंगीला
   (*c*) बहादुर शाह प्रथम - खुर्रम
   (*d*) औरंगजेब - जिंदा पीर

78. वैदिक काल के निम्न में से किस ग्रंथ में ब्याज पर धन देने की प्रथा का सर्वप्रथम उल्लेख मिलता है?
   (*a*) गोपथ ब्राह्मण
   (*b*) शतपथ ब्राह्मण
   (*c*) मांडूक्योपनिषद्
   (*d*) वृहदारण्यक उपनिषद्

79. मध्यकाल की निम्नलिखित इमारतों के निर्माण का सही कालक्रम क्या होगा?
   1. तुगलकाबाद का किला
   2. लोदी गार्डन
   3. कुतुबमीनार
   4. सलीम चिश्ती का मकबरा
   (*a*) 1, 2, 3, 4 (*b*) 1, 4, 3, 2
   (*c*) 2, 3, 1, 4 (*d*) 3, 1, 2, 4

80. निम्नलिखित में कौन-सा युग्म सही है?

(*a*) लॉर्ड वेलिंगटन - बटलर आयोग का गठन

(*b*) लॉर्ड रिपन - प्रथम फैक्ट्री अधिनियम

(*c*) लॉर्ड एल्गिन II - भारत और अफगानिस्तान के बीच सीमा निर्धारण हेतु डूरंड आयोग का गठन

(*d*) लॉर्ड रीडिंग - अकाल के सबंध में स्ट्रैची आयोग की नियुक्ति

81. महात्मा गांधी को राष्ट्रपिता कहने वाले पहले व्यक्ति थे:

(*a*) जवाहरलाल नेहरू

(*b*) चितरंजन दास

(*c*) विट्ठल भाई पटेल

(*d*) सुभाष चन्द्र बोस

82. निम्नलिखित घटनाओं को उनके कालक्रम के अनुसार लगाएं:

1. मोपला विद्रोह
2. चौरीचौरा काण्ड
3. खिलाफत आंदोलन की समाप्ति
4. हिंदू महासभा की स्थापना
5. जलियाँवाला बाग हत्याकांड

(*a*) 3, 1, 5, 4, 2

(*b*) 2, 5, 1, 4, 3

(*c*) 4, 2, 5, 1, 3

(*d*) 4, 5, 1, 2, 3

83. निम्नलिखित में से कौन-सा युग्म सही नहीं है?

(*a*) **अमृतसर की संधि**-लॉर्ड मिंटो और रणजीत सिंह

(*b*) **देव गांव की संधि**-लॉर्ड कार्नवालिस और नागपुर का भोंसले शासक

(*c*) **पुरंदर की संधि**-वारेन हेस्टिंग्स और मराठा

(*d*) **सुगौली की संधि**-लॉर्ड हेस्टिंग्स और नेपाल का शासक

84. सूची-I को सूची-II से सुमेलित कीजिए:

सूची-I (कवि)	**सूची-II** (संरक्षक राजा)
A. हरिषेण	1. विक्रमादित्य VI चालुक्य
B. रविकीर्ति	2. हर्षवर्धन
C. बाणभट्ट	3. पुलकेशिन द्वितीय चालुक्य
D. बिल्हण	4. समुद्रगुप्त

कूट:

	A	B	C	D
(*a*)	4	3	2	1
(*b*)	3	4	1	2
(*c*)	2	1	4	3
(*d*)	1	2	3	4

85. ऋग्वैदिक काल में हुए प्रसिद्ध 'दशराजन युद्ध' में निम्न में से किन-किन प्राचीन जनजातियों ने भाग लिया था?

1. इक्ष्वाकु   2. हैहय
3. तुर्वसु   4. द्रह्यु
5. त्रित्सु

नीचे दिए गए विकल्पों में से सही उत्तर चुनें:

(*a*) 1, 2, 3, 4

(*b*) 3, 4, 5

(*c*) 2, 3, 5

(*d*) 1, 2, 3, 4, 5

86. सोहन सभ्यता का केन्द्र कहाँ है?

(*a*) दक्षिण भारत

(*b*) दक्षिण-पश्चिम भारत

(*c*) पूर्व-उत्तर भारत

(*d*) उत्तर-पश्चिम भारत

87. निम्नलिखित में से जैन दर्शन का महत्त्वपूर्ण एवं विशिष्ट सिद्धान्त है:

(*a*) पुनर्जन्मवाद

(*b*) स्यादवाद

(*c*) व्यक्तिगत आत्मवाद

(*d*) कर्मवाद

88. निम्नलिखित में से किस प्रकार का अभिलेख अशोक के शासन काल से सम्बन्धित है?

(*a*) गुहालेख (*b*) शिलालेख

(*c*) स्तम्भलेख (*d*) उपर्युक्त सभी

89. महात्मा बुद्ध क्या स्वीकार नहीं करते थे?

(*a*) आत्मा की सर्वव्यापकता को

(*b*) आत्मा की अमरता को

(*c*) ईश्वर की सत्ता को

(*d*) उपर्युक्त सभी को

90. चालुक्यों की राजधानी का नाम था:

(*a*) पुएकलवती

(*b*) एलोरा

(*c*) नागार्जुन कौण्डा

(*d*) वातापी

91. 'तोलकाप्पियम' के सम्बन्ध में निम्नलिखित में से क्या सत्य है?

(*a*) यह चोल राजाओं की प्रशस्ति है

(*b*) यह एक वैदिक ग्रन्थ है

(*c*) यह तमिल महाकाव्य है

(*d*) यह तमिल व्याकरण ग्रन्थ है

92. निम्नलिखित चीनी यात्रियों के यात्राकाल में कौन-सा गलत है?

(*a*) इत्सिंग - हर्ष के बाद का समय

(*b*) ह्वेनसांग - हर्षवर्धन का शासनकाल

(*c*) फाह्यान - चन्द्रगुप्त विक्रमादित्य का शासन काल

(*d*) उपर्युक्त में से कोई नहीं

93. दिल्ली सल्तनत के किस सुल्तान ने अपनी आत्मकथा लिखी थी?

(*a*) फिरोज तुगलक

(*b*) अलाउद्दीन खिलजी

(*c*) बहलोल लोदी

(*d*) बलबन

94. किस शासक ने 'अलाई दरवाज़ा' का निर्माण करवाया?

(*a*) बलबन

(*b*) फिरोज तुगलक

(*c*) अलाउद्दीन खिलजी

(*d*) कुतुबुद्दीन ऐबक

95. निम्नलिखित सूची-I में मराठा सरदारों के नाम तथा सूची-II में उनके सत्ता केन्द्र दिए गए हैं। इन सूचियों को सुमेल कीजिए:

सूची-I	सूची-II
A. होल्कर	1. पूना
B. भोंसले	2. नागपुर
C. पेशवा	3. बड़ौदा
D. गायकवाड़	4. इन्दौर
E. सिन्धिया	5. ग्वालियर

कूटः

	A	B	C	D	E
(*a*)	4	1	3	5	2
(*b*)	4	2	1	3	5
(*c*)	2	4	5	3	1
(*d*)	1	2	3	5	4

96. पानीपत के तृतीय युद्ध के समय पेशवा था:
(*a*) बालाजी बाजीराव
(*b*) माधव राव
(*c*) बालाजी विश्वनाथ
(*d*) बाजीराव प्रथम

97. किस समाचार-पत्र का सम्पादन दादा-भाई नौरोजी करते थे?
(*a*) जाने-जमशेद
(*b*) अखबारे-सौदागर
(*c*) रस्त-गोफ्तार
(*d*) शोम-प्रकाश

98. निम्नलिखित में से कौन-सा विद्रोह जहाँगीर के शासनकाल का नहीं है?
(*a*) खुसरो का विद्रोह
(*b*) खुर्रम का विद्रोह
(*c*) महावत खाँ का विद्रोह
(*d*) बुन्देलों का विद्रोह

99. हल्दीघाटी का युद्ध किस वर्ष हुआ था?
(*a*) 1574 ई. (*b*) 1576 ई.
(*c*) 1579 ई. (*d*) 1581 ई.

100. अंग्रेजों का सबसे पहला संघर्ष किस मुगल सम्राट के साथ हुआ था?
(*a*) जहाँगीर
(*b*) शाहआलम
(*c*) औरंगजेब
(*d*) बहादुरशाह जफर

101. स्थाई बन्दोबस्त शुरू करने का निम्नलिखित में से कौन-सा उद्देश्य नहीं था?
(*a*) लगान वसूली को व्यवस्थित करना
(*b*) किसानों का दमन पहले की अपेक्षा कम करने की इच्छा रखना
(*c*) कम्पनी की आय स्थाई एवं निश्चित करना
(*d*) इससे कम्पनी को प्रभावशाली वर्ग (जमींदारों) का सहयोग सदैव के लिए सुनिश्चित करना

102. प्रसिद्ध आई.एन.ए. (INA) के मुकदमे में वकील कौन था?
(*a*) भूलाभाई देसाई
(*b*) आसफ अली
(*c*) सुभाष चन्द्र बोस
(*d*) चक्रवर्ती राजगोपालाचारी

103. मार्च 1946 में ब्रिटिश केबिनेट मिशन भारत आया। निम्नलिखित में से कौन इसका सदस्य नहीं था?
(*a*) लॉर्ड पैथिक लारेंस
(*b*) सर स्टैफर्ड क्रिप्स
(*c*) ए.वी. अलेक्जेण्डर
(*d*) कैम्पवेल जॉन्सन

104. सरोजिनी नायडू ने किसको 'हिन्दू-मुस्लिम एकता का एम्बैसडर' कहा था?
(*a*) मुहम्मद अली जिन्ना
(*b*) शौकत अली
(*c*) मौलाना अबुल कलाम आजाद
(*d*) अब्दुल गफ्फार खाँ

105. नवम्बर 1945 में इण्डियन नेशनल आर्मी (INA) के तीन अफसरों पर 'किंग-एम्परर' के विरुद्ध युद्ध लड़ने के आरोप में मुकदमा चला था। निम्नलिखित में से कौन उसमें शामिल नहीं था?

(*a*) कर्नल शाहनवाज

(*b*) कैप्टन सहगल

(*c*) लेफ्टीनेंट ढिल्लन

(*d*) दामोदर चापेकर

106. कौन जुझारू राष्ट्रवाद (Militant Nationalism) का नेता नहीं था?

(*a*) बाल गंगाधर तिलक

(*b*) लाला लाजपतराय

(*c*) विपिन चन्द्र पाल

(*d*) बंकिम चन्द्र चटर्जी

107. रौलेट एक्ट किस वर्ष पास हुआ?

(*a*) 1931 (*b*) 1919

(*c*) 1920 (*d*) 1942

108. निम्नलिखित घटनाओं को सही कालक्रम में रखिए:

1. साबरमती आश्रम से डांडी मार्च
2. लाहौर कांग्रेस
3. गोलमेज सभा के दूसरे अधिवेशन में गांधी जी का शामिल होना
4. गांधी-इर्विन समझौता

(*a*) 2, 3, 4, 1 (*b*) 1, 3, 4, 2

(*c*) 2, 1, 4, 3 (*d*) 1, 2, 4, 3

109. सूची-I व सूची-II को सुमेलित कीजिए तथा सूचियों के नीचे दिए गए कूटों का उपयोग करके सही उत्तर का चयन कीजिए:

सूची-I	**सूची-II**
A. जस्टिस पार्टी	1. ज्योतिराव फुले
B. आत्मसम्मान आन्दोलन	2. गोखले
C. सत्यशोधक आन्दोलन	3. ई.वी. रामास्वामी नायकर
D. भारत सेवक समाज	4. टी.एन. नैयर, आर.टी. शेट्टी सी.एन. मुदालियर

कूट:

	A	B	C	D
(*a*)	4	3	1	2
(*b*)	3	4	1	2
(*c*)	2	3	4	1
(*d*)	4	3	2	1

110. जब साइमन कमीशन नियुक्त किया गया था:

(*a*) ब्रिटिश सेक्रेटरी ऑफ स्टेट बाल्डविन (Baldwin) था

(*b*) ब्रिटिश इण्डिया मिनिस्टर बिर्कनहेड (Birkenhead) था

(*c*) वायसराय ऑफ इण्डिया इर्विन (Irwin) था

(*d*) ब्रिटेन में लेबर पार्टी सत्तारूढ़ थी

111. महात्मा बुद्ध के चार आर्य सत्यों में निम्नलिखित में से कौन शामिल नहीं है?

(*a*) दुःख निरोध

(*b*) दुःख निरोध का उपाय

(*c*) ईश्वर ही दुःख दूर करता है

(*d*) दुःख का कारण

112. 24वें जैन तीर्थंकर (वर्धमान महावीर) के बारे में निम्नलिखित में से क्या असत्य है?

(*a*) इनका जन्म 540 ई. पू. में बसाढ़ (वैशाली) में हुआ था

(*b*) वह ब्राह्मण कुल के थे

(*c*) 'जिन' शब्द से जैन धर्म बना

(*d*) 42वें वर्ष में इन्हें कैवल्य की प्राप्ति हुई फलतः, 'जिन' या 'महावीर' उपनाम पड़ा

113. हड़प्पा सभ्यता के किस पुरास्थल को 'सिंधु का बाग' या 'मृतकों का टीला'

कहा जाता है?

(*a*) लोथल (*b*) मोहनजोदड़ो

(*c*) कालीबंगा (*d*) हड़प्पा

114. बौद्ध संगतियों के आयोजन-स्थल व आयोजनकर्त्ता के सम्बन्ध में सूची-I एवं सूची-II को सुमेलित कीजिए:

सूची-I (आयोजन-स्थल)	**सूची-II** (आयोजनकर्त्ता)
A. राजगृह	1. अजातशत्रु
B. वैशाली	2. कालाशोक
C. पाटलिपुत्र	3. अशोक
D. कश्मीर	4. कनिष्क

कूटः

	A	B	C	D
(*a*)	4	3	2	1
(*b*)	1	2	3	4
(*c*)	1	2	4	3
(*d*)	2	1	3	4

115. निम्न तुगलक शासकों के नाम सही ऐतिहासिक क्रम में बताइए:

1. मुहम्मद-बिन-तुगलक
2. फीरोजशाह तुगलक
3. गयासुद्दीन तुगलक

कूटः

(*a*) 1, 2, 3 (*b*) 3, 1, 2

(*c*) 3, 2, 1 (*d*) 2, 3, 1

116. निम्नलिखित में से कौन दिल्ली सल्तनत का इतिहासकार नहीं है?

(*a*) खफी खाँ

(*b*) जियाउद्दीन बर्नी

(*c*) मिन्हास-उस-सिराज और अमीर खुसरो

(*d*) शम्स-सिराज-अहीक

117. हिजरी सन् निम्नलिखित में से किससे सम्बन्धित है?

(*a*) हजरत मुहम्मद की मृत्यु से

(*b*) हजरत मुहम्मद के जन्म से

(*c*) हजरत मुहम्मद के मक्का से मदीना को पलायन से

(*d*) हजरत मुहम्मद के प्रथम उपदेश से

118. मध्यकाल में 'भक्ति आन्दोलन' का जन्मदाता किसे माना जाता है?

(*a*) शंकराचार्य (*b*) रामानुजाचार्य

(*c*) माधवाचार्य (*d*) बल्लभाचार्य

119. औरंगजेब का देहान्त किस स्थान पर हुआ था?

(*a*) लाहौर (*b*) औरंगाबाद

(*c*) बुरहानपुर (*d*) पूना

120. सहायक सन्धि को निम्नलिखित में से किस शासक अथवा राज्य ने स्वीकार नहीं किया?

(*a*) अवध का नवाब

(*b*) निजाम-हैदराबाद

(*c*) पेशवा

(*d*) भरतपुर

121. ब्रिटिश संसद ने ईस्ट इण्डिया कम्पनी के शासन को समाप्त करके शासन ब्रिटिश क्राउन को सौंपने के लिए अधिनियम कब पारित किया था?

कूटः

(*a*) 1856 ई. में (*b*) 1857 ई. में

(*c*) 1858 ई. में (*d*) 1859 ई. में

122. गदर पार्टी के संस्थापक थे:-

(*a*) लाला हरदयाल

(*b*) विनायक दामोदर सावरकर

(*c*) सुभाष चन्द्र बोस

(*d*) राजगोपालाचारी

123. निम्नलिखित घटनाओं का सही कालक्रम क्या है?

1. गांधी-इर्विन पैक्ट
2. साइमन कमीशन
3. सविनय अवज्ञा आन्दोलन
4. नेहरू रिपोर्ट

(*a*) 1, 2, 3, 4 (*b*) 2, 3, 1, 4
(*c*) 2, 4, 3, 1 (*d*) 4, 1, 3, 2

124. इनमें से कौन पहले राष्ट्रवादी क्रान्तिकारी थे जो बाद में आध्यात्मिक नेता बन गए?

(*a*) गोपालकृष्ण गोखले
(*b*) सैफुद्दीन किचलू
(*c*) अरविंद घोष
(*d*) अश्विनी दत्त

125. इनमें से कौन दक्षिण अफ्रीका में गांधी जी के अनुयायी थे?

(*a*) पीटरसन
(*b*) पोलाक
(*c*) सी.एफ. एण्ड्रूज
(*d*) इनमें से कोई नहीं

126. निम्नलिखित में से कौन-सा स्थल कृषक आन्दोलन से सम्बन्धित नहीं था?

(*a*) बारदोली (*b*) खेड़ा
(*c*) चम्पारण (*d*) नोआखाली

127. 29 मार्च, 1857 को किस देशभक्त सैनिक को विद्रोह के आरोप में बैरकपुर में फाँसी की सजा दी गई थी?

(*a*) मंगल पांडे
(*b*) तात्यां टोपे
(*c*) नाना फड़नवीस
(*d*) वीर सावरकर

128. ब्रिटिश सरकार ने बंगाल विभाजन को रद्द करने की घोषणा कब की तथा उस समय भारत का गवर्नर जनरल कौन था?

(*a*) 1907, लॉर्ड मिंटो
(*b*) 1909, लॉर्ड चेम्सफोर्ड
(*c*) 1911, लॉर्ड हार्डिंग (द्वितीय)
(*d*) 1913, लॉर्ड वेबेता

129. रोलेट एक्ट के विरोध में गांधी जी ने प्रारम्भ किया था:

(*a*) सत्याग्रह आन्दोलन
(*b*) आमरण अनशन
(*c*) डांडी यात्रा
(*d*) व्यक्तिगत सत्याग्रह

130. किस वेद की रचना गद्य और पद्य दोनों में की गई है?

(*a*) ऋग्वेद (*b*) सामवेद
(*c*) यजुर्वेद (*d*) अथर्ववेद

131. निम्नलिखित में से किस विद्वान् ने कनिष्क की राजसभा को सुशोभित नहीं किया?

(*a*) अश्वघोष (*b*) नागार्जुन
(*c*) वसुबन्धु (*d*) वसुमित्र

132. गुप्तकाल में किस शासक को उसकी सैन्य कुशलता के लिए 'भारत का नेपोलियन' कहा गया?

(*a*) चन्द्रगुप्त विक्रमादित्य
(*b*) समुद्रगुप्त
(*c*) स्कन्दगुप्त
(*d*) रामगुप्त

133. सूची-I एवं सूची-II को सुमेलित कीजिए तथा सूचियों के नीचे दिए गए कूट का उपयोग करके सही उत्तर का चयन कीजिए:

सूची-I	सूची-II
A. चैतन्य महाप्रभु	1. राजस्थान
B. मीराबाई	2. बंगाल
C. शंकरदेव	3. असम
D. नामदेव	4. महाराष्ट्र

कूटः

	A	B	C	D
(*a*)	2	1	4	3
(*b*)	2	1	3	4
(*c*)	1	2	3	4
(*d*)	1	2	4	3

134. 1398 ई. में तैमूर ने भारत पर आक्रमण किया, उस समय तुगलक वंश का कौन-सा शासक शासन कर रहा था?

(*a*) अलाउद्दीन सिकन्दर शाह (हुमायूँ)
(*b*) शाहजादा मुहम्मद
(*c*) फीरोज तुगलक
(*d*) नासिरुद्दीना महमूद शाह

135. 1707 ई. में औरंगजेब की मृत्यु के पश्चात् मुहम्मद मुअज्जम किस नाम से मुगल सिंहासन पर बैठा?

(*a*) मोहम्मदशाह (*b*) बहादुरशाह
(*c*) जहाँदारशाह (*d*) शाहआलम

136. निम्नलिखित युग्मों में से कौन सुमेलित नहीं है?

1. पावना आन्दोलन - पूर्वी बंगाल
2. मोपाला विद्रोह - मालाबार
3. दक्कन विद्रोह - तमिलनाडु
4. बारदोली आन्दोलन - उत्तर प्रदेश

(*a*) 1, 2 (*b*) 3, 4
(*c*) 1, 4 (*d*) 2, 3

137. अखिल भारतीय किसान सभा का गठन कब और कहाँ हुआ?

(*a*) 1935 - बम्बई
(*b*) 1942 - कानपुर
(*c*) 1938 - कलकत्ता
(*d*) 1936 - लखनऊ

138. निम्नलिखित युग्मों में कौन सही हैं?

1. नील आन्दोलन - बंगाल
2. चम्पारण आन्दोलन - उत्तर प्रदेश
3. खेड़ा आन्दोलन - गुजरात
4. रजकर विरोधी आन्दोलन - मध्य प्रदेश

(*a*) 1, 2 (*b*) 2, 3
(*c*) 1, 3 (*d*) 3, 4

139. निम्नलिखित युग्मों में से कौन सुमेलित है?

1. कर्जन वायली - मदन लाल धींगरा
2. सॉण्डर्स - प्रफुल्ल चाकी
3. लॉर्ड हार्डिंग - रास बिहारी बोस
4. रैपड - चापेकर बन्धु

(*a*) 1, 2, 3 (*b*) 2, 3, 4
(*c*) 1, 3, 4 (*d*) 1, 2, 4

140. जैन और बौद्ध धर्म में क्या समानता थी?

(*a*) पशुबलि का विरोध
(*b*) आत्मा के पुनर्जन्म में अविश्वास
(*c*) वेदों को दैवीय रचना के रूप में स्वीकार करना
(*d*) जाति प्रथा को मान्यता

141. तमिलनाडु में महाबलीपुरम मंदिर किस वंश के शासनकाल में बनाया गया?

(*a*) पल्लव (*b*) चालुक्य
(*c*) पाण्ड्य (*d*) चोल

142. मुगल सम्राट जहाँगीर ने प्रमुख रूप से किस कला को प्रश्रय दिया?

(*a*) मूर्तिकला (*b*) वास्तुकला
(*c*) चित्रकला (*d*) संगीत कला

143. सूची-I एवं सूची-II को सुमेलित कीजिए तथा नीचे दिए गए कूटों में से सही उत्तर का चयन कीजिए:

सूची-I	सूची-II
A. दिल्ली का लाल किला	1. इल्तुतमिश
B. आगरा का लाल किला	2. शाहजहाँ
C. कुव्वत-उल-इस्लाम मस्जिद	3. अकबर
D. अजमेर की मस्जिद	4. कुतुबुद्दीन ऐबक

कूटः

	A	B	C	D
(*a*)	3	4	2	1
(*b*)	4	2	1	3
(*c*)	2	3	4	1
(*d*)	1	2	3	4

144. दिल्ली सल्तनत के किस सुल्तान ने सर्वप्रथम उलेमा एवं खलीफा के प्रभुत्व से स्वयं को मुक्त किया?

(*a*) इब्राहिम लोदी
(*b*) अलाउद्दीन खिलजी
(*c*) बलबन
(*d*) मुहम्मद तुगलक

145. कृष्णदेव राय किस वंश के शासक थे?

(*a*) भारमेहु वंश (*b*) सालुब वंश
(*c*) तुलुब वंश (*d*) संगम वंश

146. निम्नलिखित में से कौन-सा युद्ध बाबर ने नहीं लड़ा?

(*a*) खानवा का युद्ध
(*b*) चौसा का युद्ध
(*c*) पानीपत का प्रथम युद्ध
(*d*) घाघरा का युद्ध

147. अकबर के समय में ऐतिहासिक ग्रन्थों की बहुत बड़ी संख्या में रचना हुई। निम्नलिखित में से कौन-सा ग्रन्थ अकबर-कालीन नहीं है?

(*a*) 'अकबरनामा'(अबुल फजल)
(*b*) 'तारीख-ए-बदायूँनी' (अब्दुल कादिर)
(*c*) 'बादशाहनामा' (अब्दुल हमीद)
(*d*) 'कबकात-ए-अकबरी' (निजामुद्दीन)

148. सूची-I एवं सूची-II को सुमेलित कीजिए तथा नीचे दिए गए कूटों में से सही उत्तर का चयन कीजिएः

सूची-I	सूची-II
A. बाजीराव प्रथम	1. पानीपत का तीसरा युद्ध
B. बालाजी बाजीराव	2. दिल्ली आक्रमण
C. बाजीराव द्वितीय	3. बेसीन की सन्धि
D. रघुनाथ राव	4. सूरत की सन्धि

कूटः

	A	B	C	D
(*a*)	2	1	3	4
(*b*)	1	2	4	3
(*c*)	4	3	1	2
(*d*)	3	4	2	1

149. 1939 में त्रिपुरी अधिवेशन में कांग्रेस अध्यक्ष चुने जाने पर किसने त्यागपत्र दिया?

(*a*) पट्टाभि सीतारमैया
(*b*) सुभाष चन्द्र बोस
(*c*) आचार्य जे.बी. कृपलानी
(*d*) एस.सी. सिन्हा

150. भारतीय भाषाओं के अखबारों का दमन करने के लिए वर्नाक्युलर प्रेस एक्ट कब बना?

(*a*) 1887 में (*b*) 1878 में
(*c*) 1778 में (*d*) 1787 में

151. गांधी-इर्विन समझौता कब हुआ था?
(*a*) 1930 में (*b*) 1931 में
(*c*) 1932 में (*d*) 1933 में

152. स्वराज पार्टी की स्थापना में निम्नलिखित में से कौन शामिल था?
(*a*) महात्मा गांधी
(*b*) जवाहरलाल नेहरू
(*c*) बाल गंगाधर तिलक
(*d*) चितरंजन दास

153. जलियाँवाला बाग हत्याकाण्ड से ठीक पहले निम्नलिखित में से कौन-सी घटना हुई थी?
(*a*) साइमन कमीशन का आगमन
(*b*) साम्प्रदायिक निर्णय की घोषणा
(*c*) रौलट कानून का बनना
(*d*) उपर्युक्त में से कोई नहीं

154. 1913 में 'गदर पार्टी' की स्थापना कहाँ और किसने की थी?
(*a*) इंग्लैड - विनायक दामोदर सावरकर
(*b*) अमेरिका - लाला हरदयाल
(*c*) भारत - सरदार भगत सिंह
(*d*) आयरलैण्ड - चन्द्रशेखर आजाद

155. किस हड़प्पा संस्कृति स्थल से खुदाई में घोड़े की अस्थियाँ प्राप्त हुई हैं?
(*a*) सोत्काकोह (*b*) सुत्कंगेडोर
(*c*) सरकोटदा (*d*) रंगपुर

156. निम्नलिखित में से कौन-सा सुमेलित नहीं है?
(*a*) मोहनजोदड़ो - सिन्धु नदी
(*b*) हड़प्पा - रावी नदी
(*c*) रोपड़ - सतलुज नदी
(*d*) लोथल - हिन्डन नदी

157. ऋग्वैदिक आर्यों की भाषा क्या थी?
(*a*) द्रविड़ (*b*) प्राकृत
(*c*) संस्कृत (*d*) पालि

158. जैन धर्म के वास्तविक संस्थापक माने जाते है:
(*a*) पार्श्वनाथ
(*b*) ऋषभ देव
(*c*) महावीर स्वामी
(*d*) नेमिनाथ

159. हर्षवर्धन प्रत्येक पाँच वर्ष बाद कहाँ पर धार्मिक सम्मेलन का आयोजन करता था?
(*a*) कन्नौज (*b*) वल्लभि
(*c*) प्रयाग (*d*) थानेश्वर

160. सूची-I एवं सूची-II का सुमेल कीजिए:

सूची-I	**सूची-II**
A. सारनाथ	1. सिंह
B. संकिसा स्तम्भ	2. वृषभ
C. रुम्मिनदेई स्तम्भ	3. घोड़ा
D. रामपुरवा स्तम्भ	4. हाथी

कूटः

	A	B	C	D
(*a*)	1	2	3	4
(*b*)	2	4	3	1
(*c*)	4	1	3	2
(*d*)	1	4	3	2

161. विजय नगर किस नदी के तट पर स्थित था?
(*a*) कृष्णा (*b*) कावेरी
(*c*) तुंगभद्रा (*d*) नर्मदा

162. 1857 के विद्रोह में नाना साहब ने विद्रोह का नेतृत्व कहाँ किया?
(*a*) कानपुर (*b*) लखनऊ
(*c*) बरेली (*d*) झाँसी

163. सूची-I एवं सूची-II का सुमेल कीजिए:

सूची-I	सूची-II
A. पानीपत की पहली लड़ाई	1. 1539
B. खानवा का युद्ध	2. 1526
C. पानीपत की दूसरी लड़ाई	3. 1527
D. हल्दी घाटी की लड़ाई	4. 1556
E. चौसा का युद्ध	5. 1576

कूटः

	A	B	C	D	E
(*a*)	2	3	5	1	4
(*b*)	2	3	4	5	1
(*c*)	1	2	3	4	5
(*d*)	5	4	3	2	1

164. हण्टर कमेटी की नियुक्ति किसकी जाँच के लिए हुई थी?

(*a*) सविनय अवज्ञा आन्दोलन के दौरान पुलिस की ज्यादतियों की जाँच के लिए

(*b*) रौलट एक्ट लागू होने पर जनता में हुई प्रतिक्रिया की रिपोर्ट देने के लिए

(*c*) जलियाँवाला बाग हत्याकाण्ड की जाँच के लिए

(*d*) पंजाब में मार्शल लॉ के दौरान की गई पुलिस ज्यादतियों की जाँच के लिए

165. सैंधव सभ्यता से सम्बद्ध किन स्थलों से चावल की खेती के प्रमाण मिले हैं?

(*a*) मोहनजोदड़ो और हड़प्पा

(*b*) लोथल और रंगपुर

(*c*) कालीबंगा और रोजदी

(*d*) इनमें से कोई नहीं

166. निम्नलिखित में से किस मुगल बादशाह का मकबरा भारत में ही है?

(*a*) बाबर

(*b*) जहाँगीर

(*c*) बहादुरशाह जफर

(*d*) हुमायूँ

167. निम्नलिखित में से किस राज्य का विलय अधिग्रहण नीति (Doctrine of Lapse) के तहत नहीं किया गया?

(*a*) सतारा (*b*) झाँसी

(*c*) नागपुर (*d*) ट्रावनकोर

168. सूची-I एवं सूची-II को सुमेलित कीजिए:

सूची-I	सूची-II
A. पिट्स इण्डिया एक्ट, 1784	1. रॉबर्ट क्लाइव
B. चार्टर एक्ट, 1833	2. विलियम बैंटिंक
C. द्वैध शासन	3. वेलेजली
D. भारत शासन अधिनियम, 1935	4. वारेन हेस्टिंग्स
	5. विलिंगटन

कूटः

	A	B	C	D
(*a*)	1	2	3	4
(*b*)	4	2	1	5
(*c*)	5	4	3	1
(*d*)	3	5	4	1

169. सूची-I एवं सूची-II को सुमेलित कीजिए:

सूची-I	सूची-II
A. हल्दी घाटी का युद्ध	1. बाबर
B. विलग्राम का युद्ध	2. अकबर
C. पानीपत का तृतीय युद्ध	3. हुमायूँ
D. खानवा का युद्ध	4. अली गौहर

कूटः

	A	B	C	D
(*a*)	3	2	4	1
(*b*)	2	3	4	1
(*c*)	1	3	2	4
(*d*)	2	4	1	3

170. लाहौर अधिवेशन में कांग्रेस ने अपना लक्ष्य 'पूर्ण स्वराज' घोषित किया। यह अधिवेशन किस वर्ष हुआ?

(*a*) 1947 (*b*) 1929

(*c*) 1927 (*d*) 1925

171. 'अभिनव भारत' क्या था?

(*a*) राजनीतिक दल

(*b*) समाचार-पत्र

(*c*) आतंकवादी संगठन

(*d*) धार्मिक सम्प्रदाय

172. किस आन्दोलन के साथ महात्मा गांधी ने भारतीय राजनीति में पदार्पण किया?

(*a*) सूरत सत्र

(*b*) चम्पारण

(*c*) असहयोग आन्दोलन

(*d*) डांडी यात्रा

173. सूची-I एवं सूची-II को सुमेलित कीजिए:

सूची-I (लेखक)	सूची-II (पुस्तक)
A. अबुल कलाम आजाद	1. इंडिया डिवाइडेड
B. वी.डी. सावरकर	2. इंडिया विन्स फ्रीडम
C. राजेन्द्र प्रसाद	3. द नेशनस वायस
D. राजगोपालाचारी	4. इंडियन वार ऑफ इंडिपेन्डेंस

कूटः

	A	B	C	D
(*a*)	1	2	3	4
(*b*)	1	2	4	3
(*c*)	2	4	1	3
(*d*)	4	3	2	1

174. पहली ऑल इंडिया ट्रेड यूनियन कांग्रेस सन् 1920 में किसके द्वारा बनाई गई?

(*a*) एन.एम. जोशी

(*b*) जवाहरलाल नेहरू

(*c*) डॉ. राजेन्द्र प्रसाद

(*d*) जे.पी. नारायण

175. निम्नलिखित में से किस स्थान पर अंग्रेज और फ्रांसीसियों के बीच तृतीय कर्नाटक युद्ध लड़ा गया?

(*a*) वाण्डीवाश (*b*) पाण्डिचेरी

(*c*) चन्द्रनगर (*d*) अर्काट

176. भगत सिंह, राजगुरु एवं सुखदेव को निम्नलिखित में से किस केस में फाँसी की सजा सुनाई गई?

(*a*) मेरठ षड्यंत्र केस

(*b*) लाहौर षड्यंत्र केस

(*c*) काकोरी षड्यंत्र केस

(*d*) दिल्ली षड्यंत्र केस

177. निम्नलिखित में से कौन-से भारतीय राष्ट्रीय कांग्रेस के अध्यक्ष नहीं रहे?

1. सरोजिनी नायडू
2. वल्लभभाई पटेल
3. श्रीमती एन. सेनगुप्ता
4. रासबिहारी बोस
5. रास बिहारी घोष
6. बाल गंगाधर तिलक

(*a*) 1, 3, 4 (*b*) 3, 4, 5

(*c*) 4, 5, 6 (*d*) 4, 6

178. किसके काल में रूस से कृषि-दासों की मुक्ति हुई?

(*a*) निकोलस प्रथम
(*b*) निकोलस द्वितीय
(*c*) अलेक्जेण्डर द्वितीय
(*d*) केथरीन महान्

179. प्राचीन भारत में निम्नलिखित में से कौन-सी एक लिपि दाईं ओर से बाईं ओर लिखी जाती थी?

(*a*) ब्राह्मी (*b*) नंदनागरी
(*c*) शारदा (*d*) खरोष्ठी

180. निम्नलिखित में से कौन अपनी आयुर्विज्ञान विषयक रचना के लिए जाना जाता है?

(*a*) सुश्रुत (*b*) शूद्रक
(*c*) सौमिल्ल (*d*) शौनक

181. विशाल साँडों की जुड़वाँ पैरों वाली विशिष्ट प्रकार की मृण मूर्तियाँ किस सैंधव स्थल से प्राप्त हुई हैं?

(*a*) कालीबंगा (*b*) मोहनजोदड़ो
(*c*) हड़प्पा (*d*) रंगपुर

182. 1857 के विद्रोह में दिल्ली में विद्रोहियों का नेतृत्व किसने किया?

(*a*) बेगम जीनत महल
(*b*) बहादुर शाह जफर
(*c*) बख्त खान
(*d*) कुँवर सिंह

183. भारतीय इतिहास में किस शताब्दी को 'अन्धकार युग' कहा जाता है?

(*a*) 17वीं शताब्दी (*b*) 18वीं शताब्दी
(*c*) 19वीं शताब्दी (*d*) 20वीं शताब्दी

184. 'देवसमाज' का संस्थापक निम्नलिखित में से कौन था?

(*a*) वल्लभभाई पटेल
(*b*) दादाभाई नौरोजी
(*c*) शिवनारायण अग्निहोत्री
(*d*) रामकृष्ण परमहंस

185. दक्षिण अफ्रीका में रहने की अवधि में महात्मा गांधी ने निम्नलिखित में से किस पत्रिका का प्रकाशन किया?

(*a*) नवजीवन
(*b*) इंडिया गजट
(*c*) अफ्रीकनर
(*d*) इंडियन ओपीनियन

186. तैमूर ने किसके शासनकाल में भारत पर आक्रमण किया?

(*a*) अलाउद्दीन खिलजी के
(*b*) बहलोल लोदी के
(*c*) फीरोज तुगलक के
(*d*) सुल्तान महमूद के

187. योग दर्शन के प्रतिपादक हैं:

(*a*) पतंजलि (*b*) गौतम
(*c*) जैमिनी (*d*) शंकराचार्य

188. नमक सत्याग्रह के समय जब गांधी जी कैद कर लिए गए, उस समय किसने आन्दोलन के नेता के रूप में उनका स्थान लिया?

(*a*) जवाहरलाल नेहरू
(*b*) सरदार पटेल
(*c*) अबुल कलाम आजाद
(*d*) अब्बास तैयब जी

189. निम्नलिखित में से किस आन्दोलन के लिए प्रथम बार वन्देमातरम् को नारे के रूप में अपनाया गया?

(*a*) 1857 का विद्रोह
(*b*) 1905 में बंगाल का विभाजन
(*c*) 1922 में असहयोग आन्दोलन
(*d*) 1942 में भारत छोड़ो आन्दोलन

190. अखिल भारतीय कांग्रेस कमेटी की 14 जून, 1947 को सम्पन्न हुई बैठक में भारत-विभाजन के विपक्ष में किसने मतदान किया था?
(*a*) अबुल कलाम आजाद
(*b*) खान अब्दुल गफ्फार खाँ
(*c*) सरदार पटेल
(*d*) गोविन्द वल्लभ पंत

191. किसने कहा था, "कांग्रेस पतन के लिए लड़खड़ा रही है, मेरी सबसे बड़ी अभिलाषा है, जब तक मैं भारत में हूँ, कांग्रेस की शान्तिपूर्ण समाप्ति में सहयोग करना है":
(*a*) जॉर्ज हैमिल्टन (*b*) लॉर्ड कर्जन
(*c*) लॉर्ड डफरिन (*d*) लॉर्ड मिन्टो

192. निम्नलिखित में से कौन-सा एक त्रिपिटक का अंग नहीं था?
(*a*) जातक (*b*) विनय
(*c*) सुत्त (*d*) अभिधम्म

193. 'करो या मरो' (Do or Die) राष्ट्रीय स्वतंत्रता आन्दोलन का एक सशक्त नारा था। इसे किसने दिया था?
(*a*) बाल गंगाधर तिलक
(*b*) सुभाष चन्द्र बोस
(*c*) महात्मा गांधी
(*d*) जवाहरलाल नेहरू

194. सर जॉन शोर द्वारा अपनाई गई अहस्तक्षेप की नीति किस राज्य से संबद्ध थी?
(*a*) हैदराबाद
(*b*) अवध
(*c*) मैसूर
(*d*) उपर्युक्त में से कोई नहीं

195. विश्व धर्म संसद जिसमें विवेकानन्द ने शिकागो में 1893 में भाग लिया था, कौन-सी संसद थी?
(*a*) प्रथम विश्व धर्म संसद
(*b*) द्वितीय विश्व धर्म संसद
(*c*) तृतीय विश्व धर्म संसद
(*d*) चतुर्थ विश्व धर्म संसद

196. अशोक के किस शिलालेख में पाँच यवन राज्यों में धर्म-प्रचारकों के भेजने की बात उल्लेखित है?
(*a*) तृतीय शिलालेख
(*b*) चतुर्थ शिलालेख
(*c*) बारहवाँ शिलालेख
(*d*) तेरहवाँ शिलालेख

197. 'भारत की बालू से मैं एक ऐसा आन्दोलन उत्पन्न करूँगा जो कांग्रेस से भी बड़ा होगा, यह कथन किसका है?
(*a*) सुभाष चन्द्र बोस
(*b*) बी.आर. अम्बेडकर
(*c*) महात्मा गांधी
(*d*) मोहम्मद अली जिन्ना'

198. आदि मानव ने सर्वप्रथम सीखाः
(*a*) आग जलाना
(*b*) पशुओं को पालना
(*c*) पहिया बनाना
(*d*) अनाज उपजाना

199. प्रसिद्ध मयूर सिंहासन को कौन भारत से बाहर ले गया?
(*a*) नादिरशाह
(*b*) अहमदशाह अब्दाली
(*c*) तैमूर
(*d*) डलहौजी

200. 'महात्मा गांधी क्षणिक भूत की तरह धूल उड़ाते हैं, स्तर नहीं उठाते' यह कथन किससे संबद्ध है?
(*a*) भीमराव अम्बेडकर
(*b*) मोहम्मद अली जिन्ना
(*c*) सुभाष चन्द्र बोस
(*d*) विनायक दामोदर सावरकर

भारतीय राजव्यवस्था एवं संविधान

201. निम्नलिखित में से कौन संविधान की प्रारूपण समिति का सदस्य नहीं था?
(*a*) जवाहरलाल नेहरू
(*b*) मोहम्मद सादुल्लाह
(*c*) के.एम. मुंशी
(*d*) गोपाल स्वामी आयंगर

202. संविधान सभा द्वारा अन्तिम रूप से पारित संविधान में कुल कितने अनुच्छेद और अनुसूचियाँ थी?
(*a*) 378 अनुच्छेद, 7 अनुसूचियाँ
(*b*) 390 अनुच्छेद, 7 अनुसूचियाँ
(*c*) 395 अनुच्छेद, 8 अनुसूचियाँ
(*d*) 398 अनुच्छेद, 8 अनुसूचियाँ

203. निम्नलिखित में से गलत तथ्य है:
(*a*) धन विधेयक केवल लोकसभा में पेश किया जाता है
(*b*) कोई विधेयक धन विधेयक है या नहीं, इसका निर्णय लोकसभाध्यक्ष करता है
(*c*) धन विधेयक के संबंध में राज्यसभा को केवल सिफारिशी अधिकार है
(*d*) इनमें से कोई नहीं

204. किस अनुच्छेद के अन्तर्गत राज्य के अधीन किसी सार्वजनिक पद पर नियोजन या नियुक्ति से सम्बन्धित विषयों में सभी नागरिकों को अवसर का समान अधिकार प्राप्त है?
(*a*) अनुच्छेद 14 (*b*) अनुच्छेद 15
(*c*) अनुच्छेद 16 (*d*) अनुच्छेद 17

205. मुस्लिम लीग ने संविधान सभा का बहिष्कार किस कारण से किया?
(*a*) मुस्लिम लीग संविधान सभा का अध्यक्ष किसी मुस्लिम नेता को बनाना चाहती थी
(*b*) मुस्लिम लीग को संविधान सभा में उचित प्रतिनिधित्व न मिलने के कारण
(*c*) मुस्लिम लीग मुस्लिमों के लिए एक अलग संविधान सभा चाहती थी
(*d*) उपर्युक्त सभी

206. संविधान के 'आधारभूत ढाँचे को सुरक्षित रखने का सिद्धान्त सर्वोच्च न्यायालय ने किस मामले में प्रतिपादित किया?
(*a*) शंकरी प्रसाद का मामला, 1952
(*b*) गोलकनाथ का मामला, 1967
(*c*) केशवानन्द भारती का मामला, 1973
(*d*) मिनर्वा मिल का मामला, 1980

207. भारत के राष्ट्रपति को यह अधिकार नहीं प्राप्त है कि वह:
(*a*) क्षमा प्रदान करे
(*b*) आपातकाल की घोषणा करे
(*c*) सर्वोच्च न्यायालय के न्यायाधीश को हटाए
(*d*) अध्यादेश जारी करे

208. सदन में प्रश्नकाल के पश्चात् पूछे गए मौखिक प्रश्न को क्या कहा जाता है?
(*a*) अनुपूरक प्रश्न
(*b*) अल्प सूचना प्रश्न
(*c*) अतारांकित प्रश्न
(*d*) तारांकित प्रश्न

209. भारतीय संविधान ने अवशिष्ट अधिकारों को:
(*a*) संघीय तथा राज्य सरकार दोनों को दिया है
(*b*) संघीय सरकार को दिया है

(*c*) राज्य सरकारों को दिया है
(*d*) न संघीय, न ही राज्य सरकारों का दिया है

210. सूची-I (भारत के संविधान के लक्षण) को सूची-II (किस देश से गृहीत) से सुमेलित कीजिए और सूचियों के नीचे दिए गए कूटों का उपयोग करते हुए, सही उत्तर का चयन कीजिएः

सूची-I	**सूची-II**
A. राज्य के नीति निदेशक तत्व	1. ऑस्ट्रेलिया
B. समवर्ती राज्य	2. यूनाइटेड किंगडम (ब्रिटेन)
C. मौलिक अधिकार	3. आयरलैंड
D. संसदीय प्रणाली	4. संयुक्त राज्य अमेरिका

कूटः

	A	B	C	D
(*a*)	3	1	4	2
(*b*)	1	2	3	4
(*c*)	2	3	1	4
(*d*)	4	2	1	3

211. भारतीय संविधान का कौन-सा अनुच्छेद अल्पसंख्यकों को अपनी मनपसंद शिक्षण संस्थाओं के स्थापित एवं संचालित करने के अधिकार को संरक्षण प्रदान करता है?
(*a*) अनुच्छेद 19 (*b*) अनुच्छेद 26
(*c*) अनुच्छेद 29 (*d*) अनुच्छेद 30

212. राज्यसभा के सदस्य का कार्यकाल होता हैः
(*a*) 5 वर्ष (*b*) 6 वर्ष
(*c*) 8 वर्ष (*d*) 10 वर्ष

213. निम्नलिखित में से किसकी सिफारिश पर संविधान सभा का गठन किया गया?
(*a*) क्रिप्स योजना
(*b*) कैबिनेट मिशन योजना
(*c*) वेबेल योजना
(*d*) माउण्टबेटेन योजना

214. किस दिन से संविधान सभा का अन्तवर्ग लीन संसद के रूप में अविर्भाव हुआ?
(*a*) 26 नवम्बर, 1949
(*b*) 25 जनवरी, 1950
(*c*) 26 जनवरी, 1950
(*d*) 15 अगस्त, 1950

215. किन परिस्थितियों में मौलिक अधिकारों का निलम्बन किया जा सकता है?
(*a*) जब राष्ट्रपति शासन लागू हो
(*b*) जब राष्ट्रीय आपातस्थिति लागू हो
(*c*) जब वित्तीय आपातस्थिति लागू हो
(*d*) जब सर्वोच्च न्यायालय या उच्च न्यायालय का स्पष्ट आदेश हो

216. संविधान के किस भाग में मूल कर्त्तव्यों के अध्याय को जोड़ा गया है?
(*a*) भाग-III (क) (*b*) भाग-IV
(*c*) भाग-IV (क) (*d*) भाग-V

217. संविधान के किस भाग एवं अनुच्छेद में सवैधानिक संशोधन प्रक्रिया का उल्लेख है?
(*a*) भाग-I, अनुच्छेद 3
(*b*) भाग-VIII, अनुच्छेद 239
(*c*) भाग-XVI, अनुच्छेद 336
(*d*) भाग-XX, अनुच्छेद 368

218. धार्मिक स्वतंत्रता के अधिकार के अन्तर्गत क्या नहीं शामिल है?
(*a*) राज्य धर्म के आधार पर वित्तीय

अनुदान प्रदान करने में विभेद नहीं कर सकता

(*b*) राज्य से पूर्णतः अनुदान प्राप्त शिक्षा संस्थाओं को धार्मिक शिक्षा प्रदान करने की छूट

(*c*) प्रत्येक व्यक्ति को अपने धर्म को मानने, आचरण करने और प्रचार करने की छूट

(*d*) प्रत्येक व्यक्ति को धार्मिक एवं धर्मार्थ संस्थाओं को चलाने की छूट

219. निम्नलिखित में से किसे राष्ट्रपति नियुक्त नहीं करता?

(*a*) वित्त आयोग

(*b*) योजना आयोग

(*c*) राजकीय भाषा आयोग

(*d*) संघ लोक सेवा आयोग

220. राज्यसभा का उपसभापतिः

(*a*) सभापत्ति द्वारा नामांकित होता है

(*b*) संसद द्वारा निर्वाचित होता है

(*c*) राष्ट्रपति द्वारा नामांकित होता है

(*d*) राज्यसभा के सदस्यों द्वारा अपने मध्य से चुना जाता है

221. राष्ट्रपति संसद के दोनों सदनों के संयुक्त अधिवेशन को सम्बोधित करता है:

(*a*) साल में एक बार जब भी वह चाहे

(*b*) प्रत्येक सत्र के आरम्भ होने पर

(*c*) सदन के निमंत्रण पर

(*d*) प्रत्येक वर्ष के पहले सत्र के प्रारम्भ होने पर

222. भारत सरकार या भारत सरकार की ओर से प्राप्त सभी मुद्राओं को एकत्रित किया जाता है:

(*a*) भारत की संचित निधि में

(*b*) सार्वजनिक लेखा समिति में

(*c*) भारत की आकस्मिक निधि में

(*d*) या तो (*a*) में या (*b*) में

223. संसद को निम्नलिखित में से किस एक को पदच्युत करने का अधिकार नहीं है?

(*a*) महालेखा परीक्षक

(*b*) सर्वोच्च न्यायालय के न्यायाधीश

(*c*) संघ लोक सेवा आयोग का अध्यक्ष

(*d*) उच्च न्यायालय के न्यायाधीश

224. संविधान के किस अनुच्छेद में यह व्यवस्था की गई है कि प्रत्येक राज्य शिक्षा के प्राथमिक स्तर पर मातृभाषा में शिक्षा की पर्याप्त सुविधाओं की व्यवस्था करने का प्रयास करेगा?

(*a*) अनुच्छेद 349

(*b*) अनुच्छेद 350

(*c*) अनुच्छेद 350 A

(*d*) अनुच्छेद 351

225. मंत्रिपरिषद के सदस्य सामूहिक रूप से संसद के प्रति उत्तरदायी होते हैं। वह व्यक्तिगत रूप से किसके प्रति उत्तरदायी होते हैं?

(*a*) राष्ट्रपति

(*b*) प्रधानमंत्री

(*c*) लोकसभा अध्यक्ष

(*d*) उपर्युक्त में से कोई नहीं

226. निम्नलिखित में भारत के उपराष्ट्रपति होने का सही क्रम बताइए:

1. डॉ. जाकिर हुसैन
2. आर. वेंकटरमन
3. बी.डी. जत्ती
4. जी.एस. पाठक

(*a*) 1, 4, 2, 3 (*b*) 1, 4, 3, 2

(*c*) 1, 2, 3, 4 (*d*) 2, 1, 4, 3

227. निम्नलिखित में से किस लेख (Write) को सर्वोच्च न्यायालय अथवा उच्च न्यायालय द्वारा अधीनस्थ न्यायालयों को उस स्थिति में जारी किया जाता है, जब किसी अधीनस्थ न्यायालय द्वारा अपने क्षेत्राधिकार के बाहर जाकर भी काम किया जा रहा हो?
(*a*) उत्प्रेषण (Certiorari)
(*b*) अधिकार पृच्छा (Quo Warranto)
(*c*) परमादेश (Mandarmus)
(*d*) प्रतिषेथ (Prohibition)

228. संविधान में संशोधन करने की प्रक्रिया को किस देश के संविधान के आधार पर बनाया गया है?
(*a*) दक्षिण अफ्रीका
(*b*) कनाडा
(*c*) संयुक्त राज्य अमेरिका
(*d*) स्विट्जरलैण्ड

229. संसद द्वारा संविधान में संशोधन करने से कौन-सा अनुच्छेद संबंधित है?
(*a*) अनुच्छेद 356
(*b*) अनुच्छेद 368
(*c*) अनुच्छेद 374
(*d*) इनमें से कोई नहीं

230. संविधान में वर्णित मौलिक कर्त्तव्य किस देश के संविधान से लिए गए हैं?
(*a*) अमेरिका
(*b*) पूर्व सोवियत संघ
(*c*) कनाडा
(*d*) फ्रांस

231. निम्नलिखित में से कौन-सा मूल अधिकारों की श्रेणी में नहीं आता?
(*a*) संघ बनाने का अधिकार
(*b*) देश में कहीं भी निवास करने और बस जाने का अधिकार
(*c*) सम्पत्ति का अधिकार
(*d*) सभा और सम्मेलन करने का अधिकार

232. आपातकाल में मूल अधिकारः
(*a*) निलम्बित किए जा सकते हैं
(*b*) निलम्बित नहीं किए जा सकते
(*c*) सर्वोच्च न्यायालय की इच्छा पर निर्भर है
(*d*) उपर्युक्त में से कोई नहीं

233. सामाजिक समानता का अधिकार प्रदान करता हैः
(*a*) अनुच्छेद 15 (*b*) अनुच्छेद 16
(*c*) अनुच्छेद 14 (*d*) अनुच्छेद 17

234. संविधान के अनुच्छेद 14 में वर्णित समता के नियम का कौन अपवाद है?
(*a*) राष्ट्रपति (*b*) प्रधानमंत्री
(*c*) मुख्यमंत्री (*d*) चुनाव आयुक्त

235. भारत के संविधान की प्रस्तावना में प्रतिष्ठापित स्वतंत्रता, समानता और भाईचारे के आदर्शों की प्रेरणा कहाँ से मिलती है?
(*a*) फ्रांस की क्रान्ति
(*b*) रूस की क्रान्ति
(*c*) अमेरिका द्वारा स्वतंत्रता की घोषणा
(*d*) संयुक्त राष्ट्र का घोषणा-पत्र

236. निम्नलिखित में से कौन-सी संसदीय कार्यविधि भारतवर्ष की देन है?
(*a*) शून्य काल (*b*) कटौती प्रस्ताव
(*c*) स्थगन प्रस्ताव (*d*) गिलोटिन

237. निम्नलिखित में से कौन निर्विरोध भारत का राष्ट्रपति निर्वाचित हुआ था?

(*a*) डॉ. राजेन्द्र प्रसाद
(*b*) डॉ. एस. राधाकृष्णन
(*c*) डॉ. एन. संजीव रेड्डी
(*d*) के.आर. नारायणन

238. भारतीय संविधान के अन्तर्गत आपात-काल के प्रावधान को किसने प्रभावित किया?
(*a*) भारत सरकार अधिनियम, 1939
(*b*) जर्मनी का वाइमार संविधान
(*c*) संयुक्त राज्य अमेरिका का संविधान
(*d*) कनाडा का संविधान

239. भारतीय संविधान सभा द्वारा भारत का संविधान तैयार करने के लिए कितनी समितियों का गठन किया गया था?
(*a*) 7 (*b*) 9
(*c*) 13 (*d*) 17

240. अण्डमान और निकोबार द्वीप समूह निम्नलिखित में से किस उच्च न्यायालय के अधिकारिता क्षेत्र में आता है?
(*a*) चेन्नई उच्च न्यायालय
(*b*) कोलकाता उच्च न्यायालय
(*c*) गुवाहाटी उच्च न्यायालय
(*d*) उड़ीसा उच्च न्यायालय

241. लोकसभा में मान्य विरोधी दल का दर्जा प्राप्त करने के लिए किसी भी दल के सदस्यों की संख्या सदन की कुल संख्या का कितना भाग होनी चाहिए?
(*a*) 1/4 (*b*) 1/6
(*c*) 1/8 (*d*) 1/10

242. अनुच्छेद 356 के अन्तर्गत पदच्युत होने वाली पहली सरकार निम्नलिखित में से किस राज्य से सम्बन्धित है?
(*a*) पश्चिम बंगाल (*b*) केरल
(*c*) जम्मू-कश्मीर (*d*) उड़ीसा

243. भारतीय संविधान की प्रस्तावना में 'समाजवाद' शब्द किस संविधान संशोधन के अन्तर्गत जोड़ा गया है?
(*a*) 44वाँ संशोधन
(*b*) 42वाँ संशोधन
(*c*) 76वाँ संशोधन
(*d*) 73वाँ संशोधन

244. निम्नलिखित में से किसे लोकसभा की कार्यवाही में विशिष्ट निमन्त्रण पर भाग लेने का अधिकार है?
(*a*) राष्ट्रपति को
(*b*) महान्यायविद्
(*c*) सॉलीसिटर जनरल
(*d*) लोकसभा के सचिव

245. लोकसभा का अध्यक्ष अपना त्याग-पत्र किसे सौंपता है?
(*a*) राष्ट्रपति को
(*b*) उपाध्यक्ष को
(*c*) महान्यायवादी को
(*d*) भारत के मुख्य न्यायाधीश को

246. संविधान सभा की पहली बैठक किस तिथि को हुई थी?
(*a*) 9 दिसम्बर, 1946
(*b*) 26 नवम्बर, 1947
(*c*) 9 मार्च, 1948
(*d*) 15 अगस्त, 1947

247. निम्नलिखित में से किसे हटाने का अधिकार संसद को नहीं है?
(*a*) उपराष्ट्रपति
(*b*) मुख्य चुनाव आयुक्त
(*c*) नियंत्रक और महालेखा परीक्षक
(*d*) महान्यायवादी

248. संसद द्वारा पारित वित्त विधेयक राष्ट्रपति

को भेजे जाने पर उसके पास क्या विकल्प होता है?
(*a*) पुनर्विचार के लिए भेजना
(*b*) हस्ताक्षर करना
(*c*) वीटो
(*d*) संसदीय समिति को भेजना

249. भारतीय संविधान में किस अनुच्छेद के अन्तर्गत नागरिकों को मौलिक अधिकार प्रदान किए गए हैं?
(*a*) अनुच्छेद 112 से 135
(*b*) अनुच्छेद 12 से 35
(*c*) अनुच्छेद 222 से 235
(*d*) इनमें से कोई नहीं

250. 42वें संशोधन अधिनियम (1976) से भारतीय संविधान में एक नया अध्याय जोड़ा गया है:
(*a*) संघीय क्षेत्रों के प्रशासन से सम्बन्धित
(*b*) अन्तर्राज्यीय परिषदों का निर्माण
(*c*) मौलिक कर्त्तव्य
(*d*) इनमें से कोई नहीं

251. भारत सरकार को कानूनी विषयों पर कौन परामर्श देता है?
(*a*) एटार्नी जनरल
(*b*) उच्चतम न्यायालय का मुख्य न्यायाधीश
(*c*) विधि आयोग का अध्यक्ष
(*d*) इनमें से कोई नहीं

252. उच्चतम न्यायालय के न्यायाधीशों की संख्या की वृद्धि करने की शक्ति किसके पास है?
(*a*) प्रधानमंत्री (*b*) राष्ट्रपति
(*c*) संसद (*d*) विधि मंत्रालय

253. भारत में पंचायती राज प्रतिनिधित्व करता है:
(*a*) शक्तियों का विकेन्द्रीकरण
(*b*) लोगों की हिस्सेदारी
(*c*) सामुदायिक विकास
(*d*) ये सभी

254. भारतीय संविधान कितने भागों में विभाजित है?
(*a*) 15 (*b*) 18
(*c*) 22 (*d*) 24

255. निम्नलिखित किस संवैधानिक संशोधन द्वारा किसी ऐसे सदस्य के लिए दल बदलना निषिद्ध है, जो पार्टी के टिकट से विधानमंडल के लिए चुना गया हो?
(*a*) 52वाँ (*b*) 54वाँ
(*c*) 56वाँ (*d*) 58वाँ

256. संसद के दो अधिवेशनों के मध्य अधिक से अधिक कितने समय का अन्तराल हो सकता है?
(*a*) एक वर्ष (*b*) चार माह
(*c*) तीन माह (*d*) छः माह

257. उपराष्ट्रपति के चुनाव में कौन-कौन मतदान करता है?
(*a*) लोकसभा के सदस्य
(*b*) लोकसभा एवं राज्यसभा के सदस्य
(*c*) प्रदेश विधानसभा के सदस्य
(*d*) उपर्युक्त सभी

258. भारतीय संविधान की संघ और राज्यों के बीच शक्ति विभाजन की विधि किस देश के संघ की प्रेरणा पर आधारित है?
(*a*) कनाडा (*b*) जापान
(*c*) नाइजीरिया (*d*) अमेरिका

259. हमारे वर्तमान संविधान पर सबसे अधिक प्रभाव पड़ा है:
(*a*) 1909 के अधिनियम का
(*b*) 1892 के अधिनियम का

(*a*) 1919 के अधिनियम का
(*b*) 1935 के अधिनियम का

260. 11 दिसम्बर, 1946 को किसे संविधान सभा का स्थायी अध्यक्ष चुना गया था?
(*a*) जवाहरलाल नेहरू
(*b*) डॉ. राजेन्द्र प्रसाद
(*c*) डॉ. बी.आर. अम्बेडकर
(*d*) के.एम. मुंशी

261. संविधान में भारत की व्याख्या है :
(*a*) संयुक्त राज्यों के रूप में
(*b*) राज्यों के संघ के रूप में
(*c*) राज्यों के राज्यमंडल के रूप में
(*d*) एकात्मक राष्ट्र के रूप में

262. राष्ट्रीय झण्डे की अभिकल्पना को भारत की संविधानिक सभा में ग्रहण किया गया था :
(*a*) जुलाई 1948 में
(*b*) जुलाई 1950 में
(*c*) जुलाई 1947 में
(*d*) अगस्त 1947 में

263. संविधान सभा का प्रथम अधिवेशन हुआ था :
(*a*) बम्बई में (*b*) कलकत्ता में
(*c*) लाहौर में (*d*) नई दिल्ली में

264. मौलिक अधिकारों के रक्षक के रूप में कार्य करता है :
(*a*) सर्वोच्च एवं उच्च न्यायालय
(*b*) केवल सर्वोच्च न्यायालय
(*c*) राष्ट्रपति
(*d*) केवल उच्च न्यायालय

265. संविधानिक उपचारों के अन्तर्गत सर्वोच्च न्यायालय व उच्च न्यायालय निम्नलिखित में से कौन-सा प्रलेख जारी नहीं करते हैं?
(*a*) बंदी-प्रत्यक्षीकरण
(*b*) निषेधाज्ञा
(*c*) परमादेश
(*d*) प्रतिषेध

266. भारत में उच्च न्यायालयों की संख्या है :
(*a*) 18 (*b*) 19
(*c*) 20 (*d*) 24

267. राज्य की आकस्मिक निधि का परिचालन कौन करता है?
(*a*) राष्ट्रपति (*b*) मुख्यमंत्री
(*c*) राज्यपाल (*d*) मंत्रिपरिषद

268. जम्मू-कश्मीर राज्य का संविधान बनाया है :
(*a*) उसी संविधान सभा ने, जिसने भारत का संविधान बनाया
(*b*) संसद द्वारा स्थापित संविधान सभा ने
(*c*) राज्य द्वारा स्थापित संविधान सभा ने
(*d*) राज्य विधानमण्डल ने

269. निम्नलिखित में से कौन-सा मद भारत के संविधान की समवर्ती सूची में है?
(*a*) लोकस्वास्थ्य और स्वच्छता
(*b*) प्रतिव्यक्ति कर
(*c*) जनसंख्या नियंत्रण और परिवार नियोजन
(*d*) निरवात निधि

270. सॉलिसीटर जनरल निम्नलिखित में से क्या होता है?
(*a*) राष्ट्रपति का कानूनी अधिकारी
(*b*) लेखाकार
(*c*) प्रशासनिक अधिकारी
(*d*) कानूनी सलाहकार

271. सेवानिवृत्त होने के पश्चात् सर्वोच्च न्यायालय के न्यायाधीश वकालत कर

सकते हैं:
(*a*) केवल सर्वोच्च न्यायालय में
(*b*) केवल उच्च न्यायालय में
(*c*) सर्वोच्च न्यायालय तथा उच्च न्यायालय में
(*d*) किसी भी न्यायालय में नहीं

272. राज्यसभा में राज्यों को प्रतिनिधित्व निम्नांकित में से किस आधार पर दिया जाता है?
(*a*) प्रत्येक राज्य के लिए बराबर
(*b*) उनकी जनसंख्या के अनुपात में स्थान
(*c*) उनके क्षेत्रफल के अनुपात में स्थान
(*d*) उनके राजस्व के अनुपात में स्थान

273. 'फोर्थ एस्टेट' (Fourth Estate) या 'चतुर्थ स्तम्भ' क्या है?
(*a*) कृषि-क्षेत्र की बड़ी सहकारिता संस्था
(*b*) क्रिकेट टीम का बारहवाँ खिलाड़ी
(*c*) प्रेस
(*d*) रेल, सड़क और हवाई जहाज के अतिरिक्त यातायात का साधन

274. सरकारिया आयोग का गठन किया गया था:
(*a*) राज्यों के सम्बन्धों के परीक्षण हेतु
(*b*) केन्द्र व राज्यों के सम्बन्धों के परीक्षण हेतु
(*c*) सार्वजनिक संस्थानों की कार्यप्रणाली के परीक्षण हेतु
(*d*) राज्यों के पानी सम्बन्धी विवादों को सुलझाने हेतु

275. संविधान के अनुसार लोकसभा के स्पीकर को उसके पद से हटाया जा सकता है, यदि:
(*a*) सदन के सभी सदस्यों के बहुमत द्वारा प्रस्ताव पारित हो
(*b*) सदन के कुल सदस्यों के कम-से-कम दो तिहाई के मत से प्रस्ताव पारित हो
(*c*) कुल सदस्यों के आधे या आधे से अधिक सदस्यों के मत से प्रस्ताव पारित हो
(*d*) सदन के बहुमत दल ने अविश्वास प्रस्ताव अपना लिया हो

276. भारतीय संविधान के किस अनुच्छेद के अन्तर्गत राज्यपाल को भी राष्ट्रपति की ही भाँति अध्यादेश जारी करने की शक्ति प्राप्त है?
(*a*) अनुच्छेद 212 (*b*) अनुच्छेद 213
(*c*) अनुच्छेद 214 (*d*) अनुच्छेद 215

277. राज्य विधान परिषद् धन विधेयक को कितने दिनों तक अपने पास रोक सकती है?
(*a*) 14 दिन तक (*b*) 1 माह तक
(*c*) 3 माह तक (*d*) 6 माह तक

278. भारतीय संविधान को किस दिन अंगीकृत, अधिनियमित और आत्मार्पित किया गया?
(*a*) 26 जनवरी, 1950
(*b*) 26 नवम्बर, 1949
(*c*) 26 जनवरी, 1949
(*d*) उपर्युक्त में से कोई नहीं

279. सम्पूर्ण संविधान के निर्माण में संविधान सभा को कितना समय लगा?
(*a*) 2 वर्ष, 7 माह, 23 दिन
(*b*) 2 वर्ष, 11 माह, 18 दिन
(*c*) 3 वर्ष, 14 दिन
(*d*) 3 वर्ष, 1 माह, 5 दिन

280. संविधान के उपबन्धों के तहत किस प्रकार से भारतीय नागरिक की नागरिकता

समाप्त हो सकती है?

(*a*) त्यागने पर

(*b*) पर्यावसान पर

(*c*) वंचित किए जाने पर

(*d*) उपर्युक्त सभी

281. निम्नलिखित में कौन-सा मौलिक कर्त्तव्य नहीं है?

(*a*) संविधान का पालन करना

(*b*) देश की एकता व अखण्डता की रक्षा करना

(*c*) धर्मनिरपेक्षता का पालन करना

(*d*) सार्वजनिक सम्पत्ति को सुरक्षित रखना

282. भारत के मुख्य चुनाव आयुक्त की नियुक्ति कौन करता है?

(*a*) उपराष्ट्रपति

(*b*) राष्ट्रपति

(*c*) लोकसभा

(*d*) भारत के मुख्य न्यायाधीश

283. भारत के संविधान के निम्नलिखित में से कौन-सी एक अनुसूची में दल-बदल विरोधी कानून विषयक प्रावधान है?

(*a*) दूसरी अनुसूची

(*b*) पाँचवीं अनुसूची

(*c*) आठवीं अनुसूची

(*d*) दसवीं अनुसूची

284. लोकसभा का कार्यकाल:

(*a*) किसी भी परिस्थिति में नहीं बढ़ाया जा सकता

(*b*) एक बार में छः महीने तक बढ़ाया जा सकता है

(*c*) आपातकाल की घोषणा के दौरान एक बार में एक वर्ष तक के लिए बढ़ाया जा सकता है

(*d*) आपातकाल की घोषणा के दौरान एक बार में दो वर्ष तक के लिए बढ़ाया जा सकता है

285. संवैधानिक उपचारों का अधिकार किस अनुच्छेद में दिया गया है?

(*a*) 20 (*b*) 19

(*c*) 51 (*d*) 32

286. मौलिक कर्त्तव्य संविधान के किस भाग में दिए गए हैं?

(*a*) भाग 2 (*b*) भाग 3

(*c*) भाग 4 (*d*) भाग 5

287. भारतीय संसद निम्नलिखित से मिलकर बनती है:

(*a*) राष्ट्रपति, राज्यसभा, लोकसभा

(*b*) लोकसभा, प्रधानमंत्री

(*c*) लोकसभा, राज्यसभा

(*d*) लोकसभा, राज्यसभा, प्रधानमंत्री

288. गणतंत्र किसे कहा जाता है?

(*a*) वंशानुगन राजा

(*b*) निरंकुश राजा

(*c*) निर्वाचित राज्याध्यक्ष

(*d*) उपर्युक्त सभी

289. संविधान की प्रस्तावना में समाजवादी धर्मनिरपेक्ष शब्द किस संशोधन में जोड़े गए?

(*a*) 44वें (*b*) 42वें

(*c*) 62वें (*d*) 36वें

290. भारत का राष्ट्रपति अपना त्यागपत्र किसको देता है?

(*a*) उपराष्ट्रपति

(*b*) प्रधानमंत्री

(*c*) लोकसभा अध्यक्ष

(*d*) मुख्य न्यायाधीश

291. भारतीय संविधान में कितने प्रकार के आपात उपबंध हैं?

(*a*) एक (*b*) दो
(*c*) तीन (*d*) चार

292. संकट काल की घोषणा का अनुमोदन संसद द्वारा होना आवश्यक है :

(*a*) एक माह के अन्दर
(*b*) तीन माह के अन्दर
(*c*) छः माह के अन्दर
(*d*) एक वर्ष के अन्दर

293. भारत के किसी राज्य में विधान परिषद् को कौन बना सकता है या समाप्त कर सकता है?

(*a*) राज्यपाल की सिफारिश पर राष्ट्रपति
(*b*) संसद
(c) राज्य विधान सभा द्वारा इस आशय का संकल्प पारित किए जाने के बाद संसद
(*d*) राज्य के मंत्रिमंडल की सिफारिश पर राज्यपाल

294. निम्नलिखित में से संसद की वह स्थायी समिति कौन-सी है, जिसमें राज्य सभा के सदस्य शामिल नहीं होते?

(*a*) लोक लेखा समिति
(*b*) प्राक्कलन समिति
(*c*) सार्वजनिक उपक्रम समिति
(*d*) सरकारी बीमा समिति

295. भारत का नियंत्रक-महालेखा परीक्षक किसके लिए मुख्य लेखाकार तथा लेखा-परीक्षक के रूप में काम करता है?

(*a*) संघ सरकार के लिए
(*b*) राज्य सरकारों के लिए
(*c*) संघ तथा राज्य सरकारों के लिए
(*d*) न संघ सरकार के लिए और न ही राज्य सरकारों के लिए

296. राष्ट्रपति और उपराष्ट्रपति के चुनाव से संबंधित विवादों का निपटारा किया जाता है :

(*a*) चुनाव आयोग द्वारा
(*b*) संसद में
(*c*) सर्वोच्च न्यायालय में
(*d*) एक संसदीय समिति द्वारा

297. संविधान में भारत का उल्लेख निम्नलिखित रूप में किया गया है :

(*a*) संघात्मक राष्ट्र
(*b*) राज्यों का संघ
(*c*) राज्य मंडल (Confederation of State)
(*d*) एकात्मक राष्ट्र

298. स्वतंत्र भारत में निम्नलिखित में से कौन-सी महिला किसी राज्य की पहली राज्यपाल थी?

(*a*) श्रीमती विजयालक्ष्मी पंडित
(*b*) श्रीमती सुचेता कृपलानी
(*c*) श्रीमती इन्दिरा गाँधी
(*d*) श्रीमती सरोजिनी नायडु

299. राज्य के गवर्नर को कौन शपथ दिलाता है?

(*a*) राष्ट्रपति
(*b*) उपराष्ट्रपति
(*c*) भारत का मुख्य न्यायाधीश
(*d*) उस राज्य का मुख्य न्यायाधीश

300. राष्ट्रपति का अभिभाषण तैयार किया जाता है :

(*a*) राष्ट्रपति के विशेष सचिव द्वारा
(*b*) संसदीय मामलों के मंत्री द्वारा
(*c*) लोक सभा के स्पीकर तथा राज्य सभा के सभापति द्वारा संयुक्त रूप से
(*d*) प्रधानमंत्री और उसके मंत्रिमंडल द्वारा

भारत एवं विश्व का भूगोल

301. निम्नलिखित में से कौन-सा सबसे ज्यादा पश्चिमी देशांतर पर स्थित है?

(*a*) जयपुर (*b*) नागपुर
(*c*) भोपाल (*d*) हैदराबाद

302. निम्नलिखित नदियों को दक्षिण से उत्तर के क्रम में किस प्रकार रखेंगे?

1. कावेरी 2. कृष्णा
3. गोदावरी 4. महानदी

(*a*) 1, 3, 2, 4
(*b*) 3, 4, 1, 2
(*c*) 2, 4, 3, 1
(*d*) 1, 2, 3, 4

303. पृथ्वी के धरातल से ऊपर की ओर वायुमण्डल के विभिन्न स्तरों का सही अनुक्रम है :

(*a*) क्षोभ मण्डल, समताप मण्डल, आयन मण्डल, मध्य मण्डल
(*b*) क्षोभ मण्डल, समताप मण्डल, मध्य मण्डल, आयन मण्डल
(*c*) समताप मण्डल, क्षोभ मण्डल, आयन मण्डल, मध्य मण्डल
(*d*) समताप मण्डल, क्षोभ मण्डल, मध्य मण्डल, आयन मण्डल

304. सुमेलित कीजिए:

	सूची-I (देश)		सूची-II (राजधानी)
A.	कम्बोडिया	1.	पोर्टलुइस
B.	मॉरीशस	2.	बाकू
C.	अजरबैजान	3.	नोमपेन्ह
D.	बारबाडोज	4.	ब्रिजटाउन

कूटः

	A	B	C	D
(*a*)	3	1	4	2
(*b*)	3	1	2	4
(*c*)	1	3	2	4
(*d*)	1	3	4	2

305. निम्नलिखित में से कौन-सा एक कथन सही नहीं है?

(*a*) घग्घर के जल का इन्दिरा गांधी नहर में उपयोग किया जाता है
(*b*) नर्मदा अमरकण्टक क्षेत्र से निकलती है
(*c*) निजाम सागर मांजरा नदी पर स्थित है
(*d*) वेन गंगा गोदावरी की सहायक नदी है

306. चिल्का झील प्रदेश निम्नलिखित नदियों के मुहानों के बीच स्थित है–

(*a*) गंगा और महानदी
(*b*) महानदी और गोदावरी
(*c*) गोदावरी और कृष्णा
(*d*) कृष्णा और कावेरी

307. 'दक्षिणी गंगोत्री' क्या है?

(*a*) प्रायद्वीपीय भारत की एक नदी
(*b*) देश की प्रमुख भूगोलविद् महिला
(*c*) भारतीय नौसेना का युद्धक पोत
(*d*) अंटार्कटिका में स्थापित भारतीय वैज्ञानिक अनुसन्धानों का स्थायी केन्द्र

308. निम्नलिखित में से कौन-सा एक सुमेलित नहीं है?

(*a*) उत्तरी रोडेशिया - जाम्बिया
(*b*) दक्षिण रोडेशिया - जिम्बाब्वे
(*c*) द. पश्चिमी अफ्रीका- नामीबिया
(*d*) गोल्डकोस्ट - इथियोपिया

309. निम्नलिखित में कौन-सा एक सुमेलित नहीं है?

(*a*) डूरण्ड लाइन—भारत एवं पाकिस्तान
(*b*) मैकमहोन लाइन—भारत एवं चीन
(*c*) ऑडरनीस लाइन—जर्मनी एवं पोलैण्ड
(*d*) मैगीनॉट लाइन—जर्मनी एवं फ्रांस

310. निम्नलिखित में से किस महाद्वीप को उसके बड़े भाग में कम वर्षा होने के कारण 'प्यासी भूमि का महाद्वीप' कहा जाता है?

(*a*) अफ्रीका (*b*) एशिया
(*c*) ऑस्ट्रेलिया (*d*) यूरोप

311. नदियों द्वारा अपने किनारों पर प्राकृतिक रूप से बनाए गए बाँधों को किस नाम से जाना जाता है?

(*a*) अवरोध
(*b*) लेवीज या तटबाँध
(*c*) बैराज
(*d*) वेदिका

312. गुजरात के बारे में निम्नलिखित में से कौन-सा कथन असत्य है?

(*a*) यह मूँगफली का सर्वप्रमुख उत्पादक राज्य है
(*b*) यह तम्बाकू का सर्वप्रमुख उत्पादक राज्य है
(*c*) यह नमक का सर्वप्रमुख उत्पादक राज्य है
(*d*) यह दुग्ध उत्पादों का सर्वप्रमुख उत्पादक राज्य है

313. सूची-I एवं सूची-II को सुमेलित कीजिए तथा सूचियों के नीचे दिए गए कूट से सही उत्तर का चयन कीजिए :

सूची-I (राज्य)	**सूची-II (अणुशक्ति केन्द्र)**
A. गुजरात	1. नरौरा
B. कर्नाटक	2. ककरापार
C. राजस्थान	3. रावतभाटा
D. उत्तर प्रदेश	4. कैगा

कूट :

	A	B	C	D
(*a*)	1	2	3	4
(*b*)	4	3	2	1
(*c*)	2	4	3	1
(*d*)	4	2	1	3

314. सूची-I एवं सूची-II को सुमेलित कीजिए तथा सूचियों के नीचे दिए गए कूट का प्रयोग कर सही उत्तर का चयन कीजिए :

सूची-I (पर्यटन स्थल)	**सूची-II (राज्य)**
A. चकराता	1. असोम
B. हफ्लांग	2. पश्चिम बंगाल
C. कालिम पोंग	3. उत्तराखंड
D. कुकरी	4. हिमाचल प्रदेश

कूट :

	A	B	C	D
(*a*)	1	3	2	4
(*b*)	3	1	4	2
(*c*)	3	1	2	4
(*d*)	1	3	4	2

315. सूची-I एवं सूची-II को सुमेलित कीजिए तथा नीचे दिए गए कूट से सही उत्तर का चयन कीजिए :

सूची-I (जलवायु की किस्म)	**सूची-II (क्षेत्र)**
A. विषुवतीय	1. कैलिफोर्निया
B. भूमध्य सागरीय	2. बांग्लादेश
C. मानसूनी	3. सूडान
D. सवाना	4. कांगो

कूट :

	A	B	C	D
(*a*)	4	1	2	3
(*b*)	2	3	1	4
(*c*)	1	2	3	4
(*d*)	4	3	2	1

316. 'बरमूडा त्रिभुज' अवस्थित है :

(*a*) पश्चिमी-उत्तर अटलांटिक महासागर में

(*b*) पूर्वी-दक्षिणी अटलांटिक महासागर में

(*c*) उत्तर प्रशान्त महासागर में

(*d*) दक्षिणी हिन्द महासागर में

317. सूची-I एवं सूची-II को सुमेलित कीजिए तथा सूचियों के नीचे दिए गए कूट का प्रयोग कर सही उत्तर का चयन कीजिए :

सूची-I (बहुउद्देश्य परियोजनाएं)	**सूची-II (नदियाँ)**
A. इदुक्की	1. बेतवा
B. माताटीला	2. गोदावरी
C. नागार्जुन सागर	3. कृष्णा
D. पोचम्पाद	4. पेरियार

कूट :

	A	B	C	D
(*a*)	4	2	3	1
(*b*)	2	1	3	4
(*c*)	4	1	3	2
(*d*)	1	3	4	2

318. रॉकी पर्वत के पूर्वी ढालों पर उतरने वाली हवा को संयुक्त राज्य अमेरिका और कनाडा में क्या कहा जाता है?

(*a*) सिरॉको (*b*) चिनूक

(*c*) खमसिन (*d*) हरिकेन

319. निम्न में से कौन ठंडी स्थानीय हवा नहीं है?

(*a*) मिस्ट्रल (*b*) बोरा

(*c*) खमसिन (*d*) ब्लिजार्ड

320. सूची-I एवं सूची-II को सुमेलित कीजिए तथा सूचियों के नीचे दिए गए कूट का प्रयोग कर सही उत्तर का चयन कीजिए :

सूची-I (खनन क्षेत्र)	**सूची-II (खनिज)**
A. मालंजखंड	1. एल्युमिनियम
B. कुद्रेमुख	2. ताँबा
C. कोरबा	3. लौह अयस्क
D. जादूगुड़ा	4. यूरेनियम

कूट :

	A	B	C	D
(*a*)	1	2	3	4
(*b*)	2	3	4	1
(*c*)	2	3	1	4
(*d*)	4	3	1	2

321. लाल मिट्टी बहुतायत से पाई जाती है

(*a*) आन्ध्र प्रदेश में

(*b*) गुजरात में
(*c*) हरियाणा में
(*d*) राजस्थान में

322. सूची-I एवं सूची-II को सुमेलित कीजिए तथा नीचे दिए गए कूट से ही उत्तर चयन कीजिए:

	सूची-I (नगर)		सूची-II (नदी)
A.	अहमदाबाद	1.	चम्बल
B.	कटक	2.	गोदावरी
C.	कोटा	3.	महानदी
D.	नासिक	4.	साबरमती

कूट:

	A	B	C	D
(*a*)	4	3	1	2
(*b*)	4	3	2	1
(*c*)	1	2	3	4
(*d*)	2	1	4	3

323. निम्नलिखित में से कौन-सी शीत धारा नहीं है?
(*a*) अगुल्हास (*b*) बेन्गुला
(*c*) कैनरी (*d*) पेरू

324. सूची-I एवं सूची-II को सुमेलित कीजिए तथा सूचियों के नीचे दिए गए कूट से ही उत्तर चयन कीजिए:

	सूची-I (जनजातियाँ)		सूची-II (क्षेत्र)
A.	बुशमैन	1.	जायरे
B.	एस्किमो	2.	मध्य एशिया
C.	किरगीज	3.	ग्रीनलैण्ड
D.	पिग्मीज	4.	कालाहारी

कूट:

	A	B	C	D
(*a*)	1	2	3	4
(*b*)	4	3	2	1
(*c*)	3	4	1	2
(*d*)	2	4	1	3

325. निम्नलिखित में से किस देश में जनसंख्या वृद्धि दर अधिकतम है?
(*a*) पाकिस्तान
(*b*) इराक
(*c*) ईरान
(*d*) दक्षिण अफ्रीका

326. सिंगरेनी कोयला खानें स्थित हैं:
(*a*) दामोदर घाटी में
(*b*) सोन घाटी में
(*c*) महानदी घाटी में
(*d*) गोदावरी घाटी में

327. किसी ग्रह के चारों ओर वलय है?
(*a*) बृहस्पति
(*b*) बुध
(*c*) पृथ्वी
(*d*) शनि

328. सूची-I एवं सूची-II को सुमेलित कीजिए तथा सूचियों के नीचे दिए गए कूट से ही उत्तर चयन कीजिए:

	सूची-I (नदियाँ)		सूची-II (शहर)
A.	नील	1.	बगदाद
B.	टाइग्रिस	2.	काहिरा
C.	टाईबर	3.	रोम
D.	हडसन	4.	न्यूयॉर्क

कूट :

	A	B	C	D
(*a*)	1	2	3	4
(*b*)	3	4	2	1
(*c*)	4	3	1	2
(*d*)	2	1	3	4

329. सूची-I एवं सूची-II को सुमेलित कीजिए तथा सूचियों के नीचे दिए गए कूट से सही उत्तर का चयन कीजिए :

सूची-I (स्थान)	**सूची-II (उद्योग)**
A. फिरोजाबाद	1. कागज व जूट
B. कोरबा	2. सीमेंट
C. टीटागढ़	3. चूड़ी व काँच
D. डालमिया नगर	4. एल्युमिनियम

कूट :

	A	B	C	D
(*a*)	1	2	3	4
(*b*)	2	1	4	3
(*c*)	3	4	1	2
(*d*)	4	3	2	1

330. विश्व प्रसिद्ध 'मॉनालोवा' ज्वालामुखी कहाँ स्थित है?

(*a*) सिसली द्वीप में
(*b*) हवाई द्वीप में
(*c*) जापान में
(*d*) क्यूबा में

331. नीदरलैंड्स का प्राचीन नाम क्या था?

(*a*) हॉलैंड (*b*) थाईलैंड
(*c*) स्याम (*d*) न्यूजीलैंड

332. राष्ट्रपति भवन किस पहाड़ी पर अवस्थित है?

(*a*) अरावली पहाड़ी
(*b*) रायसीना पहाड़ी
(*c*) सतपुड़ा पहाड़ी
(*d*) नीलगिरी पहाड़ी

333. प्रथमतः सौरमण्डल के बारे में विश्व के समक्ष जानकारी प्रस्तुत करने का श्रेय निम्नलिखित में से किस विद्वान् को है?

(*a*) गैलीलियो गैलिली
(*b*) स्ट्रैबो
(*c*) कॉपरनिकस
(*d*) केप्लर

334. निम्नलिखित में से कौन-सी नदी 'पक्षिपाद डेल्टा' (Birdfoot delta) का निर्माण करती है?

(*a*) मिसीसिपी (*b*) अमेजन
(*c*) नील (*d*) ब्रह्मपुत्र

335. सूची-I एवं सूची-II को सुमेलित कीजिए तथा सूचियों के नीचे दिए गए कूट से सही उत्तर का चयन कीजिए :

सूची-I	**सूची-II**
A. लौह-इस्पात	1. डेट्रायट
B. सूती वस्त्र	2. विशाखापट्टनम
C. मोटर-वाहन उद्योग	3. नगोया
D. जलयान निर्माण	4. बर्मिंघम

कूट :

	A	B	C	D
(*a*)	4	3	2	1
(*b*)	4	3	1	2
(*c*)	3	4	1	2
(*d*)	3	4	2	1

336. निम्नलिखित में से कौन-सा एक सुमेलित नहीं है?

(*a*) कोयना-जल विद्युत परियोजना
(*b*) कलपक्कम-परमाणु शक्ति केन्द्र
(*c*) कोलकाता-भूतापीय ऊर्जा केन्द्र
(*d*) भावनगर-ज्वारीय विद्युत परियोजना

337. निम्नलिखित में से कौन-सा कथन असत्य है?

(*a*) मुंबई देश का सबसे बड़ा बन्दरगाह है

(*b*) कांदला एक ज्वारीय बन्दरगाह है

(*c*) मार्मागाओ देश का सबसे गहरा बन्दरगाह है

(*d*) चेन्नई देश का सबसे प्राचीन बन्दरगाह है

338. नेपाल हिमालय निम्नलिखित में से किन दो नदियों की घाटियों के बीच स्थित है?

1. सिन्धु   2. सतलुज
3. दिवांग   4. तिस्ता
5. काली

(*a*) 1 एवं 4   (*b*) 2 एवं 5
(*c*) 3 एवं 4   (*d*) 4 एवं 5

339. संयुक्त राज्य अमेरिका के लौह अयस्क के प्रमुख खनन क्षेत्र मेसाबी, वर्मिलियन तथा क्यूबा निम्नलिखित में से किस राज्य में स्थित है?

(*a*) ओक्लाहामा

(*b*) वाशिंगटन

(*c*) मोण्टाना

(*d*) मिनिसोटा

340. ***कथन (A) :*** ज्वार-भाटा समुद्र तल में नियमित एवं कालिक उतार-चढ़ाव के परिचायक होते हैं:

कारण (R) : ज्वार-भाटा का कारण चन्द्रमा तथा सूर्य की सम्मिलित आकर्षण शक्तियों का प्रभाव है:

उपर्युक्त वक्तव्यों के सन्दर्भ में सही निष्कर्ष है:

(*a*) A और R दोनों सही हैं तथा R, A की सही व्याख्या है

(*b*) A और R दोनों सही हैं तथा R, A की सही व्याख्या नहीं है

(*c*) A सही है, किन्तु R गलत है

(*d*) A गलत है, किन्तु R सही है

341. 'टी मापक' (T Scale) पर निम्नलिखित में से किसका मापन किया जाता है?

(*a*) भूकम्पीय तरंगें

(*b*) पवनों की गति

(*c*) चक्रवातों की शक्ति

(*d*) ज्वालामुखी उद्गार से निःसृत पदार्थ

342. दक्षिणी ध्रुव पर पहुँचने वाला प्रथम व्यक्ति कौन था?

(*a*) अमण्ड सेन

(*b*) राबर्ट पियरी

(*c*) नील आर्मस्ट्रांग

(*d*) इनमें से कोई नहीं

343. निम्नलिखित में से कौन-सा सही सुमेलित नहीं है?

(*a*) राउरकेला : उड़ीसा

(*b*) दुर्गापुर : पश्चिम बंगाल

(*c*) बोकारो : झारखण्ड

(*d*) भिलाई : मध्य प्रदेश

344. निम्नलिखित में से कौन-सा देश चारों ओर स्थल से घिरा हुआ (Land Locked) है?

(*a*) अंगोला   (*b*) मोजाम्बिक
(*c*) नामीबिया   (*d*) जाम्बिया

345. अन्तर्राष्ट्रीय तिथि रेखा से सम्बन्धित कथनों पर विचार कीजिए:

1. इस रेखा पर दिन और रात की लम्बाइयाँ समान होती हैं

2. जापान से अमेरिका जाने वाले यात्री को एक दिन का लाभ होता है
3. यह 180° देशान्तर का लगभग अनुसरण करती है
4. इस रेखा के दोनों ओर दो भिन्न तिथियाँ उपलब्ध होती हैं

इनमें से कौन से कथन सही हैं?

(*a*) 1, 2 और 3
(*b*) 2, 3 और 4
(*c*) 1, 3 और 4
(*d*) 1, 2, 3 और 4

346. प्रतिचक्रवात (Anticyclone) से सम्बन्धित निम्नलिखित कथनों पर विचार कीजिए:

1. तंत्र के केन्द्र की ओर वायुमंडलीय दाब अधिक रहता है
2. पवनें हल्की और परिवर्तनीय होती हैं और दक्षिणी गोलार्द्ध में दक्षिणावर्त दिशा में प्रवाहित होती हैं
3. मौसम प्रायः शुष्क रहता है और आसमान स्वच्छ रहता है

इनमें से कौन-सा कथन सही है?

(*a*) 1 और 2 (*b*) 2 और 3
(*c*) 1 और 3 (*d*) 1, 2 और 3

347. संवहनीय वर्षा की निम्नलिखित कौन-सी विशिष्टता नहीं है?

(*a*) मूसलाधार वर्षा
(*b*) बिजली और कड़क से युक्त वर्षा
(*c*) यह वर्षा प्रायः दोपहर से पहले होती है
(*d*) ऐसी वर्षा विषुवत्‌रेखीय प्रदेशों में आम है

348. सूची-I (देश) को सूची-II (भौगोलिक उपनाम) से सुमेलित कीजिए और इन सूचियों के नीचे दिए गए कूट से सही उत्तर का चयन कीजिए:

सूची-I (देश)

(A) भूटान (B) कोरिया
(C) फिनलैंड (D) ऑस्ट्रेलिया

सूची-II (भौगोलिक उपनाम)

1. लैण्ड ऑफ द गोल्डन फ्लीस
2. लैण्ड ऑफ द थंडरबोल्ट
3. लैण्ड ऑफ द मार्निंग काम
4. लैण्ड ऑफ द थाउजैंड लेक्स

कूट:

	A	B	C	D
(*a*)	2	3	1	4
(*b*)	3	2	4	1
(*c*)	3	2	1	4
(*d*)	2	3	4	1

349. लक्षद्वीप स्थित है:

(*a*) बंगाल की खाड़ी में
(*b*) हिन्द महासागर में
(*c*) अरब सागर में
(*d*) उपर्युक्त में से किसी में नहीं

350. अंकलेश्वर तेल क्षेत्र किस राज्य में स्थित है?

(*a*) असोम (*b*) पश्चिम बंगाल
(*c*) बिहार (*d*) गुजरात

351. डंकन मार्ग किनके मध्य स्थित है?

(*a*) लक्षद्वीप और मिनिकोए द्वीप
(*b*) कन्याकुमारी और ट्रिंकोमाली
(*c*) दक्षिण अंडमान और लिटिल अंडमान
(*d*) लिटिल अंडमान और कार निकोबार

352. विश्व के अधिकांश भूकम्प किस क्षेत्र में आते हैं?

(*a*) प्रशांत महासागर
(*b*) मध्य महाद्वीपीय
(*c*) हिन्द महासागर
(*d*) नवीनवलित पर्वतीय

353. चिनूक है एक :
(*a*) स्थायी हवा (*b*) सनातनी हवा
(*c*) स्थानीय हवा (*d*) समुद्री जलधारा

354. जेट-स्ट्रीम क्या है?
(*a*) सागरीय जलधारा
(*b*) स्थानीय पवन
(*c*) उच्चस्तरीय पछुवा पवन
(*d*) उच्चस्तरीय व्यापारिक पवन

355. निम्नलिखित में से किसको 'प्रशान्त महासागर का चौराहा' के उपनाम से जाना जाता है?
(*a*) तिमोर द्वीप (*b*) फिजी
(*c*) टोंगा (*d*) हवाई द्वीप

356. 'दुनिया की छत' (रूफ ऑफ द वर्ल्ड) निम्नलिखित में से किसको कहा जाता है?
(*a*) माउण्ट एवरेस्ट
(*b*) पामीर का पठार
(*c*) साइबेरिया का मैदान
(*d*) हिंदूकुश पर्वत

357. भारत में निम्नलिखित में से किस क्षेत्र में विविध अंतः समुद्री पेड़-पौधों तथा प्राणिजात का संरक्षण करने का जैव-रिजर्व (बायोरिजर्व) है?
(*a*) लक्षद्वीप
(*b*) अंडमान और निकोबार द्वीप समूह
(*c*) दमन और दीव
(*d*) दादरा और नगर हवेली

358. कौन-से देश पाक जलडमरूमध्य से जुड़े हुए हैं?
(*a*) भारत और श्रीलंका
(*b*) उत्तर और दक्षिणी कोरिया
(*c*) पाकिस्तान और चीन
(*d*) ब्रिटेन और फ्रांस

359. भारत में प्रथम जल विद्युत केन्द्र कहाँ स्थापित हुआ था?
(*a*) भाखड़ा नांगल
(*b*) कुम्भकोणम
(*c*) शिवसमुद्रम
(*d*) अय्यार

360. ध्रुवीय क्षेत्रों को किस अन्य नाम से जाना जाता है?
(*a*) टैगा (*b*) टुण्ड्रा
(*c*) मैनग्रोव (*d*) उपर्युक्त सभी

361. कच्चातिवू द्वीप निम्नलिखित किन राष्ट्रों के बीच स्थित है?
(*a*) भारत और बांग्लादेश
(*b*) भारत और पाकिस्तान
(*c*) भारत और मालदीव
(*d*) भारत और श्रीलंका

362. स्वेज नहर जोड़ती है :
(*a*) भूमध्य सागर - लाल सागर को
(*b*) भूमध्य सागर - अरब सागर को
(*c*) अटलांटिक महासागर - प्रशान्त महासागर को
(*d*) हिन्द महासागर - प्रशान्त महासागर को

363. वायुमण्डल में अधिकाधिक मात्रा में निम्नलिखित कौन-सी गैसें विद्यमान हैं?
(*a*) नाइट्रोजन एवं ऑक्सीजन
(*b*) नाइट्रोजन एवं मीथेन
(*c*) ऑक्सीजन एवं मीथेन
(*d*) कार्बन-डाइऑक्साइड और मीथेन

364. न्यूयॉर्क (संयुक्त राज्य अमेरिका) किस नदी के किनारे अवस्थित है?
(*a*) मिसीसिपी (*b*) हडसन
(*c*) पोटोमैक (*d*) डेन्यूब

365. साइलेन्ट वैली (Silent Vally) नामक परियोजना किस राज्य में है?
(*a*) केरल (*b*) महाराष्ट्र
(*c*) आन्ध्र प्रदेश (*d*) बिहार

366. गोबी रेगिस्तान कहाँ स्थित है?
(*a*) ब्राजील (*b*) मंगोलिया
(*c*) मिस्र (*d*) श्रीलंका

367. निम्नलिखित **में से कौन-सा** 'शीतोष्ण घास स्थल' से **सम्बन्धित है?**
(*a*) प्रेयरी (*b*) **पम्पास**
(*c*) सवाना (*d*) स्टेप्स

368. भारत में पेट्रोलियम की खोज सर्वप्रथम की गई:
(*a*) अंकलेश्वर में (*b*) डिगबोई में
(*c*) मथुरा में (*d*) मुंबई में

369. 21 जून से 22 दिसम्बर तक सूर्य की दिशा कर्क रेखा से किस दिशा की ओर बढ़ती है?
(*a*) दक्षिण की ओर
(*b*) उत्तर की ओर
(*c*) सूर्य कभी किसी दिशा में नहीं बढ़ता
(*d*) उपर्युक्त में से कोई नहीं

370. वन अनुसंधान संस्थान कहाँ स्थित है?
(*a*) देहरादून में (*b*) भोपाल में
(*c*) लखनऊ में (*d*) दिल्ली में

371. भारत निम्नलिखित में से किस गोलार्द्ध में स्थित है?
(*a*) उत्तरी और पूर्वी
(*b*) दक्षिणी और पूर्वी
(*c*) उत्तरी और पश्चिमी
(*d*) उत्तरी और दक्षिणी

372. किस क्षेत्र में अधिकांश मौसम संबंधी गतिविधियाँ होती हैं?
(*a*) आयन मंडल (*b*) क्षोभ मंडल
(*c*) समताप मंडल (*d*) क्षोभ सीमा

373. पृथ्वी (ग्लोब) का अक्ष इसके समतल के लम्ब से कितना झुका होता है?
(*a*) $23\frac{1}{2}^{\circ}$
(*b*) $66\frac{1}{2}^{\circ}$
(*c*) 180°
(*d*) यह झुका नहीं होता

374. पृथ्वी पर दो स्थानों की स्थिति के अनुदैर्घ्य का अन्तर 15° है। उनके स्थानीय समय में कितना अन्तर होगा?
(*a*) 1 घण्टा
(*b*) 2 घण्टे
(*c*) 15 घण्टे
(*d*) कोई अन्तर नहीं

375. जब मैग्मा की एक पर्त तलहटी (Beddings plane) में जम जाती है, तो इसे कहते हैं:
(*a*) बैथोलिथ (*b*) डाइक
(*c*) फैकालिथ (*d*) सिल

376. संचार उपग्रह किस वायुमण्डलीय स्तर में स्थित होते हैं?

(*a*) समताप मण्डल (Stratosphere)
(*b*) आयन मण्डल (Ionosphere)
(*c*) क्षोभ मण्डल (Troposphere)
(*d*) वहिर्मण्डल (Exosphere)

377. तारे का रंग सूचक है–

(*a*) सूर्य से दूरी का
(*b*) पृथ्वी से दूरी का
(*c*) उसके ताप का
(*d*) उसकी ज्योति का

378. रव्वा (Ravva) अपतट खण्ड (Off shore block) जहाँ तेल की प्रबल संभावनाएं हैं, कहाँ स्थित है?

(*a*) कृष्णा-गोदावरी बेसिन
(*b*) कावेरी बेसिन
(*c*) महानदी बेसिन
(*d*) पालार पेन्नार बेसिन

379. किस राज्य में देश के सबसे ऊँचे झरने जोग फॉल्स स्थित हैं?

(*a*) केरल (*b*) गुजरात
(*c*) कर्नाटक (*d*) महाराष्ट्र

380. काला सागर में गिरने से पूर्व यूरोप के 17 देशों से होकर बहने वाली नदी कौन-सी है?

(*a*) डेन्यूब (*b*) वोल्गा
(*c*) डोन (*d*) सीन

381. मोम्बासा, किसूमू और नाकुरा कहाँ के शहर हैं?

(*a*) जाम्बिया (*b*) जापान
(*c*) चीन (*d*) केन्या

382. जनगणना 2001 के अनुसार भारत के किस राज्य में जनसंख्या का घनत्व सबसे अधिक है?

(*a*) उत्तर प्रदेश (*b*) बिहार
(*c*) मध्य प्रदेश (*d*) पश्चिम बंगाल

383. सूची-I एवं सूची-II को सुमेलित कीजिए तथा सूचियों के नीचे दिए गए कूट की सहायता से सही उत्तर का चयन कीजिए:

सूची-I

A. ओजोन छेद
B. ग्रीन हाउस प्रभाव
C. भूमण्डलीय तापन
D. एल्बिडो

सूची-II

1. वायुमण्डल के निर्गमनी एवं आगमी दीर्घ तरंग विकिरण में अन्तर
2. ओजोन के विनाश में त्वरण
3. कार्बन-डाइ-ऑक्साइड स्तर में वृद्धि
4. परावर्तित विकिरण और प्राप्त विकिरण का अनुपात

कूट:

	A	B	C	D
(*a*)	2	1	3	4
(*b*)	4	1	3	2
(*c*)	3	2	1	4
(*d*)	2	3	4	1

384. सूची-I एवं सूची-II को सुमेलित कीजिए तथा सूचियों के नीचे दिए गए कूट की सहायता से सही उत्तर चुनिए:

सूची-I (देश)	**सूची-II** (प्रमुख नदियाँ)
A. म्यांमार	1. मिय नाम-चाऊ फाया
B. थाईलैण्ड	2. मीकांग
C. कंबोडिया	3. इरावदी
D. वियतनाम	4. लाल नदी

कूटः

	A	B	C	D
(*a*)	1	4	2	3
(*b*)	3	1	2	4
(*c*)	3	2	1	4
(*d*)	4	1	3	2

385. अरावली पर्वत शृंखला निम्नलिखित नदी प्रणाली से द्विविभाजित होती है:
(*a*) चम्बल और सरस्वती
(*b*) चम्बल और साबरमती
(*c*) नर्मदा और मनास
(*d*) लूनी और मनास

386. सूची-I एवं सूची-II को सुमेलित कीजिए और सूचियों के नीचे दिये गये कूट से सही उत्तर चुनिए:

सूची-I	**सूची-II**
A. हीराकुड बाँध	1. व्यास
B. थीन बाँध	2. चेनाब
C. सलाल परियोजना	3. रावी
D. पोंग बाँध	4. महानदी

कूटः

	A	B	C	D
(*a*)	3	4	2	1
(*b*)	3	4	1	2
(*c*)	4	3	1	2
(*d*)	4	3	2	1

387. वे कौन से ग्रह हैं जिनके चारों ओर परिक्रमा करने वाले उपग्रह नहीं हैं?
(*a*) मंगल और शुक्र
(*b*) बुध और शुक्र
(*c*) मंगल और बुध
(*d*) नेप्चून और प्लूटो

388. सूर्य के परितः दीर्घवृत्तीय पथ में पृथ्वी परिक्रमा करती है। सूर्य के परितः परिक्रमा-पथ में पृथ्वी की चालः
(*a*) एकसमान है
(*b*) उन दोनों के बीच दूरी बढ़ने से चाल घटती है और दूरी घटने से चाल बढ़ती है
(*c*) उन दोनों के बीच दूरी बढ़ने से चाल बढ़ती है और दूरी घटने से चाल घटती है
(*d*) उपर्युक्त में से कोई नहीं

389. भागीरथी और अलकनंदा नदियाँ, गंगा नदी से निम्नलिखित स्थान पर मिलती हैं:
(*a*) कर्ण प्रयाग में (*b*) देव प्रयाग में
(*c*) रुद्र प्रयाग में (*d*) गंगोत्री में

390. दो स्थानों के बीच समय के अन्तर का कारण है:
(*a*) अक्षांश और देशांतर
(*b*) देशांतर
(*c*) अक्षांश तथा भूमध्य रेखा से दूरी
(*d*) अक्षांश, देशान्तर तथा भूमध्य रेखा से दूरी

391. सूची-I एवं सूची-II को सुमेलित कीजिए और सूचियों के नीचे दिये गये कूट से सही उत्तर का चयन कीजिए:

सूची-I	**सूची-II**
A. कोयला	1. हजारीबाग
B. लोहा	2. नैवेली
C. लिग्नाइट	3. राउरकेला
D. अभ्रक	4. झरिया

कूटः

	A	B	C	D
(*a*)	2	1	4	3
(*b*)	4	3	2	1
(*c*)	4	2	3	1
(*d*)	3	2	4	1

392. आइसोक्रोन वे रेखाएं हैं जो ऐसे स्थलों को जोड़ती हैं जो समान हैं :

(*a*) एक बिन्दु से यात्रा-काल

(*b*) वर्षा

(*c*) माध्य समुद्र स्तर से ऊँचाई

(*d*) कोहरा

393. सूची-I एवं सूची-II को सुमेलित कीजिए तथा सूचियों के नीचे दिए गए कूट से सही उत्तर का चयन कीजिए :

सूची-I	**सूची-II**
A. लिग्नाइट	1. ताँबा
B. बॉक्साइट	2. लोहा
C. मैग्नेटाइट	3. एल्युमिनियम
D. पायराइट	4. कोयला

कूट :

	A	B	C	D
(*a*)	4	3	1	2
(*b*)	2	3	1	4
(*c*)	4	3	2	1
(*d*)	4	1	3	2

394. निम्नलिखित ग्रहों को उनके उपग्रहों की संख्या के अवरोही क्रम में सही-सही लिखिए :

1. वरुण 2. बृहस्पति

3. शनि 4. मंगल

निम्नलिखित में से सही उत्तर चुनिए :

(*a*) 2, 3, 1, 4 (*b*) 4, 2, 3, 1

(*c*) 2, 3, 4, 1 (*d*) 3, 2, 1, 4

395. निम्नलिखित में से विश्व का सर्वाधिक व्यस्त महासागरीय मार्ग कौन-सा है?

(*a*) प्रशान्त महासागर

(*b*) हिन्द महासागर

(*c*) उत्तरी अटलांटिक महासागर

(*d*) दक्षिणी अटलांटिक महासागर

396. 2011 की जनगणना के अनुसार देश में सबसे कम जनसंख्या वाला केन्द्रशासित राज्य निम्नलिखित में से कौन-सा है?

(*a*) दमन एवं दीव

(*b*) दादरा एवं नगर हवेली

(*c*) लक्षद्वीप

(*d*) अण्डमान एवं निकोबार द्वीप समूह

397. मलक्का जलडमरूमध्य मिलाता है :

(*a*) प्रशान्त को हिन्द महासागर से

(*b*) अटलांटिक को भूमध्यसागर से

(*c*) पर्शियन गल्फ को हिन्द महासागर से

(*d*) अटलांटिक को प्रशान्त महासागर से

398. सूची-I में दिए गए खोजकर्ताओं को सूची-II में दिए गए मार्गों के साथ सुमेलित कीजिए और कूट की सहायता से सही उत्तर दीजिए :

सूची-I

A. क्रिस्टोफर कोलम्बस

B. बार्थोलोम्यू डियाज

C. मैगेलन

D. वास्कोडिगामा

सूची-II

1. दक्षिण अफ्रीका के सबसे दक्षिणी भाग के समीप समुद्री यात्रा
2. स्पेन से चलकर और अटलांटिक पार करते हुए पश्चिम की तरफ समुद्री यात्रा
3. दक्षिण अफ्रीका के सबसे दक्षिणी भाग से घूमकर मालाबार तट पर पहुँचा
4. समुद्री यात्रा द्वारा विश्व भ्रमण

कूट :

	A	B	C	D
(*a*)	2	4	3	1
(*b*)	2	1	4	3
(*c*)	4	1	3	2
(*d*)	4	2	3	1

399. विश्व की सबसे बड़ी खाड़ी (Gulf) कौन-सी है?

(*a*) मेक्सिको की खाड़ी (Gulf of Mexico)

(*b*) खम्भात की खाड़ी (Gulf of Combay)

(*c*) पर्शिया की खाड़ी (The Persian Gulf)

(*d*) हॉरमुज का जलडमरूमध्य (The Strait of Hormuz)

400. रिक्टर स्केल निम्नलिखित की तीव्रता नापता है :

(*a*) भूकम्प (*b*) वायु तीव्रता

(*c*) समुद्री गहराई (*d*) शरीर-ताप

भारतीय अर्थव्यवस्था

401. निम्नलिखित में से कौन-सा मिश्रित अर्थव्यवस्था का लक्षण नहीं है?

(*a*) कुछ क्षेत्रों को सार्वजनिक क्षेत्रक पूँजी निवेश के लिए सुरक्षित रखना

(*b*) प्रबल एकाधिकार-विरोधी विधान

(*c*) विपणन-बल द्वारा निवेश एवं उपभोग को निश्चित करना

(*d*) सामाजिक न्याय पर जोर देना

402. भारतीय रिजर्व बैंक के प्रतीक चिह्न पर कौन-सा पशु अंकित है?

(*a*) शेर (Lion)

(*b*) चीता (Tiger)

(*c*) तेंदुआ (Panther)

(*d*) हाथी (Elephant)

403. शून्य आधारित बजट तकनीक किस देश की देन मानी जाती है?

(*a*) संयुक्त राष्ट्र अमेरिका

(*b*) ब्रिटेन

(*c*) फ्रांस

(*d*) भारत

404. पंचवर्षीय योजना के मसौदे का अनुमोदन अन्तिम रूप से कौन करता है?

(*a*) योजना आयोग

(*b*) राष्ट्रपति

(*c*) राष्ट्रीय विकास परिषद्

(*d*) संसद तथा राज्य विधानसभाएँ

405. केन्द्रीय करों में राज्य का हिस्सा निश्चित करने वाला प्राधिकरण कौन-सा है?

(*a*) वित्त आयोग

(*b*) योजना आयोग

(*c*) निर्वाचन आयोग

(*d*) वित्त मंत्री

406. मजदूरों की वास्तविक आय का मापदण्ड क्या है?

(*a*) एक नियत समय में उसकी उत्पादकता में परिवर्तन

(*b*) मूल-आधार पर कटौती के बाद उसकी आय

(*c*) उसकी दैनिक आय

(*d*) उसकी आय की क्रय-शक्ति

407. औसत राजस्व का क्या अर्थ है?

(a) बेची हुई वस्तुओं की प्रति इकाई से प्राप्त राजस्व
(b) बेची हुई सभी वस्तुओं से प्राप्त राजस्व
(c) बेची हुई सीमान्त इकाई से प्राप्त राजस्व
(d) सभी वस्तुओं की बिक्री से प्राप्त हुआ लाभ

408. राष्ट्रीय उत्पादन में विकास की ऊँची दर प्राप्त करने के लिए अर्थव्यवस्था में क्या सुधार करना होगा?
(a) जनसंख्या वृद्धि की दर को कम करना होगा
(b) विदेशी पूँजी उधार लेना
(c) बचत की दर में वृद्धि
(d) निवेश की दर बढ़ाना और पूँजी उत्पादन अनुपात को कम करना

409. आयकर से प्राप्त राशि किसको जाती है?
(a) केन्द्र सरकार
(b) राज्य सरकार
(c) केन्द्र और राज्य सरकार
(d) निगम के प्राधिकारी

410. राष्ट्रीय आय से क्या तात्पर्य है?
(a) किसी देश में एक वर्ष की अवधि में कुल उत्पादन और सेवाओं का आर्थिक मूल्य
(b) किसी देश में एक वर्ष की अवधि में भण्डारों और शेयरों का आर्थिक मूल्य
(c) किसी देश में एक वर्ष की अवधि में उत्पादित पूँजीगत पदार्थों का आर्थिक मूल्य
(d) किसी देश में एक वर्ष की अवधि में उत्पादित उपभोक्ता पदार्थों का आर्थिक मूल्य

411. निम्नलिखित में से किस अनुसूची में शामिल बैंक को 'अनुसूचित बैंक' कहा जाता है?
(a) बैंकिंग नियमन अधिनियम की दूसरी अनुसूची
(b) संविधान की दूसरी अनुसूची
(c) भारतीय रिजर्व बैंक अधिनियम की दूसरी अनुसूची
(d) उपर्युक्त में से कोई नहीं

412. आर्थिक लगान से क्या आशय है?
(a) श्रम के उपयोग के बदले में किया भुगतान
(b) पूँजी के उपयोग के बदले में किया भुगतान
(c) संगठन के उपयोग के बदले में किया भुगतान
(d) भूमि के उपयोग के बदले में किया भुगतान

413. किसी देश को ऋण जाल में फँसा हुआ कहा जा सकता है यदिः
(a) उसे अन्तर्राष्ट्रीय मुद्रा कोष द्वारा लगाई गई शर्तों का पालन करना पड़ता है
(b) उसे बकाया कर्ज पर ब्याज भुगतान के लिए ऋण लेना पड़ता है
(c) विदेशी ऋण दाताओं ने उसे ऋण अथवा सहायता देने से इनकार कर दिया है
(d) विश्व बैंक बकाया ऋण के साथ-साथ नए ऋणों पर ब्याज की बहुत अधिक दर वसूल करता है

414. पुरानी मुद्रा को समाप्त कर उसके स्थान पर नई मुद्रा जारी करने की कार्यवाही क्या कहलाती है?

(*a*) अवमूल्यन (*b*) अधिमूल्यन

(*c*) मुद्रा संकुचन (*d*) विमुद्रीकरण

415. निम्नलिखित में से कौन-सा प्राथमिक घाटा का द्योतक है?

(*a*) राजकोषीय घाटा–ब्याज का भुगतान

(*b*) सार्वजनिक व्यय–राजस्व प्राप्तियाँ

(*c*) बजट घाटा + सार्वजनिक ऋण

(*d*) राजस्व घाटा + सार्वजनिक ऋण

416. बैंकों को अपने रोकड़ शेष और कुल परिसम्पत्ति के मध्य एक निश्चित अनुपात रखना पड़ता है, इसे कहते हैं :

(*a*) SBR (सांविधिक बैंक अनुपात)

(*b*) SLR (सांविधिक तरल अनुपात)

(*c*) CBR (केन्द्रीय बैंक रिजर्व)

(*d*) CLR (केन्द्रीय तरल रिजर्व)

417. 'एयर एशिया' किस देश की विमान सेवा कम्पनी है?

(*a*) चीन

(*b*) मलेशिया

(*c*) सिंगापुर

(*d*) जापान

418. स्टॉक एक्सचेंज के क्रियान्वयन पर कौन-सी संस्था नियंत्रण रखती है?

(*a*) आर.बी.आई. (*b*) एन.एस.ई.

(*c*) सी.बी.डी.टी. (*d*) एस.ई.बी.आई.

419. भारत में सर्वप्रथम किस राज्य में शून्य आधारित बजट तकनीक को अपनाया गया?

(*a*) आन्ध्र प्रदेश (*b*) तमिलनाडु

(*c*) कर्नाटक (*d*) केरल

420. भारत में योजना आयोग की स्थापना किस वर्ष हुई थी?

(*a*) 1945 में (*b*) 1947 में

(*c*) 1950 में (*d*) 1951 में

421. निम्नलिखित में से किस समिति का गठन बीमा क्षेत्र में सुधार के लिए सिफारिश देने के लिए किया गया था?

(*a*) राखी समिति

(*b*) नादकर्णी समिति

(*c*) मल्होत्रा समिति

(*d*) चैलेया समिति

422. सकल राष्ट्रीय उत्पाद व शुद्ध राष्ट्रीय उत्पाद में अन्तर :

(*a*) पूँजी पर मूल्यह्रास के बराबर है

(*b*) नाममात्र का है

(*c*) कर राजस्व का है

(*d*) उपर्युक्त में से कोई नहीं

423. निम्नलिखित में से क्या गैर-योजना खर्च नहीं है?

(*a*) ब्याज भुगतान

(*b*) अर्थ साहाय्य

(*c*) राज्य व केन्द्रशासित प्रदेशों को केन्द्रीय सहायता

(*d*) रक्षा खर्च

424. निम्नलिखित में से क्या सही है?

1. ग्रामीण भारत में बेरोजगारों का अधिकांश भाग है
2. कृषि में छिपी बेरोजगारी चिरस्थायी है
3. भारत में औद्योगिकरण ने बहुत से लोगों को बेरोजगार किया है

(*a*) 1 व 2 (*b*) केवल 1

(*c*) 1, 2 व 3 (*d*) 2 व 3

425. अर्थशास्त्र का जनक किसे कहा जाता है?
(*a*) एडम स्थिम (*b*) जे.एम. कीन्स
(*c*) रिकार्डो (*d*) माल्थस

426. भारत की सुनहरी गोट (Gilt Edged) है:
(*a*) सोने के व्यापार का बाजार
(*b*) लम्बी अवधि वाली प्राइवेट सिक्योरिटीज का बाजार
(*c*) कार्पोरेट सिक्योरिटीज का बाजार
(*d*) सरकारी सिक्योरिटीज का बाजार

427. भारत को सर्वाधिक राजस्व किससे प्राप्त होता है?
(*a*) बिक्रीकर (*b*) आयकर
(*c*) निगम कर (*d*) मनोरंजन कर

428. किसी देश के विकास का सर्वाधिक उपयुक्त मापक है, इसका:
(*a*) सकल घरेलू उत्पाद (Gross Domestic Product)
(*b*) घरेलू उत्पाद (Net Domestic Product)
(*c*) राष्ट्रीय उत्पाद (Net National Product)
(*d*) प्रति व्यक्ति वास्तविक आय (Per Capita Real Income)

429. निम्नलिखित में से कौन-सा देश विश्व का सबसे बड़ा दुग्ध-उत्पादक देश है?
(*a*) भारत (*b*) न्यूजीलैण्ड
(*c*) यू.एस.ए. (*d*) स्विट्जरलैण्ड

430. किसी राज्य को 'विशेष दर्जा' प्रदान करने में केन्द्रीय सरकार का निहितार्थ निम्नलिखित में से क्या होता है?
(*a*) केन्द्रीय सहायता का अधिकांश प्रतिशत सहायता अनुदान के रूप में होगा
(*b*) कुल सहायता की प्रतिशतता के रूप में ऋण की राशि कम होगी
(*c*) चालू खाता बजटीय घाटा केन्द्रीय सरकार द्वारा पूरा किया जाएगा
(*d*) (*a*) और (*b*) दोनों

431. यदि धन (मुद्रा) बहुत अधिक हो और माल बहुत कम हो तो वह स्थिति होती है:
(*a*) अवस्फीति
(*b*) (मुद्रा) स्फीति
(*c*) मंदी
(*d*) गतिरोध (गतिहीनता)

432. पूँजी की सीमांत उत्पादिता होती है:
(*a*) नए निवेश पर प्रतिफल की प्रत्याशित दर
(*b*) वर्तमान निवेश पर प्रतिफल की प्रत्याशित दर
(*c*) लाभ दर और ब्याज दर के बीच अन्तर
(*d*) निवेशित पूँजी के प्रति यूनिट निर्गत का मूल्य

433. भारत में गुणात्मक साख नियन्त्रण (Qualitative Credit Control) का एक साधन है:
(*a*) खुला बाजार क्रियाएँ (Open Market Operations)
(*b*) साख की राशनिंग (Credit Rationing)
(*c*) आरक्षण अनुपात में परिवर्तन
(*d*) बैंक दर

434. केन्द्रीय सरकार के निम्नलिखित साधनों में से कौन-सा एक साधन अप्रत्यक्ष कर की श्रेणी में आता है?

(*a*) निगम कर (*b*) सीमा शुल्क
(*c*) सम्पत्ति कर (*d*) ब्याज प्राप्तियाँ

435. निम्नलिखित में से कौन-सा भारतीय मुद्रा बाजार का अंग नहीं है?
(*a*) IDBI
(*b*) ICICI
(*c*) मुद्रा व्यापार सहयोग निधि
(*d*) RBI

436. निम्नलिखित देशों में कौन-सा ओपेक का सदस्य नहीं है?
(*a*) अल्जीरिया
(*b*) चीन
(*c*) इण्डोनेशिया
(*d*) संयुक्त अरब अमीरात

437. भारत में योजना से सम्बन्धित सबसे पहला विचार प्रस्तुत करने का श्रेय किसे जाता है?
(*a*) जवाहरलाल नेहरू
(*b*) श्री मन्न नारायण
(*c*) मुम्बई के उद्योगपतियों को
(*d*) एम. विश्वेश्वरैया

438. 'कृषि मूल्य आयोग' जिसे अब 'कृषि लागत एवं मूल्य आयोग' के नाम से जाना जाता है उसकी स्थापना किस वर्ष में हुई थी?
(*a*) 1951 में (*b*) 1956 में
(*c*) 1965 में (*d*) 1971 में

439. बंदरगाह जहाँ कोई पेट्रोलियम रिफायनरी नहीं है :
(*a*) डायमण्ड हार्बर
(*b*) मंगलौर
(*c*) चेन्नई
(*d*) कोचीन

440. कोलार स्वर्ण खदानें किस राज्य में स्थित हैं?
(*a*) महाराष्ट्र (*b*) झारखण्ड
(*c*) छत्तीसगढ़ (*d*) कर्नाटक

441. 'प्लानिंग एण्ड द पुअर' (Planning and the Poor) के लेखक कौन हैं?
(*a*) डेविड रिकार्डो (*b*) बी.एस. मिन्हास
(*c*) गुन्नार मिर्डल (*d*) जे.के. मेहता

442. विश्व में कॉफी का अधिकतम उत्पादन किस देश में होता है?
(*a*) ब्राजील (*b*) चीन
(*c*) मैक्सिको (*d*) कोलम्बिया

443. वर्तमान में भारत में राष्ट्रीय आय की गणना कौन करता है?
(*a*) योजना आयोग
(*b*) वित्त मंत्रालय
(*c*) केन्द्रीय राष्ट्रीय संगठन
(*d*) भारतीय नमूना सर्वेक्षण

444. प्रच्छन्न बेरोजगारी (Disguised Unemployment) का तात्पर्य है :
(*a*) ऐसी बेरोजगारी जिसमें कुछ समय के लिए ही काम मिलता है
(*b*) ऐसी बेरोजगारी जिसमें श्रमिक गैर-फसल मौसम में काम नहीं कर पाता
(*c*) ऐसी बेरोजगारी जिसमें श्रमिक घर के अन्दर चोरी-छिपे काम करता है
(*d*) ऐसी बेरोजगारी जिसमें श्रमिक की सीमान्त उत्पादकता शून्य या ऋणात्मक होती है

445. भारत में विदेशी विनिमय कोष में शामिल है या हैं :
(*a*) स्वर्ण (*b*) एस.डी.आर.
(*c*) विदेशी मुद्रा (*d*) उपर्युक्त सभी

446. ESCAP (इकोनॉमिक एण्ड सोशल कमीशन फॉर एशिया एण्ड पैसिफिक) का मुख्यालय कहाँ स्थित है?

(*a*) मनीला (*b*) हांगकांग

(*c*) बैंकाक (*d*) टोकियो

447. शब्द 'पेपर गोल्ड' किससे जुड़ा है?

(*a*) घाटे का बजट (Deficit Budgeting)

(*b*) अब भी सोने के मानक में प्रचलित मुद्राएँ

(*c*) इंटरनेशनल मोनेटरी फंड (IMF) का विशेष आहरण अधिकार (SDR)

(*d*) विश्व बैंक की विशेष सुविधा

448. जन योजना (People Plan) का प्रारूप किसने तैयार किया था?

(*a*) सर आर्देशिर दलाल

(*b*) श्री मन्न नारायण

(*c*) एम.एन. राय

(*d*) जयप्रकाश नारायण

449. निम्नलिखित किस विधि से राष्ट्रीय आय की गणना नहीं की जा सकती?

(*a*) आय की विधि

(*b*) आयात-निर्यात

(*c*) उत्पादन विधि

(*d*) व्यय की विधि

450. किस वर्ष में 1 जनवरी को रिजर्व बैंक ऑफ इंडिया (RBI) का राष्ट्रीयकरण हुआ?

(*a*) 1948 (*b*) 1969

(*c*) 1949 (*d*) 1935

451. अर्थशास्त्र में ग्रेशम का नियम किससे संबंधित है?

(*a*) आपूर्ति और माँग

(*b*) मुद्रा का फेर (Circulation of Currency)

(*c*) माल और सेवा का वितरण

(*d*) उपभोग और आपूर्ति

452. राष्ट्रीयकरण से पूर्व स्टेट बैंक ऑफ इण्डिया का नाम था :

(*a*) फेडरल बैंक

(*b*) प्रेसीडेंसी बैंक

(*c*) इम्पीरियल बैंक

(*d*) स्वराज बैंक

453. विक्षेपक (Diflector) किसकी युक्ति है?

(*a*) मूल्यों के स्तर में होने वाले परिवर्तनों का समायोजन

(*b*) उपभोग सामग्री में होने वाले परिवर्तनों का समायोजन

(*c*) सकल राष्ट्रीय उत्पाद (GNP) में गिरावट के कारणों का विवेचन

(*d*) सकल राष्ट्रीय उत्पाद में वृद्धि के कारणों का विवेचन

454. सेबी (SEBI) से अभिप्राय है :

(*a*) सिक्योरिटीज एण्ड एक्सचेंज बोर्ड ऑफ इण्डिया

(*b*) स्टॉक एक्सचेंज बोर्ड ऑफ इण्डिया

(*c*) स्टॉक्स एण्ड इक्विटी बोर्ड ऑफ इण्डिया

(*d*) सिक्योरिटीज एण्ड इक्विटी बोर्ड ऑफ इण्डिया

455. वास्तविक सम्पत्ति (Real Estate) है :

(*a*) चल सम्पत्ति

(*b*) अचल सम्पत्ति

(*c*) मूल्यवान सम्पत्ति

(*d*) भुनाई जाने वाली सम्पत्ति

456. सेन्सेक्स (SENSEX) से अभिप्राय है :
(*a*) जनसंख्या के आकार और संरचना के अध्ययनार्थ एक राष्ट्रीय सर्वेक्षण
(*b*) ऑफीशियल सीक्रेट्स एक्ट हेतु सुभाषण
(*c*) बॉम्बे स्टॉक एक्सचेंज में शेयरों का सूचकांक
(*d*) विपरीत लिंग के प्रति अत्यधिक संवेदनशीलता

457. अन्तर्राष्ट्रीय व्यापार का मूल आधार है :
(*a*) निरपेक्ष लाभ तथा तुलनात्मक लाभ दोनों
(*b*) केवल निरपेक्ष लाभ
(*c*) केवल सापेक्ष लाभ
(*d*) विनिमय दर

458. किस घटक ने भारत के विदेशी मुद्रा भण्डार की वृद्धि में प्रमुख योगदान दिया?
(*a*) निर्यात प्रोत्साहन
(*b*) प्रत्यक्ष एवं अप्रत्यक्ष विदेशी निवेश
(*c*) चालू खाते में रुपए की पूर्ण परिवर्तनीयता
(*d*) उपर्युक्त सभी

459. भारत में सर्वप्रथम विनिवेश आयोग (Disinvestment Commission) की स्थापना कब की गई थी?
(*a*) अगस्त, 1992
(*b*) अगस्त, 1995
(*c*) अगस्त, 1996
(*d*) अगस्त, 1998

460. विश्व व्यापार संगठन (World Trade Organisation–WTO) का मुख्य उद्देश्य क्या है?
(*a*) विश्व व्यापार सम्बन्धी नियम कानून बनाना तथा समय-समय पर पैदा होने वाले विवादों का समाधान करना
(*b*) विश्व बैंक एवं अन्तर्राष्ट्रीय मुद्राकोष में गुट निरपेक्ष देशों के हितों का संवर्द्धन करना
(*c*) दक्षिण-पूर्व एशिया में आर्थिक प्रगति में तेजी लाने एवं उसके आर्थिक स्थायित्व को बनाए रखना
(*d*) गरीब सदस्य देशों के आर्थिक विकास हेतु धन एवं तकनीकी सहायता प्रदान करना

461. 'इफ्को' (IFFCO) क्या है?
(*a*) दूध उत्पादक संघ
(*b*) भारतीय कृषक खाद्यान्न सहकारी संस्था
(*c*) भारतीय कृषक उर्वरक सहकारी संस्था
(*d*) उपर्युक्त में से कोई नहीं

462. निम्नलिखित में से कौन-सी संस्था विश्व बैंक का अंग नहीं है?
(*a*) पुनर्निर्माण एवं विकास हेतु अन्तर्राष्ट्रीय बैंक (IBRD)
(*b*) अन्तर्राष्ट्रीय वित्त निगम (IFC)
(*c*) अन्तर्राष्ट्रीय विकास संगठन (IDA)
(*d*) अन्तर्राष्ट्रीय मुद्राकोष (IMF)

463. चौथी पंचवर्षीय योजना (1969-74) को कहा जाता है—
(*a*) इन्दिरा योजना
(*b*) मेहता योजना
(*c*) गाडगिल योजना
(*d*) कामराज योजना

464. भारत में पहला शेयर बाजार किस शहर में स्थापित हुआ था?
(*a*) दिल्ली में (*b*) मुंबई में
(*c*) कोलकाता में (*d*) चेन्नई में

465. किस प्रकार के उर्वरकों की पूर्ति के लिए भारत पूर्णतः आयातों पर निर्भर है?
(*a*) नाइट्रोजनी
(*b*) फॉस्फेटिक
(*c*) पोटैशिक
(*d*) उपर्युक्त में से कोई नहीं

466. 15वें वित्त आयोग के अध्यक्ष कौन हैं?
(*a*) के.सी. पन्त
(*b*) ए.एम. खुसरो
(*c*) एम.एस. आहलूवालिया
(*d*) एन.के. सिंह

467. न्यूनतम आवश्यकता कार्यक्रम का प्रारम्भ किस पंचवर्षीय योजना में किया गया था?
(*a*) तीसरी (*b*) चौथी
(*c*) पाँचवीं (*d*) छठी

468. किसी कम्पनी का वास्तविक स्वामित्व किसके पास होता है?
(*a*) कम्पनी निदेशकों के पास
(*b*) इक्विटी शेयरधारकों के पास
(*c*) डिबेन्चर धारकों के पास
(*d*) सरकार के पास

469. भारत में 'गरीबी हटाओ' का नारा किस पंचवर्षीय योजना के अन्तर्गत दिया गया था?
(*a*) दूसरी (*b*) तीसरी
(*c*) नौवीं (*d*) पाँचवीं

470. निगम कर निम्नलिखित में से किसके द्वारा लगाया जाता है?
(*a*) राज्य सरकार
(*b*) स्थानीय सरकार
(*c*) केन्द्र सरकार
(*d*) केन्द व राज्य सरकार

471. निम्नलिखित के द्वारा संयुक्त रूप से 'भारत आर्थिक शिखर सम्मेलन' का आयोजन किया जाता है:
(*a*) डब्ल्यू.ई.एफ. तथा सी.आई.आई.
(*b*) यू.एन.ओ. तथा सी.आई.आई.
(*c*) डब्ल्यू.ई.एफ. तथा फिक्की
(*d*) डब्ल्यू.ई.एफ. तथा जी.ओ.आई.

472. योजना आयोग के अध्यक्ष के रूप में कौन काम करता है?
(*a*) राष्ट्रपति (*b*) उपराष्ट्रपति
(*c*) प्रधानमंत्री (*d*) वित्तमंत्री

473. अर्थव्यवस्था के विकास के लिए केन्द्रीयकृत नियोजन सर्वप्रथम कहाँ अपनाया गया?
(*a*) भारत
(*b*) पोलैण्ड
(*c*) चीन
(*d*) पूर्व सोवियत संघ

474. सोयाबीन का सर्वाधिक उत्पादन किया जाता है :
(*a*) उत्तर प्रदेश में (*b*) महाराष्ट्र में
(*c*) मध्य प्रदेश में (*d*) कर्नाटक में

475. निम्नलिखित मदों में से कौन-सा एक भारत के भुगतान सन्तुलन के चालू खाते में 'अदृश्य प्राप्तियों' (Invisible Receipts) में शामिल नहीं है?
(*a*) विदेशी यात्रा
(*b*) परिवहन
(*c*) बीमा
(*d*) विदेशी बैंकों से ऋण

सामान्य विज्ञान

476. निम्नलिखित में से किस माध्यम में ध्वनि का वेग अधिकतम होता है?
(*a*) निर्वात (*b*) वायु
(*c*) पानी (*d*) इस्पात

477. 'एथलीट फुट' (Athlete foot) बीमारी किसके कारण होती है?
(*a*) फंगल संक्रमण (Fungal infection)
(*b*) एलर्जी (Allergy)
(*c*) वाइरस (Virus)
(*d*) फंगस (Fungus)

478. 'चूहा विष' (Rat poison) का रासायनिक नाम क्या है?
(*a*) जिंक फोस्फाइड
(*b*) पोटेशियम साइनायड
(*c*) लैड नाइट्रेट
(*d*) जिंक ऑक्साइड

479. विटामिन, जो किसी भी साग-सब्जी (Vegetables) द्वारा प्राप्त नहीं की जा सकती है:
(*a*) विटामिन B (*b*) विटामिन C
(*c*) विटामिन D (*d*) विटामिन E

480. स्कर्वी (Scurvy) बीमारी है:
(*a*) बालों की
(*b*) दाँत तथा मसूड़ों की
(*c*) लीवर की
(*d*) आँखों की

481. 'बैकिंग सोडा' (Baking Soda) का रासायनिक नाम है:
(*a*) सोडियम कार्बोनेट
(*b*) सोडियम बाईकार्बोनेट
(*c*) सोडियम नाइट्राइट
(*d*) सोडियम नाइट्रेट

482. इन्सुलिन की कमी से कौन-सा रोग हो जाता है?
(*a*) पीलिया (*b*) मधुमेह
(*c*) मस्तिष्क ज्वर (*d*) गठिया

483. जीवाणुओं की खोज किस वैज्ञानिक ने की?
(*a*) राफ्टर (*b*) टोटम
(*c*) ल्यूवेन हॉक (*d*) हॉफनर

484. पृथ्वी के दोनों छोरों पर (On either side) स्थित ग्रह हैं-
(*a*) मंगल एवं बृहस्पति
(*b*) बुध एवं शुक्र
(*c*) शुक्र एवं शनि
(*d*) मंगल एवं शुक्र

485. पित्त का स्राव कौन करता है?
(*a*) आमाशय (*b*) फेफड़े
(*c*) यकृत (*d*) छोटी आंत

486. रेफ्रीजरेटर में प्रशीतक होता है:
(*a*) कार्बन-डाइ-ऑक्साइड
(*b*) फ्रियोन
(*c*) ऑक्सीजन
(*d*) नाइट्रोजन

487. ग्रहों की गति के नियम किसने प्रतिपादित किए?
(*a*) न्यूटन (*b*) गैलीलियो
(*c*) कॉपरनिक्स (*d*) कैप्लर

488. निम्नलिखित में से किससे खसरा रोग फैलता है?
(*a*) जीवाणु (*b*) विषाणु
(*c*) प्रोटोजोआ (*d*) कवक

489. सौरमण्डल का सबसे छोटा ग्रह है:
(*a*) मंगल (Mars)
(*b*) बुध (Mercury)
(*c*) वरुण (Uranus)
(*d*) शुक्र (Venus)

490. बिना उपग्रहों वाले ग्रह हैं:
(*a*) बुध और शनि
(*b*) बुध और शुक्र
(*c*) बुध और मंगल
(*d*) मंगल और शुक्र

491. निम्नलिखित में से किस अम्ल का प्रयोग फोटोग्राफी में किया जाता है?
(*a*) फार्मिक अम्ल
(*b*) साइट्रिक अम्ल
(*c*) ऑक्जेलिक अम्ल
(*d*) एसिटिक अम्ल

492. सेन्टर फॉर एडवान्स टेक्नोलॉजी स्थित है:
(*a*) मुंबई (*b*) इन्दौर
(*c*) कलपक्कम (*d*) तिरुवनन्तपुरम

493. कोशिका का नियंत्रण कक्ष (Control Centre) किसे कहते हैं?
(*a*) माइटोकॉन्ड्रिया को
(*b*) कोशिका द्रव्य को
(*c*) लाइसोसोम को
(*d*) केन्द्रक को

494. शरीर के किस अवयव में विकार का सम्बन्ध मधुमेह से है?
(*a*) वृक्क (Kidney)
(*b*) यकृत (Liver)
(*c*) अग्नाशय (Pancreas)
(*d*) प्लीहा (Spleen)

495. घेंघा (Goitre) किसकी कमी से होता है?
(*a*) लौह (*b*) आयोडीन
(*c*) विटामिन C (*d*) विटामिन A

496. आकाश किस कारण नीला दिखाई देता है?
(*a*) वायुमण्डल में वायु के अणुओं से सूर्य प्रकाश के प्रकीर्णन के कारण
(*b*) सूर्य के प्रकाश में अधिक नीला रंग होने के कारण
(*c*) वायुमण्डल में धूल के कणों से सूर्य के प्रकाश के प्रकीर्णन के कारण
(*d*) ग्रहों द्वारा अन्य रंगों के अवशोषण के कारण

497. डाइनामाइट का आविष्कार किसने किया था?
(*a*) औटोहॉन
(*b*) रदरफोर्ड
(*c*) टामस एल्वा एडीसन
(*d*) एल्फ्रेड नोबेल

498. शिशुओं में प्रकम्पन (Convulsions) किसकी कमी से होते हैं?
(*a*) आयोडीन (*b*) विटामिन D
(*c*) विटामिन B_6 (*d*) विटामिन C

499. दूध, मक्खन, अण्डा, मछली और कौड लिवर ऑयल किस विटामिन के समृद्ध स्रोत हैं?
(*a*) विटामिन A (*b*) विटामिन B
(*c*) विटामिन C (*d*) विटामिन D

500. प्रकाश संश्लेषण (Photosynthesis) कहाँ होता है?
(*a*) केन्द्रक में
(*b*) क्लोरोप्लास्ट में
(*c*) क्रोमोप्लास्ट में
(*d*) लाइसोसोम में

501. किस स्थान पर रखे जाने पर किसी वस्तु का भार न्यूनतम होगा?
(*a*) उत्तरी ध्रुव पर
(*b*) दक्षिणी ध्रुव पर
(*c*) भूमध्य रेखा पर
(*d*) पृथ्वी के केन्द्र पर

502. कृत्रिम वर्षा करने में प्रयुक्त रासायनिक को कहा जाता है:
(*a*) रजत नाइट्रेट
(*b*) रजत आयोडाइड
(*c*) रजत नाइट्राइट
(*d*) रजत क्लोराइड

503. नाभिकीय विखण्डन द्वारा बिजली उत्पादन के लिए नाभिकीय रिएक्टर में सामान्यतः प्रयोग किए जाने वाले को कहा जाता है:
(*a*) रेडियम (*b*) प्लूटोनियम
(*c*) यूरेनियम (*d*) ड्यूटिरियम

504. खाने का नमक बरसात के मौसम में गीला हो जाता है, क्योंकि:
(*a*) सोडियम क्लोराइड आसंजक होता है
(*b*) सोडियम क्लोराइड पसीजने वाला होता है
(*c*) सोडियम क्लोराइड में सोडियम आयोडाइड की कुछ मात्रा होती है
(*d*) सोडियम क्लोराइड में मैग्नीशियम क्लोराइड जैसी आसंजक अशुद्धता (अपद्रव) होती है

505. सूर्य के पराबैंगनी विकिरण पृथ्वी तक नहीं पहुँचते हैं, क्योंकि पृथ्वी का वायुमण्डल घिरा होता है:
(*a*) कार्बन-डाइ-ऑक्साइड से
(*b*) अमोनिया से
(*c*) क्लोरीन से
(*d*) ओजोन से

506. शुष्क सेल में, ऐनोड में क्या होता है?
(*a*) ताँबा (*b*) जस्ता
(*c*) कैडमियम (*d*) ग्रेफाइट

507. सामान्य लवण को आयोजित करने के लिए निम्नलिखित में से किसका प्रयोग किया जाता है?
(*a*) पोटैशियम आयोडाइड
(*b*) आयोडाइन
(*c*) पोटैशियम आयोडेट
(*d*) सोडियम आयोडाइड

508. निम्नलिखित में से वह पदार्थ कौन-सा है जो 14 वर्ष की आयु तक के बच्चों के विकास (वर्द्धन) के लिए अत्यन्त आवश्यक है?
(*a*) प्रोटीन्स (*b*) विटामिन्स
(*c*) वसा (*d*) दूध

509. किसकी उपस्थिति के कारण किसी पादप-कोशिका और पशु-कोशिका में अन्तर पाया जाता है?
(*a*) क्लोरोप्लास्ट्स
(*b*) कोशिका भित्ति
(*c*) कोशिका-कला
(*d*) केन्द्रक (नाभिक)

510. लेजर (Laser) का आविष्कार किसने किया था?
(*a*) सर फ्रैंक ह्विटल
(*b*) फ्रेड मोरिसन
(*c*) टी.एच. मैमाँ
(*d*) सेमूर क्रे

511. वह उपकरण कौन-सा है, जिससे समुद्रों की गहराई को मापने के लिए ध्वनि तरंगों का प्रयोग किया जाता है?

(*a*) राडार (*b*) सोनार
(*c*) ऑल्टीमीटर (*d*) वैन्टुरीमीटर

512. किसके साथ कास्टिक सोडा को उबालकर साबुन तैयार किया जाता है?
(*a*) एल्कोहल (*b*) मिट्टी का तेल
(*c*) ग्लिसरीन (*d*) वसा

513. चन्द्र ग्रहण तब होता है, जबः
(*a*) सूर्य, चन्द्रमा तथा पृथ्वी के बीच में आता है
(*b*) चन्द्रमा, पृथ्वी तथा सूर्य के बीच में आता है
(*c*) पृथ्वी, चन्द्रमा तथा सूर्य के बीच में आती है
(*d*) मंगल, पृथ्वी तथा चन्द्रमा के बीच में आता है

514. तड़ित की चमक की गर्जन सुनाई देने से पहले देखने में आती है, क्योंकिः
(*a*) तड़ित गर्जन से अधिक निकट होती है
(*b*) प्रकाश निर्वात के जरिए गुजर सकता है
(*c*) प्रकाश की गति ध्वनि की गति से अधिक होती है
(*d*) ध्वनि की गति प्रकाश की गति से अधिक होती है

515. प्रकाश-संश्लेषण में हरे पौधों द्वारा कौन-सी गैस छोड़ी जाती है?
(*a*) ऑक्सीजन
(*b*) नाइट्रोजन
(*c*) जलवाष्प
(*d*) कार्बन-डाइ-ऑक्साइड

516. मुक्त रूप से निलम्बित चुम्बकीय सुई किस दिशा में टिकती है?
(*a*) उत्तर-पश्चिम दिशा
(*b*) उत्तर-दक्षिण दिशा
(*c*) उत्तर-पूर्व दिशा
(*d*) दक्षिण-पश्चिम दिशा

517. साबुन के साथ तत्परता के साथ झाग न बनाने वाला जल होता हैः
(*a*) मृदु जल (*b*) प्राकृतिक जल
(*c*) खनिज जल (*d*) कठोर जल

518. मुख्य रूप से कौन-सी रक्त वाहिकाएं हमारे शरीर के विभिन्न भागों से हृदय तक रक्त का वहन करती हैं?
(*a*) शिराएँ (*b*) धमनियाँ
(*c*) कोशिकाएँ (*d*) ये सभी

519. 'मैनोमीटर' से निम्नलिखित तथ्य का मापन किया जाता हैः
(*a*) गैस का दाब
(*b*) ध्वनि का वेग
(*c*) वायुमण्डल की आर्द्रता
(*d*) द्रव का घनत्व

520. रेक्टिफायर का प्रयोग किया जाता हैः
(*a*) उच्च वोल्टेज को निम्न वोल्टेज में बदलने के लिए
(*b*) निम्न वोल्टेज को उच्च वोल्टेज में बदलने के लिए
(*c*) DC को AC में बदलने के लिए
(*d*) AC को DC में बदलने के लिए

521. रतोंधी किस विटामिन की कमी से होती है?
(*a*) विटामिन B (*b*) विटामिन A
(*c*) विटामिन C (*d*) विटामिन D

522. वायुमण्डल में किस गैस का सर्वाधिक प्रतिशत है?
(*a*) ऑक्सीजन
(*b*) नाइट्रोजन
(*c*) हाइड्रोजन
(*d*) कार्बन-डाइ-ऑक्साइड

523. जंग लगने पर लोहे का भारः
(*a*) घट जाता है
(*b*) बढ़ जाता है
(*c*) न घटता है, न बढ़ता है
(*d*) कभी घटता है, कभी बढ़ता है

524. डायनमो का कार्य है:
(*a*) यांत्रिक ऊर्जा को विद्युत् ऊर्जा में परिवर्तित करना
(*b*) विद्युत् ऊर्जा को यांत्रिक ऊर्जा में परिवर्तित करना
(*c*) चुम्बकीय ऊर्जा को विद्युत् ऊर्जा में परिवर्तित करना
(*d*) विद्युत् ऊर्जा को चुम्बकीय ऊर्जा में परिवर्तित करना

525. 'ग्रीन हाउस प्रभाव' किसके द्वारा होता है?
(*a*) कार्बन-डाइ-ऑक्साइड
(*b*) नाइट्रोजन
(*c*) कार्बन मोनो-ऑक्साइड
(*d*) क्लोरीन

526. सूर्य की विकिरणी ऊर्जा का कारण क्या है?
(*a*) नाभिकीय विखण्डन
(*b*) नाभिकीय संलयन
(*c*) रासायनिक क्रिया
(*d*) यौगिक क्रिया

527. गलत संयोजन को चिह्नित कीजिए:
(*a*) जे.एल. बेयर्ड – टेलीविजन
(*b*) जे. परकिन्स – पैनिसिलिन
(*c*) जेम्स वाट – स्टीम इंजन
(*d*) ए.जी. बैल – टेलीफोन

528. मानव में प्लाजमोडियम का संक्रमण उत्पन्न करता है:
(*a*) इन्फ्लुएंजा (*b*) टायफायड
(*c*) टिटेन्स (*d*) मलेरिया

529. पेट्रोलियम में .... का जटिल मिश्रण होता है।
(*a*) प्रोपेन और ब्यूटेन
(*b*) इथिलिन और एथेन
(*c*) साइमोजिन और इथिलिन
(*d*) रिगोलिन और हेक्सेन

530. निम्नलिखित में से कौन-सा युग्म सुमेलित नहीं है:
(*a*) लिस्टर - कुष्ठ रोग का उपचार
(*b*) जोन्स ई. साल्क - पोलियो के विरुद्ध टीका
(*c*) एलैक्जेन्डर फ्लेमिंग - पैनिसिलिन की खोज
(*d*) एडवर्ड जेनर - चेचक के विरुद्ध टीकाकरण

531. पौधों की पत्तियाँ दिन में सूर्य के तेज प्रकाश में मुरझा-सी जाती हैं, लेकिन रात में पुनः स्वस्थ हो जाती हैं, इसका कारण है:
(*a*) गत्रि में पौधे सो जाते हैं
(*b*) रात्रि में श्वसन दर बढ़ जाती है
(*c*) रात्रि में तापक्रम घट जाता है तथा जल अवशोषण की मात्रा बढ़ जाती है
(*d*) उपर्युक्त सभी

532. बौनापन किस हार्मोन की कमी के कारण होता है?
(*a*) थाइराक्सिन (*b*) पैराथार्मोन
(*c*) वैसोप्रेसिन (*d*) नोर एड्रिनेलिन

533. किस विटामिन की कमी से जनन-क्षमता क्षीण हो जाती है?

(*a*) विटामिन C (*b*) विटामिन D
(*c*) विटामिन E (*d*) विटामिन K

534. आनुवंशिकता के अन्तर्गत किसका अध्ययन किया जाता है?
(*a*) गुणसूत्रों की संरचना एवं कार्यों का
(*b*) संतान में लक्षणों की वंशागति का
(*c*) अकारिकी एवं वर्गिकी का
(*d*) अमीनो अम्लों की प्रकृति का

535. मनुष्य के शरीर की सबसे छोटी अस्थि 'स्टेप्स' कहाँ पाई जाती है?
(*a*) बाह्य कर्ण (*b*) मध्य कर्ण
(*c*) अंतः कर्ण (*d*) ग्रसिका

536. अत्यधिक मद्यपान मनुष्य के किस अंग को सबसे अधिक नुकसान पहुँचाता है?
(*a*) वृक्क (*b*) यकृत
(*c*) हृदय (*d*) फुफ्फुस

537. सूची-I एवं सूची-II को सुमेलित कीजिए तथा सूचियों के नीचे दिए गए कूट का प्रयोग करके सही उत्तर का चयन कीजिए:

	सूची-I	**सूची-II**
A.	हीमोफीलिया	1. हीनताजन्य रोग
B.	डायबिटीज	2. आनुवंशिक रोग
C.	रिकेट्स	3. हार्मोन की गड़बड़ी
D.	रिंगवर्म	4. कवक संक्रमण

कूटः

	A	B	C	D
(*a*)	2	3	4	1
(*b*)	3	2	1	4
(*c*)	2	3	1	4
(*d*)	3	2	4	1

538. 'आत्महत्या की थैली' कोशिका का कौन-सा भाग कहलाती है?
(*a*) लाइसोसोम
(*b*) मेसोसोम
(*c*) माइटाकॉण्ड्रिया
(*d*) सेलवाल

539. दूध को पचाने वाला एन्जाइम कौन-सा है?
(*a*) टाइलिन (*b*) सुक्रोज
(*c*) रेनिन (*d*) गैस्ट्रिक जूस

540. रिकेट्स (सूखा रोग) किसकी कमी के कारण होता है?
(*a*) प्रोटीन (*b*) विटामिन A
(*c*) विटामिन D (*d*) सोडियम

541. जिस विटामिन में कोबाल्ट होता है, वह है:
(*a*) B_1 (*b*) B_2
(*c*) B_6 (*d*) B_{12}

542. सूची-I का सूची-II के साथ सुमेलित कीजिए तथा सूचियों के नीचे दिए गए कूट का प्रयोग करके सही उत्तर का चयन कीजिए:

	सूची-I	**सूची-II**
A.	कार्बोहाइड्रेट	1. पेरिसन
B.	एन्जाइम	2. स्टार्च
C.	हार्मोन	3. किरेटिन
D.	प्रोटीन	4. प्रोजेस्टरोन

कूटः

	A	B	C	D
(*a*)	1	2	4	3
(*b*)	2	1	4	3
(*c*)	2	1	3	4
(*d*)	1	2	3	4

543. व्यापक रूप से उपयोग की जाने वाली एण्टी बायोटिक पेन्सिलिन औषधियों का उत्पादन निम्नलिखित किससे होता है?

(*a*) शैवाल
(*b*) बैक्टेरियम
(*c*) कवक
(*d*) रासायनिक पदार्थों से

544. सूची-I एवं सूची-II में सुमेलित स्थापित कीजिए तथा सूचियों के नीचे दिए गए कूट का प्रयोग करके सही उत्तर का चयन कीजिए:

	सूची-I (औषधि)	**सूची-II** (स्रोत)
A.	कुनेन	1. पत्तियाँ
B.	डिजिटलिस	2. फल
C.	रौवॉल्फिया	3. तने की छाल
D.	हेरोइन	4. जड़

कूट:

	A	B	C	D
(*a*)	1	2	4	3
(*b*)	3	1	4	2
(*c*)	4	3	1	2
(*d*)	2	1	3	4

545. ईंधन गैस (LPG) मुख्यतः निम्नलिखित का मिश्रण है:
(*a*) मेथेन, एथेन, हेक्सेन
(*b*) एथेन, हेक्सेन, ब्यूटेन
(*c*) मेथेन, ब्यूटेन, प्रोपेन
(*d*) गेथेन, ब्यूटेन, हेक्सेन

546. मनुष्य के शरीर में सबसे अधिक मात्रा में कौन-सा तत्व पाया जाता है?
(*a*) आयरन (*b*) जल
(*c*) कार्बन (*d*) ऑक्सीजन

547. आजकल बालों को रंगने (Dye) के लिए जिस रसायन को प्रयोग में लाया जाता है, वह है:
(*a*) पैरा-नाइट्रो बैजाइल अमीन
(*b*) पैरा-फिनाइल डाईअमीन
(*c*) आर्थो टालुडीन
(*d*) अमीनो बेंजीन

548. एम्फीबिया क्या है?
(*a*) जल में पाई जाने वाली एक मादा प्राणी
(*b*) जल की एक मछली
(*c*) जल में पाए जाने वाले जीव
(*d*) जल व थल पर जीवन-यापन करने वाले जन्तु

549. यदि हम ठोस वस्तु को गर्म करें, तो किस भाग में सर्वाधिक प्रतिशत वृद्धि होगी?
(*a*) आयतन में (*b*) क्षेत्रफल में
(*c*) लम्बाई में (*d*) सबमें बराबर

550. सूची-I एवं सूची-II को सुमेलित कीजिए तथा नीचे दिये हुये कूट की सहायता से सही उत्तर का चयन करें:

सूची-I	**सूची-II**
A. लैक्टिक एसिड	1. नींबू
B. एसेटिक एसिड	2. दुर्गंधयुक्त मक्खन
C. साइट्रिक एसिड	3. दूध
D. ब्युटिरिक एसिड	4. सिरका
	5. शराब

कूट:

	A	B	C	D
(*a*)	5	4	3	2
(*b*)	3	1	4	5
(*c*)	3	4	1	2
(*d*)	2	4	1	3

551. यदि दो आदमी चन्द्रमा की सतह पर

बातचीत करते हैं, तो वेः

(*a*) चन्द्रमा पर एक दूसरे की आवाज को, पृथ्वी की तुलना में, बहुत देर बाद सुन सकते हैं
(*b*) चन्द्रमा पर उतने ही समय में सुन सकते हैं, जितना कि पृथ्वी पर
(*c*) एक दूसरे की आवाज नहीं सुन सकते हैं
(*d*) एक दूसरे की प्रतिध्वनि बार-बार सुन सकते हैं

552. जल, दृश्य प्रकाश के लिए पारदर्शी है, परन्तु वायुमण्डल में लटकी पानी की नन्हीं-नन्हीं बूँदों से निर्मित कोहरे में दूर की वस्तुओं को देख पाना सम्भव नहीं है, क्योंकिः

(*a*) कोहरा हमारी दृष्टि पर विपरीत प्रभाव डालता है
(*b*) प्रकाश का अधिकांश भाग प्रकीर्णित हो जाता है, जिससे वस्तु दृष्टि-गोचर नहीं होती है
(*c*) प्रकाश का पूर्ण आन्तरिक परावर्तन होता है और वह दर्शक की आँखों तक नहीं पहुँच पाता है
(*d*) जल की नन्हीं-नन्हीं बूँदें दृश्य प्रकाश के लिए अपारदर्शी हैं

553. अपचायी ट्रान्सफार्मर (Step–down Transformer) निम्नलिखित में से किसमें वृद्धि करता है?

(*a*) वोल्टेज में
(*b*) आवेश में
(*c*) धारा की आवृत्ति में
(*d*) धारा में

554. रक्त की pH है-

(*a*) 5.4 (*b*) 6.2
(*c*) 7.4 (*d*) 8.7

555. शरीर के लिए एन्जाइम बहुत आवश्यक होते हैं, क्योंकिः

(*a*) शरीर को ऊर्जा प्रदान करते हैं
(*b*) तंत्रिका क्रियाओं को नियंत्रित करते हैं
(*c*) शरीर का रचनात्मक भाग है
(*d*) जीव रासायनिक क्रियाओं के उत्प्रेरक (Catalyst) हैं

556. स्तनधारियों में लाल रुधिर कणिकाओं का निर्माण कहाँ होता है?

(*a*) वृक्कों में (*b*) अस्थिमज्जा में
(*c*) यकृत में (*d*) तिल्ली में

557. वृद्धि हॉर्मोन (Growth Hormone) स्रावित होता है-

(*a*) थायरॉइड (Thyroid) से
(*b*) जननांगों (Sex-organs) से
(*c*) एड्रीनल (Adrenal) से
(*d*) पिट्यूटरी (Pituitary) से

558. निम्नलिखित में से कौन-से भारतीय वैज्ञानिक गणित से सम्बन्धित हैं?

(*a*) सर सी.वी. रमण
(*b*) डॉ राजा रमन्ना
(*c*) श्रीनिवास रामानुजम
(*d*) जयन्त विष्णु नार्लीकर

559. शरीर का निम्नलिखित अंग मेनिनजाइटिस से प्रभावित होता हैः

(*a*) गला
(*b*) फेफड़ा
(*c*) मस्तिष्क एवं स्पाइनल कॉर्ड
(*d*) जोड़ें

560. कीटों (Insects) के वैज्ञानिक अध्ययन को कहते हैं:

(a) इचथियोलॉजी
(b) एटोमोलॉजी
(c) पैरासिटोलॉजी
(d) मेलेकोलॉजी

561. निद्रा रोग (Sleeping Sickness) नामक बीमारी होती है:
(a) विटामिन-ए की कमी से
(b) शरीर में कैल्सियम की कमी से
(c) रक्तचाप के बढ़ने से
(d) ट्रिपैनोसोमा नाम के एक कोषीय जीव से

562. ऐसे परमाणुओं को, जिनमें प्रोटॉनों की संख्या समान; परन्तु न्यूट्रॉनों की संख्या भिन्न-भिन्न होती है, कहते हैं:
(a) समस्थानिक (Isotopes)
(b) समदाबिक (Isopars)
(c) समावयवी (Isomers)
(d) समुन्युट्रॉनिक (Isotones)

563. लाल रक्त कणिकाओं (R.B.C.) का लाल रंग होता है:
(a) क्युटिन के कारण
(b) क्लोरोफिल के कारण
(c) हीमोसायनिन के कारण
(d) हीमोग्लोबिन के कारण

564. निम्नलिखित में से किसने 'एक्स' किरणों का अविष्कार किया?
(a) रदरफोर्ड (b) रोयन्टजन
(c) मैक्सवेल (d) टोरिसेली

565. छुईमुई (Mimosa) की पत्तियाँ छूने से सिकुड़ जाती हैं, क्योंकि:
(a) पत्तियाँ बहुत कोमल होती हैं
(b) पत्तियों में स्नायु प्रणाली होती है
(c) पत्ताधार का स्फी.ि.ा दाब बदल जाता है
(d) पत्तियों के ऊतक (Tissue) मुड़ जाते हैं

566. डी.पी.टी. का टीका बच्चों को किन-किन बीमारियों से बचाने के लिए लगाया जाता है?
(a) डिप्थीरिया, पोलियो, टिटनेस
(b) डिप्थीरिया, पोलियो, टायफाइड़
(c) डिप्थीरिया, काली खाँसी, टायफाइड
(d) डिप्थीरिया, काली खाँसी, टिटनेस

567. लोहे को छोड़कर और कौन-सी धातु इस्पात बनाने में प्रयुक्त होती है?
(a) कार्बन (b) एल्युमिनियम
(c) क्रोमियम (d) ताँबा

568. मानव शरीर विज्ञान (Human physiology) के संदर्भ में एंटीबॉडीज है:
(a) कार्बोहाइड्रेट्स
(b) ग्लाइकोलिपिड्स
(c) प्रोटीन्स
(d) स्टेरोल्स

569. कैल्सियम और मैग्नीशियम युक्त जल को कहते हैं:
(a) भारी जल (b) कठोर जल
(c) मृदु जल (d) शुद्धीकृत जल

570. निम्नलिखित में से किसने फाउंटनपेन का आविष्कार किया?
(a) न्यूटन (b) ग्राहम बेल
(c) वाटरमैन (d) रोएण्टजेन

571. एस्पिरिन का साधारण नाम है:
(a) सैलिसिलिक एसिड
(b) मेथिल सेलिसिलेट
(c) एसीटाइल सेलिसिलिक एसिड
(d) पेरासिटामोल

572. निम्नलिखित में से कौन-सा प्राणी सेल्युलोज को नहीं पचा सकता?

(*a*) मनुष्य (*b*) गाय
(*c*) घोड़ा (*d*) उपर्युक्त सभी

573. दूध को पचाने के लिए आवश्यक एंजाइम रेनिन और लैक्टिज मनुष्य के जन्म के कितने वर्ष बाद उसके शरीर से समाप्त हो जाते हैं?
(*a*) दो वर्ष (*b*) तीन वर्ष
(*c*) पाँच वर्ष (*d*) आठ वर्ष

574. टेलीफोन का डायफ्राम निम्नलिखित का बना होता है:
(*a*) चुम्बक
(*b*) नरम लोहा
(*c*) किसी धातु की पतली चादर
(*d*) इनमें से कोई नहीं

575. किसी तार की विद्युत् धारा में निम्नलिखित प्रवाहित होता है/होते हैं-
(*a*) विद्युत आवेषित तरल
(*b*) इलेक्ट्रॉन
(*c*) अणु
(*d*) नन्हीं चिंगारियों का अनुक्रम

कृषि

576. निम्नलिखित में कौन खरीफ की फसल नहीं है?
(*a*) धान (*b*) मक्का
(*c*) मसूर (*d*) मूँगफली

577. भारत में सबसे ज्यादा खाद्यान्न उत्पादन किस फसल का होता है?
(*a*) गेहूँ (*b*) मक्का
(*c*) बाजरा (*d*) धान

578. सबसे अधिक प्रोटीन किसमें पाई जाती है?
(*a*) मांस में (*b*) अण्डे में
(*c*) सोयाबीन में (*d*) अरहर में

579. सरसों का बहुचर्चित कीट माँहू (Aphid) सरसों के किस भाग को नुकसान पहुँचाता है?
(*a*) पत्तियों को
(*b*) फूलों को
(*c*) फलियों को
(*d*) उपर्युक्त सभी को

580. निम्नलिखित में से किससे तेल नहीं निकाला जाता है?
(1) धान (2) सरसों
(3) मूँगफली (4) सोयाबीन
(5) गेहूँ
(*a*) 1 और 5 (*b*) 1, 4 और 5
(*c*) केवल 1 (*d*) केवल 5

581. टमाटर का रंग किसके कारण लाल होता है?
(*a*) जैन्थोफिल
(*b*) कैरोटिन
(*c*) एन्थोसायनिन
(*d*) लाइकोपिन

582. नकदी फसलों में कौन-सी फसल नहीं है?
(*a*) गन्ना (*b*) कपास
(*c*) तम्बाकू (*d*) गेहूँ

583. ब्लास्ट एक बहुचर्चित रोग है, यह किस फसल से सम्बन्धित रोग है?
(*a*) धान (*b*) मक्का
(*c*) गेहूँ (*d*) ज्वार

584. राष्ट्रीय कृषि-सहकारी विपणन संघ किस अन्य नाम से अधिक जाना जाता है?

(*a*) एगमार्क (*b*) इको मार्क
(*c*) नैफेड (*d*) इफ्को

585. किस मौसम में रबी की फसलें बोई जाती हैं?
(*a*) अप्रैल (*b*) जुलाई
(*c*) सितम्बर (*d*) नवम्बर

586. निम्नलिखित में से कौन-सा एक पौधे का संतुलित उर्वरक है?
(*a*) यूरिया
(*b*) अमोनियम सल्फेट
(*c*) वानस्पतिक खाद
(*d*) नाइट्रेट्स

587. निम्नलिखित में से कौन-सा एक अनाज नहीं है?
(*a*) चावल (*b*) सरसों
(*c*) जौ (*d*) मकई

588. भारत में केले की उच्चतम उत्पादकता होती है:
(*a*) पश्चिम बंगाल में
(*b*) तमिलनाडु में
(*c*) केरल में
(*d*) महाराष्ट्र में

589. भैंस के दूध में औसत वसा मात्रा कितनी होती है?
(*a*) 7.2% (*b*) 4.5%
(*c*) 9.0% (*d*) 10.0%

590. मूँगफली के लिए कौन-सी मिट्टी उपयुक्त होती है?
(*a*) काली मिट्टी (*b*) बुलई दोमट
(*c*) चिकनी दोमट (*d*) दोमट

591. निम्नलिखित में से कौन-सी मिट्टी जैव-पदार्थ (Organic Matter) से भरपूर होती है?
(*a*) लाल (*b*) जलोढ़
(*c*) लैटराइट (*d*) लवणीय

592. निम्नलिखित में से कौन-सी दलहनी फसल नहीं है?
(*a*) मूँग (*b*) लोबिया
(*c*) तोरिया (*d*) मटर

593. IR – 8, जया, पद्मा, हंसा किस पौधे की विभिन्न किस्में हैं?
(*a*) गेहूँ (*b*) चावल या धान
(*c*) कपास (*d*) गन्ना

594. रानी खेत रोग के विषय में कौन-सा कथन गलत है?
(*a*) यह मुर्गियों का रोग है
(*b*) यह वायरस जनित रोग है
(*c*) इसमें भूख खत्म हो जाना, दम घुटना, पक्षाघात हो जाना तथा अन्ततः मृत्यु की संभावना होती है
(*d*) उपर्युक्त में से कोई नहीं

595. निम्नलिखित में से किसकी खेती मुख्य रूप से ढलानों पर की जाती है?
(*a*) नारियल (*b*) पान
(*c*) सोयाबीन (*d*) कुसुम्ब

596. निम्नलिखित में से किसमें कैल्सियम सबसे ज्यादा होता है?
(*a*) दूध
(*b*) मक्खन
(*c*) सेब
(*d*) पनीर (Cheese)

597. भारत का 'चावल का कटोरा' है:
(*a*) कृष्णा-गोदावरी नदी का डेल्टा क्षेत्र
(*b*) उत्तरी-पूर्वी क्षेत्र
(*c*) गंगा-सिन्धु का मैदान
(*d*) केरल और तमिलनाडु

598. भारत में निम्नलिखित फसलों में से किसकी कृषि शुष्क खेती के अन्तर्गत की जाती है?
(*a*) मोटे अनाज (*b*) तम्बाकू
(*c*) मक्का (*d*) मूँगफली

599. किस मिट्टी में सबसे अधिक नमी बनाए रखने की क्षमता होती है?
(*a*) पथरीली (*b*) रेतीली
(*c*) काली (*d*) दोमट

600. निम्नलिखित फसलों में से किसे अधिकतम पानी अपेक्षित है?
(*a*) गन्ना (*b*) जौ
(*c*) मक्का (*d*) गेहूँ

खेलकूद

601. शतरंज में चेकमेट किसे कहते हैं?
(*a*) अपने राजा की सुरक्षा करते समय विपक्षी के राजा का फँस जाना
(*b*) चेसबोर्ड की तिरछी लाइनें
(*c*) आठ एक समान मोहरे, जो दोनों खिलाड़ियों के पास होते हैं
(*d*) इनमें से कोई नहीं

602. स्वेथलिंग कपः
(*a*) टेबिल टैनिस में महिलाओं का विश्व कप है
(*b*) टेबिल टेनिस में पुरुषों का विश्व कप है
(*c*) टेनिस में प्रदान किया जाता है
(*d*) स्कवैश में दिया जाता है

603. रणजी ट्रॉफी पुरस्कार किस खेल से सम्बन्धित है?
(*a*) हॉकी (*b*) फुटबाल
(*c*) क्रिकेट (*d*) तैराकी

604. भारत का राष्ट्रीय खेल हैः
(*a*) फुटबाल (*b*) क्रिकेट
(*c*) कबड्डी (*d*) हॉकी

605. कीनन स्टेडियम किस शहर में है?
(*a*) जयपुर (*b*) कटक
(*c*) जमशेदपुर (*d*) पुणे

606. बीजिंग ओलंपिक में किस भारतीय खिलाड़ी ने स्वर्ण पदक जीता?
(*a*) बिजेन्द्र कुमार
(*b*) अभिनव बिन्द्रा
(*c*) अखिल कुमार
(*d*) सुशील कुमार

607. 'आइरन' शब्द किस खेल से सम्बद्ध है?
(*a*) कराटे
(*b*) गोल्फ
(*c*) बेसबाल
(*d*) नौकायन

608. आधुनिक ओलम्पिक खेलों में विजेताओं को स्वर्ण पदक देने की प्रथा कब से प्रारम्भ हुई?
(*a*) 1902 से
(*b*) 1912 से
(*c*) 1908 से
(*d*) 1918 से

609. सूची-I एवं सूची-II को सुमेलित कीजिए और नीचे दिये गये कूट से सही उत्तर का चयन कीजिएः

	सूची-I	सूची-II
A.	बिलियर्ड्स	1. विजयालक्ष्मी
B.	महिला शतरंज	2. अशोक शांडिल्य
C.	निशानेबाजी	3. अशोक कुमार
D.	स्नूकर	4. आलोक कुमार
		5. जसपाल राणा

कूटः

	A	B	C	D
(*a*)	4	3	2	1
(*b*)	3	1	5	2
(*c*)	4	5	3	1
(*d*)	3	2	5	1

610. राष्ट्रीय मैराथन दौड़ पहली बार कब और कहां आयोजित हुई थी?
(*a*) 1972 (कालीकट)
(*b*) 1978 (चेन्नई)
(*c*) 1990 (पटना)
(*d*) 1987 (कोलकाता)

611. किस राज्य में नौकायन (बोटिंग) की सबसे बड़ी प्रतियोगिता ओणम् के दिन आयोजित की जाती है?
(*a*) केरल (*b*) तमिलनाडु
(*c*) उड़ीसा (*d*) प. बंगाल

612. प्रसिद्ध टेनिस खिलाड़ी रोजर फेडरर किस देश के नागरिक हैं?
(*a*) रूस (*b*) यूक्रेन
(*c*) बेलारूस (*d*) स्विट्जरलैंड

613. 'गैम्बिट' शब्द निम्नलिखित में से किस खेल से जुड़ा है?
(*a*) कैरम (*b*) ब्रिज
(*c*) शतरंज (*d*) बिलियर्ड्स

614. किस अन्तर्राष्ट्रीय चैम्पियनशिप में थॉमस कप प्रदान किया जाता है?
(*a*) फुटबाल (*b*) क्रिकेट
(*c*) हॉकी (*d*) बैडमिण्टन

615. 'फिनिस' (Finesse) शब्द का प्रयोग किस खेल में होता है?
(*a*) शतरंज (*b*) बिलियर्ड्स
(*c*) ब्रिज (*d*) रग्बी

616. वर्ष 2007 में पहले ट्वेंटी-20 क्रिकेट विश्व कप के फाइनल में भारत ने निम्न-लिखित में से किसको पराजित किया था?
(*a*) ऑस्ट्रेलिया (*b*) पाकिस्तान
(*c*) इंग्लैण्ड (*d*) वेस्टइंडीज

617. मोहन बागान, ईस्ट बंगाल तथा मोहम्मडन स्पोर्टिंग क्लब किस खेल से सम्बन्धित हैं?
(*a*) हॉकी (*b*) क्रिकेट
(*c*) फुटबाल (*d*) पोलो

618. तैराकी के विश्व प्रसिद्ध खिलाड़ी इयान थोर्पे (Ian Thorpe) किस देश के हैं?
(*a*) न्यूजीलैण्ड (*b*) ऑस्ट्रेलिया
(*c*) द. अफ्रीका (*d*) ब्रिटेन

619. तैराकी में जब तैराक के दोनों हाथ पानी पर एक साथ आगे-पीछे हों तो वह कैसी तैराकी होती है?
(*a*) बैक स्ट्रोक
(*b*) बटर फ्लाई स्ट्रोक
(*c*) ब्रैस्ट स्ट्रोक
(*d*) फ्री स्टाइल

620. रग्बी फुटबॉल किस देश का राष्ट्रीय खेल है?
(*a*) इंग्लैण्ड (*b*) स्टॉकलैण्ड
(*c*) कनाडा (*d*) अमेरिका

621. निम्नलिखित में से किस स्थान को 'क्रिकेट का काशी' कहा जाता है?
(*a*) लीड्स (*b*) ईडन गार्डन
(*c*) लार्ड्स (*d*) मेलबर्न

622. सूची-I (कप) को सूची-II (सम्बन्धित खेल) के साथ सुमेलित कीजिए और सूचियों के नीचे दिए गए कूट का प्रयोग कर सही उत्तर चुनिए-

सूची-I	*सूची-II*
A. अजलान शाह कप	1. हॉकी
B. यूरो कप	2. फुटबाल
C. डेविस कप	3. लॉन टेनिस
D. सुदीरमन कप	4. बैडमिंटन

कूट:

	A	B	C	D
(*a*)	1	2	3	4
(*b*)	2	3	4	1
(*c*)	3	1	2	4
(*d*)	4	3	2	1

623. 'द प्रिन्स ऑफ वेल्स कप' किस खेल से सम्बन्धित है?
(*a*) निशानेबाजी (शूटिंग)
(*b*) धनुर्विद्या
(*c*) गोल्फ
(*d*) बैडमिंटन

624. निम्नलिखित में क्रौनसा कप/ट्रॉफी फुटबॉल से संबंधित नहीं है?
(*a*) दिलीप ट्रॉफी
(*b*) मर्डेका कप
(*c*) डूरण्ड कप
(*d*) सन्तोष ट्रॉफी

625. सबसे बड़े मैदान में खेला जाने वाला खेल कौनसा है?
(*a*) पोलो
(*b*) हॉकी
(*c*) क्रिकेट
(*d*) कबड्डी

626. निम्नलिखित में से कौनसी अन्तर्राष्ट्रीय टेनिस खेल प्रतियोगिता घास के मैदान में खेली जाती है?
(*a*) यू.एस. ओपन
(*b*) फ्रेंच ओपन
(*c*) विम्बलडन
(*d*) ऑस्ट्रेलियाई ओपन

627. 'बटरफ्लाई' शब्द किस खेल से सम्बन्धित है?
(*a*) बैडमिंटन
(*b*) तैराकी (स्वीमिंग)
(*c*) भारोत्तोलन
(*d*) खो-खो

628. रोनाल्ड पैरी की किस पुस्तक में ब्रैडमैन की 'ड्रीम टीम' का विवरण दिया गया है?
(*a*) ब्रैडमेन्स बेस्ट
(*b*) वन डे वन्डर्स
(*c*) क्रिकेट माई स्टाइल
(*d*) लाइफ इज ए गेम

629. क्रिकेट की एशेज श्रृंखला किन दो देशों के बीच खेली जाती है?
(*a*) इंग्लैण्ड-वेस्टइण्डीज
(*b*) इंग्लैण्ड-ऑस्ट्रेलिया
(*c*) ऑस्ट्रेलिया-वेस्टइण्डीज
(*d*) इंग्लैण्ड-न्यूजीलैण्ड

630. कोपा कप (अमेरिका) किस खेल में प्रदान किया जाता है?
(*a*) हॉकी (*b*) फुटवाल
(*c*) गोल्फ (*d*) वेसवाल

631. भारत ने हॉकी में प्रथम ओलम्पिक स्वर्ण कब जीता?
(*a*) 1924 (आठवाँ ओलम्पिक)
(*b*) 1928 (नवाँ ओलम्पिक)
(*c*) 1932 (दसवाँ ओलम्पिक)
(*d*) 1936 (ग्यारहवाँ ओलम्पिक)

632. किस शहर और किस सन् में पहला ओलंपिक हुआ था?
(a) एथेंस-1896
(b) स्पार्टा-1869
(c) एम्सटर्डम-1689
(d) सिडनी-1698

633. सानिया मिर्जा निम्नलिखित में से किस खेल से सम्बन्धित है?
(a) शतरंज (b) शूटिंग
(c) नौकायन (d) लॉन टेनिस

634. शतरंज में ग्राण्ड मास्टर का खिताब जीतने वाले प्रथम भारतीय कौन हैं?
(a) डी.वी. प्रसाद
(b) एस.वी. नटराजन
(c) विश्वनाथन आनन्द
(d) आर. रामनाथन

635. 'रिवर्सस्विंग' एवं 'बीमर' नामक शब्दावलियाँ किस खेल से सम्बन्धित हैं?
(a) नौकायन (b) फुटबाल
(c) क्रिकेट (d) हॉकी

636. भारत में किस दिन राष्ट्रीय खेल दिवस मनाया जाता है?
(a) 29 जून (b) 29 मई
(c) 29 अगस्त (d) 29 सितम्बर

637. 'अपर कट' शब्द किस खेल में प्रयोग किया जाता है?
(a) वॉलीबॉल (b) टेनिस
(c) बॉक्सिंग (d) क्रिकेट

638. भारत के प्रथम क्रिकेट कप्तान कौन थे?
(a) सी.के. नायडू
(b) डी.बी. देवधर
(c) लाला अमरनाथ
(d) विजय हजारे

639. 'डेड हिट' शब्द का प्रयोग कब किया जाता है?
(a) जब दो धावक 'फिनिश प्वाइंट' पर एक साथ पहुंचते हैं
(b) जब दो धावक एक साथ दौड़ते हैं
(c) जब कोई धावक ट्रैक पर गिर जाता है
(d) जब कोई धावक घायल होकर बाह हो जाता है

640. एशिया में सबसे पहले ओलंपिक खेल कहां हुए थे?
(a) सियोल (b) बीजिंग
(c) टोकियो (d) हांगकांग

641. टैस्ट क्रिकेट में हैट्रिक बनाने वाले पहले भारतीय खिलाड़ी का नाम है?
(a) हरभजन सिंह
(b) अनिल कुंबले
(c) जे. श्रीनाथ
(d) चेतन चौहान

642. 'चेक मार्क', 'जेवलिन', 'हैंग' शब्द किस खेल से सम्बन्धित हैं?
(a) कराटे
(b) जूडो
(c) ट्रैक एण्ड फील्ड
(d) रग्बी फुटबाल

643. रुइया ट्रॉफी निम्नलिखित में से किस खेल की भारत की सर्वाधिक प्रतिष्ठित ट्रॉफी है?
(a) स्कवैश (b) ब्रिज
(c) तैराकी (d) शतरंज

644. टाइगर वुड्स किस खेल से संबंधित प्रसिद्ध खिलाड़ी है?

(*a*) हॉकी (*b*) फुटबाल
(*c*) गोल्फ (*d*) वाटर पोलो

645. 'नाक आउट' शब्द किस खेल में प्रयुक्त किया जाता है?

(*a*) गोल्फ (*b*) स्क्वैश
(*c*) बेसबाल (*d*) बॉक्सिंग

646. टेबल टेनिस की मेज की माप कितनी होती है?

(*a*) 260 से.मी. × 120 से.मी. × 70 से.मी.
(*b*) 275 से.मी. × 152.5 से.मी. × 76 से.मी.
(*c*) 275 से.मी. × 140 से.मी. × 75 से.मी.
(*d*) 276 से.मी. × 152 से.मी. × 76 से.मी.

647. भारत में एशियाई खेलों का शुरुआत कब हुई?

(*a*) 1948
(*b*) 1951
(*c*) 1952
(*d*) इनमें से कोई नहीं

648. निम्न को सुमेलित कीजिए तथा नीचे दिए गए कूट से सही उत्तर का चयन कीजिए:

क्रिकेट वर्ल्ड कप साल		*देश जीता*	
A.	1983	1.	पाकिस्तान
B.	1987	2.	भारत
C.	1992	3.	श्रीलंका
D.	1996	4.	ऑस्ट्रेलिया

कूट:

	A	B	C	D
(*a*)	2	1	3	4
(*b*)	2	4	1	3
(*c*)	1	2	3	4
(*d*)	2	4	3	1

649. भारत का सबसे कम उम्र का ग्रैण्डमास्टर कौन बना?

(*a*) दिव्येन्द्र बरुआ
(*b*) पी. हरिकृष्ण
(*c*) विश्वनाथन आनन्द
(*d*) प्रवीन थिप्से

650. निम्न में से 'गुगली' शब्द किस खेल से संबंधित है?

(*a*) फुटबाल (*b*) हॉकी
(*c*) क्रिकेट (*d*) बैडमिंटन

पुरस्कार

651. भारत रत्न से सम्मानित प्रथम विदेशी हैं:

(*a*) मेल गिब्सन
(*b*) माइकल जोसेफ फरेरा
(*c*) डॉ. नेल्सन मंडेला
(*d*) खान अब्दुल गफ्फार खाँ

652. जेंसी ओवन्स विश्व पुरस्कार किस क्षेत्र में दिया जाता है?

(*a*) विज्ञान
(*b*) साहित्य
(*c*) खेलकूद
(*d*) पत्रकारिता

653. नोबेल पुरस्कार जीतने वाली पहली महिला का नाम क्या है?
(*a*) मदर टेरेसा
(*b*) मैडम क्यूरी
(*c*) लुई ब्राउन
(*d*) मैडम मॉन्टेसरी

654. ललित कला के विभिन्न क्षेत्रों में उत्कृष्ट योगदान के लिए कालिदास सम्मान किस सरकार की ओर से प्रदान किया जाता है?
(*a*) उत्तर प्रदेश (*b*) राजस्थान
(*c*) मध्य प्रदेश (*d*) पश्चिम बंगाल

655. निम्नलिखित में से किस लेखक ने साहित्य में नोबेल पुरस्कार प्राप्त किया है?
(*a*) वी. एस. नायपॉल
(*b*) सलमान रश्दी
(*c*) अरुन्धती राय
(*d*) अमर्त्य सेन

656. इनमें से किस विषय पर नोबेल पुरस्कार नहीं दिया जाता है?
(*a*) चिकित्सा (*b*) अर्थशास्त्र
(*c*) गणित (*d*) रसायन विज्ञान

657. अपने क्षेत्र में असाधारण कार्य करने के लिए भारत सरकार निम्नलिखित को द्रोणाचार्य पुरस्कार देती है:
(*a*) तैराक
(*b*) धनुर्विद्या के क्षेत्र के खिलाड़ी को
(*c*) निशानेबाज के क्षेत्र के खिलाड़ी को
(*d*) खेल प्रशिक्षक को

658. निम्नलिखित में से किस नेता को नज़रबन्दी के दौरान नोबेल पुरस्कार से सम्मानित किया गया?
(*a*) आंग सान सू की
(*b*) नेल्सन मंडेला
(*c*) जनरल आलुसैगन ओब-संजो
(*d*) खान अब्दुल गफ्फासर खाँ

659. पुलित्जर पुरस्कार किस क्षेत्र से संबंधित है?
(*a*) फिल्म
(*b*) पर्यावरण
(*c*) संगीत
(*d*) पत्रकारिता

660. भारतीय ज्ञानपीठ पुरस्कार से सम्मानित दत्तात्रेय रामचन्द्र बेन्द्रे, के.एस. कारन्थ, मस्ती वेंकटेश आयंगर, गिरीश कर्नाड किस भाषा के साहित्यकार हैं?
(*a*) तेलुगु (*b*) कन्नड़
(*c*) तमिल (*d*) मलयालम

661. अर्जुन पुरस्कार कब से प्रारम्भ हुए?
(*a*) 1961 ई. से
(*b*) 1962 ई. से
(*c*) 1963 ई. से
(*d*) 1964 ई. से

662. कृषि अनुसंधान के क्षेत्र में उत्कृष्ट योगदान के लिए दिए जाने वाले पुरस्कार का क्या नाम है
(*a*) कृषि पंडित पुरस्कार
(*b*) कालिंजर पुरस्कार
(*c*) बोरलाग पुरस्कार
(*d*) अर्जुन पुरस्कार

663. प्रतिष्ठित 'शान्ति स्वरूप भटनागर पुरस्कार' किसके द्वारा प्रदान किए जाते हैं?
(*a*) यू.जी.सी. द्वारा
(*b*) सी.एस.आई. द्वारा
(*c*) केन्द्र सरकार द्वारा
(*d*) उपर्युक्त में से किसी के द्वारा नहीं

664. शांति का नोबेल पुरस्कार 10 दिसम्बर को किस स्थान पर आयोजित समारोह में प्रदान किया जाता है?
(*a*) स्टॉक होम (*b*) ओस्लो
(*c*) हेलसिंकी (*d*) कोपेनहेगन

665. किस क्षेत्र में बुकर पुरस्कार प्रदान किया जाता है?
(*a*) औषधि
(*b*) साहस के कार्य
(*c*) कल्पना-साहित्य लेखन
(*d*) विज्ञान

666. भारतेन्दु हरिश्चन्द्र पुरस्कार किस क्षेत्र में उत्कृष्ट योगदान के लिए दिया जाता है?
(*a*) हिन्दी में मौलिक रचना
(*b*) असाधारण दया और उदारता
(*c*) श्रेष्ठतम स्थानीय स्वशासन
(*d*) उपरोक्त में से कोई नहीं

667. जमनालाल बजाज पुरस्कार किस क्षेत्र में सराहनीय योगदान के लिए दिया जाता है?
(*a*) रचनात्मक कार्य
(*b*) कृषि
(*c*) साहित्य
(*d*) शांति

668. निम्नलिखित में से किसे सबसे पहले 'दादा साहेब फाल्के पुरस्कार' से सम्मानित किया गया था?
(*a*) देविका रानी (*b*) शोभना समर्थ
(*c*) दुर्गा खोटे (*d*) कानन देवी

669. अर्थशास्त्र के नोबेल पुरस्कार के सम्बन्ध में गलत तथ्य है:
(*a*) इसकी स्थापना 1967 में की गई
(*b*) रिक्स बैंक (Riks Bank) नामक एक स्वीडिश बैंक ने अपनी 300वीं जयन्ती मनाने के उपलक्ष्य में इसकी स्थापना की
(*c*) प्रथम पुरस्कार 1969 में प्रदान किया गया
(*d*) उपर्युक्त में से कोई नहीं

670. सर्वोच्च शौर्य पुरस्कार, 'परमवीर चक्र' के प्रथम विजेता हैं:
(*a*) मेजर सोमनाथ शर्मा
(*b*) मेजर धान सिंह
(*c*) कैप्टन गुरुबचन सिंह
(*d*) मेजर शैतान सिंह

671. निम्न भारतियों में से किसने 'बुकर' पुरस्कार जीता है?
(*a*) विक्रम सेठ
(*b*) अरुन्धती राय
(*c*) आर.के. नारायण
(*d*) अमिताभ घोष

672. 'भारत रत्न' अलंकरण सर्वप्रथम किस वर्ष से देना प्रारम्भ किया गया?
(*a*) 1950 (*b*) 1947
(*c*) 1960 (*d*) 1954

673. प्रथम मरणोपरान्त 'भारतरत्न' अलंकरण किसे प्रदान किया गया?
(*a*) लाल बहादुर शास्त्री
(*b*) के. कामराज नाडार
(*c*) आचार्य विनोबा भावे
(*d*) एम.जी. रामचन्द्रन

674. 'ज्ञानपीठ पुरस्कार निम्नलिखित में से किस क्षेत्र में विशिष्ट योगदान के लिए दिया जाता है?
(*a*) संगीत (*b*) संस्कृति

(c) साहित्य (d) विज्ञान

675. भारत का सर्वोच्च वीरता पुरस्कार है:
(a) महावीर चक्र (b) अशोक चक्र
(c) शौर्य चक्र (d) परमवीर चक्र

676. 'अशोक चक्र' से सम्मानित की जाने वाली भारत की प्रथम महिला कौन है?
(a) मिथलेश कुमारी
(b) कमलेश कुमारी
(c) अरुणा रानी
(d) सत्यार्थी बोस

677. प्रथम ज्ञानपीठ पुरस्कार विजेता जी. शंकर कुरूप किस भाषा के साहित्यकार थे?
(a) मलयालम (b) कन्नड़
(c) तेलुगु (d) तमिल

678. 'मूर्तिदेवी साहित्य पुरस्कार' किसने शुरू किया है?
(a) मानव संसाधन विकास मंत्रालय, केन्द्रीय सरकार
(b) साहित्य अकादमी
(c) भारतीय ज्ञानपीठ ट्रस्ट
(d) भारतीय विद्या भवन

679. निम्नलिखित में से कौन-सा 'भारतरत्न' से सम्मानित नहीं किया गया है?
(a) लता मंगेशकर
(b) पण्डित जसराज
(c) पण्डित रविशंकर
(d) उस्ताद बिस्मिल्लाह खाँ

680. नोबल पुरस्कार दिए जाते हैं:
(a) नार्वे सरकार द्वारा
(b) स्विट्जरलैण्ड सरकार द्वारा
(c) स्वीडन सरकार द्वारा
(d) स्वीडिश अकादमी द्वारा

681. महिलाओं के लिए 'स्त्री-शक्ति पुरस्कार' दिया जाता है उनकी
1. खेलकूद में विशिष्टता हेतु
2. खेलों में उत्कृष्ट उपलब्धि हेतु
3. महिलाओं की प्रोन्नति में साहस तथा उद्यम हेतु
4. राष्ट्र तथा जनता के लिए अपने योगदान हेतु

कूट:
(a) 1 तथा 2 (b) 2 तथा 3
(c) 3 तथा 4 (d) 1 तथा 4

682. हुकर पुरस्कार किस क्षेत्र में प्रदान किया जाता है?
(a) चिकित्सा विज्ञान
(b) कृषि
(c) साहसिक कार्य
(d) गणित

683. 'ज्ञानपीठ पुरस्कार' विजेता प्रथम महिला साहित्यकार आशापूर्णा देवी थीं। वह किस भाषा की साहित्यकार थीं?
(a) हिन्दी (b) बंगला
(c) मराठी (d) उड़िया

684. किस भारतीय अभिनेत्री को सर्वप्रथम पदमश्री अलंकरण से सम्मानित किया गया?
(a) नरगिस
(b) शर्मिला टैगोर
(c) वहीदा रहमान
(d) नूतन

685. 'विश्व खाद्य पुरस्कार' पाने वाला प्रथम भारतीय कौन था?
(a) डॉ. वर्गीज कुरियन
(b) डॉ. एम.एस. स्वामीनाथन
(c) डॉ. अमिता पटेल
(d) इनमें से कोई नहीं

686. किस महिला को सर्वप्रथम भारत रत्न (मरणोपरान्त) से सम्मानित किया गया?

(*a*) अरुणा आसफ अली
(*b*) मदर टेरेसा
(*c*) इन्दिरा गांधी
(*d*) एम.एस. सुब्बुलक्ष्मी

687. 'ऑस्कर अवार्ड' जीतने वाले पहले भारतीय थे :
(*a*) सत्यजीत रे (*b*) भानु अथैया
(*c*) शशि कपूर (*d*) नरगिस दत्त

688. अपने जीवन काल में 'भारत रत्न' से सम्मानित किए जाने वाले राजपुरुष हैं :
(*a*) लाल बहादुर शास्त्री
(*b*) राजीव गांधी
(*c*) मोरारजी देसाई
(*d*) के. कामराज नाडार

689. राजभाषा हिन्दी से संबंधित प्रमुख पुरस्कार किस नाम से दिया जाता है?
(*a*) इंदिरा गांधी राजभाषा पुरस्कार
(*b*) नेहरू राजभाषा पुरस्कार
(*c*) गांधी राजभाषा पुरस्कार
(*d*) राजभाषा एवार्ड

690. भारतवर्ष में प्रथम 'रेमन मैग्सेसे' पुरस्कार विजेता कौन था?
(*a*) आचार्य विनोबा भावे
(*b*) सी.डी. देशमुख
(*c*) जयप्रकाश नारायण
(*d*) डॉ. वर्गीस कुरिएन

691. हरगोविन्द खुराना को नोबेल पुरस्कार किस क्षेत्र में योगदान के लिए मिला था?
(*a*) चिकित्सा शास्त्र
(*b*) भौतिक शास्त्र
(*c*) अर्थशास्त्र
(*d*) शान्ति

692. 'धन्वन्तरि पुरस्कार' किस क्षेत्र से सम्बन्धित है?
(*a*) साहित्य (*b*) चिकित्सा
(*c*) संगीत (*d*) चित्रकला

693. राजीव गांधी खेल रत्न पुरस्कार के प्रथम विजेता कौन हैं?
(*a*) पी.टी. ऊषा (*b*) सचिन तेन्दुलकर
(*c*) मिल्खा सिंह (*d*) विश्वनाथन आनंद

694. भारतवर्ष में प्रथम दोहरा ऑस्कर पुरस्कार विजेता कौन है?
(*a*) ए.आर. रहमान
(*b*) गुलजार
(*c*) सत्यजीत रे
(*d*) आनन्द जी

695. निम्नलिखित में से वह व्यक्ति कौन है, जिसे नोबेल पुरस्कार तथा भारत रत्न दोनों ही प्रदान किए गए?
(*a*) महात्मा गांधी
(*b*) रवीन्द्र नाथ ठाकुर
(*c*) जवाहर लाल नेहरू
(*d*) मदर टेरेसा

696. अर्जुन पुरस्कार किस क्षेत्र में उल्लेखनीय योगदान करने वाले को दिया जाता है?
(*a*) विज्ञान (*b*) खेलकूद
(*c*) कला (*d*) सामाजिक कार्य

697. निम्नलिखित में से कौन-सा पुरस्कार केवल एशियावासियों को प्रदान किया जाता है?
(*a*) मैग्सेसे पुरस्कार
(*b*) नेहरू अंतर्राष्ट्रीय सदभावना पुरस्कार
(*c*) कलिंग पुरस्कार
(*d*) इंदिरा गांधी शांति पुरस्कार

698. के.के. बिड़ला फाउंडेशन के व्यास सम्मान को प्राप्त करने वाली पहली महिला साहित्यकार/उपन्यासकार कौन हैं?
(*a*) चित्रा मुद्गल
(*b*) नयनतारा सहगल
(*c*) अमृता प्रीतम
(*d*) महादेवी वर्मा

699. निम्नलिखित में से किस व्यक्ति को नोबेल पुरस्कार, भारत रत्न व मैग्सेसे तीनों पुरस्कारों से सम्मानित किया गया?
(*a*) मदर टेरेसा
(*b*) जवाहर लाल नेहरू
(*c*) सी.वी. रमन
(*d*) रवीन्द्रनाथ टैगोर

700. भारत रत्न से सम्मानित प्रथम व्यक्ति जिन्होंने भारत के राष्ट्रपति का पद भी धारण किया, कौन थे?
(*a*) डॉ. एस. राधाकृष्णन
(*b*) डॉ. राजेंन्द्र प्रसाद
(*c*) डॉ. जाकिर हुसैन
(*d*) वी.वी. गिरि

राज्यों के संबंध में जानकारी

701. क्षेत्रफल के हिसाब से भारत का सबसे बड़ा राज्य कौन-सा है?
(*a*) राजस्थान (*b*) मध्य प्रदेश
(*c*) उत्तर प्रदेश (*d*) महाराष्ट्र

702. जनसंख्या के हिसाब से भारत का सबसे बड़ा राज्य कौन-सा है?
(*a*) मध्य प्रदेश (*b*) बिहार
(*c*) उत्तर प्रदेश (*d*) राजस्थान

703. संसद में सर्वाधिक प्रतिनिधित्व किस राज्य का है?
(*a*) उत्तर प्रदेश (*b*) मध्य प्रदेश
(*c*) बिहार (*d*) राजस्थान

704. निम्नलिखित में से कौन-सा भारत का 26वाँ राज्य है?
(*a*) उत्तराखंड
(*b*) झारखंड
(*c*) छत्तीसगढ़
(*d*) अरुणाचल प्रदेश

705. छोटा नागपुर पठार किस राज्य का भाग है?
(*a*) महाराष्ट्र (*b*) बिहार
(*c*) झारखंड (*d*) कर्नाटक

706. निम्नलिखित युग्मों में से कौन-सा सही नहीं है?
(*a*) झारखंड - राँची
(*b*) छत्तीसगढ़ - बिलासपुर
(*c*) उत्तराखंड - देहरादून
(*d*) हिमाचल प्रदेश - शिमला

707. 2011 की जनगणना के अनुसार किस राज्य में न्यूनतम जनसंख्या घनत्व (Density) है?
(*a*) जम्मू और कश्मीर
(*b*) मणिपुर
(*c*) सिक्किम
(*d*) अरुणाचल प्रदेश

708. भारत का दक्षिणतम् बिन्दु इन्दिरा प्वॉइंट किस केन्द्र शासित प्रदेश में है?
(*a*) लक्षद्वीप में
(*b*) दमन और दीव में
(*c*) दादरा और नगर हवेली में
(*d*) अण्डमान और निकोबार द्वीप समूह में

709. दस डिग्री (10°) चैनल किसके बीच स्थित है?
(*a*) छोटा अंडमान एवं बड़ा अंडमान
(*b*) छोटा निकोबार एवं कार निकोबार
(*c*) छोटा अंडमान एवं कार निकोबार
(*d*) छोटा निकोबार एवं बड़ा निकोबार

710. झारखंड राज्य बना :
(*a*) 1 नवम्बर, 2000 से
(*b*) 7 नवम्बर, 2000 से
(*c*) 10 नवम्बर, 2000 से
(*d*) 15 नवम्बर, 2000 से

711. राजस्थान का 'राज्य वृक्ष' (State Tree) कहा जाता है :
(*a*) नारियल
(*b*) खेजड़ी
(*c*) बेर
(*d*) इनमें से कोई नहीं

712. मध्य प्रदेश की सीमा को स्पर्श करने वाले कितने राज्य हैं?
(*a*) 3 (*b*) 5
(*c*) 6 (*d*) 7

713. कोरबा कोयला क्षेत्र अवस्थित है :
(*a*) ओडिशा में (*b*) छत्तीसगढ़ में
(*c*) प. बंगाल में (*d*) असोम में

714. निम्नलिखित राज्यों में से किस राज्य में जाड़े (winter) के मौसम में बारिश मिलती है?
(*a*) केरल (*b*) तमिलनाडु
(*c*) प. बंगाल (*d*) ओडिशा

715. गंगटोक किसकी राजधानी है?
(*a*) नगालैंड
(*b*) मेघालय
(*c*) सिक्किम
(*d*) अरुणाचल प्रदेश

716. निम्नलिखित में से कौन-से संघ राज्य क्षेत्र में मुख्यमंत्री होता है?
(*a*) अण्डमान निकोबार द्वीप समूह
(*b*) पुडुचेरी
(*c*) चंडीगढ़
(*d*) दादरा एवं नगर हवेली

717. निम्नलिखित कौन-सा भारतीय राज्य समूह भूटान के साथ उभयनिष्ठ (common) सीमा रखता है?
(*a*) असोम, बिहार, सिक्किम और पश्चिम बंगाल
(*b*) बिहार, मेघालय, सिक्किम और पश्चिम बंगाल
(*c*) अरुणाचल प्रदेश, मेघालय, सिक्किम और पश्चिम बंगाल
(*d*) अरुणाचल प्रदेश, असोम, सिक्किम और पश्चिम बंगाल

718. उत्तराखंड का प्रसिद्ध हिन्दू तीर्थ मन्दिर बद्रीनाथ किस नदी के किनारे स्थित है?
(*a*) गंगा (*b*) अलकनन्दा
(*c*) मन्दाकिनी (*d*) भागीरथी

719. नाथुला दर्रा किस राज्य में स्थित है?
(*a*) हिमाचल प्रदेश
(*b*) उत्तर प्रदेश
(*c*) सिक्किम
(*d*) अरुणाचल प्रदेश

720. निम्नलिखित राज्यों का सुमेलन उनकी राजधानियों के साथ कीजिए:

	सूची-I		सूची-II
A.	नगालैण्ड	1.	इम्फाल
B.	छत्तीसगढ़	2.	रायपुर
C.	उत्तराखंड	3.	कोहिमा
D.	मणिपुर	4.	देहरादून

कूट:

	A	B	C	D
(*a*)	1	3	4	2
(*b*)	3	2	1	4
(*c*)	3	2	4	1
(*d*)	3	1	4	2

721. तमिलनाडु एवं कर्नाटक का जल विवाद सम्बन्धित है:

(*a*) कृष्णा से (*b*) कावेरी से
(*c*) गोदावरी से (*d*) महानदी से

722. उत्तराखंड राज्य को विशेष राज्य का दर्जा कब प्रदान किया गया?

(*a*) 1 अप्रैल, 2001 से
(*b*) 1 अप्रैल, 2002 से
(*c*) 2 अक्टूबर, 2001 से
(*d*) 2 अक्टूबर, 2002 से

723. रबर के उत्पादन में अग्रणी राज्य है–

(*a*) तमिलनाडु (*b*) असम
(*c*) केरल (*d*) कर्नाटक

724. भारत के किस राज्य में जिम कॉर्बेट पार्क स्थित है?

(*a*) बिहार (*b*) उत्तर प्रदेश
(*c*) उत्तराखंड (*d*) हिमाचल प्रदेश

725. भारत के किस राज्य में भुज स्थित है?

(*a*) राजस्थान (*b*) तमिलनाडु
(*c*) महाराष्ट्र (*d*) गुजरात

726. गुजरात में गिर-वन किसके नाम से जाना जाता है?

(*a*) हिरण (*b*) शेर
(*c*) बाघ (*d*) चीता

727. भारत की सिलिकॉन वैली (Silicon Valley) कहाँ स्थित है?

(*a*) हैदराबाद (*b*) चेन्नई
(*c*) बेंगलुरु (*d*) तिरुअनंतपुरम

728. .... देश का पहला ऐसा राज्य है, जिसके सभी विकास खण्डों को कम्प्यूटर नेटवर्क से जोड़ दिया गया है।

(*a*) कर्नाटक (*b*) आन्ध्र प्रदेश
(*c*) केरल (*d*) तमिलनाडु

729. 2011 की जनसंख्या के अनुसार किस राज्य का जनसंख्या घनत्व सबसे ज्यादा है?

(*a*) उत्तर प्रदेश (*b*) आन्ध्र प्रदेश
(*c*) पश्चिम बंगाल (*d*) बिहार

730. भारत का एकमात्र शीत मरुस्थल है–

(*a*) लाचेन (*b*) पूर्वी कामेंग
(*c*) लद्दाख (*d*) चम्बा

731. प्रसिद्ध चिल्का झील किस राज्य में है?

(*a*) उड़ीसा (*b*) पश्चिम बंगाल
(*c*) उत्तर प्रदेश (*d*) राजस्थान

732. निम्नलिखित में से किस राज्य में मरुगोचर योजना नामक विशेष कार्यक्रम की शुरुआत की गई है?

(*a*) गुजरात में (*b*) राजस्थान में
(*c*) उड़ीसा में (*d*) हरियाणा में

733. किस भारतीय राज्य की सीमा सर्वाधिक राज्यों की सीमा को स्पर्श करती है?

(*a*) मध्य प्रदेश (*b*) असम
(*c*) उत्तर प्रदेश (*d*) आन्ध्र प्रदेश

734. सरदार सरोवर परियोजना का सम्बन्ध किन राज्यों से है?
(*a*) मध्य प्रदेश, उत्तर प्रदेश, राजस्थान, गुजरात
(*b*) महाराष्ट्र, गुजरात, राजस्थान, उत्तर प्रदेश
(*c*) मध्य प्रदेश, महाराष्ट्र, गुजरात, राजस्थान
(*d*) मध्य प्रदेश, बिहार, ओडिशा, आंध्र प्रदेश

735. निम्नलिखित में से किस राज्य/केन्द्र शासित प्रदेश में जराव जनजाति पाई जाती है?
(*a*) अंडमान निकोबार द्वीप समूह
(*b*) अरुणाचल प्रदेश
(*c*) लक्षद्वीप
(*d*) त्रिपुरा

736. पखुई वन्य जीव अभ्यारण्य स्थित है :
(*a*) अरुणाचल प्रदेश में
(*b*) मेघालय में
(*c*) मिजोरम में
(*d*) सिक्किम में

737. 2011 की जनगणना के अनुसार निम्नलिखित में से किस राज्य की साक्षरता दर, राष्ट्रीय साक्षरता-दर से कम है?
(*a*) हरियाणा (*b*) आंध्र प्रदेश
(*c*) मेघालय (*d*) हिमाचल प्रदेश

738. निम्नलिखित केन्द्रशासित प्रदेशों में से औन्ज जनजाति के लोग किसमें रहते हैं?
(*a*) पुडुचेरी
(*b*) चंडीगढ़
(*c*) लक्षद्वीप
(*d*) अण्डमान और निकोबार द्वीप समूह

739. 'राजस्थान का प्रवेशद्वार' किसे कहते हैं?
(*a*) उदयपुर (*b*) डूँगरपुर
(*c*) राजसमंद (*d*) भरतपुर

740. भारत का सर्वाधिक नगरीकरण वाला राज्य है :
(*a*) पश्चिम बंगाल
(*b*) गोवा
(*c*) गुजरात
(*d*) उत्तर प्रदेश

741. पंजाब में कौन-सा स्थान हौजरी उद्योग के लिए प्रसिद्ध है?
(*a*) अमृतसर (*b*) जालन्धर
(*c*) गुरदासपुर (*d*) लुधियाना

742. 'गिद्धा' लोक-नृत्य का सम्बन्ध किस राज्य से है?
(*a*) पंजाब (*b*) राजस्थान
(*c*) बिहार (*d*) मध्य प्रदेश

743. निम्नलिखित में से कौन-सा राज्य पहले नेफा (NEFA) के रूप में जाना जाता था?
(*a*) नगालैंड
(*b*) मणिपुर
(*c*) अरुणाचल प्रदेश
(*d*) असोम

744. क्षेत्रफल की दृष्टि से भारत का सबसे छोटा राज्य कौन-सा है?
(*a*) गोवा
(*b*) अरुणाचल प्रदेश
(*c*) मिजोरम
(*d*) सिक्किम

745. वह राज्य जिसे प्रथम शत-प्रतिशत साक्षर राज्य होने का गौरव प्राप्त है :

(a) महाराष्ट्र (b) पश्चिम बंगाल
(c) हरियाणा (d) केरल

746. महाराष्ट्र में स्थित पिंपरी सम्बन्धित है:
(a) घड़ी बनाने से
(b) कागज उद्योग से
(c) एन्टीबायोटिक कारखाने से
(d) थरमल पॉवर से

747. लोक-नृत्य 'गरबा' किस राज्य से सम्बन्धित है?
(a) राजस्थान
(b) आन्ध्र प्रदेश
(c) हिमाचल प्रदेश
(d) गुजरात

748. 'पंगी' नृत्य किस राज्य से सम्बन्धित है?
(a) सिक्किम (b) जम्मू-कश्मीर
(c) मणिपुर (d) हिमाचल प्रदेश

749. राष्ट्रीय समुद्र विज्ञान संस्थान कहाँ है?
(a) मुंबई (b) कोचीन
(c) वाल्टेयर (d) पणजी

750. तेलंगाना प्रदेश राज्य का निर्माण किस सन् में हुआ था?
(a) 2011 (b) 2012
(c) 2013 (d) 2014

पुस्तकें और लेखक

751. 'इंदिरा : द लाइफ ऑफ इंदिरा नेहरू गांधी' की लेखिका हैं:
(a) कैथेरिन फ्रैंक (b) अरुंधती राय
(c) झंपा लाहिरी (d) अमृता प्रीतम

752. 'रावण वध' किसकी कृति है?
(a) वासवदत्त (b) वत्स भट्टी
(c) उपेन्द्र दास (d) जसपाल दत्त

753. 'गायत्री मंत्र' किस वेद से लिया गया है?
(a) ऋग्वेद (b) सामवेद
(c) यजुर्वेद (d) अथर्ववेद

754. 'वन्देमातरम्' गीत निम्नलिखित पुस्तक से लिया गया है:
(a) 'कर्मभूमि' से
(b) 'देशप्रेम' से
(c) 'आनन्दमठ' से
(d) इनमें से कोई नहीं

755. 'गीता रहस्य' नामक पुस्तक के लेखक
(a) बाल गंगाधर तिलक
(b) अरविन्द घोष
(c) महात्मा गांधी
(d) लाला लाजपत राय

756. 'विजयी विश्व तिरंगा प्यारा' के रचयिता हैं:
(a) अब्दुल कलाम आजाद
(b) श्याम लाल गुप्त
(c) सोहन लाल द्विवेदी
(d) इकबाल

757. 'पद्मावत' के रचयिता कौन थे?
(a) जायसी (b) चन्द्रबरदायी
(c) विद्यापति (d) रहीम

758. भारतवर्ष के अन्तिम हिन्दू नरेश हर्षवर्धन के समकालीन बाणभट्ट ने निम्नलिखित में से कौन-सी पुस्तक लिखी थी?
(a) रत्नावली (b) मयूर शतक
(c) कादम्बरी (d) पंचतंत्र

759. प्रतिष्ठित व्यास-सम्मान से पुरस्कृत उपन्यास 'पहला गिरिमिटिया' के लेखक हैं:

(*a*) निर्मल वर्मा
(*b*) गिरिराज किशोर
(*c*) गिरिलाल शुक्ला
(*d*) इन्दिरा पार्थसारथी

760. 'गॉड ऑफ स्माल थिंग्ज' का लेखक कौन है?

(*a*) राजकमल झा
(*b*) अरुन्धती रॉय
(*c*) अमिताभ घोष
(*d*) विक्रम सेठ

761. पुस्तक 'ऐन एक्टर्स जर्नी' किसकी आत्मकथा है?

(*a*) सईद जाफरी
(*b*) देव आनन्द
(*c*) दिलीप कुमार
(*d*) अमिताभ बच्चन

762. 'वेटिंग फॉर महात्मा' नामक पुस्तक के लेखक हैं:

(*a*) आर.के. नारायण
(*b*) मुल्कराज आनन्द
(*c*) खुशवंत सिंह
(*d*) नीरज सी चौधरी

763. 'एशियन ड्रामा' के लेखक थे:

(*a*) गुन्नार मिर्डल (*b*) बर्टेण्ड रसेल
(*c*) सैमुअलसन (*d*) अमर्त्य सेन

764. 'ऐन ईक्वेल म्यूजिक' के लेखक ...... हैं:

(*a*) पंडित रविशंकर
(*b*) सलमान रुश्दी
(*c*) पंडित भीमसेन जोशी
(*d*) विक्रम सेठ

765. रामधारीसिंह 'दिनकर' को उनकी किस कृति पर 'भारतीय ज्ञानपीठ पुरस्कार' प्राप्त हुआ था?

(*a*) 'कुरुक्षेत्र' पर
(*b*) 'रश्मिरथी' पर
(*c*) 'उर्वशी' पर
(*d*) 'परशुराम की प्रतिज्ञा' पर

766. 'संस्कृति के चार अध्याय' के लेखक का नाम है:

(*a*) सुभद्रा कुमारी चौहान
(*b*) माखनलाल चतुर्वेदी
(*c*) भगवतीचरण वर्मा
(*d*) रामधारीसिंह 'दिनकर'

767. "My Girlhood" एक आत्मकथा है। इसकी लेखिका हैं:

(*a*) अरुधंती राय
(*b*) तसलीमा नसरीन
(*c*) मेघा पाटकर
(*d*) शोभा डे

768. 'सावित्री' के लेखक थे:

(*a*) अरविंद घोष
(*b*) बंकिमचन्द्र
(*c*) विवेकानन्द
(*d*) रवीन्द्रनाथ टैगोर

769. 'इंडिया डिवाइडेड' के लेखक थे:

(*a*) मौलाना अबुल कलाम आजाद
(*b*) महात्मा गांधी
(*c*) सी. राजगोपालाचारी
(*d*) डॉ. राजेन्द्र प्रसाद

770. अपने पति अमिताभ बच्चन के जीवन पर जया बच्चन ने कौन-सी पुस्तक लिखी है?

(a) अमिताभ: द मेगास्टार
(b) एक्टर एक्ट्राऑर्डिनरी
(c) लाईफ एंड टाइम्स ऑफ अमिताभ बच्चन
(d) टु बी और नॉट टू बी

771. महाकवि कालिदास की रचना 'अभिज्ञान शाकुन्तलम्' का हिन्दी अनुवाद किसने किया?
(a) राजा शिव प्रसाद
(b) गोस्वामी विट्ठलनाथ
(c) राजा लक्ष्मण सिंह
(d) भारतेन्दु हरिश्चन्द्र

772. 'विंग्स ऑफ फायर' किसकी कृति है?
(a) डॉ. ए.पी.जे. अब्दुल कलाम
(b) वी.एस. नायपॉल
(c) अरुन्धती राय
(d) विक्रम सेठ

773. 'मालगुडी डेज' नामक पुस्तक के लेखक कौन हैं?
(a) जॉन मिल्टन
(b) आर.के. नारायण
(c) नीरद सी चौधरी
(d) मुल्कराज आनन्द

774. 'आइने अकबरी' का रचयिता कौन है?
(a) अबुल फैजी
(b) बदायूँनी
(c) निजामुद्दीन औलिया
(d) अबुल फजल

775. निम्न में से कौन-सी यहूदियों की धार्मिक पुस्तक है?
(a) जेन्द अवस्ता (b) त्रिपटिका
(c) तोराह (d) द अनेल्कटम

776. 'माई प्रेसिडेंशियल ईयर्स' के लेखक हैं:
(a) शंकर दयाल शर्मा
(b) आर. वेंकटरमन
(c) बिल क्लिंटन
(d) वी.वी. गिरी

777. पुस्तक 'बेंड इन द रिवर' का लेखक कौन है?
(a) डारिओ फो
(b) अर्नेस्ट हेमिंग्वे
(c) वी.एस. नायपॉल
(d) विक्रम भट्ट

778. पुस्तक 'ए विलेज बाइ द सी' के लेखक कौन हैं?
(a) वी.एस. नायपॉल
(b) अनिता देसाई
(c) अमर सिंह
(d) विक्रम सेठ

779. उपन्यास 'द ग्लास पैलेस' का लेखक निम्नलिखित में से कौन है?
(a) अमिताभ घोष
(b) अरुन्धती राय
(c) खुशवंत सिंह
(d) वी.एस. नायपॉल

780. 'सिर्र-ए-अकबर' के लेखक थे:
(a) अबुल फजल
(b) दाराशिकोह
(c) मुल्ला शाह बदखशानी
(d) शाह वलीउल्लाह

781. 'द चाइल्ड इज फादर ऑफ मैन' एक प्रसिद्ध कविता का सार-वाक्य है। इस कविता को किसने लिखा?
(a) एन. टेलर
(b) जेन टेलर
(c) विलियम वड्र्सवर्थ
(d) लेविस, केरॉल

782. 'द लाइफ डिवाइन' के लेखक कौन थे?
(*a*) राजा राममोहन राय
(*b*) रामकृष्ण परमहंस
(*c*) देवाजी नन्द
(*d*) अरविंद घोष

783. 'द ग्राउंड बिनीथ हर फीट' किसके द्वारा लिखित उपन्यास है?
(*a*) सलमान रुश्दी
(*b*) विक्रम सेठ
(*c*) अरुन्धती राय
(*d*) अनिता देसाई

784. 'मैला आँचल' के रचनाकार हैं :
(*a*) प्रेमचन्द
(*b*) फणीश्वरनाथ रेणु
(*c*) जयशंकर प्रसाद
(*d*) महादेवी वर्मा

785. निम्नलिखित में से किसने 'रघुवंशम' लिखा?
(*a*) दानदीन (*b*) अश्वघोष
(*c*) शूद्रक (*d*) कालिदास

786. 'मधुशाला' के रचयिता कौन हैं?
(*a*) जयशंकर प्रसाद
(*b*) रामधारीसिंह 'दिनकर'
(*c*) महादेवी वर्मा
(*d*) हरिवंश राय बच्चन

787. 'देवदास' उपन्यास के रचनाकार हैं :
(*a*) शरत्चन्द्र चटर्जी
(*b*) बंकिमचन्द्र चटर्जी
(*c*) रवीन्द्रनाथ टैगोर
(*d*) ताराशंकर बंदोपाध्याय

788. 'गीत गोविंद' के रचयिता हैं :
(*a*) बुद्धदेव (*b*) जयदेव
(*c*) व्यास (*d*) बाल्मीकि

789. *'माई एक्सपेरिमेंट विद ट्रुथ'* के लेखक हैं :
(*a*) जवाहरलाल नेहरू
(*b*) महात्मा गांधी
(*c*) लियो टॉलस्टाय
(*d*) इनमें से कोई नहीं

790. 'स्टैप एक्रॉस द लाइन' नाम की पुस्तक किसके द्वारा लिखी गई है?
(*a*) शोभा डे
(*b*) खुशवन्त सिंह
(*c*) सलमान रुश्दी
(*d*) तसलीमा नसरीन

791. निम्न में से कौन-सी स्मृति प्राचीनतम है?
(*a*) पाराशर स्मृति
(*b*) याज्ञवल्क्य स्मृति
(*c*) नारद स्मृति
(*d*) मनु स्मृति

792. 'भारत-भारती' के लेखक कौन हैं?
(*a*) मैथिलीशरण गुप्त
(*b*) सूर्यकान्त त्रिपाठी 'निराला'
(*c*) महादेवी वर्मा
(*d*) रामधारीसिंह 'दिनकर'

793. 'हिन्द स्वराज्य' किसने लिखा?
(*a*) महात्मा गांधी
(*b*) बालगंगाधर तिलक
(*c*) विनोबा भावे
(*d*) चन्द्रशेखर आजाद

794. 'कम्युनिस्ट मैनिफेस्टो' किसने लिखी?
(*a*) लेनिन
(*b*) कार्ल मार्क्स
(*c*) स्टैलिन
(*d*) इनमें से कोई नहीं

795. पुस्तक Friends and Foes' के लेखक हैं:
(*a*) शेख मुजीबुर्रहमान
(*b*) लॉर्ड अल्फ्रेड टेनीसन
(*c*) डॉ.एस. राधाकृष्णन
(*d*) राजमोहन गांधी

796. सूची-I एवं सूची-II को सुमेलित कीजिए और नीचे दिए गए कूट से सही उत्तर का चयन कीजिए:

सूची-I	सूची-II
A. बाणभट्ट	1. लोमड़ी व अंगूर
B. अश्वघोष	2. इलियड
C. होमर	3. कादंबरी
D. ईसाप	4. बुद्धचरित

कूट:

	A	B	C	D
(*a*)	2	4	1	3
(*b*)	3	4	2	1
(*c*)	3	1	4	2
(*d*)	3	2	1	4

797. 'द स्ट्रगल इन माई लाइफ' के लेखक हैं:
(*a*) नेल्सन मंडेला
(*b*) जवाहरलाल नेहरू
(*c*) तिलक
(*d*) गोखले

798. 'ए पैसेज टु इंग्लैंड' के लेखक कौन हैं?
(*a*) ई.एम. फोस्टर
(*b*) नीरद सी. चौधरी
(*c*) जी.बी. शान
(*d*) विन्सटन चर्चिल

799. भारतीय स्वतंत्रता आंदोलन के दौरान चर्चित पुस्तक 'मेमरिज ऑफ माई लाइफ एंड टाइम' के लेखक कौन थे?
(*a*) बी.सी. पाल
(*b*) बाल गंगाधर तिलक
(*c*) मोतीलाल नेहरू
(*d*) चितरंजन दास

800. जातकों की धार्मिक पुस्तकें .... की हैं।
(*a*) वैष्णवों (*b*) जैनियों
(*c*) बौद्धों (*d*) शैवों

अन्तर्राष्ट्रीय संगठन

801. संयुक्त राष्ट्र संघ का महासचिव जो हवाई दुर्घटना में मारा गया था:
(*a*) यू थांट
(*b*) कुर्त वाल्डेइम
(*c*) ट्रिग्वेली
(*d*) डैग हैमर शोल्ड

802. संयुक्त राष्ट्र संघ का 193वाँ सदस्य देश है:
(*a*) फिजी (*b*) द. सूडान
(*c*) तुवालू (*d*) मकाऊ

803. संयुक्त राष्ट्र संघ में पाँच महाशक्तियाँ निषेधाधिकार का प्रयोग किसमें करती हैं?
(*a*) महासभा
(*b*) न्यासिता परिषद्
(*c*) सुरक्षा परिषद्
(*d*) आर्थिक एवं सामाजिक परिषद्

804. अन्तर्राष्ट्रीय रेडक्रॉस का मुख्यालय है:
(*a*) जेनेवा (*b*) न्यूयॉर्क
(*c*) स्टॉकहोम (*d*) पेरिस

805. संयुक्त राष्ट्र संघ के सुरक्षा परिषद् के स्थायी सदस्यों की संख्या है :
(*a*) 11 (*b*) 14
(*c*) 5 (*d*) 10

806. अन्तर्राष्ट्रीय मुद्राकोष का मुख्यालय है :
(*a*) वाशिंगटन में (*b*) न्यूयॉर्क में
(*c*) जेनेवा में (*d*) वियना में

807. साफ्टा (SAFTA) का पूर्ण रूप क्या है?
(*a*) साउथ एशिया फ्री ट्रेड एरेंजमेंट
(*b*) सार्क प्रीफेन्शियल ट्रेड एजेन्सी
(*c*) साउथ एशिया प्रीफेन्शियल ट्रेड एजेन्सी
(*d*) साउथ एशिया प्रीफेन्शियल ट्रेड एग्रीमेंट

808. संयुक्त राष्ट्र संघ ने वर्ष 2008 को किस वर्ष के रूप में मनाया था?
(*a*) अन्तर्राष्ट्रीय महिला वर्ष
(*b*) अन्तर्राष्ट्रीय आलू वर्ष
(*c*) अन्तर्राष्ट्रीय आर्थिक पर्यटन वर्ष
(*d*) अन्तर्राष्ट्रीय पशु संरक्षण वर्ष

809. सुरक्षा परिषद् के अस्थायी सदस्यों का चुनाव ....
(*a*) 5 वर्ष के लिए होता है
(*b*) 3 वर्ष के लिए होता है
(*c*) 1 वर्ष के लिए होता है
(*d*) 2 वर्ष के लिए होता है

810. संयुक्त राष्ट्र संघ की कितनी मान्यता प्राप्त भाषाएँ हैं?
(*a*) चार (*b*) पाँच
(*c*) छः (*d*) सात

811. संयुक्त राष्ट्र संघ की सुरक्षा परिषद् में कुल कितने सदस्य हैं?
(*a*) दस (*b*) पन्द्रह
(*c*) सोलह (*d*) बीस

812. अन्तर्राष्ट्रीय अणु ऊर्जा एजेन्सी का मुख्यालय कहाँ है?
(*a*) वियना (*b*) जेनेवा
(*c*) न्यूयॉर्क (*d*) कनाडा

813. विश्व व्यापार संगठन (WTO) का मुख्यालय कहाँ है?
(*a*) पेरिस (*b*) जेनेवा
(*c*) न्यूयॉर्क (*d*) रोम

814. वह पहला अन्तर्राष्ट्रीय विवाद जिसे फैसले के लिए संयुक्त राष्ट्र संघ के समक्ष प्रस्तुत किया गया?
(*a*) कश्मीर समस्या
(*b*) फिलिस्तीन समस्या
(*c*) साइप्रस का विवाद
(*d*) अजरबैजान संकट

815. अन्तर्राष्ट्रीय न्यायालय कहाँ है?
(*a*) जेनेवा (*b*) न्यूयॉर्क
(*c*) द हेग (*d*) पेरिस

816. संयुक्त राष्ट्र संघ की जनरल एसेम्बली की प्रथम महिला प्रेसीडेण्ट कौन थी?
(*a*) मार्ग्रेट थ्रैचर
(*b*) विजयलक्ष्मी पंडित
(*c*) इलेक्शन रूजवेल्ट
(*d*) सिरिमाओ भंडारनायके

817. संयुक्त राष्ट्र संघ के चार्टर पर कब हस्ताक्षर हुए थे?
(*a*) फरवरी, 1945
(*b*) अप्रैल, 1945
(*c*) जून, 1945
(*d*) अक्टूबर, 1945

818. संयुक्त राष्ट्र संघ दिवस प्रतिवर्ष किस दिन मनाया जाता है?
(*a*) 6 जून (*b*) 24 अक्टूबर
(*c*) 30 अक्टूबर (*d*) 14 नवम्बर

819. कितने देश सार्क के सदस्य हैं?
(a) 5 (b) 6
(c) 8 (d) 7

820. निम्नलिखित संगठनों में से कौन-सा संगठन मानव अधिकारों की रक्षा से संबद्ध है?
(a) यूनेस्को
(b) गुटनिरपेक्ष आन्दोलन
(c) एमनेस्टी इंटरनेशनल
(d) अन्तर्राष्ट्रीय न्यायालय

821. संयुक्त राष्ट्र संघ का खर्च कहाँ से आता है?
(a) सुरक्षा परिषद् के स्थायी सदस्य देते हैं
(b) सुरक्षा परिषद् के सभी सदस्य देते हैं
(c) महासभा के सभी सदस्य देते हैं
(d) अमेरिका और रूस मिलकर देते हैं

822. सार्क का सचिवालय कहाँ है?
(a) कोलम्बो (b) ढाका
(c) काठमाण्डू (d) नई दिल्ली

823. संयुक्त राष्ट्र संघ के शान्ति मिशनों के विभाग में नागरिक पुलिस सलाहकार के रूप में किस प्रथम भारतीय महिला की नियुक्ति की गई थी?
(a) सुष्मिता सेन (b) किरण बेदी
(c) भावना बेन (d) ऐश्वर्या राय

824. संयुक्त राष्ट्र औद्योगिक विकास संगठन का मुख्यालय कहाँ पर है?
(a) वियना (b) न्यूयॉर्क
(c) जेनेवा (d) रोम

825. पहला सार्क शिखर सम्मेलन किस वर्ष आयोजित किया गया था?
(a) 1985
(b) 1986
(c) 1987
(d) इनमें से कोई नहीं

826. अन्तर्राष्ट्रीय न्यायालय में महासभा द्वारा निर्वाचित कितने न्यायाधीश होते हैं?
(a) 15 (b) 18
(c) 20 (d) 10

827. संयुक्त राष्ट्र शैक्षिक, वैज्ञानिक और सांस्कृतिक संगठन (यूनेस्को) का मुख्यालय कहाँ स्थित है?
(a) न्यूयॉर्क
(b) पेरिस
(c) वाशिंगटन
(d) इनमें से कोई नहीं

828. निम्नलिखित में से कौन संयुक्त राष्ट्र संघ के सुरक्षा परिषद् का स्थायी सदस्य नहीं है?
(a) चीन (b) रूस
(c) फ्रांस (d) भारत

829. इंटरनेशनल क्रिकेट कौंसिल (ICC) क मुख्यालय कहाँ स्थापित है?
(a) जिम्बाब्वे
(b) ऑस्ट्रेलिया
(c) दक्षिण अफ्रीका
(d) दुबई

830. अन्तर्राष्ट्रीय मुद्रा कोष (I.M.F.) का प्रमुख कार्य है:
(a) बैंकों से अन्तर्राष्ट्रीय निक्षेपों का प्रबन्ध करना
(b) सदस्य देशों की भुगतान सन्तुलन समस्याओं में सहायता करना
(c) विश्व बैंक के प्राइवेट क्षेत्र की

प्रधान शाखा के रूप में कार्य करना

(*d*) विकासशील देशों को वित्त संनिवेशी ऋण देना

831. यू.एन. (संयुक्त राष्ट्र) के पहले महासचिव ट्रिग्वेली किस राष्ट्र से संबंधित थे?

(*a*) नार्वे (*b*) नाइजीरिया

(*c*) मिस्र (*d*) कीनिया

832. तेल निर्यात करने वाले देशों ने एक व्यापारिक संस्था बनायी है, जो जानी जाती है:

(*a*) OPAC

(*b*) OPEC

(*c*) EFTA

(*d*) COMECON

833. निम्नलिखित में से कौनसा देश G-15 का सदस्य नहीं है?

(*a*) नाइजीरिया

(*b*) केन्या

(*c*) पाकिस्तान

(*d*) चिली

834. संयुक्त राष्ट्र संघ के महासचिव की नियुक्ति कौन करता है?

(*a*) जनरल असेम्बली

(*b*) ट्रस्टीशिप काउन्सिल

(*c*) सुरक्षा परिषद् की संस्तुति पर जनरल असेम्बली

(*d*) आर्थिक एवं सामाजिक परिषद्

835. संयुक्त राष्ट्र संघ के प्रथम महासचिव कौन थे?

(*a*) ट्रिग्वेली (*b*) डैग हैमरशोल्ड

(*c*) यू थाँट (*d*) कुर्त बाल्डेइम

836. निम्नलिखित में से कौन-सा ऐसा संस्थान है, जिसे संयुक्त राष्ट्र संघ का विशिष्ट सहयोगी संस्थान नहीं कहा जा सकता है?

(*a*) विश्व स्वास्थ्य संगठन (WHO)

(*b*) अन्तर्राष्ट्रीय श्रम संगठन (ILO)

(*c*) खाद्य एवं कृषि संगठन (FAO)

(*d*) अन्तर्राष्ट्रीय मुद्राकोष (IMF)

(*e*) अन्तर्राष्ट्रीय कमेटी ऑफ रेडक्रॉस (ICRC)

837. अन्तर्राष्ट्रीय श्रम संगठन (ILO) का मुख्य कार्यालय कहाँ स्थित है?

(*a*) जेनेवा

(*b*) पेरिस

(*c*) नई दिल्ली

(*d*) वाशिंगटन डी.सी.

838. विश्व डाक संगठन (UPU) का मुख्यालय कहाँ स्थित है?

(*a*) पेरिस (*b*) बर्न

(*c*) जेनेवा (*d*) हेग

839. विश्व स्वास्थ्य संगठन (WHO) किस वर्ष स्थापित किया गया था?

(*a*) 1948 (*b*) 1945

(*c*) 1957 (*d*) 1950

840. संयुक्त राष्ट्र संघ (UNO) की सुरक्षा परिषद् राष्ट्र संघ (League of Nations) की सुरक्षा परिषद् से अधिक प्रभावी क्यों है?

(*a*) इसके सदस्यों की संख्या अधिक है

(*b*) इसकी शक्ति कहीं अधिक है

(*c*) यह राष्ट्रों की स्वेच्छा से भेजी गई सेना का प्रयोग कर सकती है

(*d*) समान रूप से प्रभावी है

841. इण्टर पोल (अन्तर्राष्ट्रीय अपराधी पुलिस संगठन) की स्थापना कब हुई?

(*a*) 1950 में (*b*) 1952 में
(*c*) 1956 में (*d*) 1960 में

842. निम्नलिखित में से कौन-सा राष्ट्र सुरक्षा परिषद् का स्थायी सदस्य नहीं है?
(*a*) चीन (*b*) जापान
(*c*) अमेरिका (*d*) रूस

843. यू.एन.ओ. के संविधान को कहा जाता है–
(*a*) मैग्नाकार्टा (*b*) पीस एग्रीमेंट
(*c*) डिक्लेरेशन (*d*) चार्टर

844. संयुक्त राष्ट्र संघ के बजट में सबसे बड़ा हिस्सा कौन देश प्रदान करता है?
(*a*) इंग्लैंड (*b*) रूस
(*c*) फ्रांस (*d*) अमेरिका

845. संयुक्त राष्ट्र के पूर्व महासचिव बान की-मून किस देश से संबंधित हैं?
(*a*) इंग्लैंड
(*b*) चीन
(*c*) दक्षिण कोरिया
(*d*) अमेरिका

846. अन्तर्राष्ट्रीय समुद्रीय परामर्श संगठन का मुख्यालय कहाँ है?
(*a*) लन्दन (*b*) वियना
(*c*) जेनेवा (*d*) वाशिंगटन

847. अन्तर्राष्ट्रीय नागरिक उड्डयन संगठन का मुख्यालय कहाँ है?
(*a*) वियना (*b*) जेनेवा
(*c*) मॉंट्रियल (*d*) बर्न

848. डब्ल्यू.टी.ओ. (WTO) का पूर्ण रूप है–
(*a*) वर्ल्ड ट्रेड ऑर्गेनाइजेशन
(*b*) वर्ल्ड लाइफ थेराप्यूटिक ऑर्गेनिज्म
(*c*) वर्ल्ड टेलिमेटिक्स ऑर्गेनाइजेशन
(*d*) इनमें से कोई नहीं

849. शरणार्थियों के लिए संयुक्त राष्ट्र उच्चायुक्त का गठन कब किया गया था?
(*a*) 1945 में (*b*) 1947 में
(*c*) 1948 में (*d*) 1950 में

850. अन्तर्राष्ट्रीय दूर संचार संघ का मुख्यालय कहाँ है?
(*a*) जेनेवा (*b*) वाशिंगटन
(*c*) लन्दन (*d*) मांट्रियल

विविध

851. थारू तथा भोट नामक जनजातियाँ भारत के किस भौगोलिक क्षेत्र में निवास करती हैं?
(*a*) उत्तराखंड
(*b*) दक्षिण भारत क्षेत्र
(*c*) मध्य भारत क्षेत्र
(*d*) उपर्युक्त में से कहीं नहीं

852. भारत में सिंह किस उद्यान में पाए जाते हैं?
(*a*) कान्हा राष्ट्रीय उद्यान
(*b*) राजाजी राष्ट्रीय उद्यान
(*c*) गिरि राष्ट्रीय उद्यान
(*d*) पेरियार राष्ट्रीय उद्यान

853. कोणार्क का काला मन्दिर किस देवता को समर्पित है?
(*a*) जगन्नाथ (*b*) सूर्य
(*c*) शिव (*d*) महावीर

854. गोपुरम कहाँ के मन्दिरों की विशेषता है?

(*a*) उड़ीसा (*b*) तमिलनाडु
(*c*) गुजरात (*d*) मध्य प्रदेश

855. 'राइटर्स' किस देश की न्यूज एजेंसी है?
(*a*) अमेरिका (*b*) ब्रिटेन
(*c*) रूस (*d*) जापान

856. भारत की राजकीय यात्रा पर आने वाले अमेरिका के प्रथम राष्ट्रपति थे:
(*a*) जिमी कार्टर
(*b*) रिचर्ड एम निक्सन
(*c*) ड्वाइट आइजनहावर
(*d*) विलियम जेफरसन क्लिंटन

857. 'इकेबाना' जापान की कौन-सी कला है?
(*a*) चित्रकला
(*b*) युद्ध कौशल
(*c*) पुष्प सज्जा
(*d*) पौधों की कृषि

858. खालसा पंथ की स्थापना किसने की थी?
(*a*) गुरु नानक देव ने
(*b*) गुरु रामदास ने
(*c*) गुरु अर्जुन देव ने
(*d*) गुरु गोविन्द सिंह ने

859. सूची-I एवं सूची-II को सुमेलित कीजिए और नीचे दिए गए कूट से सही उत्तर का चयन कीजिए:

सूची-I (समाधि स्थल)	**सूची-II** (महान् व्यक्ति)
A. चैत्राभूमि	1. ज्ञानी जैल सिंह
B. अभया घाट	2. बी.आर. अम्बेडकर
C. नारायण घाट	3. मोरारजी देसाई
D. एकता स्थल	4. गुलजारी लाल नंदा

कूटः

	A	B	C	D
(*a*)	1	2	3	4
(*b*)	2	3	4	1
(*c*)	3	4	2	1
(*d*)	4	1	3	2

860. काल वैशाखी एक प्रकार है:
(*a*) भूकम्प का
(*b*) चक्रवाती हवाओं का
(*c*) गुजरात में प्रचलित एक धार्मिक अनुष्ठान का
(*d*) उपर्युक्त में से कोई नहीं

861. दुग्ध उत्पादन से संबंधित ऑपरेशन फ्लड के सूत्रधार कौन थे?
(*a*) डॉ. एम.एस. स्वामीनाथन
(*b*) डॉ. वर्गीस कुरयिन
(*c*) डॉ. मनमोहन सिंह
(*d*) डॉ. पंजाब्र सिंह

862. जिस महाद्वीप में होकर काल्पनिक रेखाएँ, कर्क रेखा, मकर रेखा और भूमध्य रेखा गुजरती हैं, वह है:
(*a*) एशिया (*b*) यूरोप
(*c*) अफ्रीका (*d*) ऑस्ट्रेलिया

863. इनमें से कौन-सा शहर राजधानी नहीं है?
(*a*) अंकारा (*b*) कैनबरा
(*c*) न्यूयॉर्क (*d*) बर्न

864. नेशनल इन्स्टीट्यूट ऑफ ओशनोग्राफी कहाँ स्थापित किया गया है?
(*a*) मुबंई (*b*) कोयम्बटूर
(*c*) पणजी (*d*) चेन्नई

865. विश्व पर्यटन दिवस किस दिन मनाया जाता है?

(*a*) 1 दिसम्बर
(*b*) 5 सितम्बर
(*c*) 27 सितम्बर
(*d*) इनमें से कोई नहीं

866. अलफांसो है :
(*a*) गुलाब की एक किस्म
(*b*) सेब की एक किस्म
(*c*) अंगूर की एक किस्म
(*d*) आम की एक किस्म

867. जनजातीय लोगों के सम्बन्ध में 'आदिवासी' शब्द का प्रयोग सर्वप्रथम किसने किया था?
(*a*) महात्मा गांधी ने
(*b*) ठक्कर बापा ने
(*c*) बी.आर. अम्बेडकर ने
(*d*) मुन्नी अन्जुमन ने

868. इण्डियन मिलिट्री एकेडेमी कहाँ है?
(*a*) वैलिंगटन (*b*) देहरादून
(*c*) खड़गवासला (*d*) नई दिल्ली

869. जैमिनी रॉय (Jamini Roy) का संबंध कला के किस क्षेत्र से है?
(*a*) मूर्तिकला (*b*) संगीत
(*c*) चित्रकला (*d*) नाट्यकला

870. एक माह तक चलने वाला विश्व का सबसे बड़ा पशु मेला कौन-सी जगह लगता है?
(*a*) पुष्कर (*b*) नौचन्दी
(*c*) सोनपुर (*d*) बटेश्वर

871. निम्नलिखित में से कौन-सा व्यक्तित्व 'लेडी विद द लैम्प' के रूप में जाना जाता है?
(*a*) मदर टेरेसा
(*b*) फ्लोरेंस नाइटिंगेल
(*c*) सरोजिनी नायडू
(*d*) इसाबेला आर्थर

872. भारत में युद्ध टैंक (Battle Tank) कहाँ बनाए जाते हैं?
(*a*) पेराम्बुर (*b*) आवड़ी
(*c*) भद्रावती (*d*) किर्की

873. नेशनल डिफेंस एकेडेमी स्थित है :
(*a*) देहरादून (*b*) पुणे
(*c*) वेलिंगटन (*d*) खड़गवासला

874. बाण्डुंग सम्मेलन (Bandung Conference) निम्नलिखित में से किसके लिए मील का पत्थर साबित हुआ?
(*a*) गुटनिरपेक्ष आन्दोलन (Non-Aligned Movement)
(*b*) भारत-चीन सम्बन्ध
(*c*) अमेरिका-वियतनाम युद्ध
(*d*) 'एशियान' (ASEAN) का निर्माण

875. मन्नापल्ली काबू तीर्थ में मन्नापल्ली उत्सव बड़ी धूमधाम से मनाया जाता है। यह तीर्थ-स्थल किस राज्य में है?
(*a*) तमिलनाडु (*b*) केरल
(*c*) कर्नाटक (*d*) आन्ध्र प्रदेश

876. 2011 की जनगणना के अनुसार निम्नलिखित में से किस राज्य की जनसंख्या शेष तीन राज्यों से अधिक है?
(*a*) असम (*b*) छत्तीसगढ़
(*c*) झारखण्ड (*d*) पंजाब

877. खुजराहो के प्रख्यात मन्दिर निम्नलिखित में से किस शैली के उदाहरण हैं?
(*a*) अमरावती शैली
(*b*) नागर शैली
(*c*) गांधार शैली
(*d*) द्रविड़ शैली

878. भारतीय सेना का सर्वोच्च पद कौन-सा है?
(*a*) जनरल
(*b*) मेजर जनरल
(*c*) कैप्टन
(*d*) ब्रिगेडियर जनरल

879. विक्रम साराभाई अंतरिक्ष केंद्र कहाँ स्थित है?
(*a*) मुंबई (*b*) बंगलौर
(*c*) श्रीहरिकोटा (*d*) तिरुअनंतपुरम

880. भारत में हरित-क्रांति का श्रेय जिस सुविख्यात कृषि औद्योगिकीविज्ञ को जाता है, उसका नाम है:
(*a*) डॉ. वर्गीस कुरियन
(*b*) प्रो. नॉर्मन बोर्लोग
(*c*) जयंत नार्लिकर
(*d*) सीताकांत महापात्र

881. संसार में सबसे ऊँचा बांध कौन-सा है?
(*a*) इनगुरी (रूस)
(*b*) रोगवधस्की (रूस)
(*c*) भाखड़ा (भारत)
(*d*) नोट्रे डेम (फ्रांस)

882. निम्नलिखित में से कौन-सा ग्रह सबसे कम चलता है?
(*a*) चंद्रमा (*b*) बुध
(*c*) शनि (*d*) वृहस्पति

883. किसी आबादी में जीनों के कुल योग को कहते हैं:
(*a*) जीनोम (*b*) जीन समुदाय
(*c*) जीन बस्ती (*d*) ऑटोसोम्स

884. भारतीय राष्ट्रीय-झंडे की चौड़ाई से लंबाई का अनुपात है:
(*a*) 4 : 7 (*b*) 1 : 2
(*c*) 3 : 4 (*d*) 2 : 3

885. निम्नलिखित में से कौन पाकिस्तान का प्रधानमंत्री नहीं रहा?
(*a*) लियाकत अली खाँ
(*b*) अयूब खाँ
(*c*) बेनजीर भुट्टो
(*d*) नवाज शरीफ

886. रेडियो संचरण में FM से आशय है:
(*a*) फ्रीक्वेंट मोड्यूलेशन
(*b*) फ्रीक्वेंसी मोड्यूलेशन
(*c*) फर्मी मेथड
(*d*) फैन मोड्यूलेशन

887. जनसंख्या तथा क्षेत्रफल की दृष्टि से भारत का स्थान विश्व में क्रमशः है:
(*a*) दूसरा, चौथा (*b*) तीसरा, सातवाँ
(*c*) दूसरा, तीसरा (*d*) दूसरा, सातवाँ

888. 'मध्य रात्रि के सूर्य का देश' (Land of Midnight Sun) का उपनाम है:
(*a*) ग्रीनलैण्ड
(*b*) उत्तरी ध्रुव का
(*c*) नॉर्वे का
(*d*) स्वीडन का

889. पृथ्वी का निकटतम ग्रह है:
(*a*) मंगल (*b*) वृहस्पति
(*c*) बुध (*d*) शुक्र

890. सूर्य का निकटतम ग्रह है:
(*a*) वृहस्पति (*b*) बुध
(*c*) मंगल (*d*) शुक्र

891. भारत का राष्ट्रीय पुष्प है:
(*a*) गेंदा (*b*) कमल
(*c*) गुलाब (*d*) सूरजमुखी

892. सियाचिन ग्लेशियर स्थित है:
(*a*) लद्दाख में
(*b*) कराकोरम में

(*c*) कुमाऊँ में
(*d*) सिक्किम में

893. ISO-9000 क्या है?
(*a*) उपग्रह का नाम
(*b*) मिसाइल का नाम
(*c*) अच्छे प्रबन्ध का नाम
(*d*) नयी अन्वेषित आकाशगंगा

894. सोवियत रूस के विघटन के समय वहाँ के राष्ट्रपति थे :
(*a*) मिखाइल गोर्बाचोव
(*b*) ब्रेझनेव
(*c*) बोरिस येल्तसिन
(*d*) गेन्नाडी यानायेव

895. लक्षद्वीप समूह कहाँ स्थित है?
(*a*) अरब सागर में
(*b*) पाक जलडमरूमध्य में
(*c*) हिन्द महासागर में
(*d*) बंगाल की खाड़ी में

896. दो स्थानों के बीच समय के अन्तर का कारण है :
(*a*) अक्षांश और देशांतर
(*b*) देशांतर
(*c*) अक्षांश तथा भूमध्य रेखा से दूरी
(*d*) अक्षांश, देशान्तर तथा भूमध्य रेखा से दूरी

897. PIN (पिन) का विस्तारित रूप है :
(*a*) Postal Index Number
(*b*) Postal International Number
(*c*) Parcel Index Number
(*d*) Proper Index Number

898. मीठे स्वाद की अनुभूति के लिए जिह्वा पर स्वाद केन्द्र स्थित होते हैं :
(*a*) मध्य भाग पर
(*b*) अग्र भाग पर
(*c*) आधार पर
(*d*) पृष्ठतल पर

899. भारत के संविधान की प्रस्तावना में प्रथम संशोधन कब किया गया?
(*a*) 1951 में (*b*) 1971 में
(*c*) 1976 में (*d*) 1984 में

900. गीत जन-गण-मन को भारत के राष्ट्रगान के रूप में किस वर्ष स्वीकृत किया गया था?
(*a*) 1949 (*b*) 1950
(*c*) 1947 (*d*) 1951

रेलवे से संबंधित प्रश्न

901. प्रथम विद्युत रेलवे की शुरुआत कब हुई?
(*a*) 1853 में (*b*) 1885 में
(*c*) 1905 में (*d*) 1925 में

902. भारतीय रेल का नया शुभंकर (मैस्कट) क्या है?
(*a*) अप्पू
(*b*) भोलू, गार्ड
(*c*) रामू, ड्राइवर
(*d*) भोला, सिग्नल मैन

903. पूर्वी तट रेलवे का मुख्यालय कहाँ स्थित है?
(*a*) हाजीपुर (*b*) पटना
(*c*) जमशेदपुर (*d*) भुवनेश्वर

904. भारतीय रेलवे ने वर्ष 2012 में अपना कितने वर्ष का कार्यकाल पूर्ण किया?
(*a*) 100 वर्ष (*b*) 160 वर्ष
(*c*) 75 वर्ष (*d*) 50 वर्ष

905. अगस्त क्रांति एक्सप्रेस ट्रेन किन स्टेशनों के बीच चलती है?
(*a*) दिल्ली-मुम्बई
(*b*) दिल्ली-गुवाहटी
(*c*) दिल्ली-साबरमती
(*d*) दिल्ली-कोलकाता

906. भारतीय रेल बिजली के इंजनों का निर्माण होता है :
(*a*) वारणसी में (*b*) पैराम्बूर में
(*c*) कपूरथला में (*d*) चितरंजन में

907. पूर्वी मध्य रेलवे का मुख्यालय कहाँ पर स्थित है?
(*a*) भुवनेश्वर (*b*) पटना
(*c*) हाजीपुर (*d*) आसनसोल

908. दूसरी बार मेट्रो रेल किस भारतीय शहर में चली?
(*a*) कोलकाता (*b*) चंडीगढ़
(*c*) मुंबई (*d*) दिल्ली

909. रेलवे (ब्राडगेज) की दो पटरियों के बीच की चौड़ाई क्या होती है?
(*a*) 1.674 मी. (*b*) 1.675 मी.
(*c*) 1.676 मी. (*d*) 1.677 मी.

910. सेंट्रल रेलवे का मुख्यालय कहाँ है?
(*a*) हैदराबाद में (*b*) मुंबई में
(*c*) दिल्ली में (*d*) कोलकाता में

911. भारत में सबसे लंबा रेलमार्ग कौन-सा है?
(*a*) पूर्वोत्तर रेलवे
(*b*) दक्षिण-मध्य रेलवे
(*c*) उत्तर रेलवे
(*d*) पूर्व रेलवे

912. सबसे तेज चलने वाली रेलगाड़ी कौन-स है?
(*a*) शताब्दी एक्सप्रेस
(*b*) फ्रंटियर मेल
(*c*) गोल्डन पांडा एक्सप्रेस
(*d*) हिमसागर एक्सप्रेस

913. यदि दिल्ली से मुंबई ट्रेन से जाया जाए तो वह लघुतम मार्ग कौन-सा होगा, जिसमें कम समय लगे?
(*a*) जयपुर (*b*) कोटा
(*c*) अहमदाबाद (*d*) आगरा

914. दिल्ली मेट्रो रेल कॉर्पोरेशन ने सर्वप्रथम दिसम्बर 2002 में किन दो स्टेशनों के बीच मेट्रो रेल का परिचालन किया :
(*a*) शाहदरा–तीस हजारी
(*b*) विवेक विहार–शिवाजी स्टेडियम
(*c*) पुरानी दिल्ली–नई दिल्ली
(*d*) आई.एस.बी.टी.–कनॉट प्लेस

915. भारतीय रेलवे के लिए पहिए और धुरा का निर्माण किस शहर में किया जाता है?
(*a*) चितरंजन (प. बंगाल)
(*b*) हुसैनपुर (पंजाब)
(*c*) येल्हान्का (कर्नाटक)
(*d*) पैराम्बूर (तमिलनाडु)

916. उत्तर-पश्चिम रेलवे का मुख्यालय कहाँ अवस्थित है?
(*a*) जबलपुर (*b*) बीकानेर
(*c*) जयपुर (*d*) नई दिल्ली

917. संसार का सबसे लम्बा प्लेटफोर्म है :
(*a*) लेनिनग्राद (*b*) लिवरपुल
(*c*) सोनपुर (*d*) गोरखपुर

918. भारत में पहली रेलगाड़ी चलायी गयी:
(*a*) दिल्ली–मुंबई के बीच
(*b*) मुंबई–थाणे के बीच
(*c*) कोलकाता–मुंबई के बीच
(*d*) मुंबई–दादर के बीच

919. रेल की पटरियों के नीचे चौड़े लकड़ी के पट्टे (स्लीपर्स) लगाए जाते हैं:
(*a*) शॉक एबसोर्बर के रूप में कार्य करने के लिए
(*b*) फिश-प्लेट्स के ठीक तरह से बैठाने के लिए
(*c*) पटरियों को समानांतर रखने के लिए
(*d*) गाड़ी द्वारा उत्पन्न दबाव को कम करने के लिए

920. विश्व का सबसे पुराना रेलवे स्टेशन है:
(*a*) लिवरपुल (*b*) विक्टोरिया
(*c*) लेनिनग्राद (*d*) ओसाका

921. 'कांगू एक्सप्रेस' चलती है:
(*a*) निजामुद्दीन और कोयम्बटूर के बीच
(*b*) पलक्कड़ और रामेश्वरम् के बीच
(*c*) त्रिवेंद्रम और चेन्नई के बीच
(*d*) मदुरै और गुरुवायूर के बीच

922. कोंकण रेलवे से निम्नलिखित राज्य-समूहों में से किस राज्य-समूह को सबसे अधिक लाभ पहुँचता है?
(*a*) गोवा, कर्नाटक, महाराष्ट्र, केरल
(*b*) मध्य प्रदेश, महाराष्ट्र, तमिलनाडु, केरल
(*c*) तमिलनाडु, केरल, गोवा, महाराष्ट्र
(*d*) गुजरात, महाराष्ट्र, गोवा, तमिलनाडु

923. भारत में सबसे पहली रेलवे लाइन किसके शासनकाल में निर्मित हुई?
(*a*) लॉर्ड डलहौजी
(*b*) जेम्स कार्नवालिस
(*c*) वारेन हेस्टिंग्स
(*d*) लॉर्ड विलियम बेन्टिक

924. बड़ी लाइन (ब्राडगेज) की गाड़ी नीलगिरि एक्सप्रेस किसके बीच चलती है?
(*a*) चेन्नई और ऊटी
(*b*) चेन्नई और मेट्टपलायन
(*c*) चेन्नई और सत्यमंगलम
(*d*) बंगलौर और कोयम्बटूर

925. भारत में रेल सेवा प्रारम्भ होने के 150वें वर्ष के उपलक्ष में किस वर्ष को 'यात्री सुरक्षा वर्ष' के रूप में मनाया था?
(*a*) 2002-2003 (*b*) 1999-2000
(*c*) 1998-1999 (*d*) 1997-1998

926. रेल पटरी पर जोड़ पट्ट (Fish Plates) का प्रयोग किसके लिए होता है?
(*a*) दो पटरियों को जोड़ने के लिए
(*b*) दो रेल डिब्बों को जोड़ने के लिए
(*c*) पहियों के मार्गदर्शन के लिए
(*d*) पटरियों से मछलियों को हटाने के लिए

927. भारत में सर्वप्रथम रेलगाड़ी कब चलाई गई?
(*a*) 16 जनवरी, 1853
(*b*) 16 फरवरी, 1853
(*c*) 16 मार्च, 1853
(*d*) 16 अप्रैल, 1853

928. यातायात बत्ती में लाल रंग का प्रयोग किया जाता है, क्योंकि:
(*a*) इसका तरंगदैर्घ्य सबसे अधिक होता है
(*b*) यह सुन्दर लगता है
(*c*) यह अल्पदृष्टि वाले लोगों को भी

दिखाई पड़ता है

(*d*) इनमें से कोई नहीं

929. रेल के डिब्बे कहाँ बनाए जाते हैं?

(*a*) जमशेदपुर तथा पैराम्बूर

(*b*) कपूरथला तथा पैराम्बूर

(*c*) हैदराबाद तथा पैराम्बूर

(*d*) वाराणसी तथा पैराम्बूर

930. डीजल लोकोमोटिव वर्क्स कहाँ स्थित है?

(*a*) कपूरथला (*b*) पैराम्बूर

(*c*) वाराणसी (*d*) चेन्नई

931. पूर्वोत्तर भारत के किस राज्य में रेलमार्ग नहीं है?

(*a*) मेघालय (*b*) नगालैंड

(*c*) मणिपुर (*d*) मिजोरम

932. भारतीय रेलवे का अनुसंधान, अभिकल्पन और मानक संगठन (RDSO) निम्न में से किस स्थान पर स्थित है?

(*a*) मुंबई (*b*) कोलकाता

(*c*) नई दिल्ली (*d*) लखनऊ

933. सैम पित्रोदा समिति का गठन क्यों किया गया?

(*a*) रेलवे के आधुनिकीकरण एवं संसाधन विदोहन के मामलों में सुझाव देने के लिए

(*b*) रेलवे क्षेत्र में बढ़ती दुर्घटनाओं का पता लगाने के लिए

(*c*) रेलवे कर्मचारियों की छँटनी के लिए दिशा-निर्देश सुझाने के लिए

(*d*) रेलवे भर्ती बोर्डों के क्रियाकलापों पर नजर रखने के लिए

934. निम्नलिखित में से किस देश में सर्वप्रथम रेलगाड़ी चलनी शुरू हुई थी?

(*a*) जर्मनी (*b*) जापान

(*c*) फ्रांस (*d*) इंग्लैंड

935. भारत की सभी राजधानी एक्सप्रेस रेलगाड़ियाँ कहाँ से चलती हैं?

(*a*) मुंबई से (*b*) चेन्नई से

(*c*) नई दिल्ली से (*d*) बेंगलुरु से

936. दक्षिण-पश्चिम रेलवे जोन का मुख्यालय है :

(*a*) बेंगलुरु (*b*) बिलासपुर

(*c*) जबलपुर (*d*) हाजीपुर

937. विश्व का सबसे बड़ा रेलमार्ग है :

(*a*) भारतीय रेलवे

(*b*) ग्राण्ड सेन्ट्रल रेलवे, अमेरिका

(*c*) ट्रांस-साइबेरियन रेलवे

(*d*) कनाडियन नेशनल रेलवे

938. भारत-पाकिस्तान के बीच चलने वाली एकमात्र रेलगाड़ी है :

(*a*) समझौता एक्सप्रेस

(*b*) लाहौर एक्सप्रेस

(*c*) दिल्ली-लाहौर एक्सप्रेस

(*d*) इनमें से कोई नहीं

939. भारत में छोटी लाइन यानि मीटर गेज की शुरुआत कब हुई?

(*a*) 1855 में (*b*) 1860 में

(*c*) 1865 में (*d*) 1870 में

940. रेलवे का राष्ट्रीयकरण किस सन् में हुआ?

(*a*) 1935 (*b*) 1947

(*c*) 1950 (*d*) 1952

941. रेलवे बोर्ड की स्थापना किस सन् में हुई?
(*a*) मार्च, 1905 (*b*) अप्रैल, 1906
(*c*) मई, 1907 (*d*) जून, 1970

942. भारत में प्रथम डीजल इंजन किस सन् में चला?
(*a*) 1952 (*b*) 1953
(*c*) 1955 (*d*) 1957

943. प्रथम इलेक्ट्रिक ट्रेन का क्या नाम था?
(*a*) फेयरी क्वीन (*b*) लेडी क्वीन
(*c*) डक्कन क्वीन (*d*) क्वीन पैलेस

944. भारतीय रेलवे का विश्व में कौन-सा स्थान है?
(*a*) प्रथम (*b*) द्वितीय
(*c*) तृतीय (*d*) चतुर्थ

945. निम्नलिखित राज्यों/केन्द्र शासित प्रदेशों में से केवल एक में रेलवे लाइन है। वह राज्य/प्रदेश कौन-सा है?
(*a*) पुडुचेरी
(*b*) लक्षद्वीप
(*c*) सिक्किम
(*d*) अरुणाचल प्रदेश

946. भारत में ए.सी. कोच की शुरुआत कब हुई?
(*a*) 1934 (*b*) 1935
(*c*) 1936 (*d*) 1937

947. देश में प्रथम रेल डाक सेवा की शुरुआत कब हुई?
(*a*) 1907 (*b*) 1908
(*c*) 1909 (*d*) 1910

948. रेलवे में रेलयात्री बीमा याजना के नाम से बीमा की शुरुआत कब हुई?
(*a*) 1 अप्रैल, 1990
(*b*) 1 मई, 1992
(*c*) 1 जून, 1993
(*d*) 1 अप्रैल, 1994

949. भारत में रेल बजट को सामान्य बजट से एकवर्थ समिति के आधार पर कब पृथक् किया गया?
(*a*) 1920-21 (*b*) 1921-22
(*c*) 1922-23 (*d*) 1924-25

950. प्रथम मेट्रो रेलवे की शुरुआत कब और कहाँ की गई?
(*a*) 27 सितम्बर, 1985 (कोलकाता)
(*b*) 25 अक्टूबर, 1996 (चेन्नई)
(*c*) 10 नवम्बर, 2000 (मुंबई)
(*d*) 25 दिसम्बर, 2003 (दिल्ली)

951. 'शताब्दी एक्सप्रेस' 1988 में जवाहर लाल नेहरू की जन्म सदी पर शुरू की गई प्रथम शताब्दी एक्सप्रेस कहाँ से कहाँ तक चली थी?
(*a*) दिल्ली से जयपुर
(*b*) दिल्ली से मुंबई
(*c*) दिल्ली से लखनऊ
(*d*) दिल्ली से भोपाल

952. 'पैलेस ऑन व्हील्स' ट्रेन की शुरुआत कब हुई?
(*a*) 1980 (*b*) 1981
(*c*) 1982 (*d*) 1983

953. रेल दुर्घटना के कारण इस्तीफा देने वाले भारत के प्रथम रेलमंत्री कौन थे?
(*a*) आसफ अली
(*b*) लाल बहादुर शास्त्री
(*c*) सी.के. जाफर शरीफ
(*d*) माधवराव सिंधिया

954. भारत का सबसे बड़ा मार्शलिंग यार्ड कहाँ है?
(*a*) मुगलसराय (उ.प्र.)
(*b*) खड्गपुर (प.बं.)
(*c*) इटारसी (म.प्र.)
(*d*) पैराम्बूर (चेन्नई)

955. भारत का प्रथम रेल म्यूजियम कहाँ स्थापित किया गया?
(*a*) नई दिल्ली (*b*) कोलकाता
(*c*) मुंबई (*d*) चेन्नई

956. भारत में प्रथम रेल बस-सेवा कब और कहाँ शुरू की गई?
(*a*) 12 अक्टूबर, 1994 (राजस्थान)
(*b*) 20 सितम्बर, 1995 (गुजरात)
(*c*) 15 नवम्बर, 1996 (उ.प्र.)
(*d*) 10 जनवरी, 1998 (म.प्र.)

957. स्वतंत्र भारत के प्रथम रेलमंत्री कौन थे?
(*a*) आसफ अली
(*b*) वल्लभभाई पटेल
(*c*) बी.आर. अम्बेडकर
(*d*) मोरारजी देसाई

958. रेलवे का मूलमंत्र क्या है?
(*a*) सुरक्षा, संरक्षा तथा समय पालन
(*b*) सुरक्षा, समानता तथा कर्त्तव्य पालन
(*c*) समय पालन, शिष्टाचार तथा स्वतंत्रता
(*d*) उपरोक्त में से कोई नहीं

959. रेलवे में पीली बत्ती का क्या अर्थ होता है?
(*a*) बढ़ो, रास्ता साफ है (Proceed, Line is Clear)
(*b*) सावधानी से धीरे-धीरे बढ़ो (Move with caution)
(*c*) रुको (Stop)
(*d*) उपरोक्त में से कोई नहीं

960. पूर्वी रेलवे का मुख्यालय है–
(*a*) कोलकाता (*b*) भुवनेश्वर
(*c*) शिलांग (*d*) हुबली

961. भारत में सबसे बड़ा नियोक्ता कौन है?
(*a*) बैंकिंग (*b*) रेलवे
(*c*) टिस्को (*d*) वाल्को

962. भारतीय रेल को कितने जोन्स (Zones) में विभक्त किया गया है?
(*a*) 8 (*b*) 10
(*c*) 12 (*d*) 17

963. भारतीय रेलवे में रेल दिवस किस तिथि को मनाया जाता है?
(*a*) 13 अप्रैल (*b*) 14 अप्रैल
(*c*) 15 अप्रैल (*d*) 16 अप्रैल

964. भारतीय रेलवे में रेल सप्ताह कब से कब तक मनाया जाता है?
(*a*) 10-16 अप्रैल (*b*) 16-22 अप्रैल
(*c*) 6-12 अप्रैल (*d*) 10-16 मार्च

965. भारतीय रेल की 150वीं वर्षगाँठ पर 'भोलू गार्ड' को शुभंकर के रूप में किसके द्वारा जारी किया गया?
(*a*) प्रधानमंत्री (*b*) रेलमंत्री
(*c*) रक्षामंत्री (*d*) गृहमंत्री

966. पूर्वोत्तर राज्यों में से किस राज्य में सबसे लम्बी रेल लाइन का विस्तार है?
(*a*) अरुणाचल प्रदेश
(*b*) नगालैंड
(*c*) असोम
(*d*) मणिपुर

967. भारत में सिर्फ महिलाओं के लिए एकमात्र ट्रेन किस राज्य में चलती है?

(*a*) महाराष्ट्र (*b*) पं. बंगाल
(*c*) मध्य प्रदेश (*d*) उत्तर प्रदेश

968. भारत के किन दो शहरों में सबसे पहले भूमिगत रेल मेट्रो का परिचालन शुरू हुआ?
(*a*) हैदराबाद व अहमदाबाद
(*b*) दिल्ली व कोलकाता
(*c*) कोलकाता व चेन्नई
(*d*) मुंबई व दिल्ली

969. पूर्वी-मध्य रेलवे का मुख्यालय है–
(*a*) हुबली
(*b*) जयपुर
(*c*) इलाहाबाद
(*d*) हाजीपुर

970. डीज़ल इंजन का आयु काल लगभग 25 वर्ष होता है। इसकी क्षमता कितनी होती है?
(*a*) 5 हज़ार लीटर
(*b*) 15 हज़ार लीटर
(*c*) 20 हज़ार लीटर
(*d*) 25 हज़ार लीटर

971. वह ट्रेन जिसकी गति 100 किमी से अधिक होती है, क्या कहलाती है?
(*a*) सुपर फास्ट ट्रेन
(*b*) फास्ट ट्रेन
(*c*) एक्सप्रेस ट्रेन
(*d*) मेल ट्रेन

972. निम्नलिखित में से कौन रेलवे का मूल-मंत्र नहीं है?
(*a*) सुरक्षा (*b*) दुर्घटना बीमा
(*c*) संरक्षा (*d*) समय पालन

973. कोंकण रेलवे की कुल लंबाई है–
(*a*) 760 किमी. (*b*) 1070 किमी.
(*c*) 380 किमी. (*d*) 930 किमी.

974. 1980 में प्रथम डबल डेकर 'वृन्दावन एक्सप्रेस' का परिचालन किस-किसके बीच शुरू किया गया था?
(*a*) मुम्बई-थाने
(*b*) चेन्नई-बंगलौर
(*c*) लखनऊ-अमृतसर
(*d*) पटना-कोलकाता

975. मीटर गेज पर चलने वाली प्रथम सुपर फास्ट ट्रेन 'पिंक सिटी एक्सप्रेस' किस-किसके बीच चली थी?
(*a*) मुम्बई-चेन्नई
(*b*) पटना-नई दिल्ली
(*c*) दिल्ली-जयपुर
(*d*) लखनऊ-कानपुर

976. वह ट्रेन जो सभी स्टेशनों पर रुकती हुई चलती है क्या कहलाती है?
(*a*) पैसेन्जर ट्रेन
(*b*) गुड्स ट्रेन
(*c*) एक्सप्रेस ट्रेन
(*d*) बुलेट ट्रेन

977. भारतीय रेलवे में कर्मचारियों की नियुक्ति निम्नलिखित में किसके द्वारा नहीं की जाती है?
(*a*) रेल मुख्यालयों द्वारा
(*b*) रेलवे भर्ती बोर्डों द्वारा
(*c*) संघ लोक सेवा आयोग द्वारा
(*d*) राज्य लोक सेवा आयोग द्वारा

978. रेल बजट का दूरदर्शन से सीधा प्रसारण पहली बार कब शुरू हुआ?
(*a*) 24 मार्च, 1994

(*b*) 24 मार्च, 1995
(*c*) 24 मार्च, 1996
(*d*) 24 मार्च, 1997

979. E.I.R. एवं G.I.P.R. को रेलवे मैनेजमेंट में अधिकार व स्थान किस वर्ष दिया गया था?
(*a*) 1924 (*b*) 1926
(*c*) 1925 (*d*) 1937

980. प्रथम पंचवर्षीय योजना में रेलवे के लिए कितने करोड़ रुपये का आवंटन किया गया था?
(*a*) 400 करोड़ (*b*) 410 करोड़
(*c*) 415 करोड़ (*d*) 423 करोड़

981. असोम रेलवे द्वारा किस वर्ष जुड़ा?
(*a*) 1935 (*b*) 1940
(*c*) 1945 (*d*) 1950

982. भाप इंजन का आविष्कारक कौन है?
(*a*) थॉमस सेबरी
(*b*) थॉमस न्यूकामेन
(*c*) रिचर्ड इवचिक
(*d*) इनमें से कोई नहीं

983. पटना से दिल्ली तक चलने वाली सम्पूर्ण क्रान्ति एक्सप्रेस किस महान नेता की जन्मशती के अवसर पर चलाई गई?
(*a*) डॉ. राजेन्द्र प्रसाद
(*b*) जयप्रकाश नारायण
(*c*) वीर कुँवर सिंह
(*d*) ललित नारायण मिश्र

984. भारत में रेलवे की प्रथम महिला चालक होने का श्रेय किसे प्राप्त है?
(*a*) सीमा शर्मा
(*b*) मेघना अवस्थी
(*c*) मुमताज काथवाला
(*d*) शारदा सहाय

985. भारतीय रेलवे द्वारा यूनीगेज योजना, जिसके तहत सभी छोटी गेज तथा मीटर गेज वाली लाइन को बड़ी लाइन या ब्रॉडगेज में परिवर्तित करने की योजना का प्रारम्भ किस सन् में किया गया?
(*a*) 1992 (*b*) 1993
(*c*) 1094 (*d*) 1995

986. देश का पहला रेलवे स्टेशन, जिस पर विज्ञापन के प्रदर्शन के अधिकार को निजी क्षेत्र में सौंपा गया?
(*a*) नई दिल्ली (*b*) बान्द्रा (मुंबई)
(*c*) मुगल सराय (*d*) पटना

987. रेलवे स्टाफ कॉलेज कहाँ स्थित है?
(*a*) लखनऊ (*b*) भोपाल
(*c*) कोलकाता (*d*) बड़ोदरा

988. 1947 में गठित हृदयनाथ कुंजरू समिति का मुख्य उद्देश्य क्या था?
(*a*) रेलवे का पुनर्गठन
(*b*) यातायात में सुधार
(*c*) रेल-भाड़े में सुधार
(*d*) रेल-घाटे में जाँच

989. 1924-25 में एकवर्थ समिति का गठन किसलिए किया गया था?
(*a*) रेल प्रबन्धन हेतु
(*b*) रेल-भाड़े में सुधार हेतु
(*c*) रेल बजट को सामान्य बजट से पृथक् करने हेतु
(*d*) रेल-घाटे की जाँच हेतु

990. 1993 में नंजुन्दप्पा समिति किसलिए गठित की गई थी?

(a) रेल-भाड़े से सम्बन्धित
(b) रेलवे के पुनर्गठन हेतु
(c) रेल प्रबन्धन हेतु
(d) रेल-घाटे की जाँच हेतु

991. किस वायसराय ने रेलवे के विकास में महत्त्वपूर्ण भूमिका अदा की?
(a) नार्थ ब्रुक (b) लार्ड कर्जन
(c) लार्ड मेयो (d) लिटन प्रथम

992. रेलवे द्वारा मई 2003 से तैयार करके बेचे जा रहे बोतलबंद पानी का क्या नाम है?
(a) शुद्ध नीर (b) रेल नीर
(c) निर्मल जल (d) रेल जल

993. प्रसिद्ध चितरंजन लोकोमोटिव वर्क्स की स्थापना पश्चिम बंगाल के मिहजाम में कब की गई थी?
(a) 1947 में (b) 1948 में
(c) 1949 में (d) 1950 में

994. रेलवे बजट का सर्वाधिक भाग किस रूप में खर्च होता है?
(a) नई ट्रेनों के संचालन में
(b) रेल संपत्तियों के रखरखाव में
(c) कर्मचारियों के वेतन में
(d) नई पटरियाँ बिछाने में

995. रेल पटरियों को वक्रों पर ढाल दी जाती है, ताकि
(a) आवश्यक अपकेन्द्र बल ट्रेन के भार के क्षैतिज घटक से प्राप्त किया जा सके
(b) पटरियों और पहियों के बीच घर्षण बल रोका जा सके
(c) आवश्यक अभिकेन्द्र बल ट्रेन के भार के क्षैतिज घटक से प्राप्त किया जा सके
(d) ट्रेन विपरीत दिशा में नहीं चली जाए

996. "पैलेस ऑन व्हील" को अन्य किस नाम से जाना जाता है?
(a) महाराजा एक्सप्रैस
(b) रॉयल ओरिएन्ट एक्सप्रैस
(c) महाराजा ऑन व्हील
(d) पर्यटन एक्सप्रैस

997. भारत में सर्वप्रथम 16 अप्रैल, 1853 को प्रथम रेलगाड़ी चलाई गई, उस समय भारत का गवर्नर जनरल कौन था?
(a) लार्ड विलियम बैंटिंक
(b) लार्ड डलहौजी
(c) वारेन हेस्टिंग्ज
(d) लार्ड क्लाइव

998. रेलवे के आरक्षित टिकट में आर.ए.सी. स्तर का पूर्ण रूप होता है:
(a) रिजर्वेशन आफ्टर कैन्सिलेशन
(b) रिजर्वेशन एमाउन्ट कनफर्मेशन
(c) रिसिप्ट आफ्टर कनफर्मेशन
(d) रिजर्वेशन अगेन्स्ट कैंसिलेशन

999. पैलेस ऑन व्हील्स की तर्ज पर नई रेलगाड़ी 'डेक्कन ओडिसी' का परिचलन किस राज्य में हो रहा है?
(a) ओडिशा (b) उत्तर प्रदेश
(c) महाराष्ट्र (d) मध्य प्रदेश

1000. भारत में मोनो रेल का परिचालन कहाँ आरंभ हुआ?
(a) कोलकाता (b) अहमदाबाद
(c) मुम्बई (d) जयपुर

उत्तरमाला

1	2	3	4	5	6	7	8	9	10
(d)	(c)	(b)	(a)	(c)	(c)	(b)	(b)	(c)	(b)
11	12	13	14	15	16	17	18	19	20
(d)	(a)	(a)	(c)	(a)	(c)	(d)	(b)	(a)	(a)
21	22	23	24	25	26	27	28	29	30
(d)	(c)	(c)	(d)	(a)	(b)	(c)	(d)	(b)	(d)
31	32	33	34	35	36	37	38	39	40
(b)	(d)	(b)	(b)	(b)	(b)	(a)	(a)	(d)	(d)
41	42	43	44	45	46	47	48	49	50
(b)	(b)	(c)	(b)	(d)	(b)	(a)	(c)	(a)	(b)
51	52	53	54	55	56	57	58	59	60
(c)	(e)	(c)	(c)	(b)	(a)	(c)	(a)	(b)	(a)
61	62	63	64	65	66	67	68	69	70
(d)	(b)	(c)	(c)	(c)	(b)	(c)	(d)	(c)	(c)
71	72	73	74	75	76	77	78	79	80
(c)	(b)	(c)	(c)	(b)	(d)	(c)	(b)	(d)	(b)
81	82	83	84	85	86	87	88	89	90
(d)	(d)	(b)	(a)	(b)	(d)	(b)	(d)	(c)	(d)
91	92	93	94	95	96	97	98	99	100
(d)	(d)	(a)	(c)	(b)	(a)	(c)	(d)	(b)	(c)
101	102	103	104	105	106	107	108	109	110
(b)	(a)	(d)	(a)	(d)	(d)	(b)	(c)	(a)	(c)
111	112	113	114	115	116	117	118	119	120
(c)	(b)	(b)	(b)	(b)	(a)	(c)	(b)	(b)	(d)
121	122	123	124	125	126	127	128	129	130
(c)	(a)	(c)	(c)	(b)	(d)	(a)	(c)	(a)	(c)
131	132	133	134	135	136	137	138	139	140
(c)	(b)	(b)	(d)	(b)	(b)	(d)	(c)	(c)	(a)
141	142	143	144	145	146	147	148	149	150
(a)	(c)	(c)	(b)	(c)	(b)	(c)	(a)	(b)	(b)
151	152	153	154	155	156	157	158	159	160
(b)	(d)	(c)	(b)	(c)	(d)	(c)	(c)	(c)	(d)
161	162	163	164	165	166	167	168	169	170
(c)	(a)	(b)	(c)	(b)	(d)	(d)	(b)	(b)	(b)
171	172	173	174	175	176	177	178	179	180
(c)	(b)	(c)	(a)	(a)	(b)	(d)	(c)	(d)	(a)
181	182	183	184	185	186	187	188	189	190
(a)	(c)	(b)	(c)	(d)	(d)	(a)	(d)	(b)	(b)

191	192	193	194	195	196	197	198	199	200
(*b*)	(*a*)	(*c*)	(*a*)	(*a*)	(*d*)	(*c*)	(*b*)	(*a*)	(*c*)
201	202	203	204	205	206	207	208	209	210
(*a*)	(*c*)	(*d*)	(*c*)	(*c*)	(*c*)	(*c*)	(*d*)	(*b*)	(*a*)
211	212	213	214	215	216	217	218	219	220
(*d*)	(*b*)	(*b*)	(*c*)	(*b*)	(*c*)	(*d*)	(*b*)	(*b*)	(*d*)
221	222	223	224	225	226	227	228	229	230
(*d*)	(*a*)	(*c*)	(*c*)	(*a*)	(*b*)	(*d*)	(*a*)	(*b*)	(*b*)
231	232	233	234	235	236	237	238	239	240
(*c*)	(*a*)	(*a*)	(*a*)	(*a*)	(*a*)	(*c*)	(*b*)	(*c*)	(*b*)
241	242	243	244	245	246	247	248	249	250
(*d*)	(*b*)	(*b*)	(*b*)	(*b*)	(*a*)	(*d*)	(*b*)	(*b*)	(*c*)
251	252	253	254	255	256	257	258	259	260
(*a*)	(*c*)	(*d*)	(*c*)	(*a*)	(*d*)	(*b*)	(*a*)	(*d*)	(*b*)
261	262	263	264	265	266	267	268	269	270
(*b*)	(*c*)	(*d*)	(*a*)	(*b*)	(*d*)	(*c*)	(*c*)	(*c*)	(*d*)
271	272	273	274	275	276	277	278	279	280
(*d*)	(*b*)	(*c*)	(*b*)	(*a*)	(*b*)	(*a*)	(*b*)	(*b*)	(*d*)
281	282	283	284	285	286	287	288	289	290
(*c*)	(*b*)	(*d*)	(*c*)	(*d*)	(*c*)	(*a*)	(*c*)	(*b*)	(*a*)
291	292	293	294	295	296	297	298	299	300
(*c*)	(*a*)	(*c*)	(*b*)	(*a*)	(*c*)	(*b*)	(*d*)	(*d*)	(*d*)
301	302	303	304	305	306	307	308	309	310
(*a*)	(*d*)	(*b*)	(*b*)	(*a*)	(*b*)	(*d*)	(*d*)	(*a*)	(*c*)
311	312	313	314	315	316	317	318	319	320
(*b*)	(*b*)	(*c*)	(*c*)	(*a*)	(*a*)	(*c*)	(*b*)	(*c*)	(*c*)
321	322	323	324	325	326	327	328	329	330
(*a*)	(*a*)	(*d*)	(*b*)	(*b*)	(*d*)	(*d*)	(*d*)	(*c*)	(*b*)
331	332	333	334	335	336	337	338	339	340
(*a*)	(*b*)	(*c*)	(*a*)	(*b*)	(*c*)	(*b*)	(*d*)	(*d*)	(*a*)
341	342	343	344	345	346	347	348	349	350
(*c*)	(*a*)	(*d*)	(*d*)	(*b*)	(*c*)	(*c*)	(*d*)	(*c*)	(*d*)
351	352	353	354	355	356	357	358	359	360
(*c*)	(*a*)	(*c*)	(*c*)	(*d*)	(*b*)	(*b*)	(*a*)	(*c*)	(*b*)
361	362	363	364	365	366	367	368	369	370
(*d*)	(*a*)	(*a*)	(*b*)	(*a*)	(*b*)	(*c*)	(*b*)	(*a*)	(*a*)

371	372	373	374	375	376	377	378	379	380
(*a*)	(*b*)	(*a*)	(*a*)	(*d*)	(*b*)	(*c*)	(*a*)	(*c*)	(*a*)
381	**382**	**383**	**384**	**385**	**386**	**387**	**388**	**389**	**390**
(*d*)	(*d*)	(*a*)	(*b*)	(*d*)	(*d*)	(*b*)	(*b*)	(*b*)	(*b*)
391	**392**	**393**	**394**	**395**	**396**	**397**	**398**	**399**	**400**
(*b*)	(*a*)	(*c*)	(*a*)	(*c*)	(*c*)	(*a*)	(*b*)	(*a*)	(*a*)
401	**402**	**403**	**404**	**405**	**406**	**407**	**408**	**409**	**410**
(*c*)	(*b*)	(*a*)	(*c*)	(*a*)	(*d*)	(*a*)	(*d*)	(*c*)	(*a*)
411	**412**	**413**	**414**	**415**	**416**	**417**	**418**	**419**	**420**
(*c*)	(*d*)	(*b*)	(*d*)	(*a*)	(*b*)	(*b*)	(*d*)	(*a*)	(*c*)
421	**422**	**423**	**424**	**425**	**426**	**427**	**428**	**429**	**430**
(*c*)	(*a*)	(*c*)	(*a*)	(*a*)	(*b*)	(*c*)	(*d*)	(*a*)	(*d*)
431	**432**	**433**	**434**	**435**	**436**	**437**	**438**	**439**	**440**
(*b*)	(*a*)	(*b*)	(*b*)	(*d*)	(*b*)	(*d*)	(*c*)	(*a*)	(*d*)
441	**442**	**443**	**444**	**445**	**446**	**447**	**448**	**449**	**450**
(*b*)	(*a*)	(*c*)	(*d*)	(*d*)	(*c*)	(*c*)	(*c*)	(*b*)	(*c*)
451	**452**	**453**	**454**	**455**	**456**	**457**	**458**	**459**	**460**
(*b*)	(*c*)	(*a*)	(*a*)	(*b*)	(*c*)	(*a*)	(*d*)	(*c*)	(*a*)
461	**462**	**463**	**464**	**465**	**466**	**467**	**468**	**469**	**470**
(*c*)	(*d*)	(*c*)	(*b*)	(*c*)	(*d*)	(*c*)	(*b*)	(*d*)	(*c*)
471	**472**	**473**	**474**	**475**	**476**	**477**	**478**	**479**	**480**
(*a*)	(*c*)	(*d*)	(*c*)	(*d*)	(*d*)	(*a*)	(*a*)	(*c*)	(*b*)
481	**482**	**483**	**484**	**485**	**486**	**487**	**488**	**489**	**490**
(*b*)	(*b*)	(*c*)	(*d*)	(*c*)	(*b*)	(*d*)	(*b*)	(*b*)	(*b*)
491	**492**	**493**	**494**	**495**	**496**	**497**	**498**	**499**	**500**
(*c*)	(*b*)	(*d*)	(*c*)	(*b*)	(*a*)	(*d*)	(*b*)	(*a*)	(*b*)
501	**502**	**503**	**504**	**505**	**506**	**507**	**508**	**509**	**510**
(*d*)	(*b*)	(*c*)	(*d*)	(*d*)	(*d*)	(*a*)	(*a*)	(*b*)	(*c*)
511	**512**	**513**	**514**	**515**	**516**	**517**	**518**	**519**	**520**
(*b*)	(*d*)	(*c*)	(*c*)	(*a*)	(*b*)	(*d*)	(*a*)	(*a*)	(*d*)
521	**522**	**523**	**524**	**525**	**526**	**527**	**528**	**529**	**530**
(*b*)	(*b*)	(*b*)	(*a*)	(*a*)	(*b*)	(*b*)	(*d*)	(*a*)	(*a*)
531	**532**	**533**	**534**	**535**	**536**	**537**	**538**	**539**	**540**
(*c*)	(*a*)	(*c*)	(*b*)	(*b*)	(*b*)	(*c*)	(*a*)	(*c*)	(*c*)
541	**542**	**543**	**544**	**545**	**546**	**547**	**548**	**549**	**550**
(*d*)	(*b*)	(*c*)	(*b*)	(*c*)	(*b*)	(*b*)	(*d*)	(*a*)	(*c*)

551	552	553	554	555	556	557	558	559	560
(c)	(b)	(d)	(c)	(d)	(b)	(d)	(c)	(c)	(b)
561	562	563	564	565	566	567	568	569	570
(d)	(a)	(d)	(b)	(c)	(d)	(c)	(c)	(b)	(c)
571	572	573	574	575	576	577	578	579	580
(c)	(a)	(a)	(b)	(b)	(c)	(d)	(c)	(d)	(d)
581	582	583	584	585	586	587	588	589	590
(d)	(d)	(a)	(c)	(d)	(c)	(b)	(d)	(a)	(b)
591	592	593	594	595	596	597	598	599	600
(b)	(c)	(b)	(d)	(b)	(d)	(a)	(a)	(c)	(d)
601	602	603	604	605	606	607	608	609	610
(a)	(b)	(c)	(d)	(c)	(b)	(b)	(c)	(b)	(d)
611	612	613	614	615	616	617	618	619	620
(a)	(d)	(c)	(d)	(c)	(b)	(c)	(b)	(b)	(b)
621	622	623	624	625	626	627	628	629	630
(c)	(a)	(c)	(a)	(a)	(c)	(b)	(a)	(b)	(b)
631	632	633	634	635	636	637	638	639	640
(b)	(a)	(d)	(c)	(c)	(c)	(c)	(a)	(a)	(c)
641	642	643	644	645	646	647	648	649	650
(a)	(c)	(b)	(c)	(d)	(b)	(b)	(a)	(b)	(c)
651	652	653	654	655	656	657	658	659	660
(d)	(c)	(b)	(c)	(a)	(c)	(d)	(a)	(d)	(b)
661	662	663	664	665	666	667	668	669	670
(a)	(c)	(b)	(b)	(c)	(a)	(a)	(a)	(d)	(a)
671	672	673	674	675	676	677	678	679	680
(b)	(d)	(a)	(c)	(d)	(b)	(a)	(c)	(b)	(d)
681	682	683	684	685	686	687	688	689	690
(c)	(a)	(b)	(a)	(b)	(c)	(b)	(c)	(a)	(a)
691	692	693	694	695	696	697	698	699	700
(a)	(b)	(d)	(a)	(d)	(b)	(a)	(a)	(a)	(a)
701	702	703	704	705	706	707	708	709	710
(a)	(c)	(a)	(c)	(c)	(b)	(d)	(d)	(c)	(d)
711	712	713	714	715	716	717	718	719	720
(b)	(b)	(b)	(b)	(c)	(b)	(d)	(b)	(c)	(c)
721	722	723	724	725	726	727	728	729	730
(b)	(a)	(c)	(c)	(d)	(b)	(c)	(b)	(d)	(c)

731	732	733	734	735	736	737	738	739	740
(*a*)	(*b*)	(*c*)	(*c*)	(*a*)	(*a*)	(*b*)	(*d*)	(*d*)	(*b*)
741	742	743	744	745	746	747	748	749	750
(*d*)	(*a*)	(*c*)	(*a*)	(*d*)	(*c*)	(*d*)	(*d*)	(*d*)	(*d*)
751	752	753	754	755	756	757	758	759	760
(*a*)	(*b*)	(*a*)	(*c*)	(*a*)	(*b*)	(*a*)	(*c*)	(*b*)	(*b*)
761	762	763	764	765	766	767	768	769	770
(*d*)	(*a*)	(*a*)	(*d*)	(*c*)	(*d*)	(*b*)	(*a*)	(*d*)	(*d*)
771	772	773	774	775	776	777	778	779	780
(*c*)	(*a*)	(*b*)	(*d*)	(*c*)	(*b*)	(*c*)	(*b*)	(*a*)	(*b*)
781	782	783	784	785	786	787	788	789	790
(*c*)	(*d*)	(*a*)	(*b*)	(*d*)	(*d*)	(*a*)	(*b*)	(*b*)	(*c*)
791	792	793	794	795	796	797	798	799	800
(*d*)	(*a*)	(*b*)	(*b*)	(*a*)	(*b*)	(*a*)	(*b*)	(*a*)	(*c*)
801	802	803	804	805	806	807	808	809	810
(*a*)	(*b*)	(*c*)	(*a*)	(*c*)	(*a*)	(*d*)	(*b*)	(*d*)	(*c*)
811	812	813	814	815	816	817	818	819	820
(*b*)	(*a*)	(*b*)	(*b*)	(*c*)	(*b*)	(*c*)	(*b*)	(*c*)	(*c*)
821	822	823	824	825	826	827	828	829	830
(*c*)	(*c*)	(*b*)	(*a*)	(*a*)	(*a*)	(*b*)	(*d*)	(*d*)	(*b*)
831	832	833	834	835	836	837	838	839	840
(*a*)	(*b*)	(*c*)	(*c*)	(*a*)	(*e*)	(*a*)	(*b*)	(*a*)	(*c*)
841	842	843	844	845	846	847	848	849	850
(*c*)	(*b*)	(*d*)	(*d*)	(*c*)	(*a*)	(*c*)	(*a*)	(*d*)	(*a*)
851	852	853	854	855	856	857	858	859	860
(*a*)	(*c*)	(*b*)	(*b*)	(*b*)	(*c*)	(*c*)	(*d*)	(*b*)	(*b*)
861	862	863	864	865	866	867	868	869	870
(*b*)	(*c*)	(*c*)	(*c*)	(*c*)	(*d*)	(*b*)	(*b*)	(*c*)	(*c*)
871	872	873	874	875	876	877	878	879	880
(*b*)	(*b*)	(*d*)	(*a*)	(*b*)	(*c*)	(*b*)	(*a*)	(*d*)	(*b*)
881	882	883	884	885	886	887	888	889	890
(*c*)	(*b*)	(*a*)	(*d*)	(*b*)	(*b*)	(*d*)	(*c*)	(*d*)	(*b*)
891	892	893	894	895	896	897	898	899	900
(*b*)	(*a*)	(*c*)	(*a*)	(*a*)	(*b*)	(*a*)	(*b*)	(*b*)	(*c*)
901	902	903	904	905	906	907	908	909	910
(*d*)	(*b*)	(*d*)	(*b*)	(*a*)	(*d*)	(*c*)	(*d*)	(*b*)	(*b*)

911	912	913	914	915	916	917	918	919	920
(*c*)	(*a*)	(*d*)	(*a*)	(*c*)	(*c*)	(*d*)	(*b*)	(*c*)	(*a*)
921	**922**	**923**	**924**	**925**	**926**	**927**	**928**	**929**	**930**
(*d*)	(*a*)	(*a*)	(*a*)	(*a*)	(*a*)	(*d*)	(*a*)	(*b*)	(*c*)
931	**932**	**933**	**934**	**935**	**936**	**937**	**938**	**939**	**940**
(*d*)	(*d*)	(*a*)	(*d*)	(*c*)	(*a*)	(*c*)	(*a*)	(*d*)	(*c*)
941	**942**	**943**	**944**	**945**	**946**	**947**	**948**	**949**	**950**
(*a*)	(*d*)	(*c*)	(*d*)	(*d*)	(*c*)	(*a*)	(*d*)	(*d*)	(*a*)
951	**952**	**953**	**954**	**955**	**956**	**957**	**958**	**959**	**960**
(*d*)	(*c*)	(*b*)	(*a*)	(*a*)	(*a*)	(*a*)	(*a*)	(*b*)	(*a*)
961	**962**	**963**	**964**	**965**	**966**	**967**	**968**	**969**	**970**
(*b*)	(*d*)	(*d*)	(*a*)	(*a*)	(*c*)	(*a*)	(*b*)	(*d*)	(*d*)
971	**972**	**973**	**974**	**975**	**976**	**977**	**978**	**979**	**980**
(*a*)	(*b*)	(*a*)	(*b*)	(*c*)	(*a*)	(*d*)	(*a*)	(*c*)	(*d*)
981	**982**	**983**	**984**	**985**	**986**	**987**	**988**	**989**	**990**
(*d*)	(*a*)	(*b*)	(*c*)	(*a*)	(*b*)	(*d*)	(*a*)	(*c*)	(*a*)
991	**992**	**993**	**994**	**995**	**996**	**997**	**998**	**999**	**1000**
(*b*)	(*b*)	(*b*)	(*c*)	(*c*)	(*b*)	(*b*)	(*d*)	(*a*)	(*c*)

1902